9. April 2014

Herzlichst

Michaela Perl

Noch vor hundert Jahren mussten Frauen für das Wahlrecht kämpfen. In Großbritannien hatte es dieser Kampf in sich: Mit ganzem Einsatz und in originellen Aktionen kam es zu einem regelrechten Guerilla-Krieg – bis die Gruppe der »Suffragetten« siegte.
In ihrer glänzend geschriebenen Studie zeichnet Michaela Karl die Geschichte dieser Bewegung nach und porträtiert ihre Heldinnen.

Michaela Karl, geboren 1971 in Niederbayern, promovierte 2001 mit einer Arbeit über Rudi Dutschke. Sie ist derzeit Lehrbeauftragte für politische Theorie an der Hochschule für Politik in München. Nach mehreren Veröffentlichungen zum Themenschwerpunkt Sozialprotest und Biographieforschung erschien 2008 ihr Band »Münchener Räterepublik. Porträts einer Revolution«.

Unsere Adressen im Internet: www.fischerverlage.de
www.hochschule.fischerverlage.de

Michaela Karl

»Wir fordern die Hälfte der Welt!«

Der Kampf der englischen Suffragetten
um das Frauenstimmrecht

Fischer Taschenbuch Verlag

Veröffentlicht im Fischer Taschenbuch Verlag,
einem Unternehmen der S. Fischer Verlag GmbH,
Frankfurt am Main, Mai 2009

© 2008 Fischer Taschenbuchverlag in der
S. Fischer Verlag GmbH, Frankfurt am Main
Satz: ottomedien, Darmstadt
Druck und Bindung: Druckerei C.H.Beck, Nördlingen
Printed in Germany
ISBN 978-3-596-18355-5

Gewidmet meiner geliebten Mutter
Christl Karl
(1946 – 2007)
und
Ingeborg

The Women's Battle Song

Forward, sisters women!
Onward evermore,
Bondage is behind you,
Freedom is before,
Raise the standard boldly
In the morning sun;
'Gainst a great injustice,
See the fight begun!
Forward, forward sisters!
Onward evermore!
Bondage is behind you,
Freedom is before.

(Theodora Mills)

Inhalt

*»Jedes Problem durchläuft bis zu seiner Anerkennung
drei Stufen: In der ersten wird es lächerlich gemacht.
In der zweiten bekämpft, in der dritten gilt es als selbstverständlich.«* (Arthur Schopenhauer)

Vorwort

»**Suffragetten** [frz.-engl., zu suffrage ›(Wahl-)stimme‹, von lat. suffragium
›Stimmrecht‹], Sg. **Suffragette** *die,* urspr. Bez. für die radikalen Mitglieder
und Aktivistinnen der brit. Frauenbewegung vor 1914, später eher abschät-
zige Bez. für Frauenrechtlerinnen.« (Brockhaus)

Zum ersten Mal tauchte der Begriff »Suffragette« 1906 in einem Artikel des *Daily Mail* auf. Der Autor wollte damit die neuen militanten
Frauenstimmrechtlerinnen charakterisieren, die sich in der *Women's
Social and Political Union* [WSPU] unter der Führung von Emmeline Pankhurst zusammengeschlossen hatten. Es war der Versuch
einer Schmähung, und bis heute ist das Wort »Suffragette« für viele
mit einem Negativimage behaftet. Die wenigsten Frauen würden sich
geehrt fühlen, als Suffragette bezeichnet zu werden. Dabei ist es genau das: eine Ehrbezeichnung. Ein Ehrentitel für mutige, entschlos-
sene Frauen, die für ein Recht kämpften, das ihnen eine von Männern beherrschte Gesellschaft vorenthielt: das Wahlrecht. Was 1906
als Beleidigung gedacht war, wurde rasch zu einem Titel, den die Mitglieder der WSPU voller Stolz selbst benutzten. Und obwohl die
WSPU, ebenso wie die Familie Pankhurst, außerhalb des angloamerikanischen Raumes nur mehr wenigen ein Begriff ist, ging das Wort
»Suffragette« in den allgemeinen Sprachgebrauch über und wird bis
heute, auch von denjenigen, die es nicht mit der Frauenstimmrechtsbewegung in Verbindung bringen, für militante Frauen verwendet.
  Dabei wurde die britische Frauenstimmrechtsbewegung nicht allein von den Suffragetten getragen. Im Gegenteil, der größte Teil der

Aktivistinnen gehörte den Suffragisten um die *National Union of Women's Suffrage Societies* [NUWSS] an, die auf legalem Wege durch Lobbyarbeit und Petitionen ihr Ziel erreichen wollten. Eine strikte Trennung in nichtmilitante Suffragisten und militante Suffragetten ist jedoch schwierig, da es zahlreiche Überschneidungen von Personen und Aktionen gab. Selbst wenn die meisten Suffragisten sich an die Gesetze hielten, zeigten sie doch auch immer wieder Formen von zivilem Ungehorsam. Sie übernahmen allerdings nie die gewaltsamen Formen der Auseinandersetzung, wie sie die Suffragetten praktizierten. Die Strategie der Militanz, die 1906 von Christabel Pankhurst ins Leben gerufen wurde, beruhte auf der Annahme, dass Männer Frauen niemals ein Mitspracherecht einräumen würden, es sei denn, man zwinge sie dazu. Eine Ansicht, welche die Suffragisten nicht teilten. Die Frage der Gewalt blieb eine unüberwindbare Barriere zwischen WSPU und NUWSS.

Dass die britische Frauenstimmrechtsbewegung dennoch zumeist auf die Suffragetten reduziert wird, ist gegenüber den nichtmilitanten Frauen zwar unfair, aber verständlich. Die Suffragetten waren der lauteste, der auffälligste Teil der Frauenstimmrechtsbewegung – gleichermaßen bewundert und verdammt. Sie polarisierten, und auch die Frauen der Frauenstimmrechtsbewegung waren nicht immer mit ihren radikalen Mitteln einverstanden. Suffragetten waren stets zum Äußersten entschlossen, riskierten Gefangenschaft, Folter und sogar das eigene Leben, um das Stimmrecht zu erlangen. Mit ihren aufsehenerregenden Aktionen wurden die Mitglieder der WSPU so sehr zum Inbegriff der Bewegung, dass der Begriff »Suffragette« zum Synonym für die britischen Frauenwahlrechtlerinnen schlechthin wurde und jede Frau, die sich in irgendeiner Weise für das Wahlrecht der Frau einsetzte, damit belegt wurde. Dass die echten Suffragetten nur eine Gruppe im großen Bassin der Frauenstimmrechtsbewegung war, ging durch die Aufmerksamkeit, die sie durch ihre Aktionen erlangten, fast unter. Sie sind es, die im Gedächtnis geblieben sind, deren unbedingter Einsatz auch 100 Jahre danach noch Respekt abnötigt.

Die WSPU verstand sich als Armee im Krieg. Ihr Auftrag war die »Befreiung der einen Hälfte der Menschheit, und mit dieser Befreiung zugleich die Errettung der anderen Hälfte«.[1] Wie viele Befreiungsarmeen existierte sie in dieser Form nur in einem bestimmten Land und nur für einen relativ begrenzten Zeitraum. Die Suffragettenbewegung war nicht die typische Form der Frauenstimmrechtsbewegung der Jahrhundertwende. Zwar waren sie Teil einer weltweiten Frauenbewegung, doch sie waren etwas Besonderes, etwas Einzigartiges und blieben bis auf vereinzelte Ausnahmen auf Großbritannien beschränkt. Nur auf der Insel nahm die Frauenstimmrechtsbewegung derart radikale Formen an, waren die Vertreterinnen derart militant. Nur hier ketteten sich Frauen an Gebäude, schlugen Fensterscheiben ein, warfen Brandsätze und Bomben. Für einen kurzen historischen Moment standen die Suffragetten im Mittelpunkt des Geschehens, waren die Augen der Welt auf sie gerichtet. Weltweit konnte man ihre Aktionen verfolgen, über ihre Verhaftung lesen, die Bilder von Hungerstreik und Zwangsernährung ansehen. Der erstaunte Zeitungsleser erfuhr von Verletzten und Toten, geschundenen und von Polizeiknüppeln zusammengeschlagenen Frauen, denen das Blut in Strömen auf ihre weißen »Kleider der Unschuld« floss. Lila, grün und weiß waren die Suffragettenfarben, an denen niemand mehr ungerührt vorbeikam.

Sie inspirierten mit ihrem Einfallsreichtum und Mut auch andere politische Bewegungen. Mahatma Gandhi soll durch die britischen Suffragetten auf seine Methode des gewaltlosen Widerstandes und des zivilen Ungehorsams gekommen sein. Eine Methode, die in einem Land, in dem formale Meinungsfreiheit herrscht, zum Erfolg führen kann, da die Akteure zwar mit Bestrafung, aber nicht, wie in einer Diktatur, mit dem Tode rechnen müssen. Sie ermöglicht den Akteuren, für ihr Ziel der maximalen Aufmerksamkeit ein kalkuliertes Risiko einzugehen, das nicht sofort gleichbedeutend mit Ermordung ist.

Doch warum blieb die Suffragettenbewegung auf Großbritannien beschränkt? Ursächlich dafür ist ein ganzer Strauß von Faktoren. Kein anderes Land bot jene Mischung aus konstitutioneller

Monarchie und langjähriger parlamentarischer Tradition. Bereits im 19. Jahrhundert kam es hier zu Wahlrechtsreformen, die immer mehr Menschen in die politische Entscheidungsfindung mit einbanden. Das Oberhaus verlor in jenen Jahren zunehmend an Einfluss, das Parlament wurde zur wichtigsten politischen Institution. Das Volk strebte mehr und mehr danach, an den politischen Entscheidungen beteiligt zu sein. Mit der Wahlrechtsreform von 1832 erhielten mehr Männer nach dem Zensus das Wahlrecht. Im zweiten Reformgesetz 1867, das weiteren Männern das Wahlrecht zugestand, blieben Bedienstete, Soldaten und Söhne, die nicht zu Hause lebten, sowie alle Frauen von der Wahl ausgeschlossen. 1884 erhielten zwei Drittel aller Männer das Wahlrecht, nur Frauen, Kriminelle und Geisteskranke nicht. Von einem repräsentativen System zu sprechen erschien den Frauen angesichts der Tatsache, dass die Hälfte der Bevölkerung im Parlament nicht vertreten war, wie Hohn.

Die Bedeutung, die politische Reformer dem Parlament zumaßen, war unübersehbar. Wollten die Frauen auch für sich Reformen erreichen, so durften sie sich nicht damit abfinden, kein Teil dieser wichtigen Institution zu sein. Gerade weil sie mitverfolgen konnten, wie die Belange derjenigen, die im Parlament vertreten waren, ernst genommen wurden, erschien es unabdingbare Notwendigkeit, dass auch Frauen die Zusammensetzung dieses Gremiums mitbestimmen konnten und es ihnen auch möglich sein musste, selbst Teil dieses Gremiums zu werden.

Zu Beginn der Frauenstimmrechtsbewegung im 19. Jahrhundert hatte Großbritannien bereits eine lange Geschichte des gesellschaftlichen, wirtschaftlichen und politischen Liberalismus hinter sich. Nirgendwo sonst hatten sich liberale Ideen im 19. Jahrhundert in dem Maße durchgesetzt wie auf der Insel. Dies war der Nährboden, auf dem die Idee des Frauenstimmrechts gedeihen konnte. Der Kampf ums Wahlrecht hatte hier eine lange Tradition, und die Methoden, auf die nicht zuletzt die Suffragetten zurückgreifen konnten, waren Methoden, die Wahlrechtler schon vor vielen Jahren angewandt hatten.

Die wirtschaftliche Entwicklung des Landes tat ein Übriges, um nicht nur das Bürgertum zu emanzipieren. Frauen forderten Zugang zu Schulen und Universitäten, freie Berufswahl und Mitsprache bei politischen Entscheidungen. Die Modernisierung des Staates schien unvollkommen, solange Frauen davon ausgenommen blieben. Dass sich die Frauen in dieser politisch liberalen Gesellschaft einer großen, auch organisierten Gegnerschaft gegenübersahen, die mit allen Mitteln versuchte, sie am Wahlrecht zu hindern, forderte sie umso mehr heraus. Mit großem Mut und persönlichem Einsatz nahmen sie diese Herausforderung an.

Hinzu kommt, dass die Suffragetten mit den Pankhurst-Frauen drei Führungspersönlichkeiten hatten, die ihresgleichen suchen. Emmeline und ihre Töchter Christabel und Sylvia waren faszinierende Frauen mit enormem Charisma, großer Hingabe und unbedingtem Einsatzwillen: Emmeline war die geliebte Anführerin der WSPU, Christabel gleichsam der mystische Avatar und Sylvia der Engel der Armen. Zusammen verliehen sie der Bewegung ihr Gesicht und gingen in die Geschichte ein, während die meisten Suffragetten heute vergessen sind. Eine Entwicklung, die vor allem darauf zurückzuführen ist, dass viele der Beteiligten lange Jahre über diese Zeit schwiegen. Auch Jahrzehnte danach weigerten sich ehemalige Suffragetten, Namen von Mitstreiterinnen preiszugeben und mit Journalisten und Historikern über Aktionen und Anschläge zu sprechen. So blieben viele der damaligen Aktivistinnen unbekannt. Die Frauen in den weißen Kleidern, die man auf den unzähligen Fotos sieht, tragen keine Namen, sind als Individuen in Vergessenheit geraten. Nur die Erinnerung an die Suffragettenbewegung blieb.

Dieses Buch schildert die Entstehung der Frauenstimmrechtsbewegung und ihren Verlauf in Großbritannien und legt dabei ein besonderes Augenmerk auf die militanten Frauenstimmrechtlerinnen. Großbritannien besteht aus den drei historischen Ländern England, Schottland und Wales. Zusammen mit Irland bildeten sie im 19. Jahrhundert das Vereinigte Königreich, zu dem heute noch Nordirland gehört (United Kingdom of Great Britain and Northern Ireland). Wenn im Folgenden die Geschichte der Frauenstimmrechtsbewegung Großbritanniens erzählt wird, ohne auf regionale Besonderheiten in England, Wales und Schottland einzugehen, so ist dies der Tatsache geschuldet, dass die Frauen ein gemeinsames Ziel, nämlich das Frauenstimmrecht, mehr einte, als regionale Unterschiede sie trennten. Andererseits wäre es falsch, nur von einer englischen Suffragettenbewegung zu sprechen, selbst wenn ihre Zentren in London und Manchester lagen. Die beiden großen Frauenstimmrechtsbewegungen NUWSS und WSPU hatten Vertretungen auch in Schottland und Wales, und viele der bekannten Suffragisten und Suffragetten kamen von dort. Etwas anders verhält es sich mit der Frauenstimmrechtsbewegung in Irland, die im Folgenden nicht thematisiert wird. Hier gab es zwar ebenfalls eine aktive Frauenstimmrechtsbewegung, diese war jedoch weitaus mehr auch mit anderen politischen Themen, vor allem mit der irischen Unabhängigkeit, verknüpft. Die Situation in Irland war aufgrund der politischen Lage eine andere. Die irischen Frauen bildeten eigene Vereine, wie die 1908 gegründete *Irish Women's Franchaise League* [IWFL], die größte und bedeutendste Irlands. Sie wurde ins Leben gerufen, weil die irischen Frauen eine eigenständige, von Großbritannien unabhängige Frauenstimmrechtsorganisation wollten. Sie wollten sich nicht von britischen Frauen führen lassen. Sie verstanden sich als Frauen, aber eben auch als Irinnen. Ein Beispiel dafür, dass die Frauenstimmrechtsbewegung – obwohl eine der wenigen internationalen Bewegungen – in letzter Konsequenz nicht immer in der Lage war, nationale Animositäten zu überwinden.

Dieses Buch will nicht nur die Geschichte der Suffragettenbewegung erzählen, sondern auch die sozialgeschichtlichen Hintergründe beleuchten, vor denen eine solch gewaltige Bewegung entstehen konnte. Welche Ereignisse machten in den Augen der Frauen die Gründung einer militanten Organisation notwendig? Warum sah ein Teil der Frauenstimmrechtsbewegung sich außerstande, weiterhin mit legalen, friedlichen Mitteln zu kämpfen, und wählte eine Strategie der begrenzten Gewalt? Um diese Fragen zu beantworten, werden zudem die Biographien einzelner Frauen herangezogen. Die Porträtierten, die stellvertretend für unzählige Frauen stehen, sind historische Persönlichkeiten, die für ihre Zeit und darüber hinaus von großer Bedeutung waren. Es sind Vorkämpferinnen für Frauenrechte wie Mary Wollstonecraft und Annie Besant, Gegnerinnen des Frauenstimmrechts wie Florence Nightingale und Mary Humphry Ward, Anführerinnen der Suffragetten wie Emmeline und Sylvia Pankhurst, WSPU-Aktivistinnen wie Lady Constance Lytton und Emily Wilding Davison und schließlich die erste Frau, die jemals ins Parlament gewählt wurde, die irische Revolutionärin Countess Constance Markievicz.

In der Suffragettenbewegung trafen sich Frauen unterschiedlicher sozialer Herkunft, die für kurze Zeit ein gemeinsames Anliegen einte, dem sie alles unterordneten: *Votes for Women*! Angesichts ihres heroischen Kampfes um dieses Grundrecht kann man sich dem Urteil der feministischen Politikwissenschaftlerin Hannelore Schröder über die Suffragetten nur anschließen: »Die Frauen der Welt verdanken den Frauen der WSPU das bisher einmalige Beispiel einer völlig unabhängigen, überaus radikalen, heroischen Widerstandsbewegung.«[2]

Dieses Buch ist all den unbekannt gebliebenen Frauen gewidmet, die mit ihrem Leben für ein fundamentales Recht von Frauen kämpften und den Weg bereiteten, auf dem wir unverzagt vorwärtszugehen haben!

> *»Die Mitglieder des Armenrates waren weise, einsichts-*
> *volle, kluge Männer, und als sie das Armenhaus ins Auge*
> *faßten, erkannten sie alsbald [...]: daß es den Armen darin*
> *sehr gut gefiel ...*
> *Sie setzten daher fest, daß alle Armen die Wahl haben*
> *sollten – [...] nach und nach im Haus oder außer Haus zu*
> *verhungern.«*   (Charles Dickens: Oliver Twist)

I. »Vom Kap bis Kairo«
Vom Reich und den Armen

Jene Zeit, in der die Frauenstimmrechtsbewegung in Großbritannien an Bedeutung gewinnt, ist untrennbar mit dem Namen Queen Victorias (1819–1901) verbunden. Die mehr als sechzig Jahre währende Regierungszeit Victorias ist für das Land eine Phase voller Umbrüche, Neuerungen und Widersprüche. Sie ist einerseits geprägt von Technik und Fortschritt, von großem Wohlstand und ungeheurer Machterweiterung, andererseits bringt sie ein Massenelend ungeahnten Ausmaßes hervor. Industrialisierung, Imperialismus und Pauperismus sind die Kennzeichen dieser Epoche.

Doch angesichts der Katastrophen des 20. Jahrhunderts gilt das Zeitalter Victorias gemeinhin als Synonym für die »gute alte Zeit«. Der Zivilbevölkerung der Insel prägte sich das 19. Jahrhundert, nach den Napoleonischen Kriegen, als Ära des Friedens ein. Der einzige Krieg, den das Vereinigte Königreich zwischen 1815 und 1914 in Europa ausfocht, war der Krimkrieg (1853–1856), der Florence Nightingale weltberühmt machte. Dass man zugleich außerhalb Europas in 229 Kriege und Aufstände verwickelt war, fiel für die meisten Briten nicht ins Gewicht. Victoria galt als persönliche Hüterin der *Pax Britannica*, die sich mit ihrem Tode unaufhaltsam dem Ende zuneigte.

Die Ära Victoria lässt sich in drei Phasen gliedern: eine Frühphase, geprägt von politischer Instabilität und wirtschaftlicher Depression (1837–1843), ausgelöst durch Ernteverluste und eine Bankenkrise, beginnend mit der Inthronisierung der 18-Jährigen 1837. Auf sie folgt eine Hochphase ab der Jahrhundertmitte, die zwischen 1851 und

1870 den *Great Victorian Boom* auslöst und die von einer imperialistischen Phase abgelöst wird, in welcher dem wirtschaftlichen Niedergang des Landes durch territoriale Erweiterung begegnet werden soll. Victoria als Kaiserin von Indien wird zum Symbol des britischen Imperialismus schlechthin, der seine Machterweiterung jedoch »ausschließlich« zum Segen der Menschheit betreibt, wie Victoria nicht müde wird zu betonen: »Nicht, um unsern Kolonialbesitz zu erweitern, sondern um Krieg und Blutvergießen zu vermeiden, müssen wir dies tun.«[3] Als die Königin 1901 stirbt, umfasst das Empire 43 Territorien. Ein Viertel der Erde, also etwa 400 Millionen Menschen, steht unter dem Einflussbereich der Krone. Die Königin, die für viele ihrer Untertanen Tugenden wie Pflichtgefühl, moralische Integrität und Arbeitseifer verkörpert, war zu einem Symbol für Kontinuität geworden. Viele Briten hatten niemals einen anderen Menschen auf dem Thron erlebt, konnten sich ein Leben ohne Victoria kaum vorstellen. Dabei war in jener Zeit, der Victoria ihren Namen gab, die tatsächliche Macht des Königshauses weit geringer als sein Prestige. Die wirkliche politische Macht lag beim Parlament, allem voran beim Unterhaus. Victorias Bedeutung war nicht in erster Linie eine politische, sondern vielmehr eine psychologische. Die nach dem Tode ihres geliebten Mannes Albert von Sachsen-Coburg jahrzehntelang in Schwarz gehüllte Witwe bildete ein Gegengewicht zu einer sich fortwährend schneller drehenden Welt, die für den Einzelnen immer schwerer zu durchschauen war und die neben großen Hoffnungen auch große Ängste mit sich brachte.

Industrielle Revolution

Das prägende Ereignis des 19. Jahrhunderts ist, ausgehend von Großbritannien, die industrielle Revolution. Sie macht das Land zur »Werkstatt der Welt« und zur mächtigsten Wirtschaftsmacht der Erde. Der industrielle Vorsprung der Engländer beträgt Jahrzehnte, und es wird bis weit in die 70er Jahre des 19. Jahrhunderts hinein dauern, ehe andere Nationen daran Anschluss finden.

Begünstigt wird diese Entwicklung durch verschiedene innen- und außenpolitische Faktoren sowie eine optimale Bevölkerungsentwicklung, welche dem Land gegenüber Kontinentaleuropa enorme Vorteile verschaffen. So ist Großbritannien anders als das restliche Europa, in dem noch immer die Kleinstaaterei vorherrscht, eine Union. Seit 1707 bilden England und Schottland eine politische Einheit ohne jegliche Handelsschranken. Es gibt einheitliche Steuern, Zölle sowie eine Einheitswährung. Bereits 1694 war mit Gründung der *Bank of England* eine Zentralbank geschaffen worden, welche die Umstellung auf ein modernes Finanzwesen vorantrieb.

Zudem ist das Land seit der *Glorious Revolution* von 1688/89 eine konstitutionelle Monarchie, in der die Gewalt des Königs durch die Verfassung beschränkt ist. Im Gegensatz zum in Europa herrschenden Absolutismus gibt es hier schon früh eine zwar noch nicht demokratisch gewählte, aber eben auch nicht absolutistische parlamentarische Regierung. Dank dieser gemischten Staatsform aus Monarchie und Zwei-Kammer-Demokratie hat England einen entscheidenden Vorteil gegenüber anderen Staaten, denn Schöpfergeist entfaltet sich am besten dort, wo die Freiheit des Denkens gewährleistet ist. So garantieren seit 1689 die Kontrolle durch das Parlament und die *Bill of Rights* die persönlichen Freiheitsrechte.

Die britische Regierungsform ist in der Lage, die für die Industrialisierung förderlichen Rahmenbedingungen zu schaffen, wie etwa Gewerbefreiheit oder später auch Freihandel. Die politischen Freiheiten übertragen sich früh schon auf die Wirtschaft. So gibt es beispielsweise keine Zunftschranken. Der Staat zieht sich über die Jahre weitgehend aus der Wirtschaft zurück und überlässt sie dem freien Spiel der Kräfte. Während auf dem Kontinent der Merkantilismus als die Wirtschaftsform des Absolutismus vorherrscht, begründen Ökonomen wie Adam Smith (1723–1790) bereits Ende des 18. Jahrhunderts den Wirtschaftsliberalismus. Sie fordern den freien Markt und den freien Wettbewerb. Ihrer Ansicht nach wird sich eine freie Wirtschaft, die den Prinzipien von Angebot und Nachfrage unterworfen ist, selbst regulieren. Jedes Eingreifen des Staates würde die wirtschaftliche Entwicklung gefährden. Nur wenn Unternehmen ihre Interessen frei verfolgen können, wird sich auch das Gemeinwohl steigern. Die englische *Laissez-faire*-Politik des 19. Jahrhunderts wird die praktische Umsetzung dieser theoretischen Vorgaben werden.

Gefördert wird der Aufstieg zur Wirtschaftsmacht auch durch eine relativ offene Gesellschaftsform. Mit dem 17. Jahrhundert ist das ständische Gesellschaftssystem zunehmend durchlässiger geworden. Es gibt keine ähnlich strenge Ständeordnung und keine derart undurchlässigen Standesschranken wie in anderen Teilen Europas. Ehen zwischen dem Landadel und dem Bürgertum sind durchaus keine Seltenheit. Adel und Bürgertum bilden nicht die Antipoden wie andernorts, auch wenn die etwa zweihundert Familien des Hochadels kaum Kontakt zum Bürgertum pflegen. Die politische Emanzipation des Bürgertums ist vergleichsweise weit fortgeschritten, die Aristokratie verhältnismäßig verbürgerlicht. Im Unterhaus sitzen Unternehmer und wirken an der Gesetzgebung mit. Auf der anderen Seite arbeitet nach Gottes Gebot auch der Adel und beteiligt sich, anders als zum Beispiel in Preußen, an der Industrialisierung. Es ist ein völlig normaler Vorgang, dass auch Adlige in die Produktion investieren, nicht nur Unternehmer oder Bauern. Grundsätzlich herrscht in England ohnehin eine hohe Investitionsfreudigkeit. Eine protestantisch gefärbte Arbeitsethik befördert Tugenden wie Fleiß und Gewinnstreben. Eine Haltung, die sich besonders bei den sogenannten *dissenters*, bei Baptisten, Methodisten, Presbyterianern oder Quäkern zeigt, also allen Nonkonformisten, die sich von der anglikanischen Amtskirche losgesagt haben. Materieller Erfolg gilt als sichtbares Zeichen göttlichen Wohlwollens, das calvinistische Ideal der Vervollkommnung durch Arbeit prägt den Alltag der Inselbewohner und trägt entscheidend zum wirtschaftlichen Aufstieg bei.

Der wirtschaftlichen Entwicklung gelegen kommt auch ein im 19. Jahrhundert einsetzendes rasantes Bevölkerungswachstum. Verbesserte medizinische Versorgung, hygienische Maßnahmen und das Ausbleiben von großen Hungersnöten tragen dazu bei, dass sich die Bevölkerung der Insel immens vermehrt. Hinzu kommt, dass man hier weit weniger als auf dem Kontinent unter Kriegsverwüstungen und den damit verbundenen Seuchen leidet. Vom Amtsantritt Victorias bis zu ihrem Tode steigt die Zahl ihrer Untertanen im Vereinigten Königreich von 25 Millionen auf mehr als 41 Millionen an. Dies ist angesichts von Ereignissen wie der Hungersnot in Irland Mitte des Jahrhunderts und der daraufhin einsetzenden großen Auswanderungswelle durchaus beachtlich.

1801 gibt das Unterhaus die erste von zahlreichen Volkszählungen in Auftrag. Ergebnis all dieser Zählungen ist, dass die Bevölkerung kontinuierlich wächst. So erscheint es kaum verwunderlich, dass, noch bevor es zur industriellen Revolution kommt, eine Agrarrevolution stattfindet. Die Landwirtschaft muss sich der steigenden Nachfrage nach Nahrungsmitteln anpassen. Durch Bodenverbesserung, Düngemittel und Bewässerungseinrichtungen gelingt es der Landwirtschaft, ihre Erträge zu steigern. Insgesamt steigert sich die landwirtschaftliche Produktion so sehr, dass die Bevölkerung einigermaßen ernährt werden kann. Dies gelingt ab Mitte des 19. Jahrhunderts nicht zuletzt durch den Import von Getreide, der durch Verbesserungen im Transportwesen möglich wird. Zur Intensivierung der Landwirtschaft trägt auch die Umstellung von der Dreifelderwirtschaft auf die produktivere Fruchtwechselwirtschaft bei. Zu Beginn des 19. Jahrhunderts vergrößern die Großgrundbesitzer ihre Grundstücke und Äcker; eine Entwicklung, die zu Lasten der Kleinbauern geht. In dem Maße, wie Bauernhöfe und Gutshöfe zu Unternehmen werden, werden die Kleinbauern verdrängt. Viele verkaufen ihre unrentablen Parzellen und wandern in die Städte ab. Der Einsatz neuer landwirtschaftlicher Maschinen verhindert ihren Verbleib als Landarbeiter. Im ersten Drittel des 19. Jahrhunderts kommt es deshalb verschiedentlich zur Zerstörung von Dreschmaschinen. Doch die Entwicklung können auch derartige Verzweiflungstaten nicht aufhalten: Aus unzähligen freien Kleinbauern werden abhängige Lohnarbeiter. 1851 arbeiten von 9 Millionen erwerbstätigen Briten noch 2 Millionen in der Landwirtschaft, 1881 sind es von 12,8 Millionen Erwerbstätigen nur mehr 1,6 Millionen.

Von immenser Bedeutung für die Industrialisierung sind die Gebiete in Übersee. Großbritannien ist seit Beginn des 18. Jahrhunderts die führende Kolonialmacht. Bedingt durch den Kolonialhandel stehen große Kapitalreserven zur Verfügung. Zudem werden die Kolonien als Rohstofflieferanten und Absatzmärkte genutzt. Kanada und Indien sind seit dem 18. Jahrhundert Teil des Empires, Südafrika und Ceylon seit den Kriegen gegen Napoleon. 1770 hatte James Cook (1728–1779) die Südostküste von Australien für die britische Krone in Besitz genommen. Seit 1788 werden dorthin Strafgefangene deportiert, bis 1853 gelangen mehr als 137 000 Menschen auf diese Weise nach Australien. 1769 war Cook bereits auf Neuseeland gelandet, das 1840 britische Kronkolonie wird. 1839 besetzt Großbritannien Aden und erhält dadurch Zugang zum Roten Meer. 1840 übernimmt man als Folge des Opiumkrieges mit China Hongkong.

Gestützt auf die größte europäische Flotte ist Großbritannien seit dem 17. Jahrhundert ohnehin die größte Handelsmacht der Welt. Eine Stellung, die es auch während der großen Kriege des 18./19. Jahrhunderts, sowohl im Siebenjährigen Krieg als auch in den napoleonischen Kriegen, behaupten kann. Die Schiffe transportieren Unmengen an Rohstoffen aus Übersee ins Mutterland, wo aufgrund immer neuer technischer Entwicklungen die Nachfrage nach billigen Rohstoffen steigt.

Den Grundstein für die industrielle Revolution legen jedoch die zahlreichen Erfindungen, welche die naturwissenschaftlichen Erkenntnisse vergangener Jahre umsetzen. Seit den 60er Jahren des 18. Jahrhunderts nehmen die Patentanmeldungen auf der Insel kontinuierlich zu.

Die bahnbrechendste Erfindung gelingt 1769 James Watt (1736–1819) mit der Erfindung eines Universalmotors. Der schottische Instrumentenmacher verbessert die von Thomas Newcomen (1663–1729) bereits 1712 erfundene sphärische Kolbendampfmaschine um entscheidende Punkte und baut durch die Einführung des vom Zylinder getrennten Kondensators die erste direkt wirkende Niederdruckdampfmaschine. Das am 5. Januar 1769 angemeldete Patent mit der Nummer 913 gilt als eine der bedeutendsten Erfindungen der Geschichte. Friedrich Engels schreibt hierzu: »Die Männer, die im siebzehnten und achtzehnten Jahrhundert an der Herstellung der Dampfmaschine arbeiteten, ahnten nicht, daß sie das Werkzeug fertigstellten, das mehr als jedes andre die Gesellschaftszustände der ganzen Welt revolutionieren« sollte.[4] Mit dem Übergang zur Dampfenergie als Grundlage der Energieerzeugung beginnt die industrielle Revolution, in der sowohl Wasser und Wind als auch menschliche und tierische Muskelkraft als Energieträger verdrängt werden. Die Dampfmaschine von Watt wird zum zentralen Motor der neu entstehenden Fabriken.

Auch in anderen Bereichen gelingen den Briten wichtige Erfindungen. Zum Beispiel im Textilbereich, dem entscheidenden Sektor in der ersten Phase der Industrialisierung. Durch die billige Einfuhr von Rohbaumwolle aus Übersee ist die Textilbranche traditionell einer der wichtigsten Industriezweige auf der Insel und wird nun zum Antrieb der industriellen Entwicklung.

Noch Mitte des 18. Jahrhunderts stand die Textilindustrie vor dem Problem des Arbeitskräftemangels, da das Bevölkerungswachstum stark rückläufig war. Da die Notwendigkeit einer Produktion mit wenigen Arbeitern gegeben war, mussten Maschinen entwickelt werden, welche die Arbeitskräfte ersetzen konnten. 1765 entwickelt James Hargreaves (1720–1778) mit der *Spinning Jenny* ein Handspinngerät, mit dem acht Spindeln gleichzeitig betrieben werden können. Nach konstruktiven Verbesserungen ist es später auf bis zu 120 Spindeln erweiterbar. Nahezu zeitgleich konstruiert Richard Arkwright (1732–1792), der als Begründer der Textilgroßindustrie gilt, die *Water Frame*, eine von einem Wasserrad betriebene Spinnmaschine, bei der die Fäden jedoch sehr leicht reißen. Ein Problem, das schon 1779 die *Mule Jenny* von Samuel Crompton (1753–1827), ein Hybrid aus *Spinning Jenny* und *Water Frame*, lösen kann. Damit steigt die Produktion enorm an. Während eine *Spinning Jenny* mit 60 Spindeln 25 Handspinner ersetzt, verrichtet eine *Mule Jenny* mit 14 Spindeln die Arbeit von 175 Handspinnern. Ab 1790 werden *Mule Jennys* mit bis zu 400 Spindeln gebaut, die später mit Dampf betrieben werden. Tragischerweise muss Crompton, der zu arm ist, um ein Patent anzumelden, seine bahnbrechende Erfindung billig verkaufen und stirbt 1827 als armer Mann.

Nachdem die Spinnerei derartige Produktionszuwächse verzeichnet, wird auch das Weben automatisiert. 1785 konstruiert Edmund Cartwright (1743–1823) mit dem *Power Loom* den ersten dampfbetriebenen Maschinenwebstuhl. Da der *Power Loom* jedoch teuer und von geringer Leistung ist, dauert es einige Zeit, ehe sich die maschinellen Webstühle, um ein Vielfaches verbessert, endgültig durchsetzen.

Mit Hilfe dieser technischen Neuerungen nimmt die Textilindustrie einen ungeheuren Aufschwung. Die aus den Kolonien eingeführte Rohbaumwolle wird in Großbritannien verarbeitet und als Baumwollstoff exportiert. Maschinen lösen überall die Handarbeit ab. Zwischen 1813 und 1850 steigt die Anzahl mechanischer Webstühle auf der Insel von 2400 auf 224000 an. Die Produktion wird immer billiger, was sich auch in einem billigeren Verkaufspreis niederschlägt. Dies ist von großer Bedeutung, da durch die steigende Bevölkerung im 19. Jahrhundert ein ungeheurer Bedarf an Kleidung, Nahrungsmitteln und Heizmaterial vorhanden ist. Doch die neue Produktionsweise führt nicht nur zur Steigerung der Produktion, zu billigerer, schnellerer und umfassenderer Verarbeitung von Baumwolle, sondern auch zum Niedergang der Handweber, die sich von 250000 (1820) auf 50000 (1855) reduzierten.

Die Arbeiter in der Textilindustrie sehen in den neuen Maschinen zu Recht von Anfang an große Konkurrenz. Nicht alle sind bereit, sich mit der neuen Entwicklung abzufinden, setzen sich zur Wehr. Die Ludditen, auch »Maschinenstürmer« genannt, entwickeln sich zu einer bedeutenden Bewegung innerhalb der englischen Arbeiterklasse. Gezielt zerstören die Textilarbeiter unter ihrem legendären Anführer Ned Ludd ab 1811 ausgehend von Nottingham im ganzen Land Maschinen und liefern sich erbitterte Kämpfe mit Polizei und Soldaten. Maschinenstürmerei wird daraufhin zum Kapitalverbrechen erklärt. 1814 wird die Bewegung militärisch niedergeschlagen, die Anführer hingerichtet oder nach Australien deportiert. Dennoch kommt es auch in den Folgejahren immer wieder zur Zerstörung von Maschinen durch aufgebrachte Arbeiter. Einer der wenigen Engländer, die diese Aktionen unterstützten, ist der Dichter Lord Byron, der die Männer 1811 im Parlament verteidigt und ihnen 1816 eines seiner Gedichte widmet: *Song of the Luddites.*

Dichter, Künstler und Philosophen stehen der mechanischen Entwicklung skeptisch gegenüber. Der Kunsthistoriker und Sozialreformer John Ruskin (1819–1900), der mit seinen archaischen Vorstellungen von der Natur der Frau die spätere Frauenstimmrechtsbewegung gegen sich aufbringt, sieht in der industriellen Massenproduktion die Gefahr der Verkrüppelung sowohl menschlicher Tugenden als auch künstlerischer Schaffenskraft. Er plädiert für eine neue Wirtschaftsethik, in deren Mittelpunkt der Mensch stehen und handwerkliche Arbeit als unverzichtbarer schöpferischer Wert betrachtet werden soll. Sein Credo ist das Evangelium der Schönheit, eine Verschmelzung von Kunst, Politik und Wirtschaft. Ruskin versteht sich als Ästhetiker und Ethiker zugleich, betont die moralische Aufgabe der Kunst. Mit seiner Hinwendung zur Kunst des Mittelalters wird er zum Vorbild einer englischen Künstlergruppe, die sich ebenfalls gegen die industrielle Massenproduktion richtet: die 1848 gegründete Präraffaelitische Bruderschaft, zu der unter anderem Dante Gabriel Rossetti, John Everett Millais und Edward Burne-Jones gehören.

Die Tatsache, dass mit Hilfe von Maschinen Unmengen minderwertiger Waren produziert werden, welche die viktorianische Gesellschaft begeistert konsumiert, führt dazu, dass die Künstler des Landes zu Wegbereitern einer neuen Stilrichtung werden. Die englische Arts & Crafts-Bewegung wird zum Vorläufer des Jugendstils. Einer ihrer berühmtesten Vertreter ist der Künstler und politische Aktivist William Morris (1834–1896). Als rigoroser Gegner industrieller Massenproduktion gründet er 1861 mit Freunden die Firma »Morris, Marshall, Faulkner & Co.«, deren Angebot von Glasfenstern, Wandteppichen, Tapeten, Möbeln bis hin zu Metallarbeiten reicht. Alles wird in qualitativ hochwertiger Handarbeit hergestellt – maschinelle, industrielle Herstellung ist verpönt. Morris' Credo lautet: »Als Lebensbedingung ist alle Maschinenarbeit von Übel.«

Dennoch können weder die Maschinenstürmer noch die Künstler die fortschreitende Mechanisierung aufhalten. Ganz Europa wird in den Folgejahren unter anderem mit billigen Textilien aus England überschwemmt, was in nicht geringem Maße zum Ausbruch des Schlesischen Weberaufstandes von 1844 beiträgt, den Gerhart Hauptmann in seinem Bühnenstück *Die Weber* verewigt.

Die neuen Produktionsweisen führen zu einer Kapitalvermehrung, die wiederum für die Entwicklung neuer Maschinen genutzt wird. Die Fabriken wachsen, ganze Städte werden zu Ballungszentren der neuen Industrien. Um die Waren zu transportieren, wird in die Infrastruktur investiert. Großbritannien liegt verkehrsgünstig am Meer. Es hat ein weit verzweigtes Netz an Flüssen, Kanälen und Straßen, deren Ausbau nun zügig voranschreitet. Als 1761 der *Worsley Canal* eröffnet wird, ist Kohle in Manchester plötzlich zum halben Preis zu haben. Dank der Erfindung der Dampfmaschine kommt es auch im Transportwesen zu bahnbrechenden Neuerungen. Der Siegeszug der Eisenbahn beginnt. 1803 entwickelt Richard Trevithick (1771–1833) die erste Dampflokomotive, deren Einsatz 1804 jedoch an den gusseisernen Schienen scheitert, die dem Gewicht der Lok nicht gewachsen sind. 1814 baut George Stephenson (1781–1848) die erste verwendungsfähige Dampflokomotive. Als es 1820 schließlich gelingt, Schienen zu walzen, beginnt ihr Durchbruch. Am 27. September 1825 wird mit der *Locomotive No. 1* zwischen Darlington und Stockton die erste öffentliche Eisenbahnlinie der Welt eröffnet. Der Zug erreicht auf der 39 Kilometer langen Strecke eine Geschwindigkeit von 15 bis 17 km/h. Vier Jahre später verbindet die Eisenbahn bereits die Städte Liverpool und Manchester. Das neue Transportmittel wird ab 1830 offiziell auch für die Personenbeförderung zugelassen. Während also in England die Eisenbahn bereits große Städte miteinander verbindet, sind die Bahnstrecken auf dem Kontinent so kurz, dass man sie problemlos auch zu Fuß zurücklegen kann. Der *Adler*, jene erste in Deutschland fahrende, jedoch aus England stammende Lokomotive, fährt 1835 gerade mal zwischen Nürnberg und Fürth hin und her. 1844 führt das englische Parlament einen allgemeinen Benutzerpreis von einem Penny pro Meile für die Dritte Klasse in der Eisenbahn ein, was nicht zuletzt die Bedeutung der neuen Technik für die Mobilität der Bevölkerung zeigt. Großbritannien wird in den Folgejahren mit einem weit verzweigten Schienennetz überzogen. 1850 gibt es bereits 10 000 Kilometer Gleis. Mit Hilfe der Züge können Produkte nun landesweit vermarktet werden, zugleich bleibt die Industrie bei der Standortwahl flexibel. Dies schafft auch für die Landwirtschaft, die ebenfalls mechanisiert wird – 1833 erfindet John Heathcoat (1783–1860) den Dampfpflug –, neue Absatzmöglichkeiten.

Die verbesserte Infrastruktur führt zum Aufbau eines neuen Kommunikationsnetzes. 1840 führt Rowland Hill (1795–1879) die *Penny Post* ein, die zu einem Penny landesweit Briefe transportiert – im zersplitterten Deutschland undenkbar. 1846 wird die allgemeine Telegraphengesellschaft gegründet. 1863 fährt bereits die erste U-Bahn der Welt als unterirdische, mit Dampflok betriebene Eisenbahn durch London. Mobilität ist eines der wichtigsten Schlagworte jener Zeit, in der das Reisen eine ganz neue Bedeutung erhält.

Die Schaffung des neuen Transportwesens bringt Hunderttausende neuer Arbeitsplätze und fördert die Bedeutung von Eisen und Kohle. Damit beginnt die zweite Phase der Industrialisierung, die sich auf Kohle, Eisen und Stahl gründet und in der nicht nur Unsummen für Neuinvestitionen ausgegeben werden, sondern auch Tausende neuer Arbeitsplätze geschaffen werden. Steinkohle ist für die neue maschinelle Form der Produktion unentbehrlich. Von diesem Energieträger sind auf der Insel ebenso große Mengen vorhanden wie von Erz. Von 1815 bis zur Mitte des 19. Jahrhunderts steigt die Kohleförderung von 13 Millionen Tonnen auf 100 Millionen Tonnen an. Das meiste davon dient der Eisenverhüttung. Eisen und Stahl werden zu Exportschlagern. Erfindungen wie die Verbesserung des Schmelzprozesses in Hochöfen fördern den Erfolg. Eisen wird zum Grundstoff der industriellen Entwicklung jener Phase: Dampfmaschinen, Eisenbahnen, Werkzeuge, Brücken, Aquädukte, Bahnhöfe, alles entsteht aus diesem nun allgemein verfügbaren Rohstoff. Dazu kommt, dass die Engländer seit Ende des 18. Jahrhunderts bei der Stahlformung nicht mehr mit traditionellem Schmieden, sondern mit Walztechnik arbeiten. Dadurch wird die Formung mechanisiert. Das Ausland giert nach Maschinen, Lokomotiven und Dampfschiffen made in England. Denn auch wenn die Industrialisierung auf dem Kontinent voranschreitet, zur eigenen Produktion derartiger Maschinen ist man dort technisch noch nicht in der Lage.

Als 1825 auf dem Rhein der erste Passagierdampfer losmacht, fahren die englischen Dampfer bereits nach Ost-Indien. Allein zwischen 1814 und 1830 erhöht Großbritannien seine Passagierdampfer von 20 auf mehr als 300 Stück. 1833 bauen die Briten den ersten Kriegsdampfer. Fünf Jahre später baut Francis Pettit Smith (1808–1874) die *Archimedes*, 1835 den ersten Schraubendampfer der Welt. Seine Entwicklung des Schiffspropellers basiert auf den Forschungsarbeiten Joseph Ressels (1793–1857), dem die Polizei in Triest 1829 jegliche Versuche mit seiner Schraube untersagt hatte. Während die Engländer von Forscherdrang und Erfindungsgeist beseelt sind, bleibt man auf dem Kontinent skeptisch. In Deutschland warnen Mediziner eindringlich vor schweren gesundheitlichen Schäden, verursacht durch die neuen Fortbewegungsmittel. Die Universität Erlangen schreibt in einem medizinischen Gutachten, dass allein der Anblick eines vorbeifahrenden Zuges zu schweren Schäden im Gehirn führen kann und man zum Schutz der Bevölkerung zumindest fünf Meter hohe Schutzwände aufstellen sollte. Während die Europäer sprichwörtlich technisch noch auf den Bäumen sitzen, benutzen die Briten bereits Füllfederhalter (1809 Frederick Bartholomew Fölsch), Streichhölzer (1827 John Walker) und Briefmarken (1840 Rowland Hill). 1850 besitzt Großbritannien 1290 Dampfmaschinen, Frankreich hingegen ganze 270. Mitte des Jahrhunderts kommen zwei Drittel aller Kohle der Erde, die Hälfte des Eisens, fünf Siebtel der Stahlproduktion und die Hälfte der zu kommerziellen Zwecken verarbeiteten Baumwolle von der Insel.

1851 findet auf Initiative Prinz Alberts von Sachsen-Coburg, dem Gatten Königin Victorias, in London die erste Weltausstellung statt.

Im eigens dafür errichteten Londoner Kristallpalast zeigen Aussteller aus aller Welt Erfindungen und neuste Produkte. Die *Great Exhibition* stellt einen der Höhepunkte des Viktorianischen Zeitalters dar: Der Glaube an Fortschritt, Wachstum und immer größeren Wohlstand ist grenzenlos.

Kristallpalast in London zur Weltausstellung 1851

Der Nationalstolz und Entdeckergeist der Engländer ebenso. In jene Jahre fallen berühmte Forschungsreisen, die nicht alle glücklich enden, jedoch die Aufbruchsstimmung verdeutlichen, die in jenen Jahren herrscht. Nachdem John Franklin (1786–1847) bei seiner dritten Expedition 1848 auf der Suche nach der Nordwestpassage gescheitert war, gelingt es im Jahre 1851 dem britischen Seefahrer und Nordpolarforscher Robert MacClure (1807–1873), das letzte Teilstück der Nordwestpassage zwischen Banks- und Melville-Island zu finden und damit den seit 400 Jahren gesuchten Seeweg, der den Atlantik mit dem Pazifik durch den kanadisch-arktischen Archipel verbindet, nutzbar zu machen. Forscher wie David Livingston (1813–1873), der im November 1855 als erster Weißer die *Victoria Falls* erblickt und ihnen zu Ehren der Königin den Namen »Victoriafälle« gibt, werden zu Idolen einer ganzen Generation. Die 1830 ins Leben gerufene *Royal Geographical Society*, die sich die Förderung und Unterstützung geographischer Forschung im Vereinigten Königreich und in Übersee auf die Fahnen geschrieben hat, sammelt

Gelder für Expeditionen, die nicht nur neue Länder erforschen, sondern auch den britischen Einflussbereich weltweit vergrößern sollen.

Imperialismus

Das 19. Jahrhundert ist nicht nur geprägt vom Wettlauf um die neue Technik, sondern – mitbedingt durch die Industrialisierung – auch vom Wettbewerb der europäischen Länder um Einflussbereiche und Ressourcen. Das Vereinigte Königreich, das bereits ein großes Kolonialreich besitzt, gerät in Wettbewerb mit anderen Kolonialmächten. Während die koloniale Erwerbspolitik bis in die zweite Hälfte des 19. Jahrhunderts zumeist von privaten Gesellschaften wie der *East India Company* getragen war, wird sie jetzt zunehmend vom Staat übernommen. 1874 beginnt die »Ära des (neuen) Imperialismus«. Die Entstehung des Imperialismus fällt zusammen mit einer Phase, die als die Große Depression in die Geschichte eingeht. Die bis dahin unaufhaltsam scheinende wirtschaftliche Expansion gerät ins Stocken. Zunächst einmal erlebt die Landwirtschaft eine Krise, nachdem immer mehr Lebensmittel importiert werden. Besonders der aus den Vereinigten Staaten importierte Weizen macht die heimische Weizenproduktion unrentabel. Verbesserte Kühlverfahren begünstigen dazu Fleischimporte aus den europäischen Ländern und schwächen die Viehwirtschaft.

Dann bricht der Industriesektor ein. Nachdem das Vereinigte Königreich jahrzehntelang die führende Industrienation gewesen ist, haben die anderen Länder, allen voran die USA und Deutschland, aufgeholt. In den Bereichen der neuen Industrie, sprich Chemie und Elektrotechnik, haben sie die Briten gar überholt. Dies besagt nicht, dass die Wirtschaft völlig zusammenbricht, doch der Vorsprung ist eingebüßt. Das Vereinigte Königreich ist nun nur mehr eine von mehreren großen Industrienationen. Ursächlich dafür ist nicht nur, dass das Mutterland der Industrialisierung auf veralteten Maschinen sitzt, während Deutschland und die USA modernstes Gerät besitzen. Nachdem die Bevölkerung im Vereinigten Königreich so immens angestiegen war, hatte man keinerlei Notwendigkeit gesehen, weitere Maschinen zu entwickeln, um Arbeitskräfte einzusparen. Die Produktivität des einzelnen Arbeiters stagniert seit Jahren. Dazu kommt, dass gerade Deutschland bezüglich der naturwissenschaftlichen Ausbildung einen großen Sprung nach vorn getan hat. Jährlich verlassen mehr als 3000 Ingenieure die neuen Technischen Hochschulen, während in ganz Großbritannien gerade einmal 500 Ingenieure jährlich ausgebildet werden. Die hier noch immer vorherrschende Ausbildung ist die Ausbildung zum Gentleman: Latein, Französisch, Literatur und Kunst – das ist es, worauf man hier Wert legt. Den Naturwissenschaften hingegen steht man, mit für die Wirtschaft weitreichenden Folgen, alles andere als aufgeschlossen gegenüber. Erst in der letzten Hälfte des 19. Jahrhunderts werden erste Technische und Naturwissenschaftliche Universitäten gegründet. Vorreiter sind hierbei die Industriestädte des Nordens, in denen neue *Colleges* entstehen, die eine Ergänzung zu den klassischen Universitäten des Landes darstellen. Bemerkenswert ist, dass das Vereinigte Königreich auch in diesen Krisenzeiten seine *Laissez-faire*-Politik nicht aufgibt. Im Gegensatz zu Europa gibt es keinerlei Interventionsmaßnahmen von Seiten des Staates, um die Wirtschaft zu stützen oder anzukurbeln. Stattdessen wird die wirtschaftliche und nun auch zunehmend politische Eroberung von bislang unausgebeuteten Erdteilen als Lösung favorisiert. Die Erschließung neuer Märkte soll die Wirtschaftskrise beenden. Die Große Depression begünstigt letztlich den Imperialismus.

Auch psychologisch erhofft man sich hierdurch einen Umschwung. Denn während man im Inland mit großen Problemen zu kämpfen hat, ist man darauf erpicht, die Macht des Empires zu mehren und den sich aufbauenden Druck nach außen abzuleiten. Gesteigerter Nationalismus soll die wirtschaftlichen Defizite auffangen.

Der im letzten Drittel des 19. Jahrhunderts entstehende Imperialismus ist jedoch mehr als die reine Ausbeutung der Kolonien, ist er doch eng verbunden mit einem christlichen Sendungsbewusstsein, dem Glauben an den Besitz einer höheren Moral und Wertigkeit, die man denjenigen bringen muss, die ihrer dringend bedürfen. Die Briten sehen sich wie alle Imperialisten getragen von der göttlichen Mission, Kultur und Religion in aller Herren Länder zu bringen – auch ungefragt! Der Rassismus blüht und mit ihm die englische Variante des Chauvinismus und Hurra-Patriotismus, der Jingoismus. Einer der eifrigsten Befürworter des Imperialismus ist der Schriftsteller und Nobelpreisträger Rudyard Kipling (1865–1936). Er prägt mit seinem Gedicht *The White Man's Burden* (1899) die Phrase von der Last des weißen Mannes, dessen ethische Pflicht es sei, den Wilden die Zivilisation zu bringen:

> »Take up the White Man's burden –
> Send forth the best ye breed –
> Go send your sons to exile
> To serve your captives' need
> To wait in heavy harness
> On fluttered folk and wild –
> Your new-caught, sullen peoples,
> Half devil and half child.«

Kipling wird zum literarischen Sprachrohr des britischen Imperialismus und trägt mit seinen Texten zur Idealisierung des Empires bei. Niemals soll die Sonne über britischem Territorium untergehen. »Vom Kap bis Kairo« lautet die Losung, welche das Land mehr als einmal in kriegerische Auseinandersetzungen verwickeln wird. Zur Sicherung des Weges nach Indien strebt das Vereinigte Königreich die Kontrolle des Niltals und die Schaffung einer Landbrücke an. 1876 gelingt Premierminister Benjamin Disraeli (1804–1881) ein entscheidender Schritt, als er dem bankrotten ägyptischen Khediven die Aktien des Suezkanals, der den Seeweg nach Asien verkürzt, abkauft. 1882 übernehmen die Briten formal die Herrschaft in Ägypten. Obwohl das ägyptische Regierungssystem weiter bestehen bleibt, wird der englische Generalkonsul mit so großer Verfügungsgewalt ausgestattet, dass dies einer praktischen Herrschaft über Ägypten gleichkommt. Eine Situation, die laut Generalkonsul Sir Evelyn Baring nur zum Besten für Ägypten ist: »Die besondere Geschicklichkeit, welche die Engländer beim Regieren von orientalischen Rassen gezeigt haben, weisen auf England als das wirkungsvollste und wohltätigste Werkzeug für die allmähliche Einführung der europäischen Zivilisation in Ägypten hin.«[5]

Afrika gewinnt in den letzten Jahrzehnten des 19. Jahrhunderts für die imperialen Mächte zunehmend an Bedeutung. Der Rest der Welt ist vergeben, nur hier gibt es noch etwas zu verteilen. Seit 1765 steht Gambia unter britischer Hoheit. An der Küste von Sierra Leone wird eine Ansiedlung befreiter Sklaven 1806 Kronkolonie. Die Goldküste wird 1874 ebenfalls eine Kolonie der Krone, 1885 wird das Protektorat Nigeria errichtet. Im Indischen Ozean sind es Sansibar, Kenia und Uganda, die zum Empire gehören. Doch in Indien und Südafrika stößt der britische Imperialismus schließlich an seine Grenzen. Und das, obwohl Victoria 1877 zur Kaiserin von Indien ernannt wird und die Befürworter des Imperialismus im Lande zahlreich sind.

Während in Indien die Unabhängigkeitsbewegung wächst, wachsen in Afrika die Konflikte mit den europäischen Kolonialmächten. Einer, der die Situation in Afrika entscheidend mitgestaltet, ist der langjährige Premierminister der Kapkolonie Cecil Rhodes (1853–1902), den Egon Friedell einen »der gewaltigsten Konquistadoren der ausgehenden Neuzeit«[6] nennt. Für Rhodes sind die Briten die erste Rasse der Welt: »Wenn es einen Gott gibt, denke ich, er möchte von mir, daß ich so viel von der Karte Afrikas britisch-rot mache als möglich.«[7] Unter seinem Einfluss erobern die Briten 1885 das heutige Botswana. Er erwirbt für die Krone 1889 das nach ihm benannte Rhodesien (heute Sambia und Simbabwe). 1895 wird er Premierminister des seit den napoleonischen Kriegen 1806 zu England gehörenden Kaplandes. Mit den im Norden liegenden Burenrepubliken Oranje Freistaat und Transvaal kommt es aufgrund der riesigen Gold- und Diamantenfelder sowie den Territorialerweiterungsansprüchen der Engländer zum zweiten Burenkrieg (1899–1902), der mit der Eingliederung der Buren ins Empire endet. Damit rückt die Verwirklichung des Kap-Kairo-Plans, der ein geschlossenes britisches Kolonialreich von Ägypten bis Südafrika vorsieht, ein Stückchen näher. Der Burenkrieg erlangt traurige Berühmtheit unter anderem dadurch, dass der britische Oberbefehlshaber Horatio Kitchener (1850–1916), der bereits den Sudan erobert hatte, hier zum ersten Mal sogenannte *concentration camps* errichten lässt, in denen bis zu 120 000 Menschen, vor allem Frauen und Kinder, interniert werden. Diese Konzentrationslager sind zwar keine speziellen Vernichtungslager wie zur Zeit des Nationalsozialismus, jedoch sterben hier aufgrund der unzumutbaren hygienischen Verhältnisse und der Mangelernährung bis zu 26 000 Frauen und Kinder. Berichte darüber schrecken die Briten endlich in ihrem imperialen Sendungsbewusstsein auf. Die englische Pfarrerstochter Emily Hobhouse (1860–1926), die 1899 bei einem Besuch in Südafrika in die Wirren des Burenkrieges gerät, schildert nach ihrer Rückkehr der entsetzten Öffentlichkeit das Elend der Konzentrationslager. Mit ihrem Buch *The Brunt of the War* löst sie landesweit große Empörung aus und zwingt die Verantwortlichen zum Handeln. Die besonders grausame Art der Kriegsführung der verbrannten Erde und die Errichtung der ersten Konzentrationslager bringt den bis dato unerschütterlichen Glauben von der moralischen Überlegenheit der Briten ins Wanken.

Irland

Das größte Problem innerhalb des Britischen Empires ist die Irlandfrage. Irland ist dem Vereinigten Königreich seit 1800 angeschlossen, doch die Stimmen, welche die Unabhängigkeit fordern, mehren sich. Populärster Streiter für die Unabhängigkeit ist Daniel O' Connell (1775–1847). Nachdem Unterdrückungsmaßnahmen die Nationalbewegung nicht zum Verstummen bringen, wird versucht, die Situation durch sozialpolitische Maßnahmen zu konsolidieren. Eine der größten Katastrophen in der Geschichte Irlands macht diese Pläne jedoch zunichte und bringt den Nationalisten neuen Zulauf: der *Great Famine*, von vielen Iren als versuchter Genozid verstanden. 1845 wird die Kartoffel, das Hauptnahrungsmittel der Iren, von der

Kartoffelfäule befallen. Die daraufhin von der britischen Regierung beschlossenen Hilfsmaßnahmen greifen angesichts der Tatsache, dass die Ernte auch in den darauffolgenden Jahren ausfällt, zu kurz. Der extrem harte Winter 1846/47 führt dazu, dass die britische Regierung mit ihrem ehernen Grundsatz, Sozialleistungen nur gegen Arbeit zu verteilen, brechen muss. Um Hungerrevolten zu vermeiden, werden Lebensmittel nach Irland geschickt und Suppenküchen eingerichtet. Nach Ende des Hungerwinters beschließt die britische Regierung, die weitere Finanzierung der Fürsorge auf die irische Verwaltung zu übertragen. Diese finanziert sich aus Abgaben der Grundherren, die von ihren Pächtern jedoch seit Beginn der Kartoffelfäule keine Pacht mehr erhalten haben. Eine Fehlentscheidung, die in einer menschlichen Katastrophe endet. Denn nun folgt eine rechtlich abgesicherte Eviktion, bei der ganze Familien per Gerichtsbeschluss aus ihren Häusern getrieben werden. Die Zahl der Fürsorgeempfänger wächst im selben Maße wie der Hass auf die Grundherren und auf die britische Regierung. Mehr als eine Million Menschen verlassen Irland in Richtung USA, Kanada oder Australien. Aus den USA werden vor allem von den Quäkern Hilfslieferungen bereitgestellt. Aber die britische Regierung, die sich nur schwer von ihrem Konzept Hilfe gegen Arbeitsleistung trennen kann, verhindert die Einfuhr. Erst nach internationalen Protesten können Nahrungsmittellieferungen aus den USA noch schlimmere Folgen in Irland verhindern. Dennoch fallen der großen Hungersnot zwischen 1845 und 1848 mehr als eine Million Iren zum Opfer. Bedingt durch Tod oder Emigration sinkt die Bevölkerung von 8,2 Millionen (1841) auf circa 6,5 Millionen Menschen (1851). Nichts fördert das Unabhängigkeitsstreben der Iren mehr als jene Jahre, in denen sie sich von der britischen Regierung im Stich gelassen fühlen, in denen sie ohnmächtig Getreideexporte nach England mit ansehen müssen und wehrlos und rechtlos von ihrem Grund und Boden vertrieben werden. Die Irlandfrage wird zum größten ungelösten Problem der britischen Regierung und blieb es bis heute.

Die Unabhängigkeitsbewegung bekommt in den Folgejahren mehr und mehr Zulauf. Der Druck, der Insel *Home Rule*, sprich

Selbstverwaltung zuzugestehen, wächst, begleitet von Unruhen und lokalen Aufständen. Erneut versucht die britische Regierung, durch eine Reihe sozialpolitischer Maßnahmen dem Unabhängigkeitsbestreben der Iren entgegenzuwirken. 1870 werden unter Premierminister William Gladstone (1809–1898) durch den *Land Act* die Privilegien der irischen Staatskirche beschnitten und die Rechte der irischen Pächter gestärkt. Doch die Iren wollen keine Zugeständnisse, sondern die Unabhängigkeit. 1879 gründen die *Home Rule*-Anhänger unter Charles Stewart Parnell (1846–1891) die *Irish National League*, deren Abgeordnete durch Dauerreden den Ablauf des Parlaments lahmlegen. Ihre Obstruktionspolitik gegenüber der Regierung wird später den Suffragetten als Vorbild dienen.

1881 werden mit dem zweiten *Land Act* den irischen Pächtern die seit langem geforderten »drei Fs« gewährleistet: *Fair Rent* (faire Pachtzinsen), *Fixity of Tenure* (eine Pachtdauer von 15 Jahren, während der es keine willkürlichen Pachterhöhungen geben darf) und *Free Sale* (ein neuer Pächter muss seinem Vorgänger ein Abstandsgeld zahlen). Dies alles stärkt die Stellung der Pächter und schwächt die Allmacht der Grundbesitzer. Mit der Ausweitung des Wahlrechts vermehren sich schließlich auch die irischen Wähler und damit die Befürworter von *Home Rule*. 1885 wird Parnells Partei zum entscheidenden Faktor im britischen Unterhaus, was letztlich dazu führt, dass beide Parteien zu Zugeständnissen in der Irlandfrage bereit sind. Während die Konservativen jedoch eine soziale Lösung favorisieren, die über die Ablösung von Land durch Pächter erreicht werden soll, unterstützen die Liberalen das *Home Rule*-Begehren. Beide unter Premierminister Gladstone eingebrachten *Home Rule*-Gesetzesvorlagen scheitern jedoch: 1886 am Unterhaus und 1892 am Oberhaus. Für Gladstone ist die Lösung der Irlandfrage eines der zentralen Problemfelder seiner Politik. Er fürchtet zu Recht, dass hier in unmittelbarer Nähe ein nicht mehr zu kontrollierendes Pulverfass entsteht. Während man im Parlament händeringend nach einer Lösung sucht, werden die Gräben innerhalb der irischen Nation zunehmend größer. Im Norden formieren sich die Unionisten als Gegner von *Home Rule* und treten für einen Verbleib im Vereinigten Königreich ein.

Im Süden gründet sich 1893 die *Gaelic League*, die sich auf die gä-
lischen Wurzeln der Iren beruft und von einer De-Anglisierung Irlands träumt. Der Dichter William Butler Yeats (1865–1939) wird
zum geistigen Kopf der irischen Nationalbewegung:

>»Know, that I would accounted be
>True Brother of a company
>That sang, to sweeten Irland's wrong,
>Ballad and story, rann and song;
>Nor be I any less of them,
>Because the red-rose-bordered hem
>Of her, whose history began
>Before God made the angelic clan.«[8]

Doch erst als das Oberhaus 1911 sein Vetorecht verliert, scheint der
Weg frei für das *Home Rule*-Gesetz. 1912 wird die dritte *Home Rule
Bill* eingebracht. Doch nun organisieren die Unionisten den Widerstand gegen die *Homeruler*. Beide Seiten rüsten auf, und bis 1914
gerät Irland an den Rand eines Bürgerkriegs. Der Ausbruch des Ersten Weltkriegs verschiebt letztlich nicht nur die blutige Auseinandersetzung, sondern auch jegliche Lösung um Jahre.

Massenelend

Die Viktorianische Ära ist nicht nur ein Zeitalter der außenpolitischen Expansion und Krisen, des Fortschritts und des Wohlstandes,
der neuen Erfindungen und Entdeckungen, sondern auch ein Zeitalter ungeheuren Elends. Pauperismus ist das Schlagwort, mit dem die
Wissenschaft versucht, das Phänomen dieses neuen Massenelends
zu beschreiben. Denn auch wenn der Wohlstand wächst, können
nicht alle davon profitieren. Die Schere zwischen Arm und Reich
klafft immer stärker auseinander, die Klassenunterschiede wachsen.
Viele kommen zu großem Wohlstand, und die Industrie kann kaum
all das produzieren, was das Bürgertum zu konsumieren bereit ist.
Grundbesitzer, große Pächter und freie Bauern können ihren Le-

bensstandard derart steigern, dass sie sich ab 1830 als eigene Klasse, als »Mittelklasse« begreifen. Während viele aus der unteren Mittelschicht in die obere aufsteigen, gehören zwei Drittel der Bevölkerung zur sozialen Unterschicht und leben am Rande oder unterhalb des Existenzminimums. Die Industrialisierung macht Heerscharen von selbstständigen Handwerkern zu Lohnarbeitern, die für geringsten Lohn dicht an der Armutsgrenze dahinvegetieren. Elend, Kinderarbeit, lange Arbeitszeiten und niedrige Löhne sind die Kehrseite der Medaille. Die Zahl der Verlierer der industriellen Revolution ist riesig. »Jeden Tag danke ich dem Himmel dafür, kein armer Mann [...] mit einer Familie in England zu sein«,[9] schreibt ein Amerikaner 1845 nach einem Besuch auf der Insel. Jenseits vom offiziellen Glanz und Gloria des Empires gibt es das Großbritannien von Charles Dickens (1812–1870). Kaum einer hat sich so plakativ wie der englische Schriftsteller mit den Schattenseiten des um sich greifenden Industriekapitalismus auseinandergesetzt. In Werken wie *Bleak House* oder *Harte Zeiten* beschreibt er die Unmenschlichkeit und soziale Ungerechtigkeit des Systems sowie die kaltherzige Gleichgültigkeit der tugendhaften viktorianischen Gesellschaft gegenüber den sozial Benachteiligten: »Alles und jedes findet sein Äquivalent in Geld; alles und jedes muß bezahlt werden. Niemand hat irgendwelchen Grund, irgendwem irgendwas zu geben oder jemandem einen Dienst zu erweisen, ohne Entgelt zu erhalten oder Lohn zu empfangen. Dankbarkeit ist abzuschaffen; und die aus ihr entspringenden Tugenden haben nicht zu existieren. Jeder Zoll des Menschendaseins, von der Wiege bis zum Grabe, soll ein Geschäft über'n Ladentisch hinüber sein, wo man mit der linken Hand den Artikel hinüberreicht und mit der rechten das Geld empfängt.«[10] Dickens zeigt ein anderes Gesicht des Vereinigten Königreiches, eines, das nur schlecht mit dem strahlenden Fortschrittsglauben der Weltausstellung korrespondiert. Bei ihm geht es um Versäumnisse im Schulwesen, in der Armenfürsorge und um die enormen Klassengegensätze. Auch andere Schriftsteller des viktorianischen Zeitalters, wie beispielsweise Thomas Hardy, schildern diese gesellschaftlichen Missstände. Die Dichter zeigen nicht mehr länger nur die Sorgen ihrer eigenen Schicht auf, sondern auch die der Unterschichten. Sie scheuen sich nicht, ein anderes Bild Englands zu zeichnen. Dies alles ist jedoch gefangen im moralischen Bezugsrahmen ihrer Zeit, was Lösungsansätze beschränkt und wirklich radikales Denken nur selten zulässt. Im Mittelpunkt ihrer Texte steht die Charakterbildung des Menschen, nicht die Veränderung des Systems.

Die industrielle Revolution führt zu einer sozialen Umwälzung der Gesellschaft, die ihresgleichen sucht. Die neue Produktionsweise verändert das Leben der Menschen vollkommen und für immer, zerstört sie doch tradierte Arbeitsweisen, Lebensformen und Bindungen. Familienverbände lösen sich auf, wenn Menschen ihre Heimatdörfer verlassen und der Arbeit hinterherziehen. Denn auch auf dem Land herrscht große Not. Die Löhne sind gering und die Arbeitstage lang. Die Landarbeiter sind schlecht ernährt, oft ist ihr Zugang zu ausreichend Nahrung von Ernteerträgen und den freiwilligen Abgaben überschüssiger Lebensmittel der Grundbesitzer abhängig. Dennoch hat es Ansätze einer persönlichen Verbindung zwischen Arbeitgeber und Arbeitnehmer gegeben, welche die industrielle Arbeit nun zerstört. Die Pflichten gegenüber dem Arbeiter werden eingestellt, der Arbeitsprozess entpersonalisiert. Waren viele Handwerker zuvor selbstständig gewesen, eigenständig auch in ihrer Arbeitsweise, so bestimmt nun die Maschine das Tempo.

Fabrikarbeit ist Routine und Stadtarbeit. Die Menschen wandern ab in die Ballungszentren. Die Industrialisierung führt zur Urbanisierung. 1851 übersteigt die Einwohnerzahl der Städte erstmals die der Landbezirke. Bei der Volkszählung von 1901 stellt man fest, dass 20 Prozent der Gesamtbevölkerung von England und Wales in London lebt. Zu Beginn des 20. Jahrhunderts hat London mehr als eine Million Einwohner und ist damit die größte Stadt Europas.

Wie überall in den Städten herrscht auch hier große Wohnungsnot. Dies führt zu einem rapiden Anstieg der Mieten, die bis zu Dreiviertel des Lohns ausmachen können. Es kommt vor, dass Menschen sich nicht nur eine Wohnung, sondern auch ein Bett und Kleider teilen. Die meisten Arbeiter hausen mitsamt ihren Familien in Elendsquartieren unmittelbar neben den Fabriken. Die hygienischen Zustände sind katastrophal. Da es weder Abwasserentsorgung noch Versorgung mit sauberem Trinkwasser gibt, kommt es immer wieder zu Infektionskrankheiten. 1848 sterben 72 000 Menschen in England und Wales an der Cholera.

Die Umweltverschmutzung nimmt rapide zu, die Luft wird sukzessive schlechter. Und das in einer Stadt, über die der englische Schriftsteller und Gartengestalter Timothy Nourse bereits Ende des 17. Jahrhunderts geschrieben hatte, dass der Qualm die Stadt bei lebendigem Leibe auffressen würde und die alten Gebäude »von diesem höllischen und unterirdischen Dampf geradewegs bis auf die Knochen entblättert und entblößt« würden.[11]

Mit zunehmender Industrialisierung steigt die Mortalität. Untersuchungen ergeben, dass jemand, der in Manchester geboren wird und lebt, nur halb so alt wird wie ein Mensch auf dem Lande. Zwischen 1841 und 1850 beträgt die durchschnittliche Lebenserwartung in Dudley, Worcestershire, 18,5 Jahre. Erst nach dem Ende der Cholera-Epidemie von 1848 wird die Trinkwasserversorgung in London verbessert und eine Kanalisation eingerichtet. Ab der Jahrhundertmitte verbessern sich langsam die Lebensbedingungen. Es entstehen erste Parkanlagen und städtische Gebäude. Trotzdem bleibt genug Elend und Verzweiflung zurück. Und unter den Verzweifelten blühen Prostitution und Alkoholismus. Allein 1872 werden 154 446 Personen wegen Trunkenheit in der Öffentlichkeit aufgegriffen. Alexis de Tocqueville schreibt nach einem Aufenthalt in Manchester: »Die Zivilisation schafft sich ihre eigenen Wunder, und der zivilisierte Mensch ist fast wieder zum Wilden geworden.«[12]

Friedrich Engels, 1842 in die väterliche Fabrik nach Manchester geschickt, gelingt mit dem Buch *Die Lage der arbeitenden Klasse in England* eine Pionierarbeit über die Folgen der Industrialisierung. Darin beschreibt er die Industrialisierung Englands und ihre Entwicklung in den verschiedenen Branchen. Er schildert die Auswirkungen auf die Arbeiter, ihr menschenunwürdiges Leben in den Slums der Städte und die menschenverachtenden Arbeitsbedingungen in den Fabriken und Bergwerken: »Wenn ein einzelner einem andern körperlichen Schaden tut, und zwar solchen Schaden, der dem Beschädigten den Tod zuzieht, so nennen wir das Totschlag; wenn der Täter im voraus wußte, daß der Schaden tödlich sein würde, so nennen wir seine Tat einen Mord. Wenn aber die Gesellschaft Hunderte von Proletariern in eine solche Lage versetzt, daß sie notwendig einem vorzeitigen, unnatürlichen Tode verfallen, einem Tode, der ebenso gewaltsam ist wie der Tod durchs Schwert oder die Kugel; wenn sie Tausenden die nötigen Lebensbedingungen entzieht, sie in Verhältnisse stellt, in welchen sie nicht leben *können*; wenn sie sie durch den starken Arm des Gesetzes zwingt, in diesen Verhältnissen zu bleiben, bis der Tod eintritt, der die Folge dieser Verhältnisse sein muß; wenn sie weiß, nur zu gut weiß, daß diese Tausende solchen Bedingungen zum Opfer fallen müssen, und doch diese Bedingungen bestehen läßt – so ist das ebensogut Mord wie die Tat des einzelnen, nur versteckter, heimtückischer Mord, ein Mord, gegen den sich niemand wehren kann, der kein Mord zu sein scheint, weil man den Mörder nicht sieht, weil alle und doch wieder niemand dieser Mörder ist, weil der Tod des Schlachtopfers wie ein natürlicher aussieht und weil er weniger eine Begehungssünde als eine Unterlassungssünde ist. Aber er bleibt Mord.«[13]

Arbeitskräfte stehen in Massen zur Verfügung. Diese »industrielle Reservearmee« (Karl Marx) gestattet es den Unternehmern, die Löhne auf das Existenzminimum zu drücken. In den ersten Jahrzehnten der Industrialisierung werden die Löhne der Arbeiter absichtlich niedrig gehalten. Ihre Kaufkraft ist für die Wirtschaft nicht von Bedeutung. Löhne sollen nicht über dem Existenzminimum liegen, Sparsamkeit gilt als Tugend. Die Erkenntnis, dass höhere Löhne auch wirtschaftlich genutzt werden können, setzt sich erst später durch und auch dann nur bei einigen wenigen besonders aufgeklärten Unternehmern. Der ansonsten eher fortschrittliche Philosoph John Stuart Mill hält noch bis 1869 an der Lohnfondstheorie fest, wonach letztlich die Löhne das Existenzminimum nicht überschreiten sollen. Arbeiter, die gegen ihre schlechte Bezahlung aufbegehren, werden umgehend entlassen. Vor den Fabriktoren stehen Hunderte, die bereit sind, auch unter schlechtesten Bedingungen zu arbeiten, solange sie nur Arbeit haben.

Denn die Alternative zur unterbezahlten Fabrikarbeit ist nicht verlockend. Harte Arbeit ist ein Leitmotiv der englischen Gesellschaft, und diese protestantische Arbeitsethik bedingt auch den Umgang mit den Armen. Die britische Armenfürsorge ist Ausdruck dieses Denkens: Wer nicht arbeitet, soll auch nicht essen. Nicht Unterstützung lautet die Devise, sondern Abschreckung und Brandmarkung derjenigen, die im kapitalistischen Gesellschaftssystem kläglich versagen. Um von der Armut abzuschrecken, legt das Armengesetz 1834 fest, dass an Arbeitsfähige keine staatlichen Zuschüsse geleistet werden sollen. Stattdessen errichtet man *work houses*, Arbeitshäuser, die eher Gefängnissen gleichen. Frauen, Männer und Kinder werden strikt getrennt, Familien auseinandergerissen. Materielle Not wird durch emotionale Pein ergänzt. Charles Dickens schildert in *Oliver Twist* in aller Eindringlichkeit diese Fehlentwicklung der britischen Gesetzgebung, in der es nichts gibt als Prügel, Hunger und unvorstellbares Elend.

Angesichts dieser Alternative sehen Arbeitgeber keine Notwendigkeit für Lohnerhöhungen. Die Arbeitsbedingungen in den Fabriken bleiben katastrophal. In der Regel können Arbeiter nicht länger als 15 Jahre arbeiten, dann sind sie verbraucht. Zudem herrschen strenge Vorschriften. Eine zehnminütige Verspätung wird mit einem halben Tageslohn Abzug bestraft. Fehlerhafte Ware wird den Arbeitern in Rechnung gestellt. Es gibt weder Unfallversicherungen noch Arbeitslosengeld noch Krankengeld. Fabrikarbeiter sind kaum organisiert und der Willkür der Unternehmer somit schutzlos ausgeliefert. Nach den Prämissen des Wirtschaftsliberalismus greift der Staat nicht in die Unternehmensführung ein, leistet deshalb auch keine Sozialpolitik. Ein Arbeitstag kann bis zu 18 Stunden dauern, für Arbeiter gibt es im erzreligiösen viktorianischen Großbritannien keinen Sonntag für den Kirchgang. Immer wieder kommt es aufgrund fehlender Sicherheitsvorkehrungen zu schweren Unfällen. So verunglücken jährlich etwa 1000 Grubenarbeiter tödlich.

Am schlimmsten jedoch ergeht es den Kleinsten. Kinderarbeit hatte es zwar auch vor der Industrialisierung gegeben, doch nun nimmt die Ausbeutung schreckliche Ausmaße an. Zur Bedienung der neuen Maschinen werden ungelernte Arbeiter herangezogen, verstärkt Frauen und Kinder. In der Textilindustrie nutzt man kleine Kinderhände, da sie manche Handgriffe besser verrichten können als Erwachsene. Kinder sind weniger aufmüpfig, bekommen generell weniger Lohn und werden oft und gerne dazu benutzt, besonders gefährliche Arbeit zu verrichten. So werden sie mit Vorliebe im Untertagebergbau eingesetzt, da sie aufgrund ihrer Größe in den Schächten effektiver arbeiten können als Erwachsene. Das Einstiegsalter für Kinderarbeit beträgt vier Jahre. In den Bergwerken dürfen Kinder sommers bis zu 64 Stunden pro Woche, winters bis zu 52 Stunden pro Woche arbeiten. In der Textilindustrie dauert ihre Arbeitswoche 80 Stunden. Erst 1833 erlässt die Regierung ein Gesetz zur Kinderarbeit, wonach Kinder unter neun Jahren nicht mehr in Textilfabriken eingesetzt werden dürfen. Dazu wird ein generelles Nachtarbeitsverbot sowie ein Zwölfstundentag für Kinder unter 18 Jahren durchgesetzt. Es werden jedoch weitere zehn Jahre vergehen, ehe für Kinder unter zehn Jahren ein Verbot für Untertagearbeit eingeführt wird. In der Realität werden diese Schutzmaßnahmen ohnehin häufig umgangen. Eine effektive Kontrolle gibt es kaum. Bis ins 20. Jahrhundert hinein werden Kinder als Arbeitssklaven ausgebeutet. Einer, der auf das weit verbreitete Kinderelend hinweist, ist einmal mehr Charles Dickens, der in seinen populären Romanen Kinderarbeit ebenso thematisiert wie die aus diesem Elend erwachsende Kinderkriminalität.

Die soziale Frage rückt angesichts von Massenarmut und Massenarbeitslosigkeit unwillkürlich in den Vordergrund. Die Tatsache, dass im Land ein Pulverfass entsteht, ist unübersehbar. 1845 legt der spätere Premierminister Benjamin Disraeli in seinem Roman *Sybil* einer der Hauptfiguren, Egremont, in den Mund, dass Arm und Reich durch einen anscheinend unüberwindbaren Graben voneinander getrennt seien und die Privilegierten und Unterprivilegierten in Großbritannien zwei Nationen bilden, die verschiedenen Gesetzen unterworfen seien und durch völlig unterschiedliche Einflüsse geprägt wären. Zwischen diesen beiden Nationen gebe es weder Solidarität noch Verständigung. Doch genau diese Entwicklung würde den Staat ruinieren und müsse deshalb aufgehalten werden.[14]

Aber staatliche Sozialreformen widersprechen dem britischen Grundsatz der Nichteinmischung des Staates in wirtschaftliche Belange und sind nur schwer durchzusetzen. Viele Reformen bedeuten de facto einen Eingriff in Privateigentum oder unternehmerische Freiheiten und handeln dem *Laissez-faire*-Prinzip zuwider. So sind es zunächst einzelne Unternehmer selbst, die gegen die Missstände vorgehen. Herausragendstes Beispiel wird der schottische Unternehmer Robert Owen (1771–1858), der nachzuweisen sucht, dass die Ausbeutung der Arbeiter keineswegs der Produktionssteigerung dient, sondern sich im Gegenteil produktionshemmend auswirkt. In seiner Spinnerei in New Lanark, in der mehr als 2000 Menschen beschäftigt sind, weist er nach, dass durch eine Verbesserung der Arbeitsbedingungen die Produktion gesteigert werden kann. Bereits 1799 verkürzt er die Arbeitszeit auf 10,5 Stunden, führt eine Kranken- und Arbeitslosenunterstützung ein und errichtet Wohnungen und Häuser für seine Arbeiter. Er stellt kostenlose medizinische Versorgung zur Verfügung und sorgt dafür, dass Lebensmittel zu niedrigen, aber rentablen Preisen angeboten werden. Es werden Schulen erbaut und die Arbeit für Kinder unter zehn Jahren verboten. Unternehmer wie Owen befürworten zwar die industrielle Revolution und den technischen Fortschritt, lehnen aber die kapitalistische Entwicklung hin zu Ausbeutung und Verelendung ab. Nicht zuletzt aufgrund seiner Erfahrungen und Bestrebungen kommt es 1833 zum Reformgesetz gegen Kinderarbeit. In den 30er und 40er Jahren werden weitere Gesetze erlassen, welche die Arbeitsbedingungen von Kindern und Frauen sowie die Arbeitszeit regeln. Andere Unternehmer folgen nicht zuletzt aufgrund seiner guten Rendite Owens Beispiel und bauen Wohnungen und Häuser für ihre Arbeiter in der Erkenntnis, dass nur ein gesunder Arbeiter Wertschöpfung betreiben und Leistung erbringen kann. So lassen sich letztendlich auch die Unternehmen von einer staatlichen Reformgesetzgebung überzeugen.

Es sind vor allem die ersten Generationen Fabrikarbeiter, die unter den dramatischen Auswirkungen der kapitalistischen Entwicklung zu leiden haben. Inwieweit sich der Lebensstandard der Arbeiter in den Jahren des viktorianischen Booms ab 1850 verbessert, ist umstritten. In diesen Jahren entstehen vor allem durch den Eisenbahnbau Tausende von neuen Arbeitsplätzen und erstmalig auch besser bezahlte Stellen. Das Einkommen steigt an. Doch relativ gesehen werden die Armen in dem Maße noch ärmer, wie die Reichen und die Mittelklasse reicher wird. Dennoch geht es den meisten Arbeitern ab Mitte des Jahrhunderts etwas besser, was sich nicht zuletzt darin zeigt, dass die großen sozialen Bewegungen wie der Luddismus und der Chartismus, von dem später noch die Rede sein wird, ihre Hochzeit in der ersten Hälfte des Jahrhunderts haben und sich später keine Massenbewegungen mehr entwickeln können. Die sozialen Spannungen, die es noch Anfang des Jahrhunderts gab, scheinen etwas gemildert zu werden. Trotzdem zeigt das erste zuverlässige Sozialgutachten, das Ende des 19. Jahrhunderts in London erstellt wird, dass etwa 40 Prozent der Arbeiter in Armut oder gar Elend leben. Wirklich gut geht es nur etwa einem Zehntel der Arbeiter, der sogenannten »Arbeiteraristokratie«, die eine langjährige Spezialisierung hinter sich hat. Diese wird um einiges besser bezahlt und steht der Mittelschicht sozial näher als der Arbeiterklasse.

Reformen

Betrachtet man all das Elend, das durch die industrielle Revolution hervorgerufen wurde, so ist es auf den ersten Blick verwunderlich, dass ausgerechnet in dem Land, das nicht nur die Errungenschaften, sondern auch die Nachteile dieser Entwicklung so deutlich zu spüren bekam, keine Revolution ausbrach. Warum gab es im Mutterland der industriellen Revolution, wo die Not gigantische Ausmaße annahm, keine Umsturzversuche? Das Jahrhundert, in dem es überall in Europa gärte und brodelte, das bestimmt war von Freiheitsbewegungen aller Art, überstanden die Briten ohne größere Auseinandersetzungen.

Nicht, dass es nicht auch hier zu sozialen Spannungen kommt. Gerade in der ersten Hälfte des 19. Jahrhunderts entstehen immer wieder Situationen, die auch eine Revolution mit sich hätten bringen können. Die 30er und 40er Jahre sind die unruhigsten Zeiten, die Großbritannien seit Beginn der Industrialisierung erlebt. Sowohl die Arbeiter als auch die neue Mittelklasse fordern ihre Rechte ein. Dennoch kommt es nicht zur Revolution.

Dies liegt zum einen daran, dass das Bürgertum in Großbritannien dank einer klugen Reformpolitik sukzessive politisch emanzipiert wird. Die Industrialisierung führt nicht nur zur wirtschaftlichen, sondern auch zur politischen Emanzipation des Bürgertums. Die Revolutionen und Revolten auf dem Kontinent im 19. Jahrhundert sind bürgerliche Revolutionen, keine Hungerrevolten. Es ist das Aufbegehren des Bürgertums gegen eine alte überkommene Ständeordnung. In Großbritannien wird dies verhindert durch eine Entwicklung, die vor langer Zeit eingesetzt hat. Während auf dem Kontinent der Adel seine Privilegien mit Zähnen und Klauen verteidigt, hat die englische Aristokratie längst begriffen, dass der einzige Schutz vor Revolution Reform ist. Die beste Methode, seine Stellung zu halten, ist, auch andere daran teilhaben zu lassen. Während in anderen Staaten das aufstrebende Bürgertum so lange wie möglich und darüber hinaus von der Mitbestimmung ausgeschlossen bleibt, gesteht man den Bürgern der Insel nach und nach demokratische Rechte zu. Diese Entwicklung verhindert einen Klassenantagonismus, wie er in Kontinentaleuropa entsteht. Die Reformen nehmen der bürgerlichen Revolutionsbewegung den Wind aus den Segeln, bevor sich diese formieren kann. Zwar kommen die meisten dieser Reformen nur durch öffentlichen Druck zustande, aber letztlich beugen sich die Verantwortlichen diesem Druck, bevor ein Überdruck entstehen kann, der sich in Revolution entlädt. Das politische System der Insel ist wesentlich flexibler als die starren Systeme in Kontinentaleuropa und erweist sich dadurch als wesentlich abwehrfähiger.

Drei große Wahlrechtsreformen passieren im 19. Jahrhundert das Parlament. Von 1832 an wird die Reformierung des Wahlsystems kontinuierlich in Angriff genommen. Dies ermöglicht immer breiteren Schichten den Zugang zur politischen Mitsprache. Das Reformgesetz von 1832 kommt zustande, um eine Revolution zu verhindern. 1829 war ein Jahr der Missernten, der steigenden Arbeitslosenzahlen, der rapiden Preissteigerung gewesen. Die Menschen waren unzufrieden, in den Städten gründeten sich politische Vereine, die Reformen forderten. Es folgten Massenversammlungen und die Eingabe zahlreicher Petitionen. Nachdem es 1830 in Frankreich und Belgien zur Revolution gekommen war, beeilte sich das britische Parlament, dieser Entwicklung durch Reformen zuvorzukommen. Dennoch bleibt das Unterhaus auch nach 1832 zunächst in den Händen der Großgrundbesitzer und Aristokraten. Es bleibt ein Honoratiorenparlament, dem letztlich fast nur Privatiers angehören. Auch nach der Reform handelt es sich um ein Zensuswahlrecht, ein an Besitz gebundenes Wahlrecht. Das neue Wahlrecht bringt eine weitreichende Neueinteilung der Wahlkreise. In den *Counties* gilt das Wahlrecht für erwachsene Männer mit einem freien Grundbesitz, der jährlich 40 Schilling einbringt, sowie für die Inhaber von Zinslehen, wenn sie daraus mindestens den fünffachen Ertrag erzielen. Des Weiteren darf wählen, wer aus Pachtland jährlich 50 Pfund und mehr erwirtschaftet. In den *Boroughs* dürfen Männer wählen, die aus ihrem Besitz jährlich mindestens 10 Pfund erwirtschaften können. Sie müssen diesen aber mindestens ein Jahr lang besitzen und alle notwendigen Steuern und Abgaben bezahlt haben. Da die Wahlen nicht geheim sind, unterliegen vor allem die Pächter großer sozialer Kontrolle. Erst 1872 werden geheime Wahlen eingeführt und die Wähler von ihren Grundherren und Arbeitgebern unabhängig. Immerhin verdoppelt sich durch die Reform in England und Wales die Wählerschaft. In Schottland ist es noch gravierender: Hatten hier vor der Reform ganze 4000 Männer gewählt, sind es nun 65 000.

Die Emanzipation der Mittelklasse vollzieht sich im Zuge der *Anti-Corn-Law*-Bewegung. Mitte der 30er Jahre wehren sich die

Unternehmer aus dem Norden zunehmend gegen Protektionsge-setze, die das britische Getreide bevorzugen und es den Bauern vom Kontinent unmöglich machen, ihr Getreide auf der Insel zu verkau-fen. Die Getreidezölle sind ein Überbleibsel aus den Zeiten der napo-leonischen Kontinentalsperre (1806–1813), die zu einer enormen Teuerung geführt hatte, unter der weite Teile der Bevölkerung zu leiden hatten. Nach dem Wiederbeginn der Getreideeinfuhr war der Getreidepreis so stark gesunken, dass viele heimische Pächter rui-niert wurden. 1815 wurden deshalb Getreideschutzzölle eingeführt, um den Getreidepreis künstlich hochzuhalten. Diese Zölle, ur-sprünglich gedacht als Schutzmaßnahme für die Landwirtschaft, sind längst zu einem Abwehrmechanismus gegen ausländische Kon-kurrenz geworden. Die mächtigen Großgrundbesitzer weigern sich beharrlich, diese Zölle aufzugeben, auch wenn die Auswirkungen dieses Protektionismus in einem überhöhten Brotpreis bestehen, der zu Hungersnöten beiträgt. Nun aber sucht die Industrie des Nor-dens neue Absatzmöglichkeiten, und diese liegen auf dem Konti-nent. Britische Industrieware ist dort jedoch nur absetzbar, wenn im Gegenzug dazu dort Getreide gekauft wird, das wichtigste Exportgut des Kontinents. Die Unternehmer fürchten, dass aufgrund des bri-tischen Protektionismus auf dem Kontinent eigene Industrieanlagen errichtet werden, welche ihrerseits die britische Industrie gefährden. Der ihrer Ansicht nach dringend benötigte weltweite Freihandel kann nur durchgesetzt werden, wenn die heimischen Zölle für Agrarimporte fallen.

Der Unternehmer Richard Cobden (1804–1865) gründet 1839 die *Anti-Cornlaw-League* mit dem Ziel, die Getreidegesetze abzuschaf-fen. Nachdem dieses Anliegen zunächst auf parlamentarischem Wege scheitert, startet er eine landesweite Kampagne, in der er den Zusammenhang zwischen dem Getreideschutzzoll und dem hohen Brotpreis herstellt und argumentiert, dass nur der Freihandel die Preise senken und das Elend beseitigen kann. Unterstützung erhält er dabei von den *Whigs* (später *Liberals*), während die *Tories* (später *Conservative*) – traditionell die Partei der Großgrundbesitzer und Landbewohner – den Protektionismus verteidigen.

Aus dem Kampf gegen die Getreideschutzzölle entwickelt sich die nationalökonomische Schule des Manchester-Liberalismus, die im Freihandel den Schlüssel zum Wohlstand und im Protektionismus die Ursache des Massenelends sieht. Theoretische Grundlage für den Manchester-Liberalismus bilden die Schriften der schottischen Ökonomen Adam Smith und David Hume (1711–1776). Richard Cobden glaubt, dass der Freihandel im In- und Ausland den Frieden befördern wird, da zunehmende wirtschaftliche Verflechtung dazu führten, dass die Länder kein Interesse mehr an kriegerischen Auseinandersetzungen hätten. Im Inland setzen seine Anhänger auf die Zurückdrängung des Staates und den Abbau von Subventionen. Setzt man Manchester-Liberalismus heute weitgehend mit Raubtierkapitalismus gleich, übersieht man die demokratischen und reformerischen Anliegen, die Leute wie Cobden damals durchaus auch vertraten. So stellt sich Cobden zum Beispiel gegen den Militarismus, weil er in ihm eine Versklavung der ärmsten Schichten durch das Königshaus sieht. Auch den Kolonialismus lehnt er ab, hält die Ausbeutung der Menschen in den Kolonien für Unrecht. Viele Manchester-Liberalisten engagieren sich wie Cobden gegen die Sklaverei und stellen sich im Sezessionskrieg auf die Seite der Nordstaaten, obwohl sie vom billigen Baumwollhandel profitieren. Ihrer Ansicht nach ist der Freihandel, der freie Waren- und Menschenverkehr zum Nutzen für alle Völker. Die Grenzen der Nationalstaaten sind für Cobden & Co. die Ursache von Krieg und Elend und müssen überwunden werden.

Mitte der 60er Jahre setzt sich die Idee des Freihandels endgültig durch. Die Einkommensteuer wird reduziert, die Steuer auf einige wenige Konsumgüter beschränkt. Im britisch-französischen Handelsvertrag von 1860 senkt Frankreich seine Zölle auf britische Waren, während Großbritannien seine Zölle auf französische Importe gänzlich abschafft. Später schließen sich diesem Vertrag auch Belgien, Italien, die Schweiz sowie der deutsche Zollverein an. Der Handel wird angekurbelt, zahlreiche neue Arbeitsplätze entstehen. Von 1859 steigt der Import von 179 auf 295 Millionen Pfund, der Export von 155 auf 238 Millionen Pfund an. Mit zunehmendem Konkurrenzdenken erlebt der Protektionismus allerdings eine Renaissance, und gegen 1880 hält nur noch Großbritannien am Freihandel fest.

Die Wahlreform von 1832 hatte Männer aus der oberen Mittelschicht begünstigt, während die Arbeiter davon kaum profitieren konnten. Doch sie weckt bei diesen die Hoffnung, dass auch sie über kurz oder lang an den politischen Entscheidungen beteiligt werden würden. Als Reaktion auf die Wahlrechtsreform von 1832 entsteht eine Bewegung der Arbeiterschaft, die in einer 1838 verfassten *People's Charter* die Ausweitung des Wahlrechts fordert: die Chartisten. Sie streben eine Verfassungsreform an, die das allgemeine Wahlrecht für Männer, jährlich tagende Parlamente, geheime Wahl, gleiche Wahlbezirke, Abschaffung der Eigentumsqualifikation für Parlamentarier und die Einführung von Abgeordnetendiäten beinhalten soll. Sie wollen das Parlament stärken, mehr Mitsprache und bessere Repräsentation. Doch noch scheitern sie am Unterhaus, das seine Pfründe nicht in diesem Umfang zu teilen bereit ist.

Erst als während des viktorianischen Booms die Unternehmer sich sicherer fühlen, als ihr industrieller Reichtum sich gefestigt hat, beginnen sie langsam damit, weitere Reformen anzudenken. Die Angst vor der Arbeiterklasse verschwindet hinter dem Gefühl, sich nun auch Reformen leisten zu können. Damit verbunden ist nicht nur eine vermehrte Arbeitsgesetzgebung, sondern auch die Ausweitung des Wahlrechts. Man zeigt sich offen dafür, nicht weil man Revolution fürchtet, sondern gerade weil man die britische Arbeiterklasse eben nicht für revolutionär hält. »Der Wohlstand, bzw. das, was an Hunger gewöhnte Menschen als behagliches Auskommen betrachteten, hatte das Feuer ausgelöscht«, schreibt Eric Hobsbawm in seiner Sozialgeschichte Großbritanniens im 18. Jahrhundert.[15]

Vor allem die Liberalen setzen sich für eine Erweiterung des Wahlrechtes ein. Ein von ihnen eingebrachter Gesetzesantrag scheitert 1866. Ein Jahr später tritt jedoch eine weitgehende Wahlrechtsreform in Kraft, die auch ersten Arbeitern das Wahlrecht zugesteht. Verhindert werden soll damit vor allem die Bildung einer eigenen Arbeiterpartei, welche die Belange der Arbeiter unweigerlich verfechten würde, wenn diese sich in den großen Parteien nicht vertreten sehen. Es scheint, dass sowohl Regierung als auch Abgeordnete sich hier nicht im selben Maße davor fürchten, den Arbeitern ein Mitspracherecht zuzugestehen, wie man dies auf dem Kontinent tut. Zwar will man auch hier den Einfluss radikaler Kräfte verhindern, aber man glaubt, aufgrund der langjährigen Erfahrungen mit dem Parlamentarismus, diese Kräfte ins System integrieren zu können. Die Konzessionen, welche man zu geben bereit ist, verhindern tatsächlich eine Radikalisierung und verlagern die Auseinandersetzungen zwischen den Klassen in die Institutionen.

In der zweiten Wahlreform behält man die Trennung zwischen den zwei Arten von Verwaltungseinheiten bei. Ab 1867 dürfen in den *Counties* diejenigen wählen, die Land besitzen, das einen Jahresertrag von mindestens fünf Pfund ergibt oder die aus gepachtetem Land mindestens zwölf Pfund erwirtschaften. In den *Boroughs* dürfen Hauseigentümer oder Mieter wählen, die jährlich mehr als zehn Pfund Miete bezahlen und mehr als ein Jahr dort wohnen. Einfache Arbeiter, die gezwungen sind, häufig Quartier und Arbeitsplatz zu wechseln, bleiben wiederum vom Wahlrecht ausgeschlossen. Die Zahl der Wahlberechtigten steigt dennoch von 1,3 auf 2,4 Millionen Einwohner an. Damit gelingt es dem Unterhaus, seine Entscheidungen auf eine breitere Basis zu stellen. Größere Teile der Gesellschaft haben nun das Gefühl, dort repräsentiert zu werden.

1884 kommt es zur dritten Wahlrechtsreform, welche die Unterscheidung in *Counties* und *Boroughs* aufhebt. Nun dürfen alle männlichen Haushaltsvorstände wählen, die einen ständigen Wohnsitz und einen gewissen Besitz vorzuweisen haben. Die Wahlkreise werden neu eingeteilt, wodurch die Bedeutung der Städte wächst und die Macht der Grundbesitzer gebrochen wird. Mit der dritten Wahlrechtsreform im 19. Jahrhundert besitzen nun etwa 60 Prozent der Männer das Wahlrecht.

Die Wahlrechtsreformen von 1832, 1867 und 1884 verändern auch die beiden führenden Parteien des 18. und 19. Jahrhunderts. Aus *Whigs* und *Tories* werden *Liberals* und *Conservatives*. Die *Whigs* setzen sich vor allem aus Unternehmern, Handwerkern und Kaufleuten zusammen. Da in ihren Reihen vor allem die reformorientierten Kräfte und Nonkonformisten sind, kämpfen sie für politischen und wirtschaftlichen Liberalismus und religiöse Toleranz gegenüber den *dissenters*. Die *Tories* werden vor allem von den Anhängern der Anglikanischen Staatskirche, den Konservativen und den Grundbesitzern, sprich den alten besitzenden Klassen gewählt. Nach den Auseinandersetzungen um die Abschaffung der Getreidezölle spalten sich die *Tories* 1856. Ein Drittel stimmt mit Premierminister Robert Peel (1788–1850) für den Freihandel, während sich die Mehrheit hinter Benjamin Disraeli stellt und über lange Jahre die Wiedereinführung des Getreidegesetzes fordert. In den Folgejahren stimmen die Anhänger Peels immer öfter mit den *Whigs*. 1859 schließen sich die *Whigs* und die gemäßigten *Tories* um Peel zur *Liberal Party* zusammen. Im Laufe der Zeit werden aus beiden Parteien moderne Mitgliedsparteien, deren Arbeit vornehmlich von Berufspolitikern getragen wird. Dadurch werden sie für verschiedene Gruppierungen wählbar und sind nicht mehr an eine bestimmte soziale Schicht gebunden.

Im Zusammenhang mit der Verbreiterung des Wahlrechts kommt es auch zu zahlreichen Reformen in der Bildungspolitik. Man will und kann ein so elementares Recht nicht an völlig ungebildete Volksmassen übertragen, ohne die politischen Konsequenzen zu fürchten. Seit den 1830er Jahren fordern die Liberalen eine Bildungsreform, die allerdings erst unter William Gladstone Wirklichkeit wird, als dieser die Privilegien der Anglikanischen Kirche, die den staatlichen Bildungsbestrebungen immer ablehnend gegenübergestanden hatte, beschneidet. Bildung war in England lange Zeit Privatvergnügen gewesen. Erst als die erfolgreiche Aufholjagd der deutschen Wirtschaft nicht zuletzt auf einen besseren Bildungsstandard zurückgeführt werden kann, wird 1870 der *Education Act* verabschiedet. Der Staat richtet jetzt zu den bereits vorhandenen Schulen, die wesentlich unter Kuratel der Anglikanischen Kirche stehen, auf lokaler Ebene Schulen ein, die sogenannten *Board Schools*, die der lokalen Verwaltung unterstehen. In ihrem Verwaltungsrat können auch Arbeiter und Frauen gewählt werden. Armen Familien wird das Schulgeld erlassen. Dank der Elementarbildung, die 1891 für alle kostenlos wird, sinkt die Zahl der Analphabeten bis zur Jahrhundertwende auf 3 Prozent der Gesamtbevölkerung.

Dadurch, dass immer mehr Menschen lesen und schreiben können, steigt auch die Bedeutung der Presse. Zwei Dinge tragen dazu bei, dass Zeitungen in ungeheurem Ausmaß und Vielfalt zur Verfügung stehen. 1817 wird in England die von dem Deutschen Friedrich König (1774–1833) erfundene Schnellpresse zum ersten Mal eingesetzt und das Druckverfahren beschleunigt. Damit beginnt der Siegeszug der Zeitung, die nun, zur Massenware geworden, tausendfach vervielfältigt wird und enormen Einfluss auf die Meinung gewinnt. Nachdem 1861 die Stempelsteuer abgeschafft wird, werden Zeitungen zu einem für alle erschwinglichen Gut, was sich in einer ungeheuren Auflagensteigerung und unzähligen Zeitungsneugründungen niederschlägt. 1870 gibt es 1500 Zeitungen im Vereinigten Königreich, das sind fast doppelt so viele wie vor der Reform. Damit beginnt der Kampf um die Meinung. Politik wird nun an die Massen herangetragen, und diese Massen verlangen verstärkt eine Ausweitung des Wahlrechts.

Arbeiterschaft

Die Wahlrechtsreformen haben auch innerhalb der Arbeiterschaft die Hoffnung auf Veränderung wachgehalten. Immerhin ziehen 1874 zum ersten Mal zwei Arbeiter ins Unterhaus ein. So bleibt der Einfluss von Karl Marx und Friedrich Engels, obwohl diese in England leben und arbeiten, auf die britische Arbeiterbewegung eher gering. Daran ändert weder das 1848 veröffentlichte Kommunistische Manifest noch die Gründung der Ersten Internationale 1864 in London etwas. Das Gespenst, das in Europa umgeht, kann in England niemanden erschrecken: »Es besteht hier weniger Neigung zum Sozialismus als in anderen Nationen der alten oder der neuen Welt. Der englische Arbeiter [...] stellt keine jener extravaganten Forderungen an den Schutz des Staates bei der Festsetzung seiner Tagesarbeit und der Höhe seines Lohnes, wie sie bei den Arbeiterklassen

Amerikas und Deutschlands im Schwange sind und in beiden Ländern eine bestimmte Art Sozialismus gleichermaßen zur Plage werden lassen«,[16] schreibt der Historiker Thomas Escott 1885. Die politische Idee des Sozialismus wird vor allem von Mitgliedern einer höheren Bildungsschicht vertreten. Beeinflusst von den Schriften Karl Marx' gründete Henry Hyndman (1842–1921) 1884 die *Social Democratic Federation*, die erste marxistische Partei Großbritanniens. Nach Differenzen mit Hyndman gründet William Morris gemeinsam mit Eleonor Marx 1885 die *Socialist League*. Beide Vereinigungen bleiben relativ elitär und vermögen es nicht, die Massen hinter sich zu bringen. Größeren Einfluss gewinnt die 1884 gegründete *Fabian Society*, der unter anderem George Bernard Shaw, H.G. Wells, Annie Besant, Bertrand Russell und John Maynard Keynes angehören. Im Zentrum dieser Intellektuellenbewegung, die Sozialismus durch Reform, nicht durch Revolution vorantreiben will, stehen Sidney und Beatrice Webb. 1894 gründet die *Fabian Society* eine Universität: die 1895 eröffnete *London School of Economics and Political Science*. Später ist sie aktiv an der Gründung der *Labour Party* beteiligt.

Die wahren Leidtragenden der Industrialisierung sind jedoch nur schwer zu politisieren. Diese Elenden, die von der Hand in den Mund leben, finden keine Kraft, sich zu wehren. Ein politisches, gar revolutionäres Bewusstsein ist in diesen Schichten nicht vorhanden. Ehe sich ein solches entwickeln kann, werden auf der Insel durch Reformen die Weichen in die richtige Richtung gestellt.

Nur vereinzelt kommt es zu lokalen Aufständen. In Irland regen sich, wie bereits erwähnt, die Nationalisten, und auch die Arbeiterschaft lässt sich nicht immer alles gefallen. Im August 1816 kommt es in Manchester zu blutigen Auseinandersetzungen, in deren Folge die sogenannten »Knebelgesetze« erlassen werden, die Presse- und Versammlungsfreiheit einschränken. 1839 kommt es in Birmingham zu einem Arbeiteraufstand, bei dem Häuser geplündert und Fabriken dem Erdboden gleichgemacht werden. Zwischen 1800 und 1824 sind durch den *Combination Act* Gewerkschaften gar verboten. Doch auch nach ihrer Wiederzulassung haben sie zunächst nur geringen Einfluss. Sie sind lokale Vereinigungen bestimmter Handwerker, in denen sich diejenigen zusammenschließen, die eine lange Lehrzeit hinter sich haben. Sie sind Vertreter der Arbeiteraristokratie. Da die meisten Industriearbeiter ungelernte Arbeiter sind, sind sie dort nicht vertreten. Gewerkschaften setzen sich zumeist für mehr Lohn, geringere Arbeitszeit und Verbesserung von Arbeitsbedingungen ein. Dies tun sie in Verhandlungen mit den Parteien, zumeist mit den Liberalen, nicht durch Revolution.

Erst gegen 1890 verändert sich das Bild der Gewerkschaften. Nun beginnt auch die ungelernte Arbeiterschaft, sich zu organisieren. Der 1868 gegründete Dachverband der Gewerkschaften *Trade Union Congress* wird radikalisiert. Die neuen Gewerkschaften lehnen die Zusammenarbeit mit den Liberalen ab und fordern eigene Vertreter im Parlament. Doch aufgrund ihres finanziellen Hintergrunds bleiben Arbeiter im Parlament lange Zeit eine Ausnahme. Erst 1911, mit der Einführung der Abgeordnetendiäten, ändert sich dies allmählich. Dieser Schritt führt dazu, dass nun verstärkt Arbeiter ins Unterhaus einziehen, und entbindet die Gewerkschaften von der Frage, ob sie für den Unterhalt von Abgeordneten aus den eigenen Reihen aufkommen müssen.

Bereits mit der Wahl der ersten Arbeiter ins Parlament entsteht der Gedanke, dass die Arbeiterschaft eine eigene Partei benötigt. Dieser wird gefördert durch die Radikalisierung der Arbeiterschaft im Zuge der wirtschaftlichen Stagnation in den 70er Jahren. 1893 gründet Keir Hardie (1856–1915) die *Independent Labour Party*, die zunächst allerdings relativ erfolglos bleibt. Erst als sich um die Jahrhundertwende die Gewerkschaften entschließen, mit ihr zusammenzuarbeiten, wird aus der ab 1906 *Labour Party* genannten Partei eine Massenpartei.

Die Entstehung dieser neuen Partei führt innerhalb der etablierten Parteien dazu, dass Sozialreformen in Angriff genommen werden. Mit dem Wahlsieg der Liberalen 1906 endet die Phase des offensiven Imperialismus, und es beginnt eine Phase der sozialen Reformen im Land, die man als den Beginn des Wohlfahrtsstaats verstehen kann. Die Gewerkschaften werden begünstigt, die allgemeine Altersrente wird ebenso eingeführt wie für Bergarbeiter der Achtstundentag. 1908 bringt David Lloyd George (1863–1945) als *Chancellor of the Exchequer* ein Reformpaket im Parlament ein, zu dem ein *National Insurance Act* gehört, sprich eine Sozialversicherung für Geringverdiener mit Krankenversicherung und Arbeitslosengeld. Finanziert werden sollen diese Reformen durch Steuererhöhungen vor allem auf Einkommen aus Grundbesitz. Dies stößt im Oberhaus auf breite Ablehnung. Die Auseinandersetzungen zwischen Regierung und Oberhaus führen letztendlich zu zwei kurz aufeinanderfolgenden Neuwahlen, welche ein klares Votum für die Regierungspolitik bringen. Nachdem König Georg V. dem noch immer widerspenstigen Oberhaus mit einem *Peers*-Schub droht, also damit, so viele neue Peers für das Oberhaus zu ernennen, bis der Widerstand zusammenbricht, beugt sich das Oberhaus. Als Folge dieser Auseinandersetzungen stimmt das Oberhaus im *Act of Parliament* 1911 seiner eigenen Entmachtung zu. Die Lords verlieren ihr absolutes Vetorecht zugunsten eines suspensiven Vetos. Damit ist die Macht des Oberhauses endgültig gebrochen und die Stellung des Unterhauses als wichtigste politische Institution bestätigt.

Ist es angesichts dieser Entwicklung wirklich verwunderlich, dass auch Frauen an dieser mächtigen politischen Institution, die für diejenigen, die an ihr beteiligt sind, stets so umfassende Reformen erlassen hat, teilnehmen wollen?

Die Lady mit der Lampe:
Florence Nightingale
(1820–1910)

»Niemand kann sich vorstellen, wie schrecklich so ein Krieg ist.«

Florence Nightingale erblickt am 12. Mai 1820 in Florenz das Licht der Welt. Ihren ungewöhnlichen Vornamen verdankt sie ihrem italienischen Geburtsort und dem Einfallsreichtum ihrer Eltern, die ihre Kinder stets nach deren Geburtsorten benennen. Ein Jahr zuvor wird in Neapel ihre ältere Schwester Parthenope geboren, benannt nach der griechischen Schutzgöttin der Stadt. William und Frances Nightingale, reiche Angehörige der britischen Oberschicht, befinden sich seit zwei Jahren in Italien auf Hochzeitsreise. 1821 kehrt die Familie nach England zurück und lässt sich auf dem Familiensitz Lea Hurst in Derbyshire im Südwesten Englands nieder. Die Winter verbringt die Familie in Embley Park, Grafschaft Hampshire. Zwischendrin bleibt stets genug Zeit, das Leben in der Hauptstadt zu genießen. Da William Nightingale als Privatier keinem Broterwerb nachgehen muss, hat er Zeit für die Familie und übernimmt die schulische Ausbildung seiner Töchter. Florence wächst wohlbehütet und ohne Sorgen zu einer hübschen jungen Frau heran.

1836 wird die Familie von einer Grippeepidemie heimgesucht. Außer Florence und dem Koch erkranken alle Familienmitglieder sowie alle Dienstboten. Florence hat alle Hände voll zu tun, die Kranken zu versorgen. Zum ersten Mal wird sie mit der Krankenpflege, ihrer späteren Passion, konfrontiert. 1837 reist die Familie für zwei Jahre in den Süden, besucht Frankreich, Italien und die Schweiz. In Italien begeistert sich Florence für die italienische Freiheitsbewegung um Giuseppe Mazzini, viele Jahre später wird ihr Garibaldi höchstpersönlich seine Aufwartung machen. Zurück in London kommt es im Frühjahr 1839 zur ersten persönlichen Begegnung zwischen den Schwestern Nightingale und der jungen Queen Victoria. Später, als Florence der Königin an Bekanntheit längst nicht mehr nachsteht, werden sie sich wiedersehen. Die Nightingales verkehren von jeher in den einflussreichsten Kreisen Englands, hochrangige Politiker gehen bei ihnen ein und aus. Florence kennt viele spätere Minister und Premierminister persönlich, was sie weidlich ausnutzen wird.

1840 erkrankt ihre Tante, und Florence wird dazu bestimmt, sich um sie zu kümmern. Zu jener Zeit zeigt sich bereits, dass sie mehr soziales Bewusstsein entwickelt hat, als man es ihr aufgrund ihrer Herkunft zutrauen würde. Es drängt sie danach, etwas für die Schwachen der Gesellschaft zu tun. Obwohl sie selbst von nicht allzu robuster Gesundheit ist, pflegt sie in den Folgejahren verschiedene Familienangehörige und besucht Kranke in den Dörfern rund um Lea Hurst. Die Erkenntnis, die sie daraus zieht, ist, dass guter Wille allein nicht genügt, sondern zur Krankenpflege eine fundierte Ausbildung gehört. Doch genau darin liegt das Problem: In ganz Großbritannien, ja in ganz Europa gibt es keine richtige Ausbildungsstätte für Krankenpflegerinnen. Das Wissen um die Pflege muss man sich durch den alltäglichen Umgang mit den Patienten aneignen. Die 25-Jährige hofft vergebens, dass sie dieses im Krankenhaus von Salisbury tun darf. Doch die Eltern lehnen ab. Arbeit ist für eine höhere Tochter ohnehin nicht das Richtige, Krankenpflege aber ist erst recht indiskutabel. Zur Krankenpflege werden in jenen Jahren ungebildete Menschen aus den untersten Schichten herangezogen, deren Ruf mehr als zweifelhaft ist.

Nachdem die Eltern nicht mit sich reden lassen, bleibt Florence nichts anderes übrig, als sich vorübergehend auf die Theorie der Krankenpflege zu beschränken. In den nächsten Monaten arbeitet sie sich durch alles, was sie an Unterlagen zur englischen Krankenpflege finden kann: Statistiken, Zahlen, Berichte. Wie alt sind die Patienten im Durchschnitt? Wie viele Patienten liegen in einem Zimmer? Wie viele Betten gibt es durchschnittlich in einer Station? Welche Stationen gibt es? Wie viele Ärzte versorgen wie viele Patienten? Wie viele Krankenschwestern stehen zur Verfügung? Wie sind diese ausgebildet? Bald ist sie eine Expertin auf dem Gebiet des britischen Gesundheitssystems, deren Wissen auch Fachleute beeindruckt. Auf Anraten des preußischen Botschafters Christian Bunsen fährt sie nach Kaiserswerth am Rhein in die Diakonissen Stiftung von Pastor Theodor Fliedner. Dort erlebt sie zum ersten Mal eine andere Art der Krankenpflege, die sie sehr beeindruckt. Bei ihrem mehrmonatigen Aufenthalt nimmt sie auch an den Schulungen der Schwestern teil. Doch noch immer sind die Eltern nicht gewillt, die nun über Dreißigjährige, die alle Heiratsanträge ablehnt, in der Krankenpflege arbeiten zu lassen. Florences nächste Station ist Paris, wo sie sich ebenfalls über Krankenhäuser und das Gesundheitswesen informiert. Hier will sie versuchen, sich zur Krankenpflegerin ausbilden zu lassen, erkrankt aber kurz nach ihrer Ankunft an Masern und muss zurück nach London.

1854 bricht in England die Cholera aus. Nachdem die Epidemie auch viele Krankenschwestern dahinrafft, sucht man händeringend nach Hilfskräften. Florence meldet sich freiwillig ans Middlesex-Krankenhaus.

Doch die Sorgen im Inland werden bald verdrängt von den Problemen aus dem Ausland. Seit einem Jahr herrscht Krieg auf der Krim. Die Nachrichten von Soldaten, die an der Front an Seuchen und Verletzungen wie die Fliegen sterben, häufen sich. Die britische Armee verliert mehr Soldaten im Lazarett als auf dem Schlachtfeld. Die sanitären Zustände sind verheerend. Operiert wird ohne Narkose, die Lager sind verdreckt, Wundbrand grassiert. Die Lazarette sind übervoll, Schwerverwundete liegen auf dem nackten Fußboden. Es gibt kaum Essen, kaum Ärzte, kaum Personal. Nachdem William Howell Russell, Kriegsberichterstatter der *London Times*, über die Zustände nach Hause berichtet, bricht ein Sturm der Empörung los.

Am 15. Oktober 1854 sendet Kriegsminister Sidney Herbert ein Schreiben an Florence Nightingale mit der dringenden Bitte, eine Gruppe Pflegerinnen zusammenzustellen und an ihrer Spitze ins Lazarett nach Skutari aufzubrechen: »Ich kenne in ganz England nur einen einzigen Menschen, der imstande wäre, so etwas zu organisieren und zu beaufsichtigen [...] Meine Frage lautet einfach: Würden Sie meiner Bitte Folge leisten und diese Sache in die Hand nehmen? Natürlich würden Sie die volle Aufsicht über alle Pflegerinnen erhalten, und ich könnte bestimmt sicherstellen, dass Sie jede Hilfe und Unterstützung des Sanitätspersonals bekommen, und sie hätten auch die vollste Erlaubnis, von der Regierung anzufordern, was Sie für die Erledigung dieser Aufgabe alles für nötig erachten.«[17]

Ohne zu zögern gibt Florence der Bitte nach. Endlich ist das eingetreten, worauf sie so lange gewartet hat, sie kann aktiv ihren Dienst am Kranken leisten und ihr ausgezeichnetes Organisationstalent unter Beweis stellen. Mit 38 ausgewählten Frauen macht sie sich auf den Weg zum Bosporus. Was sie dort vorfindet, hat nichts mehr zu tun mit dem Leben, das sie bisher gewohnt war. Die Zimmer, die man den Frauen zuweist, sind klein und verdreckt, in einem liegt gar ein Toter. Vierzehn Pflegerinnen teilen sich einen Raum. Noch schlimmer ist die Situation im Lazarett. Hier gibt es gar nichts: keine Schüsseln, keine medizinischen Geräte, kein Geschirr, keine Handtücher, nichts! Dafür wimmelt es von Ungeziefer und Ratten. Die Frauen brauchen Tage, bis sie alles einigermaßen sauber und bewohnbar bekommen. Dabei werden täglich neue Verletzte eingeliefert. Bis November steigt die Zahl der Patienten auf über 1000 an.

Während draußen an der Front die Männer gegen den Feind kämpfen, ficht Florence im Lazarett einen Kampf gegen Windmühlen. Sie kämpft nicht nur gegen mangelnde Hygiene und Misswirtschaft, sondern vor allem auch gegen einen soldatischen Geist, in dem Frauen nicht vorgesehen sind, und wenn, dann sicher nicht als Befehlende. Viele Soldaten weigern sich schlichtweg, den Anweisungen der Frauen Folge zu leisten. Immer wieder muss Florence mit den Vorgesetzten sprechen und auf ihre Rückendeckung von Seiten der Regierung verweisen.

Trotz aller Bemühungen greifen die Verbesserungsmaßnahmen nur zögernd. Als alle Hilferufe nicht fruchten, nimmt Florence die Sache selbst in die Hand. Auf eigene Kosten beschafft sie Winterkleidung, Besteck, Handtücher und medizinisches Gerät. Sie organisiert einen Reinigungsdienst und sorgt dafür, dass die Kleidung der Verletzten und die Bettwäsche gewaschen wird. Als man ihr 500 neue Patienten ankündigt, lässt sie zum Teil auf eigene Kosten einen zerfallenen Gebäudeflügel instand setzen, um die Verwundeten unterzubringen. Doch die Anzahl der Verletzten steigt und steigt.

Die zierliche Frau arbeitet rund um die Uhr. Sie pflegt Kranke, wäscht sie, sitzt an Sterbebetten und hält Nachtwache. Niemand weiß, wann und ob sie überhaupt schläft. Sie arbeitet bis zur Erschöpfung. Wenn sie nachts durch die Flure geht, trägt sie stets eine kleine Lampe bei sich. Der amerikanische Dichter Henry Wadsworth Longfellow verewigt sie später in einem seiner Gedichte als die Lady mit der Lampe. Durch ihren unermüdlichen Einsatz gelingt es ihr, sich Respekt zu verschaffen. Vorbei die Zeiten, da sie Vorgesetzte bemühen musste, um etwas anzuordnen. Nun gehorcht man ihr aufs Wort, die Soldaten hängen mit großer Verehrung an ihr. Doch die anstrengenden Monate gehen auch an ihr nicht spurlos vorbei. Im Mai 1855 erkrankt sie am sogenannten Krimfieber. Ganz England bangt um ihren Gesundheitszustand, selbst die Queen lässt sich informieren. Florence Nightingale ist die Heldin eines ganzen Königreiches. War bei ihrer Geburt der Name Florence in Großbritannien mehr als ungewöhnlich, so tragen nun zahlreiche Mädchen stolz diesen Namen. Der Schweizer Henri Dunant wird durch ihr Beispiel zur Gründung des Roten Kreuzes angeregt: »Wohl bin ich der Gründer des Roten Kreuzes und der Schöpfer der Genfer Konvention. Aber die Ehre, die mir deswegen zuteil geworden ist, habe ich mit einer englischen Frau zu teilen. Was mich während des Krieges von 1859 dazu brachte, nach Italien auf das Schlachtfeld von Solferino zu gehen und dort zu helfen, war das große Vorbild, das Florence Nightingale uns auf der Krim gegeben hatte.«[18]

Im April 1856 ist der Krieg zu Ende. Am 16. Juli verlässt der letzte Patient das Lazarett. Ihre Aufgabe ist erledigt. Ein Schiff bringt sie über Konstantinopel nach Hause zurück. Nach ihrer Rückkehr wird sie von Königin Victoria auf Schloss Balmoral in Schottland empfangen. Es gelingt ihr, in der Königin eine Verbündete für ihre Reformpläne zu gewinnen. Und die hat sie wahrlich bitter nötig. Denn nun beginnt ihr härtester Kampf, der Kampf um die Neuorganisierung des Sanitätswesens in Großbritannien. Sie entwirft einen Plan für die militärische und zivile Krankenpflege. Bereits während des Krieges hatte sie in mehr als 30 Briefen an Sidney Herbert konkrete Vorschläge zur Verbesserung des Gesundheitswesens gemacht. Viele ihrer Vorschläge und Anregungen wurden später umgesetzt, doch bis dahin ist es ein langer, steiniger Weg.

Im Juli 1857 tritt sie als Zeugin vor dem parlamentarischen Untersuchungsausschuss auf, der die Vorgänge auf der Krim untersucht. 1859 erscheint ihr berühmtestes Buch *Notes on Nursing*. Es wird 1878 in Deutschland unter dem Titel »Rathgeber für Gesundheits- und Krankenpflege« erscheinen. In diesem Buch wendet sie sich explizit auch gegen die zu jener Zeit beginnende Frauenstimmrechtsbewegung, für die sie keinerlei Verständnis zeigt. Florence ist trotz ihres vorbildlichen Einsatzes eine zutiefst konservative Frau des viktorianischen Zeitalters. Obwohl sie für die Ausbildung der Krankenschwestern kämpft, steht sie dem Frauenstudium absolut ablehnend gegenüber. Frauen sollen gut ausgebildete, erstklassige Krankenschwestern werden, keine drittklassigen Ärztinnen. Ebenso wenig hält sie vom Frauenwahlrecht, und 1867 weigert sie sich strikt, der *National Society for Women's Suffrage* beizutreten. Was die Unterstützung der Frauen durch eine nationale Heldin wie Florence Nightingale bedeutet hätte, ist unschwer zu ermessen. Welch große Zustimmung hätte sie wohl dem Anliegen der Frauen innerhalb der Bevölkerung verschaffen können. Doch daran hatte sie keinerlei Interesse. Erst viel später wird sie erkennen, dass auch Frauen die Chance haben sollten, zu studieren und an politischen Entscheidungen teilzuhaben.

1860 gründet sie in London eine Schule für Krankenpflege. Zwölf Monate dauert die Ausbildung, trotz des offenen Widerstandes vor allem aus der Ärzteschaft. Neben der Ausbildung zur Krankenschwester führt sie auch eine sechsmonatige Ausbildung zur Hebamme ein. Ihrem Einsatz ist es letztlich zu verdanken, dass aus der Krankenpflege später ein anerkannter Lehrberuf wird.

In den 70er Jahren erwacht ihr Interesse an Indien. Im Zuge des Imperialismus rücken die Länder des Fernen Ostens in den Gesichtskreis der Briten und beeindrucken auch Florence Nightingale. Und wieder ist es das miserable Gesundheitssystem, das sie anprangert. Nicht nur, dass die Soldaten dort unter den widrigen Bedingungen leiden müssen, auch die Zivilbevölkerung verfügt weder über sauberes Trinkwasser noch über angemessene medizinische Versorgung. Obwohl sie selbst niemals nach Indien reist, wertet sie erneut Statistiken und Berichte aus und kommt zu dem Schluss, dass die hygienischen Zustände verheerend und dringend reformbedürftig sind. Sie wirft ihren ganzen Einfluss in die Waagschale, um Reformen anzutreiben.

Gegen Ende des Jahrhunderts zieht sich die neben der Queen berühmteste Engländerin ihrer Zeit mehr und mehr aus dem öffentlichen Leben zurück. 1907 wird ihr als erster Frau der *Order of Merit* verliehen. 1908 ernennt London sie zur Ehrenbürgerin. Am 13. August 1910 stirbt Florence Nightingale neunzigjährig. Sie wird in der Familiengruft in East Wellow beigesetzt.

Die Briten hätten ihre gerne die hohe Ehre zuteilwerden lassen, in Westminster Abbey beigesetzt zu werden. Hier ruhen die großen Helden der Nation wie Isaac Newton, Charles Darwin, Robert Browning, Georg Friedrich Händel oder auch Charles Dickens. Florence Nightingale jedoch hat sich eine derartige Ehrung in ihrem Testament ausdrücklich verbeten.

II. »Die Hörigkeit der Frau«
Von Menschen zweiter Klasse

Im Staat des 19. Jahrhunderts werden viele Menschen benachteiligt.
Von gleichen Chancen und gleichen Rechten kann keine Rede sein.
Zwar zeigt sich, dass offensichtlich vorhandene Ungerechtigkeiten
langsam aufgehoben werden, dass man sich bemüht, die Lebensumstände der Bevölkerung zu verbessern und den Lebensstandard zu
heben, doch ein nicht geringer Teil des Volkes bleibt von diesen Verbesserungen nahezu ausgeschlossen. Es gibt eine Gruppe, die einzig
und allein aufgrund ihres Geschlechts als Menschen zweiter Klasse
eingestuft werden: Frauen. Frauen sind im Inselstaat wie überall auf
der Welt schlechter gestellt als Männer. Die vielfältige Benachteili-
gung von Frauen im öffentlichen wie im privaten Bereich wird zum
Nährboden, auf dem die Frauenstimmrechtsbewegung gedeihen
kann. Die Unterdrückung der Frauen in vielerlei Hinsicht führt zu
einer Radikalisierung, die sich später beim Kampf um das Frauenstimmrecht entladen wird.

Ehefrau und Mutter

Der Platz einer Frau ist nach Ansicht der viktorianischen Gesellschaft eindeutig in der Familie. Die Familie genießt in jener Zeit eine
geradezu überragende Bedeutung. Angesichts einer sich immer
schneller wandelnden Außenwelt wird sie als Rückzugsort begriffen, als Ort der Geborgenheit, als Schutz- und Trutzburg gegen die
Gefahren der Industrialisierung. Wohl nie mehr erlangt die bürger-

liche Familie einen derart hohen Stellenwert wie in jenen Jahren. Die Überhöhung der Familie geht einher mit einer Überhöhung der Rolle der Frau als Ehefrau und Mutter. Die Bereiche der Frau werden von denen des Mannes exakt unterschieden. Zum einen intellektuell: Die Sphäre der Frau ist das Gemüt und die Emotion, die Sphäre des Mannes die der Vernunft und des Verstandes. Zum andern territorial: Der Ort der Frau ist im Haus, der Ort des Mannes außer Haus. Die Frau kümmert sich um das Private, der Mann um das Öffentliche, also auch um die Politik. Sarah Stickney Ellis (1812–1872), eine der meistgelesenen Autorinnen ihrer Zeit, schreibt 1839 in *The Women of England*, dass Ehefrauen hochmoralische und geistig reine Wesen sind, die einen heimlichen, aber durchaus bedeutenden Einfluss auf den in einer »getrennten Sphäre« lebenden Gatten ausüben. Sie sollen sich nicht gegen die natürliche Überlegenheit des Mannes auflehnen, sondern ihren natürlichen Verpflichtungen im Haus nachkommen. Auf diese Weise würden sie zur moralischen und sittlichen Vervollkommnung des Landes beitragen. Frauen seien Männern moralisch weit überlegen, intellektuell jedoch klar unterlegen.

Außerhäusliche Betätigung gilt als verwerflich, und die Tatsache, dass Frauen und Männer Seite an Seite in den Fabriken arbeiten, wird als sicheres Zeichen für die niedere Moral der Arbeiterklasse gewertet. Dass Millionen Frauen gezwungen sind, unter erbärmlichsten Bedingungen in Fabriken zu schuften, um nicht zu verhungern, tut dieser biedermeierlichen Vorstellung von der heilen Familie keinen Abbruch. Für Frauen der Mittelschicht ist Lohnarbeit undenkbar. 1851 sind nur sieben Prozent aller Frauen dieser Klasse erwerbstätig. Das Lebensziel einer Frau soll Ehe und Kindererziehung sein. Wer es sich einigermaßen leisten kann, bleibt zu Hause. Arbeiten geht man nur aus purer Not.

Die Industrialisierung und das sich damit durchsetzende kapitalistische Gesellschaftssystem verstärkt in der Mittelklasse die ökonomische Abhängigkeit der Frau vom Mann. Da Frauen nicht arbeiten sollen, haben sie kein eigenes Einkommen. Das patriarchale Gesellschaftssystem wird durch die neuen Produktionsmöglichkeiten noch gestärkt. Dabei widerspricht die Realität dem Hohelied der Familie ganz entschieden. Mitte des 19. Jahrhunderts herrscht ein gewaltiger Frauenüberschuss in Großbritannien. Bei einer Zählung 1851 wird festgestellt, dass es 365 000 Frauen mehr als Männer gibt. Ursächlich dafür ist zum einen die höhere Sterblichkeit der Männer, zum anderen die Emigration. Der Zensus stellt fest, dass 29 Prozent aller Frauen über zwanzig unverheiratet sind: 1851 allein 2 765 000. Bis 1871 steigt die Zahl auf 3 228 000. Eine Entwicklung, die auch im Zusammenhang mit den steigenden Lebenshaltungskosten während der Großen Depression gesehen werden muss. Immer mehr Männer verschieben eine Heirat, bis sie sich in der Lage sehen, Frau und Kind nach den ungeschriebenen Gesetzen der englischen Mittelklasse zu ernähren: mit Haus und Dienerschaft und einer Frau, die nicht erwerbstätig ist. Das Gespenst, das in Großbritannien umgeht, ist nicht der Kommunismus, sondern die *spinster*, die alte Jungfer. Gerade alleinstehende Frauen sind davon betroffen, dass Frauen der Ober- und Mittelklasse nicht arbeiten sollen. Von irgendetwas müssen sie jedoch leben, nicht alle sind mit großzügigen Apanagen reicher Brüder und Väter bedacht. Viele fristen ein Leben am Rande des Existenzminimums. Sie leben einfach und bescheiden, und wenn sie Glück haben, dann kommen sie irgendwo als Gesellschafterinnen unter. Interessanterweise bezeichnet das englische Wort für alte Jungfer, *spinster*, ursprünglich eine Frau, die am Spinnrad sitzt – also eine erwerbstätige Frau. Unverheiratete Frauen der Mittelklasse implizieren also gleich drei Dinge, welche die viktorianische Gesellschaft ächtet: Sie sind ledig, arm und erwerbstätig. »Es ist die Armut, die das Ledigsein in den Augen der Öffentlichkeit verächtlich erscheinen läßt. Eine ledige Frau mit nur begrenztem Einkommen muß notgedrungen eine lächerliche, unangenehme alte Jungfer und eine Zielscheibe des Spotts für die Jugend abgeben; aber eine alleinstehende Frau mit Vermögen ist stets achtbar und kann genauso angenehm und vernünftig sein wie jede andere Frau. Diese feine Unterscheidung spricht nicht so sehr für die Voreingenommenheit und gegen den gesunden Menschenverstand der Leute, wie es zunächst den Anschein hat, denn ein sehr geringes Einkommen muß notwendigerweise den Geist einengen und die Stimmung verderben«,[19] erklärt Jane Austens *Emma* ihrem Mündel Harriet Smith. Kann es bei solchen Ansichten verwundern, dass es viele »alte Jungfern« der Mittelklasse sind, die sich an die Spitze der organisierten Frauenbewegung setzen? Sie sind es, die am meisten unter den ungeschriebenen Gesetzen der viktorianischen Gesellschaft zu leiden haben.

Erst gegen Ende des 19. Jahrhunderts, als es immer mehr Frauen der Mittelklasse schon längst satt haben, immer nur zu Hause zu sitzen und sich um das Wohl der Kinder und des Hausherren zu kümmern, ändert sich die Einstellung zur Frauenerwerbstätigkeit langsam. Vielen Frauen wird es zu Hause bald langweilig. Mit dem Wohlstand steigt auch das vorhandene Hauspersonal, und die Ehefrauen haben alsbald gar nichts mehr zu tun. Sie sehnen sich nach Arbeit, wie Caroline Helstone in Charlotte Brontës Klassiker des viktorianischen Zeitalters *Shirley*: »Das wünsche ich mir jeden Tag hundertmal und frage mich ebensooft, wozu ich eigentlich auf die Welt gekommen bin. Ich sehne mich danach, etwas zu finden, was mich alles vergessen läßt, mich ganz und gar ausfüllt und geistig und körperlich in Anspruch nimmt. […] Außerdem trägt Arbeit ihren Lohn in sich; ein leeres, müdes, einsames und hoffnungsloses Dasein aber hat keinen.«[20]

Die einzige gesellschaftlich akzeptierte außerhäusliche Tätigkeit ist soziales Engagement, unentgeltlich, niemals um des schnöden Mammons willen. Der Anteil von Frauen in karitativen Einrichtungen steigt in jenen Jahren enorm. Fürsorgearbeit wird für viele Frauen zum einzigen Weg heraus aus der Enge des Hauses. Dabei sollen die Frauen allerdings nicht in erster Linie die materielle Not lindern, sondern den Frauen der Unterschicht den rechten Weg aufzeigen, sie moralisch und religiös unterweisen. Ober- und Mittelklasse-Frauen sollen als Vorbilder dienen, um den moralischen Standard der Unterschichten zu heben.

Was die Frauen jedoch bei ihren Einsätzen erleben, verändert sie und ihre Zielsetzung. Während sie ganz im Sinne des protestantischen Arbeitsethos zunächst davon ausgehen, Armut sei selbstverschuldet und auf Versagen oder Sünde zurückzuführen, erkennen sie durch die praktische Arbeit, dass dem nicht so ist. Das Leid und Elend, das sie vor allem bei Frauen und Kindern vorfinden, ist unbeschreiblich, und die Hilflosigkeit der Frauen angesichts der eigenen Einflusslosigkeit wächst ebenso wie ihre Wut. Sie begreifen, welch ein Vorteil es wäre, wenn Frauen nicht punktuell aus Nächstenliebe, sondern gezielt und strategisch für die Verbesserung der sozialen Lage der Unterschichten und vor allem der Frauen arbeiten würden. Eine Überlegung, die zwei Fliegen mit einer Klappe schlagen würde: Die einen hätten Arbeit, die anderen Unterstützung. Bald werden erste Komitees eingerichtet und Sozialarbeit unabhängig von der rein karitativen Betätigung geleistet. Frauen treffen sich nun zum Gedankenaustausch und überlegen sich konkrete Maßnahmen zur Armutsbekämpfung.

Damit findet zum ersten Mal ein Austausch zwischen Frauen aus der Ober- und Mittelklasse und Angehörigen der Unterschicht statt. Dies ist für die spätere Frauenbewegung ein nicht zu unterschätzender Schritt. Bis dahin hatte es kaum Kontakt zwischen diesen Schichten gegeben, nicht nur aufgrund der verschiedenen Klassenzugehörigkeit. Die industrielle Revolution hatte zu einer Unterscheidung zwischen Familienfrauen und Lohnarbeiterinnen geführt. Die Lebenswelten dieser beiden Gruppen sind so gegensätzlich, dass man tatsächlich davon sprechen kann, dass sie sich in zwei völlig unterschiedlichen Welten bewegen. Während bei den einen die technischen Errungenschaften und der neue Wohlstand zum Rückzug ins Haus führen, schafft er auf der anderen Seite neue Arbeitsplätze für ungelernte Arbeiter – für Frauen.

Erwerbstätige Frauen

Während die Mittelklasse um die heilige Familie tanzt wie ums Goldene Kalb, löst die industrielle Revolution die alten Familienstrukturen der Unterschicht auf. Frauen können sich aufgrund der festen Arbeitszeiten in der Fabrik nicht mehr um ihre Kinder kümmern. Arbeiterkinder bekommen ihre Eltern kaum mehr zu Gesicht. Babysitter beaufsichtigen die Kleinen, die weitgehend sich selbst überlassen bleiben. Nun erleben die Frauen hautnah, was Doppelbelastung heißt – Arbeit in und außerhalb des Hauses.

Auf die Arbeiterklasse hat die Industrialisierung genau den gegenteiligen Effekt, den sie auf die Mittelklasse hat: Die patriarchale Stellung des Mannes löst sich auf. Frauen müssen hier arbeiten und können so nun an eigenes Geld gelangen. Dies trägt zu einer gewissen Unabhängigkeit bei, auch wenn gesellschaftlich die Vormachtstellung des Mannes bestehen bleibt. Junge Mädchen verlassen ihre Familien, gehen allein in die Städte, um dort zu arbeiten und zu leben – ohne verheiratet zu sein. Der Ruf junger Fabrikarbeiterinnen ist denkbar schlecht.

Doch die Industrie benötigt Arbeitskräfte – billige Arbeitskräfte, und so greift man gerne auch auf Frauen zurück. Frauen der Unterschichten sind nicht von der Produktion ausgeschlossen, ganz im Gegenteil: »Die Zahl der Arbeiter hat sehr zugenommen, weil man immer mehr Männer- durch Frauenarbeit und vor allem Erwachsenen- durch Kinderarbeit ersetzt. Drei Mädchen im Alter von 13 Jahren mit Löhnen von 6 bis 8 sh. die Woche haben einen Mann reifen Alters mit einem Lohn von 18 bis 45 sh. verdrängt.«[21]

Die Tätigkeit der Textilarbeiterin ist ein typischer Frauenberuf. Im industriereichen Norden Englands und in Schottland, Gegenden mit einer langen Tradition von Frauenarbeit schon vor der Industrialisierung, wird der Beruf der Textilarbeiterin zum wichtigsten Berufszweig für Frauen: »Herr E., ein Fabrikant, unterrichtete mich, daß er ausschließlich Weiber bei seinen mechanischen Webstühlen beschäftigt; er gebe verheirateten Weibern den Vorzug, besonders solchen mit Familie zu Hause, die von ihnen für den Unterhalt abhängt; sie sind viel aufmerksamer und gelehriger als unverheiratete und zur äußersten Anstrengung ihrer Kräfte gezwungen, um die notwendigen Lebensmittel beizuschaffen«,[22] beschreibt Lord Ashley 1844 bei einer Parlamentssitzung die Situation in den Fabriken.

Ursächlich für die Zunahme an Arbeiterinnen ist auch, dass viele Männer sich lange dagegen wehren, in die Fabriken zu gehen und dadurch ihre Unabhängigkeit aufzugeben. Viele ziehen die Arbeit in den Heimindustrien vor. Auch wenn die Löhne in der Fabrik höher sind, wollen sie zu Hause ihr eigener Herr bleiben. 1838 sind nur 23 Prozent aller Textilarbeiter Männer, der Rest besteht aus Frauen und Kindern. Die meisten Männer wollen auch nicht, dass ihre Frauen in die Fabriken gehen, das Ansehen von Fabrikarbeiterinnen ist, wie bereits erwähnt, sehr schlecht. Die Gegner von Frauen in den Fabriken sind ebenso zahlreich wie ihre Argumente. Danach untergrabe diese Art von Beschäftigung die Moral, da Frauen und Männer auf engstem Raume zusammenarbeiten. Der Ton sei vor allem für verheiratete Frauen viel zu rau. Frauen würden durch diese Art der Beschäftigung leichtsinnig und selbstbewusst werden, wodurch die Sitten verkommen würden. Zudem würden sie ihre häuslichen Pflichten vernachlässigen, die sie zuvor, als Textilarbeit noch Heimarbeit war, »nebenher« erledigen konnten. Doch mit zunehmender Industrialisierung entfallen die Heimarbeitsplätze, und die Menschen müssen sich notgedrungen in die Fabriken begeben, um ihr Auskommen zu sichern. Die Industrialisierung verlegt die Arbeit außerhalb des Hauses.

Das Gehalt der Frauen bleibt weit hinter dem ihrer männlichen Arbeitskollegen zurück. Im Schnitt verdient eine Arbeiterin etwa 65 Prozent von dem, was ein männlicher Arbeiter für dieselbe Tätigkeit erhält. Dafür gibt es selbstverständlich eine plausible – männliche – Erklärung: »Weibliche Fabrikarbeiter erhalten meistens viel niedrigere Bezahlung als Männer und wurden aus diesem Grund mit vielleicht unverständlicher Sympathie bedauert. Denn da der Preis für ihre Arbeit so gering ist, werden Haushaltspflichten zu ihrer einträglichsten und angenehmsten Beschäftigung. Dies führt auch dazu, daß sie von der Fabrik nicht in Versuchung geführt werden, ihren Nachwuchs zuhause zu vernachlässigen. So führt die Vorsehung ihre Absichten mit einer Weisheit und Wirksamkeit aus, daß der Mensch all seine kurzsichtigen und vermessenen Absichten hintanstellen sollte.«[23]

Die Volkszählung 1866 ergibt, dass 3,5 Millionen Frauen in England erwerbstätig sind, 2,5 Millionen davon sind unverheiratet. Dazu kommt noch eine unbestimmte Anzahl von nicht aufgelisteten Prostituierten. Die meisten Frauen arbeiten entweder in den Fabriken oder als Dienstmädchen. Erst später führt die industrielle Entwicklung zu neuen Berufsfeldern auch für Frauen, sei es in der Telekommunikation, der Post oder der Eisenbahn. Diese lösen nach und nach die Arbeit in der Fabrik ab. Mit dem Banken- und Handelswesen entstehen gegen Ende des 19. Jahrhunderts neue Berufe wie Schreibkraft, Telefonistin oder Bürofräulein. Doch bis zum Ersten Weltkrieg werden nur wenige diese Berufe ergreifen. Erst danach verdrängt der Beruf der Büroangestellten nach und nach den Beruf der Hausangestellten und wird zum Symbol für die neugewonnene Unabhängigkeit der Frau.

Zunächst aber bleiben die meisten erwerbstätigen Frauen Fabrikarbeiterinnen, schlecht bezahlt und schlecht organisiert. Die Gewerkschaften sind lange Zeit unschlüssig, ob sie in den Frauen Verbündete oder Konkurrenten der männlichen Arbeiter sehen sollen. Bei den großen Streiks der Arbeiter sind dennoch zahlreiche Frauen an vorderster Front mit dabei. Allerdings sind Frauen wie die Mitglieder der *Female Reform Societies* vorwiegend aus Solidarität mit den Männern auf den Straßen, nicht um frauenspezifische Bedürfnisse zu artikulieren. Frauenpolitik steht noch nicht auf der Tagesordnung, es geht um allgemeine Verbesserungen. Erst im Laufe der Zeit erkennen Frauen, dass ihre Nöte nicht nur ein Nebenwiderspruch im Klassenkampf sind. Doch auch nachdem Frauen von den Gewerkschaften als Klientel wahrgenommen werden, ändert sich nichts. Dies führt bei den Arbeiterinnen zu der Erkenntnis, dass Frauen sich in eigenen Gewerkschaften organisieren müssen, um ihre Lage zu verbessern. 1833/34 wird relativ erfolglos erstmalig der Versuch unternommen, Frauen gewerkschaftlich zu organisieren. Im Zuge der Bedeutungszunahme der Gewerkschaften starten die Frauen in den 70er Jahren erneut einen Versuch. Nachdem durch die Wahlrechtsreform von 1867 erstmals auch Arbeiter wählen können, gewinnen die Gewerkschaften an Einfluss. Allen voran beginnen die Textilarbeiterinnen damit, sich zu organisieren. 1872 wird nach Vorbild der amerikanischen Frauengewerkschaft der Regenschirmmacherinnen mit der *Upholsterers Sewers Society* in Edinburgh die erste reine Frauengewerkschaft gegründet. 1874 werden die *Women's Protective and Provident League,* aus der später die *Women's Trade Union League* wird, die sich für eine nationale Organisation von Arbeiterinnen einsetzt, sowie die *National Union of Working Women* in Bristol ins Leben gerufen. Nachdem die *Women's Protective and Provident League* 1874 einen Streik unorganisierter Wollweberinnen in Dewsbury erfolgreich unterstützt, kommt es zur Gründung weiterer Frauengewerkschaften in London.

Im letzten Abschnitt des 19. Jahrhunderts, als sich die Arbeiter sukzessive formieren, gibt es immer wieder Streiks und Aktionen auch von Frauen. Bekanntestes Beispiel wird der Streik der Streichholzmädchen in London im Juli 1888 unter Führung von Annie Besant, bei dem sich die Frauen gegen die gefährlichen Arbeitsbedingungen und ihre Unterbezahlung in der Streichholzfabrik Bryant & May wehren. Immer wieder kommt es auch zu Arbeitsniederlegungen. Es streiken die Weberinnen in Yorkshire, die Zigarrendreherinnen in Nottingham und die Textilarbeiterinnen in Kilmarnock. 1891 kommt es zum Streik in den Manningham Spinnereien, der von der prominenten Feministin, Sozialistin und dem späteren NUWSS-Mitglied Isabella Ford (1855–1924) unterstützt wird. Die Frauen fordern Lohnerhöhungen, wehren sich gegen Lohnkürzungen und schlechte Arbeitsbedingungen. 1891 findet im Hyde Park die erste Arbeiterinnendemonstration statt, bei der mehr als 3000 Wäscherinnen demonstrieren. Jetzt werden die Frauen auch von Radikalen, Sozialisten und Nonkonformisten wahrgenommen, die über die Ausbeutung der Frauen empört sind.

Von nun an üben die Arbeiterinnen auch einen deutlichen Einfluss auf die Frauenstimmrechtsbewegung aus. Vor allem in den Industriezentren des Nordens, in denen Frauen durch ihre Arbeit eine gewisse Selbstständigkeit erreicht haben, bilden sich die Zentren der Frauenstimmrechtsbewegungen der Arbeiterinnen. Hier kämpfen Frauen erfolgreich für bessere Arbeitsbedingungen, und hier werden aus sozialen Forderungen bald politische. Der Teil der Frauenstimmrechtsbewegung, der ein universelles Wahlrecht auf legalem Wege fordert, wird vor allem von Arbeiterinnen aus den Textilzentren gespeist. Für ihre Forderungen nach sozialen und politischen Reformen erhalten sie Unterstützung von Gewerkschaftern, von Politikern und von vielen Mittelklassefrauen, die nun, da die Arbeiterinnen in die Öffentlichkeit treten und über ihre Situation berichten, zum ersten Mal erfahren, wie ein Großteil ihrer Geschlechtsgenossinnen lebt.

Mädchenbildung

Wie schon erwähnt, hat die industrielle Revolution gravierende Auswirkungen auf das Leben der Mittelklassefrauen. Nicht nur, dass verstärkt Dienstboten eingestellt werden, auch im Haushalt wird vieles simplifiziert, womit eine nicht geringe Zeitersparnis verbunden ist. Nun, da die Frauen der Mittelschicht ihre Zeit nicht mehr in Hausarbeit oder die Führung des Haushaltes investieren müssen, sehen sie sich nach neuen Betätigungsfeldern außerhalb der eigenen vier Wände um. Doch wie bereits geschildert sind ihrer Entfaltung hier so enge Grenzen gesteckt, dass es kaum verwundert, dass es gerade Frauen dieser Schichten sind, die sich anschicken, diese Grenzen zu sprengen.

Einer der wenigen Berufe, die Frauen der Mittelklasse offenstehen, ist der Beruf der Lehrerin. Dabei muss auf vieles verzichtet werden, gilt es doch für eine Lehrerin, ledig zu bleiben. Eine Verehelichung ist mit sofortiger Kündigung verbunden. Ein Verfahren, das in den meisten Ländern Europas bis nach dem Ersten Weltkrieg so gehandhabt wird.

Doch nicht alle unverheirateten Frauen wollen den Lehrberuf ergreifen. Sie fordern Zugang zu allen Berufen, auch zu bisher rein männlich dominierten. Sie sehen sich als Ärztinnen, Rechtsanwältinnen oder Polizistinnen. Doch bis zum Ersten Weltkrieg, als man aus der Not heraus den Frauen Zugang zu vielen Berufen gewährt, bleiben sie damit eine Minderheit. Berufe wie der einer Rechtsanwältin bleiben Frauen bis ins 20. Jahrhundert hinein komplett verwehrt.

In engem Zusammenhang mit der Forderung nach einer freien Berufswahl steht die Forderung nach Mädchenbildung. Die Frauenfrage ist im 19. Jahrhundert vor allem eine Bildungsfrage. Auf der Suche nach neuen Arbeitsmöglichkeiten erkennen die Frauen, dass die Einrichtung von Bildungszentren für Frauen der freien Berufswahl vorausgehen muss. Nur durch eine verbesserte Ausbildung können neue Arbeitsfelder erschlossen werden, würde eine allmähliche berufliche Gleichstellung eingeleitet. Die Ausbildung von Frauen ist in jener Zeit so rudimentär, dass es sich kaum lohnt, darüber zu schreiben. 1864 berichtet eine Kommission zum Schulwesen, dass es hinsichtlich der Mädchenbildung geradezu erschreckende Versäumnisse gibt. Frauenbildung ist in erster Linie daraufhin ausgerichtet, an welchem Platz die Frau sich zukünftig zu bewähren hat. So differiert die Ausbildung zwischen den Gesellschaftsschichten sehr stark. Bis 1870 werden Arbeiterinnen in Fabrikschulen erzogen. Die Kinder der Armen gehen im Arbeitshaus zur Schule. Angehörige der Mittelklasse werden in Privatinstituten von ältlichen Fräuleins auf ein Leben als Hausfrau und Mutter vorbereitet oder zu Hause unterrichtet. Die meisten Mädchen besuchen kirchliche Schulen, in denen ihnen kein kritisches Denken, sondern die stumme Hinnahme ihres Schicksals als Frau vermittelt wird.

Erst mit dem *Education Act* von 1870 ändert sich auch die Mädchenbildung. Es werden neue Ausbildungsstätten für Lehrerinnen geschaffen, die wiederum die Mädchen an den neu gegründeten Mädchenschulen unterrichten. Die Lehrpläne werden reformiert und Schulen, wie die bereits 1850 von Frances Buss (1827–1894) gegründete *North London Collegiate School for Girls*, werden zu Vorbildschulen für die Mädchenerziehung im ganzen Land.

Der Staat übernimmt das diffuse Mädchenbildungssystem und vereinheitlicht es. Eine Entwicklung, die es damit auch Mädchen aus bildungsfernen Schichten ermöglicht, sich eine gewisse Allgemeinbildung anzueignen, die ihnen zuvor verwehrt worden ist. Herausragendes Ergebnis dieser staatlichen Förderung ist, dass gegen Ende des 19. Jahrhunderts 97 Prozent aller Kinder in England lesen und schreiben können und bis zum Jahr 1918 ein einheitlicher Schulbesuch bis zum dreizehnten Lebensjahr vorgeschrieben ist. In dem Maße, wie man begriffen hat, dass Armut nicht selbstverschuldet, sondern Ausdruck ökonomischer und gesellschaftlicher Strukturen ist, erkennt man die Notwendigkeit, dass auch Frauen besser ausgebildet werden müssen, um dem Teufelskreis der Ausbeutung zu entrinnen. Dennoch behält auch die staatliche Erziehung das Erziehungsideal vom »Heimchen am Herd« bei. Dies zeigen nicht zuletzt die Unterrichtsfächer für Mädchen, die großen Wert auf Fähigkeiten wie Kochen und Nähen legen. 1878 wird für alle Mädchen das Fach Hauswirtschaft verpflichtend eingeführt.

Noch größere Defizite herrschen hinsichtlich der höheren Bildung. Der Zugang zu den höheren akademischen Weihen bleibt Frauen lange versperrt, ist allein den Männern vorbehalten. Die akademische Welt wehrt sich mit Händen und Füßen gegen Frauen in ihren Reihen. Manche Universitäten ändern ihre Zulassungsbeschränkungen gar so weit ab, dass Frauen keine Zulassung erlangen können. Schafft es die ein oder andere Frau, doch zugelassen zu werden, kommt es nicht selten zu Übergriffen von Seiten männlicher Kommilitonen. Erst in den 70er Jahren nimmt die *University of London* Frauen auf, ab 1878 können sie dort einen akademischen Grad erwerben. Oxford akzeptiert von 1878 an Frauen zu Vorlesungen, sein ewiger Rivale Cambridge tut dies bereits seit 1869. Hier gründen Barbara Bodichon (1827–1891) und Emily Davis (1830–1921) 1873 mit dem *Girton College* das erste Frauen-College Großbritanniens. Für Angehörige der Arbeiterklasse bleibt dieser Weg trotz Eröffnung des *Working Women's College* in London 1860 ein kaum gangbarer Weg. Dennoch setzen sich Frauen unermüdlich dafür ein, einen ordentlichen Zugang zur Universität zu bekommen. Doch das traditionelle Rollenverständnis an den Universitäten wird nur langsam aufgebrochen und verändert sich wohl vor allem dadurch, dass viele Frauenrechtlerinnen aus der Mittel- und Oberschicht stammen. 1860 gehen vom *Queens College* und vom *Bedford College* in London eine Anzahl Frauenrechtlerinnen hervor, wie zum Beispiel Barbara Bodichon und Elizabeth Blackwell (1821–1910), die 1849 in den USA ihr Medizinstudium beendet hatte und die erste

Ärztin Englands ist. Während in den USA bereits Hunderte von Ärztinnen praktizieren, wird in Europa weiter über die Zulassung von Frauen zur Universität gestritten. Nicht einmal das tapfere Beispiel einer Florence Nightingale, die während des Krimkrieges nahezu im Alleingang die britische Armee vor den Konsequenzen einer katastrophalen Planungsfehlleistung rettete, vermag diese Männerbastion zu beeindrucken. Dass sie selbst dem Frauenstudium ablehnend gegenübersteht, ist für das Anliegen nicht unbedingt förderlich. Erst 1877 entschließt sie sich, ihre Unterschrift unter die Petition zum Medizinstudium für Frauen zu setzen. Sukzessive jedoch setzt sich bei vielen Frauen der Gedanke fest, dass eine verbesserte Ausbildung ein erster Schritt sein würde, der es Frauen ermöglicht, den ihnen zustehenden Platz in der Gesellschaft einzunehmen.

Sitte und Moral

Die viktorianische Ära ist geprägt durch eine zur Schau gestellte Religiosität. Der Sonntag soll allein dem Kirchgang gehören, öffentliche Vergnügungen sind verboten – in der Theorie. Die Realität sieht anders aus. Tatsächlich besucht nicht einmal jeder zweite Engländer den Gottesdienst. Die Kirche ist eine Kirche des Bürgertums. Die Armen, vor allem die in den Städten, haben ihr längst den Rücken gekehrt. In den Fabriken wird auch am Sonntag geschuftet, die Maschinen müssen laufen. Gelebt wird nach dem Motto: »Arbeit ist auch Gebet.« Die Anglikanische Staatskirche ist entsetzt über die Vernachlässigung der Religion in so breiten Schichten der Bevölkerung. Um die Abgefallenen wieder für den Glauben zu gewinnen, wird mit der Missionierung im eigenen Lande begonnen. Einem Anliegen, dem neben öffentlichen Predigen auch die 1875 vom Methodistenprediger William Booth (1829–1912) gegründete Heilsarmee entspricht. Für Kirche und Religion wird das 19. Jahrhundert zu einer Bewährungsprobe. Nicht nur, dass die in Konkurrenz zur Staatskirche stehenden Freikirchen wie Methodisten, Kongregationalisten, Baptisten, Unitarier und Quäker ungeheuren Zulauf haben. Auch die naturwissenschaftliche Forschung führt verstärkt zur Abkehr von der Glaubenslehre. Charles Lyells (1797–1875) *Principles of Geology* (1833), Robert Chambers' (1802–1871) *Vestiges of the Natural History of Creation* (1844) und nicht zuletzt die Evolutionslehre Charles Darwins (1809–1882), der 1859 sein Monumentalwerk *On the Origin of Species by Means of Natural Selection, or the Preservation of Favoured Races in the Struggle for Life* [Über den Ursprung der Arten durch die natürliche Zuchtwahl oder die Erhaltung bevorzugter Rassen im Kampf ums Dasein] vorlegt, führt zu einer heftigen Auseinandersetzung mit der christlichen Schöpfungslehre. Die Frage nach dem Ursprung des Menschen führt zur Frage nach Gott und stellt bisher allgemeingültige Werte in Frage.

All diesen ketzerischen Thesen zum Trotz legt das Bürgertum eine große Frömmigkeit an den Tag. Sich abgrenzend von der unzivilisierten Unterschicht ebenso wie von der Unmoral des Adels, wird hier der gemeinsame Kirchgang regelrecht zelebriert. Man liest in der Bibel, betet innerhalb der Familie. Predigtbücher sind Bestseller der damaligen Zeit. Die neue Mittelklasse bildet ein eigenes Selbstbewusstsein und ein eigenes Selbstverständnis aus. Jegliche Abweichung vom Moralkodex führt ins soziale Abseits, Verfehlungen werden hart bestraft.

Der überall vorzufindenden Sündhaftigkeit des Lebens wird mit Tugenden wie Sparsamkeit, harter Arbeit und vermeintlichem Anstand begegnet. Es ist eine Ära der Scheinheiligkeit und Doppelmoral, die nachfolgenden Generationen die Zornesröte in die Wangen treibt. Der viktorianische Bürger ist über jeden Zweifel erhaben, vor allem über Selbstzweifel. Sein Selbstbewusstsein ist angesichts der wirtschaftlichen Erfolge ins Unermessliche angewachsen. Erarbeiteter Wohlstand gilt als Zeichen eines gottgefälligen Lebens. Einer, der sich literarisch mit der viktorianischen Gesellschaftsmoral auseinandersetzt, ist der Vertreter viktorianischer Literatur schlechthin, Robert Louis Stevenson, der in seinem Buch *Der seltsame Fall des Dr. Jekyll und Mr. Hyde* darauf verweist, dass der Mensch durchaus nicht nur einseitig gut und tugendhaft veranlagt ist, sondern von einer Doppelnatur beherrscht wird, ja mehr noch, »daß der Mensch ein Gemeinwesen vielfältiger, verschiedenartiger und voneinander unabhängiger Einzelexistenzen ist«.[24] Doch seine Kritik am ehrbaren viktorianischen Bürgertum wird zu jener Zeit, als die Selbstgerechtigkeit weitaus größer ist als die Selbsterkenntnis, kaum wahrgenommen.

Deutlichster Ausdruck des herrschenden Sittenpuritanismus ist eine rigide und strikte Sexualmoral. Keuschheit ist das oberste Gebot einer durch und durch leib- und sexualfeindlichen Gesellschaft. Frauen werden als Heilige verstanden, ohne körperliche Lust – rein und keusch selbst in der Ehe. Frauen müssen jungfräulich in die Ehe gehen und nach der Geburt der Kinder zur Enthaltsamkeit zurückkehren. Sexualität gilt als etwas Animalisches, wohingegen der Mensch sich durch den Geist auszeichnen soll. Deshalb muss Sexualität so gut es geht unterdrückt werden. Die Tatsache, dass die naturwissenschaftliche Forschung eine Verbindung zwischen Tier und Mensch herstellt, ängstigt viele Zeitgenossen und führt zu der Notwendigkeit einer gravierenden Differenz zwischen Mensch und Tier. Diese Differenz besteht in der Unvereinbarkeit von Sexualität und Verstand.

Sexualität ist nur im Rahmen der Fortpflanzung gestattet, den sexuellen Akt vom Zeugungsakt zu trennen gilt schlichtweg als Sünde, ist gleichbedeutend mit Prostitution. Von der sexuellen Befreiung der Frau ist man im Viktorianismus meilenweit entfernt, und so reagieren die meisten Menschen auf die zaghaften Versuche, Geburtenkontrolle und Empfängnisverhütung zu thematisieren, mit Entsetzen. Die ersten Aufklärungskampagnen und der Versuch, Beratungsstellen einzurichten, stoßen bei einem Großteil der Bevölkerung auf Ablehnung. 1877 wird die Arbeiterin Annie Besant wegen des Verteilens von Aufklärungsbroschüren gar zu einer Gefängnisstrafe verurteilt. Der Gedanke, dass Geburtenkontrolle, also die Trennung des Geschlechtsverkehrs vom Zeugungsakt, auch die Autorität des Mannes über die Frau aufweichen wird, setzt sich auch bei Frauen nur sehr langsam durch.

Neben der Einschätzung der Geburtenkontrolle als schwere Sünde ist Geburtenkontrolle allerdings auch in radikalen Kreisen umstritten. Hier wird sie vor allem als Mittel der Herrschenden verstanden, die Unterschichten zu dezimieren und deren Bevölkerungswachstum einzudämmen. Die Armen sollen enthaltsam leben, um nicht hungers zu sterben. Das ist die favorisierte Lösung der sozialen Frage. Hunger als Folge von Überbevölkerung, nicht als Folge eines bestimmten Wirtschaftssystems. Dies ist die weit verbreitete Bevölkerungstheorie des britischen Nationalökonomen Thomas Malthus (1766–1834), die er 1789 in seinem *Essay on the Principle of Population* veröffentlicht hatte. Malthus zufolge nimmt die Bevölkerung schneller zu als die ökonomischen Ressourcen, weshalb es zur Verarmung kommt. Die sozialen Probleme der Industrialisierung sind seiner Ansicht nach nicht den ökonomischen Bedingungen geschuldet, sondern dem Bevölkerungswachstum. Er schlägt vor, statt auf soziale Maßnahmen zur Verbesserung des Lebensstandards der Unterschichten auf Geburtenkontrolle zu setzen. Die Verteilung des Wohlstandes unterliegt in dieser Theorie nicht ökonomischen Gesetzen, sondern ist eine natürliche. Das Einzige, was die Armen gegen ihr Schicksal tun können, ist enthaltsam zu leben und nicht noch mehr Kinder in die Welt zu setzen, die sie letztlich nicht ernähren können.

Die von Malthus befürchtete Überpopulation, die Forderungen der Arbeiterklasse nach mehr Mitsprache und der tatsächliche Anstieg der Bevölkerung führt in den Ober- und Mittelschichten zum Schreckgespenst ungezügelter Sexualität gerade in den unteren Schichten. Die Befürchtung, übermäßige Sexualität gehe einher mit Anarchie und Ungehorsam, schien sich zu bestätigen. Dazu kommt die pseudowissenschaftliche Erkenntniss, freie Sexualität führe zu schweren Krankheiten, ja zum Wahnsinn. Ärzte warnen vor schlimmen Konsequenzen für Individuum und Nation. Vermischt mit religiösen Strafphantasien wird letztlich gar die Cholera als Ausdruck von Strafe für das sexuell unmoralische Verhalten der Unterschichten verstanden.

Geburtenkontrolle gilt deshalb vielen als eine Erfindung der herrschenden Klasse, als Einmischung in die Rechte der Armen, als

Kontrolle von oben. Zu Recht betont man, dass bei gerechter Verteilung der Güter jeder so viele Kinder haben könnte wie er möchte, ohne hungern zu müssen. Gerade aufgrund der Thesen Malthus' dauert es lange, bis Empfängnisverhütung als positives Recht von Männern und Frauen zur Selbstbestimmung thematisiert werden kann. Dazu kommt, dass die Mittel, die zur Verhütung benutzt werden, wahrlich kein Vergnügen sind: Coitus Interruptus, Spritzen aus Alaun und Wasser, in Chinin getränkte Vaginalschwämme, Gummis oder Chininpessare. Erst um 1880 entwickelt der Flensburger Arzt C. Haase unter dem Pseudonym Wilhelm P. J. Mensinga das Mensinga Diaphragma und damit zum ersten Mal eine angenehmere Möglichkeit der Empfängnisverhütung. Trotzdem bleiben Abtreibung und Kindstötung bis ins 20. Jahrhundert hinein für viele Frauen der einzige Ausweg. Und obwohl Abtreibungen schwer bestraft werden, haben Engelmacherinnen im Viktorianismus Hochkonjunktur.

Gilt die Diskussion über Empfängnisverhütung als Sakrileg, bleibt als einzige Rettung aus diesem Dilemma die Selbstbeschränkung, die kontrollierte Sexualität in der Ehe. Aufgrund dieses moralischen Dogmas glaubt sich die Mittelklasse sowohl der Unterschicht als auch der Oberschicht weit überlegen. Denn während die Arbeiter nahezu als Wilde gelten, ist die Oberschicht dekadent und zügellos. Einzige moralische Stütze der viktorianischen Gesellschaft ist die neu entstandene Mittelklasse, das Bürgertum. Hier wird die Ehefrau zum Symbol der Reinheit und Gesundheit, schützenswert vor allem Übel der Außenwelt. Um ihre Sexualität macht sich niemand Gedanken, diese ist einfach nicht existent und mit der Geburt der Kinder ad acta gelegt.

Nicht so die Sexualität des Mannes, der als treusorgender Familienvater und Ehemann den Wunsch der Gattin nach nicht noch mehr Kindern akzeptiert und sich anderweitig umsieht. Während außereheliche Sexualität für eine Frau undenkbar ist, blüht die Prostitution. Geschlechtskrankheiten aller Art sind auf dem Vormarsch. Allein schon die vorherrschende Doppelmoral, nach der Ehefrauen als keusche Jungfrauen in die Ehe gehen, Männer sich aber vorher ausleben sollen, unterstützt die Prostitution. Mitte des 19. Jahrhunderts gibt es allein im Stadtbezirk London mehr als 3000 Bordelle. Die Verwerfliche dabei ist die Hure, nicht der Freier. Prostituierte gelten als Verursacherinnen des moralischen Niedergangs der Nation, die Freier als Opfer ihrer Triebe und als anständige Familienväter, die ihre Ehefrauen schonen wollen. Viele Prostituierte sind halbe Kinder. Erst 1885 wird nach langen Auseinandersetzungen das Alter für erlaubten sexuellen Verkehr auf 16 Jahre erhöht.

Die Zahl der ledigen Mütter ist hoch. Bis 1873 kann eine Frau nichts gegen den Kindsvater unternehmen, wenn er Angehöriger von Armee oder Marine ist. Dabei sind das die Stammkunden. Aber auch alle anderen haben kaum die Chance auf Unterhalt. Für »gefallene Mädchen« bleibt das Arbeitshaus oder erneut Prostitution. Die Umkehrung des Opfer-Täter-Prinzips ändert sich nur schrittweise. Auch die Frauenrechtlerinnen brauchen lange, ehe sie in den Prostituierten nicht mehr verwerfliche Frauenzimmer sehen, sondern Opfer männlicher Übergriffe und sozialer Ungerechtigkeit. Viele, die sich später in der Frauenstimmrechtsbewegung wiederfinden, engagieren sich zunächst in Bewegungen gegen die Prostitution – nicht gegen die Prostituierten. Sie kämpfen gegen die sexuelle Ausbeutung der Frauen als Opfer einer patriarchalen Gesellschaft. Es werden Reform- und Hilfsorganisationen gegründet, die auch von Männern unterstützt werden. So ist beispielsweise der spätere Premierminister William Gladstone bekannt dafür, dass er nachts durch die Straßen Londons zieht, junge Prostituierte aufsammelt und sie mit nach Hause nimmt, wo sie von seiner Frau versorgt werden.

Diesem Gesinnungswandel der Gesellschaft geht ein jahrelanger Kampf um eines der umstrittensten Gesetze des 19. Jahrhunderts voraus: des *Contagious Diseases Act* von 1864, einem Gesetz zur Vermeidung ansteckender Krankheiten. Ein großes Problem, vor das sich die damalige Gesellschaft gestellt sieht, ist die Verbreitung von Geschlechtskrankheiten. Vor allem innerhalb der Armee nehmen diese rapide zu. Soldaten ist es nicht gestattet zu heiraten, da man annimmt, dass sie als Familienväter nicht mehr im selben Maße Einsatz fürs Vaterland zeigen würden wie als ledige Männer. So gibt es enge Verbindungen zwischen Armee und Prostitution. 1864 ist jeder dritte Krankheitsfall innerhalb der Armee auf eine Geschlechtskrankheit zurückzuführen, in der Marine jeder elfte. Zunächst versucht man die Weiterverbreitung durch Untersuchung der Soldaten zu verhindern, aber diese wehren sich gegen die höchst unangenehme Prozedur.

Da verfällt man auf die glorreiche Idee, die Prostituierten zu untersuchen. Die Regierung ordnet die ärztliche Zwangsuntersuchung bei mutmaßlichen Prostituierten an. Frauen können nun auf Verdacht hin von der Straße weg verhaftet und zwangsuntersucht und bei Infektion anschließend sogleich zur Behandlung gezwungen werden. Kritik an der Untersuchung erwächst auch durch die Verwendung eines Vaginalspekulums, das als besonders abscheulicher und schmerzhafter Eingriff in die Persönlichkeitsrechte der Frauen empfunden wird und selbst unter Medizinern umstritten ist. Peinlicherweise werden nicht nur Prostituierte, sondern auch viele wohlanständige Bürgersfrauen, die für Prostituierte gehalten werden, verhaftet und untersucht. Dies löst einen handfesten Skandal aus. Die in diesem Gesetz manifestierte Instrumentalisierung der Frau führt dazu, dass die *Ladies National Association* [LNA] unter der Führung von Josephine Butler (1828–1906) eine großangelegte Kampagne gegen dieses Gesetz startet und es 1886, nach mehr als zwanzig Jahren, tatsächlich zu Fall bringt. Die Frauen erhalten in ihrem Kampf viel Unterstützung, auch von prominenter Seite. So sendet der große Romancier Victor Hugo 1870 an Josephine Butler einen flammenden Appell mit der Aufforderung, standhaft zu bleiben und nicht aufzugeben, bis dieses Gesetz zu Fall gebracht ist.

Diese Auseinandersetzung radikalisiert viele Frauen und zeigt ihnen beispielhaft, wie weit es eine organisierte Frauenbewegung bringen kann. Viele der später auch von den Frauenstimmrechtlerinnen verwendeten Methoden wie Lobbyarbeit, Einflussnahme auf Wahlverhalten oder Störung von Versammlungen werden hier vor-

Josephine Butler in ihrem Arbeitszimmer

weggenommen. Das Beispiel der LNA führt zur Gründung verschiedener Organisationen, die sich mit Frauenfragen beschäftigen und es sich zur Aufgabe machen, gegen die Ungerechtigkeiten in der Gesellschaft anzukämpfen. Auch personell gibt es Verflechtungen zwischen den späteren Frauenstimmrechtlerinnen und der LNA. Frauen wie Josephine Butler glauben daran, dass das Frauenstimmrecht zu einer gesellschaftlichen Veränderung führen wird, die Doppelmoral, Prostitution und Ausbeutung von Frauen ein Ende bereiten und neue moralische Standards bringen werde. Dies zeigt jedoch auch, wie sehr die frühe Frauenbewegung in den Denkstrukturen des Viktorianismus verhaftet ist. Eines ihrer Hauptanliegen war es, in Fragen der Sexualität eine höhere Moral einzuführen und auch für Männer außerhalb der Ehe Keuschheit zu propagieren. Dies begreift man als besten Schutz vor Geschlechtskrankheiten.

Frauen vor dem Gesetz

Frauen konnten auch deshalb zu Menschen zweiter Klasse werden, weil sie das Gesetz dazu machte, weil es ihnen die elementarsten Rechte verweigerte. Das Gesetz legalisiert die Unterdrückung der Frau, vor allem der verheirateten Frau, die ihrem Ehemann nahezu vollständig unterworfen ist. Die Ehe des 19. Jahrhunderts ist keine gleichberechtigte Partnerschaft, sondern ein manifestiertes Abhängigkeitsverhältnis der Frau. Die rechtliche Stellung der verheirateten Frau gleicht der einer Sklavin. Sie tauscht den Vater gegen den Ehemann ein und bleibt auch im Erwachsenenalter unmündig wie ein Kind. Sie ist Eigentum ihres Mannes, dem Haus und Hof gehören und der auch ihr Vermögen kontrolliert. Gerade Frauen aus Mittel- und Oberschicht sind Statussymbole, Demonstrationsobjekte, Luxus, den »Mann« sich leistet.

Frauen haben kein Recht auf Eigentum. Für sie gilt nach dem *Common Law*, dass sie weder über ihr Eigentum noch über geerbtes noch selbstverdientes Geld verfügen dürfen. Dies bleibt so, auch wenn sich die beiden Partner trennen. Die Frau hat keinerlei Zugriff auf ihr Vermögen und steht im Falle einer Scheidung völlig mittellos da. Gerade die Tatsache, dass Frauen in der Ehe keinerlei Verfügungsgewalt über ihr Vermögen haben, ist ein Punkt, an dem sich die Lunte entzündet. Frauen können ihr Vermögen einzig dadurch in den Händen behalten, dass sie es durch Treuhänder verwalten lassen. Diesen Weg gehen vor allem Frauen aus den höchsten Kreisen. Für Frauen, um deren finanzielle Situation es nicht so gut bestellt ist, ist dies kein gangbarer Weg. Vielen sind derartige Regelungen ohnehin gar nicht bekannt. In einer Gesellschaft, in der Besitz und Vermögen eine so große Wertigkeit besitzen wie in der viktorianischen, ist dies eine doppelte Zurückweisung. Erinnern wir uns: Vermögen zeigt in der protestantischen Arbeitsethik ein gottgefälliges Leben. Dazu kommt, dass das Wahlrecht auf Besitz beruht, nicht auf der geistigen Überlegenheit der Männer. Als immer mehr Frauen erwerbstätig werden, wird dieses Gesetz mehr denn je als Unrecht betrachtet, und als 1870 und 1882 die *Married Women's*

Property Acts erlassen werden, wird der Weg frei für eine Modifizierung des Eherechts. Damit erwerben Frauen das Recht auf sowohl vor als auch nach der Ehe erworbenes Eigentum. Die Änderung des Eigentumsrechtes innerhalb der Ehe führt dazu, dass Frauen ein Stück an Unabhängigkeit dazugewinnen.

Auch in ihrer persönlichen Freiheit sind Frauen weitgehend eingeschränkt. Bis 1884 ist es Ehemännern erlaubt, ihre Frauen gegen ihren Willen im Haus festzuhalten, wenn diese sich weigern, ihren ehelichen Pflichten nachzukommen. Immer wieder führt dies zu bedrückenden Fällen von gekidnappten Frauen, die ihre Männer verlassen wollen und gezwungen werden, zu bleiben – als Ehefrauen zu bleiben. Erst die *Matrimonial Causes Acts* leiten die in diese Richtung dringend notwendige Reform ein.

Selbst das Scheidungsrecht benachteiligt die Frauen. Vor 1857 war es ohnehin kaum möglich, sich scheiden zu lassen. Die enormen Kosten verunmöglichten diesen Schritt für die meisten Menschen. 1857 wird der *Divorce Act* erlassen, um die Trennung der Ehepartner zu erleichtern, doch wiederum ist es für Männer ein Leichtes zu gehen, während Frauen jede Menge Beweise vorlegen müssen, damit das Gericht einer Scheidung zustimmt. Ehebruch gilt nur für einen Mann als Scheidungsgrund, eine Frau muss noch weitere Vergehen wie Grausamkeit oder schwerwiegendes Fehlverhalten nachweisen. Ehebruch durch einen Mann ist etwas Natürliches, Ehebruch durch eine Frau ein schwerwiegendes unverzeihliches Vergehen. Dazu kommt, dass Frauen Vorwürfe wie Vergewaltigung, Bigamie, Sodomie, Grausamkeit nur selten geglaubt werden, während Männer sich allein aufgrund der Untreue ihrer Frauen scheiden lassen können. Dennoch gibt es verstärkt Frauen aus der Ober- und Mittelschicht, die sich nun wegen der Gewalttätigkeiten ihrer Männer scheiden lassen. Gewalttätige Übergriffe in der Ehe hatten lange im Verborgenen stattgefunden und kommen nun durch die neue Gesetzgebung ans Tageslicht. Frauen beginnen damit, sich zu wehren. Vereinzelt zwar, aber es ist ein weiterer Schritt ins Bewusstsein der Öffentlichkeit.

Ein anderes Problem ist, dass Frauen bei einer Scheidung nur selten die Erziehungsgewalt über ihre Kinder zugesprochen bekommen und meist völlig mittellos zurückbleiben. Erst in den 70er und 80er Jahren wird es Frauen gestattet, unter gewissen Umständen, wie Misshandlungen während der Ehe oder wenn sie von ihren Männern verlassen werden, Unterhalt einzufordern und in einigen Fällen auch das Sorgerecht für die Kinder zu erlangen.

Die Frage des Sorgerechts ist eines der großen Schlachtfelder bei der Auseinandersetzung zwischen den Geschlechtern. Frauen haben lange Zeit keinerlei Verfügungsgewalt über ihre Kinder innerhalb der Ehe. Seit den 30er Jahren gibt es allerdings Bestrebungen, dies zu ändern. Der Fall Caroline Norton spielt eine entscheidende Rolle bei der Durchsetzung des Sorgerechts 1839. Dem Liebling der Londoner Society werden von ihrem gewalttätigen Mann die Kinder entzogen, da er seine Frau des Ehebruchs verdächtigt. Er lässt die Kinder zu Verwandten bringen und verbietet seiner Frau jeglichen Umgang. Der Fall sorgt für großes Aufsehen. Vielen Frauen wird zum ersten Mal bewusst, dass sie in einem vergleichbaren Fall ebenfalls weder über Kinder noch Vermögen bestimmen können. Auch gerichtlich kann Mrs. Norton sich nur eingeschränkt zur Wehr setzen, da Frauen nicht das Recht haben, sich vor Gericht zu verteidigen. Der Fall führt schließlich zum *Infant's Custody Act*, der 1839 vom Parlament verabschiedet wird. Danach verbleiben Kinder bis zum siebten Lebensjahr in der Obhut der Mutter, der Vater jedoch bleibt weiterhin der alleinige gesetzliche Vertreter.

Betrachtet man das 19. Jahrhundert aus dem Blickwinkel der Frau, so stechen zwei Dinge ins Auge: Zum einen sind Frauen benachteiligt, sozial und juristisch. Zum anderen gibt es Reformen, welche diese Benachteiligungen beseitigen, stets nur dann, wenn Frauen dafür eintreten. Die Aufgabenteilung des Viktorianismus lautet wie folgt: Männer erlassen Gesetze, die Frauen benachteiligen, und Frauen können zwar dagegen ankämpfen, sie aber in keinem Fall verhindern. Frauen haben keinerlei Möglichkeiten, über ihr eigenes Wohl und Wehe zu bestimmen. Ihr Einfluss reicht nicht einmal aus, um sich selbst zu schützen.

In diesen Umbruchsjahren, in denen sich das Vereinigte Königreich so sehr verändert und die Moderne Einzug hält, begreifen immer mehr Frauen, dass es Zeit wird, dafür Sorge zu tragen, dass nicht länger Gesetze erlassen werden, die einen Teil der Menschheit benachteiligen. Es wird Zeit, das eigene Schicksal selbst in die Hand zu nehmen.

Die Freidenkerin:
Annie Besant
(1847–1933)

»Das Leben kann nur [...] richtig gelebt werden,
wenn man es mutig und tapfer als ein präch-
tiges Abenteuer nimmt, in dem man in ein un-
bekanntes Land aufbricht, um viel Freude zu erfahren, viele Kameraden zu finden, und viele
Kämpfe zu gewinnen und zu verlieren.«

Annie Besant wird am 1. Oktober 1847 in Clapham, London, als Tochter eines irischen Ehepaars geboren. Ihr Vater ist Arzt und stirbt, noch bevor Annie zur Schule kommt. Die Mutter sieht sich nach dem plötzlichen Tod des Haushaltsvorstandes gezwungen, eine Stelle im Internat in Harrows anzunehmen. Während wohlhabende Verwandte die Schulausbildung ihres Bruders übernehmen, bleibt Annie nur der Besuch beim Hauslehrer einer befreundeten Familie. 1866 lernt Annie den jungen Geistlichen Frank Besant kennen, den sie 1867 mit knapp 19 Jahren heiratet. In den nächsten Jahren schenkt sie zwei Kindern das Leben: Mabel und Digby. Trotzdem verläuft die Ehe unglücklich. Obwohl zunächst bemüht, sich dem Leben ihres Mannes unterzuordnen und ihn bei seinen Aufgaben zu unterstützen, leidet Annie bald unter der häuslichen Situation. Sie kann sich in den engen Grenzen, die ihr Mann ihr steckt, nicht entfalten und rebelliert. Zum Entsetzen ihres Mannes beginnt sie ihren Glauben in Frage zu stellen, bemerkt offen, dass den Armen wohl weniger der Glaube als eine soziale Reform fehle. Als sie sich eines Tages weigert, zur Heiligen Kommunion zu gehen, wirft Frank Besant sie aus dem Haus und reicht 1873 die Scheidung ein. Digby bleibt beim Vater, während Mabel mit der Mutter nach London geht.

Nach der Trennung von ihrem Mann wendet sich Annie endgültig vom Christentum ab, bekennt sich offen zum Atheismus. 1874 wird sie Mitglied der *National Secular Society*, die sich für freies Denken und ein Leben, das auf Vernunft und Aufklärung basiert, einsetzt. Deren Vorsitzender, Charles Bradlaugh (1833–1891), Herausgeber des *National Reformer*, wird ihr ein enger Freund, dessen Ideen sie adaptiert. Bald arbeitet sie selbst für den *National Reformer*, der Themen wie Arbeitnehmervertretung, Bildungspolitik, Frauenwahlrecht und Geburtenkontrolle aufgreift. Auch Annie nimmt sich dieser Themen an – vom Standpunkt der Frau aus. Denn niemand ist in dieser Gesellschaft schlechter gestellt als jemand, der arm und zugleich eine Frau ist. Ihr ist längst bewusst, dass Frauen nicht von Natur aus benachteiligt sind, sondern durch gesellschaftliche Konventionen unterdrückt und in Unmündigkeit gehalten werden. Für Annie werden Ehe- und Frauenrechte auch aufgrund der eigenen Erfahrung zum Hauptthema. Eines der größten Probleme jener Zeit ist für sie die mangelnde Geburtenkontrolle. Entkräftete Mütter, die Jahr für Jahr Babys zur Welt bringen, die zu schwach sind, um zu überleben, sind Normalität, gerade bei den unteren Schichten. Frauen, die tagtäglich schwer arbeiten und fast immer schwanger sind, sterben früh und hinterlassen ein noch größeres Elend. Geburtenkontrolle ist ein Tabuthema, gilt in einer Welt, in der Sexualität offiziell der Fortpflanzung dient, als unmoralisch und obszön. 1877 veröffentlichen Annie Besant und Charles Bradlaugh, Dr. Charles Knowltons Buch über Geburtenkontrolle *The Fruits of Philosophy*. Knowlton hatte für sein 1832 verfasstes Buch, in dem verschiedene Methoden der Geburtenkontrolle erklärt werden, bereits kurz nach der Erstveröffentlichung drei Monate Zwangsarbeit erhalten. 45 Jahre später hat sich an der Empörung, die seine Schrift auslöst, nichts geändert. Annie und Charles Bradlaugh werden wegen der Verbreitung von Material, das dazu angehalten sei, diejenigen, die ohnehin leicht für unmoralische Dinge zu beeinflussen seien, also die unteren Schichten, noch mehr zu korrumpieren, vor Gericht gestellt. Wegen Verbreitung obszöner Schriften werden sie zu einer Haftstrafe von sechs Monaten sowie einer Geldbuße von 200 Pfund verurteilt. In nächster Instanz wird das Urteil aufgrund von Formfehlern aufgehoben und der Fall zu den Akten gelegt. Doch die damit angestoßene öffentliche Diskussion geht weiter. Unmittelbar nach ihrer Entlassung verfasst Annie Besant eine eigene Schrift zur Geburtenkontrolle, *The Laws of Population*, die sie den Armen in Stadt und Land widmet. Damit erntet sie landesweite Berühmtheit – und jede Menge negative Schlagzeilen. Die Zeitungen und die öffentliche Meinung zerreißen sie in der Luft. Ihr Ex-Mann lässt ihr das Sorgerecht für Tochter Mabel entziehen. Atheisten und Sozialreformer vom Kaliber Annie Besants gelten im viktorianischen England als unfähig zur Kindererziehung. Doch Annie lässt sich nicht in die Schranken weisen. 1879 veröffentlicht sie ein Pamphlet mit dem Titel *Marriage as it was, as it is and as it should be,* in dem sie sich kritisch mit der Ehe und der Rolle der Frau in einer christlich geprägten Gesellschaft auseinandersetzt.

Annie Besant und Charles Bradlaugh machen die *National Secular Society* landesweit so bekannt, dass Bradlaugh 1880 gar einen Parlamentssitz für Northampton erlangt. Weil die beiden jedoch nicht nur Republikaner, sondern auch bekennende Atheisten sind, die Kirche und Monarchie strikt ablehnen und stattdessen auf die Selbstverwaltung und Selbstständigkeit des Menschen setzen, weigert sich Bradlaugh, den Amtseid abzulegen. Seine Bitte, stattdessen seine Treue gegenüber dem Volk ohne Schwur zu versichern, wird, obwohl sie die Unterstützung von Premierminister William Gladstone hat, vom Parlament abgelehnt. Als er trotzdem versucht, seinen Platz einzunehmen, wird er verhaftet. Annie Besant und Charles Bradlaugh starten daraufhin eine großangelegte Kampagne, um Bradlaughs Recht auf einen Parlamentssitz zu erwirken. 1882 präsentieren sie 241 970 Unterschriften zu seiner Unterstützung. Doch es werden weitere vier Jahre vergehen, die gekennzeichnet sind von Gefängnisaufenthalten und hohen Geldstrafen, bis Bradlaugh im Januar 1886 seinen Sitz einnehmen darf. Dieser Erfolg ist beiden ungeheuer wichtig, treten sie doch unerschrocken und offen für freies Denken und Atheismus ein, wie nicht zuletzt 1887 ihre gemeinsame Schrift *Why I do not believe in God* zeigt.

Durch Bradlaugh kommt Annie in Kontakt mit Sozialisten wie dem Arts & Crafts Künstler Walter Crane oder dem späteren Lebensgefährten von Eleanor Marx und Mitarbeiter Karl Marx', Edward Aveling. Und sie trifft George Bernard Shaw. Mit den beiden Letzteren verbindet sie mehr als nur Freundschaft, doch ihr Freiheitsdrang steht einer festen Bindung entgegen. So schlägt sie Shaw eine Art Partnerschaftsvertrag vor, weil sie auf keinen Fall mehr heiraten will. Als dieser die Thematik 1907 in seinem Stück *Getting Married* verarbeitet, setzt er Annie ein literarisches Denkmal. Die

Protagonisten im Stück diskutieren ganz so wie Shaw und Annie Besant selbst über die Nachteile der traditionellen Ehe und die Vorteile, zwischenmenschliche Beziehungen durch individuelle Verträge zu regeln. Shaw selbst will zwar auch nicht heiraten, lehnt einen derartigen Vertrag mit Annie aber ab, weil er der Ansicht ist, dieser würde ihn noch mehr einschränken als eine Ehe.

Da sowohl die aufstrebende Gewerkschaftsbewegung als auch der Sozialismus die Behörden in Schrecken versetzt, kommt es immer wieder zu Versuchen, die Akteure an der Ausübung ihrer politischen Äußerungen zu hindern. Immer öfter gibt es Übergriffe auf Reformgruppen, die ihr Recht auf Versammlungsfreiheit wahrnehmen. 1887 gründen Annie Besant, Richard Pankhurst, der Gatte Emmeline Pankhursts, und andere deshalb *The Law and Liberty League*, deren Ziel es ist, das Recht der öffentlichen Agitation gegen Übergriffe der Behörden zu schützen. Am 13. November 1887 ruft die Gruppe zu einer großen Demonstration am Trafalgar Square auf, die als *Bloody Sunday* in die Geschichte eingeht. Bei dem dort stattfindenden blutigen Zusammentreffen zwischen Polizei und Demonstranten werden drei Menschen getötet und mehr als 200 verletzt. In den nächsten Jahren holt Annie ihre schmerzlich vermisste akademische Bildung nach und macht einen Abschluss in Naturwissenschaften an der Universität in London.

Unmittelbar nach ihrer Gründung 1884 wurde sie bereits Mitglied der marxistischen *Social Democratic Federation* und Herausgeberin der sozialistischen Zeitung *The Link*. Am 23. Juni 1888 veröffentlicht sie darin einen Artikel über die Weiße Sklaverei in London, in dem sie auf die gesundheitliche Gefährdung, die unmenschlichen Arbeitsbedingungen und die schäbige Bezahlung der Arbeiterinnen in der Streichholzfabrik Bryant & May aufmerksam macht. Drei Frauen, die ihr als Informationsquelle dienen, werden umgehend entlassen. Daraufhin gründen die Frauen mit Unterstützung Annies eine Gewerkschaft der Streichholzindustriearbeiterinnen und treten in Streik. Viele prominente Reformer und Frauenrechtlerinnen wie Emmeline Pankhurst schließen sich ihren Forderungen an. Nach dreiwöchiger Arbeitsniederlegung sieht sich die Firmenleitung gezwungen, den Arbeiterinnen nicht nur verbesserte Arbeitsbedingungen zu bieten, sondern auch die drei Entlassenen wieder einzustellen.

1889 tritt Annie der *Fabian Society* bei. Im selben Jahr wird Annie, die mittlerweile zu einer gefragten Rednerin geworden ist – George Bernard Shaw nennt sie gar die beste Rednerin Großbritanniens – Mitglied der Londoner Schulbehörde. Sie versteht ihre Wahl als Reformauftrag und setzt in ihrer Amtszeit Schulspeisungen für unterernährte Kinder sowie kostenlose medizinische Untersuchungen für Grundschüler durch. Weiterhin bleibt sie ihrem Anliegen der Geburtenkontrolle treu, leistet Aufklärungsarbeit, verteilt Flugblätter und führt Beratungen durch. Für sie steht außer Frage, dass es moralischer ist, die Geburtenrate zu kontrollieren, als Kinder durch fehlende Nahrung, Medizin oder Hygiene sterben zu lassen.

Doch obwohl man zu jener Zeit kolportiert, dass es in England kaum eine Reform gegeben hatte, für die sie nicht gearbeitet, geschrieben, gesprochen oder gelitten hat, ist sie nicht zufrieden. Alle Reformbemühungen und Aktionen haben Annie Besant auf ihrem Weg zur allein gültigen Wahrheit nicht weitergebracht, und so wendet sie sich Ende der 80er Jahre der 1875 von Helena Petrovna Blavatsky (1831–1891) begründeten Theosophischen Gesellschaft zu.

Sie verlässt die politische Bühne und widmet sich von nun an ganz der Theosophie. Im November 1893 geht sie nach Indien, um näher in die hinduistische Gedankenwelt einzutauchen. Später wird sie sich verstärkt für den Vegetarismus engagieren. 1898 gründet sie das *Central Hindu College* in Benares mit. 1907 wird sie die Vorsitzende der Theosophischen Gesellschaft. Besonders eng arbeitet sie mit dem Leiter des Inneren Schulungszirkels der Theosophen, Charles Webster Leadbeater (1847–1934), zusammen, der vor allem durch seine Arbeiten zum Thema Aura und Chakra bekannt wird. Er glaubt, in einem jungen Hindu namens Jiddu Krishnamurti den kommenden Heilsbringer, eine Art neuen Messias zu erkennen, und Annie schließt sich dem an. Die Ernennung Krishnamurtis, der den Anspruch, der neue Messias zu sein, 1929 zurückweist, spaltet die Theosophische Bewegung und führt im Februar 1913 zur Gründung der Anthroposophischen Gesellschaft unter Rudolf Steiner in Berlin.

Obwohl ihr Hauptanliegen nun die Theosophie ist, bleibt sie interessiert an Frauenrechten. Jahrelang schreibt sie nicht nur zahlreiche Leserbriefe an englische Zeitungen, in denen sie sich vor allem mit der nun immer aktueller werdenden Frauenstimmrechtsbewegung identifiziert, sondern tritt auch als Rednerin in dieser Sache auf. 1911 ist sie eine der Hauptrednerinnen auf einer NUWSS-Versammlung in London.

Durch ihren Aufenthalt in Indien wird sie in den indischen Freiheitskampf verwickelt. Im Oktober 1913 fordert sie auf einer Rede in Madras öffentlich die Einrichtung eines Komitees, das sich für die Befreiung Indiens einsetzen soll. Im Januar 1914 gründet sie die Wochenzeitung *Commonwealth*, um darin ihre politischen Thesen zu verbreiten. Noch im selben Jahr übernimmt sie den *Madras Standard* und nennt ihn in *New India* um. Von diesem Zeitpunkt an verfolgt sie in allen Veröffentlichungen, Versammlungen und Konferenzen nur noch ein Ziel: die Unabhängigkeit Indiens. 1915 ist sie eine der Delegierten für den Indischen Nationalkongress. 1916 wird sie Präsidentin der Organisation der indischen Unabhängigkeitsbewegung *The Indian Home Rule League*. Als sie sich im Ersten Weltkrieg bei der indischen Kongresspartei dafür einsetzt, den Unabhängigkeitskampf mit allen Mitteln zu führen, erregt sie internationales Aufsehen und wird während des Kriegs von den Briten interniert. Im August 1917 wird sie nach weltweiten Protesten entlassen und in der nächsten Sitzungsperiode Präsidentin des Indischen Nationalkongresses. Mahatma Gandhi, den sie aus London kennt, sagt später von ihr, sie habe Indien aus seinem tiefen Schlummer wachgerüttelt. Nichtsdestoweniger entzweien sich beide bald über die Frage nach dem richtigen Weg in die Unabhängigkeit Indiens.

In den nächsten Jahren wendet sie sich auch in Indien der Frauenfrage zu und unterstützt die indische Frauenbewegung mit all ihrer Kraft. 1927 findet die erste indische Frauenkonferenz statt und wird als dauerhafte Organisation eingerichtet.

Am 20. September 1933 stirbt Annie Besant in Adyar, Madras, in ihrer Wahlheimat Indien. Vierzig selbstverfasste Bücher sind ihr geistiges Erbe. Ihre Kinder Digby und Mabel sind zu jener Zeit längst wieder an der Seite der Mutter. Ihre Asche wird auf dem Meer in alle Winde verstreut.

»Verheiratet oder unverheiratet, die Frau muß fähig sein,
sich selbst zu ernähren, muß fähig sein, ihre Interessen
im Parlament zu vertreten.«   (Mary Wollstonecraft)

III. »Hyänen in Unterröcken«
Von Blaustrümpfen und Feministinnen

Wann genau in Großbritannien die Frauenstimmrechtsbewegung beginnt, ist schwer zu datieren. Von manchen Historikern wird das Jahr 1832, als Henry Hunt die erste Petition zum Frauenwahlrecht im Unterhaus einbringt, als Beginn des Kampfes verstanden. Andere sehen in den Flugblättern zum Frauenstimmrecht von Anne Knight aus dem Jahre 1846 oder in der Gründung der *Sheffield Female Political Association* 1851 den Beginn. Vielen gilt aber auch erst das Jahr 1867, in dem John Stuart Mill als Unterhausabgeordneter ein *Amendment* zur *Second Reform Bill* einbringt, welches den Frauen das Stimmrecht zubilligen soll, als Ausgangspunkt. Zweifellos sind dies alles Meilensteine in der Geschichte der englischen Frauenstimmrechtsbewegung. Doch ebenso wie die Suffragetten nicht der Beginn der englischen Frauenwahlrechtsbewegung, sondern nur ihr radikaler Höhepunkt sind, gehen dem Kampf ums Frauenstimmrecht jahrzehntelange Diskussionen um die Stellung der Frau in Gesellschaft und Familie voraus. Diskussionen, denen die Texte diverser Schriftstellerinnen Argumente lieferten.

Philosophische Vordenkerinnen

Die ersten Schriften, in denen sich Frauen gegen ihre Unterdrückung zur Wehr setzen, datieren aus der Zeit Elisabeth I. und sind zumeist Erwiderungen auf erlittenes Unrecht oder misogyne Texte. Im Laufe der Jahre werden aus dieser situativen Empörung grundsätzliche Überlegungen zur Gleichheit der Geschlechter. Vor allem Frauen der Oberschicht versuchen in Form von Gedichten und Essays, zumeist unter Pseudonym, das Elend der Frauen zu verdeutlichen. Einige wenige wagen sich mit autobiographischen Schriften an die Öffentlichkeit, ungeachtet der oftmals dramatischen Konsequenzen für ihr weiteres Leben. Freies Denken hat meist gesellschaftliche Ächtung zur Folge. Religiöse Gruppen wie zum Beispiel die radikal-religiösen Kongregationalisten, die zu den Gründungsvätern auf der Mayflower gehören, postulieren die Erlösung der gesamten Menschheit und setzen sich für die Gleichheit der Frau ein. Mitte des 18. Jahrhunderts, als die Aufklärung durch die Lande zieht, nimmt diese Sichtweise zu und ergreift verstärkt nun auch die Mittelschicht. Die Philosophin Mary Astell (1666–1731), aufgewachsen als Tochter eines einfachen Kaufmanns, gilt als eine der ersten englischen Feministinnen. Schon früh setzt sie sich mit der Naturphilosophie Descartes' und Bacons sowie der Ethik und Naturrechtslehre ihrer Landsleute Thomas Hobbes und John Locke auseinander. In ihren Werken stellt sie die Frage nach der Natur der Frau und kritisiert die angebliche Naturrechtmäßigkeit ihrer Unterdrückung. Sie fordert die Erziehung der Frauen zu vernunftbegabten Wesen und warnt vor der Ehe als Institution zur Versklavung der Frau. Die Schriftstellerin und Schauspielerin Eliza Haywood (1693–1756) gibt zwischen 1744 und 1746 die erste monatliche Frauenzeitschrift Europas heraus. *The Female Spectator* wird europaweit vertrieben.

Eine erste Gruppierung, die sich, allerdings noch innerhalb der gesellschaftlichen Grenzen, zu verwirklichen sucht, sind die sogenannten *Blue Stocking Ladies*, denen vor allem Frauen aus dem gehobenen Bürgertum und der Aristokratie angehören. Als *Queen of the Blues* gilt Elizabeth Montagu (1720–1800), die in ihrem in ganz London berühmten Wohnsitz, dessen Federnraum – ein vollständig mit Federn tapeziertes Zimmer – sogar Queen Charlotte besichtigt, einen literarischen Salon nach französischem Vorbild abhält. Sie ist umschwärmter Mittelpunkt der Gesellschaft und unerreichtes Ziel der männlichen Mitglieder des Zirkels, die sie mit Liebesbriefen überschütten: »Liebe gnädige Frau. Ich wünsche von ganzem Herzen, Sie wären tot, denn ich werde wegen Mordes an Ihnen noch gehängt werden. Ich werde Sie noch für eine Hexe halten oder gegen die Heilige Schrift abwägen: Ich bin sicher, ich habe weder so noch so eine Chance«,[25] schreibt ihr ein Gast. Bei Elizabeth Montagu, Hester Vesey und Hester Thrale kommen Mitte des 18. Jahrhunderts Frauen und Männer zusammen, um zu diskutieren und sich auszutauschen: »Bei Mrs. Vesey […] gab es oft zwanglose Abendgesellschaften für Leute beiderlei Geschlechts, die sich entweder durch Bildung oder Klugheit auszeichneten. […] Nichts konnte ansprechender und tatsächlich belehrender sein als diese Gesellschaften. Mrs. Versey besaß die an Zauberei grenzende Kunst, ohne erkennbare Absicht allen ihren Gästen die Befangenheit zu nehmen. Hier gab es keinen festgefügten Kreis, der einen unglücklichen Fremden beim Eintritt erstarren ließ; es waren keine Regeln für die Unterhaltung zu beachten; niemand hielt Reden, weder zu seiner eigenen Qual noch zur Verdummung seiner Zuhörer […]. Die Gesellschaft zerfiel wie von selbst in kleinere Gruppen, die sich ständig änderten und neu bildeten. Man unterhielt sich oder schwieg, saß oder ging umher, wie es einem jeden gefiel. Es war auch nicht unbedingt nötig, immer nur Gescheites zu sagen.«[26]

Zu einem festen Kern, dem unter anderem der Maler Joshua Reynolds, der Musikhistoriker Charles Burney, die Dramatikerin Hannah More und die Übersetzerin Elizabeth Carter angehören, gesellen sich immer wieder Gäste wie der von den *Blue Stockings* sehr verehrte Literaturkritiker Samuel Johnson, der von der politischen Emanzipation der Frau jedoch nicht viel hält: »Bei diesen Gesellschaften waren zuweilen fast alle Persönlichkeiten mit Rang und Namen auf verschiedenen Gebieten anzutreffen, die sich entweder den ganzen Winter hindurch oder zeitweise in London aufhielten. Bischöfe und Schöngeister, Adlige und Schriftsteller, Politiker und Gelehrte.«[27]

Den Namen *Blue Stocking Society* verdankt der Zirkel dem Botaniker Benjamin Stillingfeet, der bei einem Literaten-Treffen im Hause von Hester Vesey statt der bei Abendgesellschaften üblichen schwarzen Seidenstrümpfe aus Geldmangel blaue Strümpfe trug.

In diesen noch sehr konservativen Kreisen, die zwar die Chancen von Frauen verbessern wollen und für bessere Bildungschancen plädieren, generell aber nicht am Diktum der Unterlegenheit von Frauen rütteln, findet vereinzelt auch die Förderung von weiblichen Wissenschaftlerinnen und Denkerinnen statt. Sie bringen Geistesgrößen wie die Schriftstellerin Frances Fanny Burney (1752–1840) hervor oder Mary Delany (1700–1788), deren Herbarium aus Papier-Collagen sowie ihre autobiographischen Schriften und Briefe, unter anderem an Jonathan Swift, sie über die Insel hinaus bekannt machen. Die *Blue Stockings* brechen so unwillkürlich gesellschaftliche Barrieren auf und machen den Weg frei für weitaus radikaleres feministisches Denken.

Ihre Treffen fallen hinein in den Amerikanischen Unabhängigkeitskrieg, der die Idee von der Gleichheit der Menschen neu entfacht. In der amerikanischen Unabhängigkeitserklärung von 1776 *all men are created equal* bleiben Frauen ebenso außen vor wie Sklaven. Kein Wunder, dass viele Frauen sich mit den Abolitionisten, die für die Abschaffung der Sklaverei kämpfen, eng verbunden fühlen. Nicht nur in den USA gehören Frauenemanzipation und Sklavenbefreiung bald eng zusammen. Der Unterhausabgeordnete William Wilberforce (1759–1833), Großbritanniens führender Abolitionist, ist Ehrengast in den Salons der *Blue Stockings*. Der Kampf gegen die Sklaverei ist eine der drei großen Bewegungen, die in den folgenden Jahren großen Einfluss auf die Frauenstimmrechtsbewegung haben wird. Viele Frauen fühlen sich wie Sklaven: Männer sind ihre Herren, die Ehe ist ihre Fessel. Nur eine parlamentarische Vertretung wird sie von dieser Unterdrückung befreien, dies wird den Frauen in den Folgejahren klar.

Einen neuen Schub erhalten die Überlegungen zur Verbesserung der Stellung der Frau durch das bedeutendste Ereignis in der europäischen Geschichte der Neuzeit: die Französische Revolution. Ausgehend von ihren Idealen Freiheit, Gleichheit und Brüderlichkeit, beginnen die ersten frauenemanzipatorischen Überlegungen in Europa, Gleichheit auch auf die Geschlechter zu übertragen. Dies ist in einer Zeit, da selbst aufgeklärte Philosophen wie Hegel und Kant die

Unterordnung der Frau als etwas Natürliches betrachten, revolutionär. Die einzige Feministin unter den Philosophen der Aufklärung, Catharine Sawbridge Macaulay Graham (1731–1791), als Schriftstellerin, Historikerin und radikale Demokratin 1785 sogar von George Washington in Mount Vernon empfangen, mahnt in ihrem 1790 erscheinenden Werk *Letters on Education* vor allem die Erziehung als Schlüssel für die Emanzipation der Frau an. Mit ihren radikalen Forderungen nach gleicher Erziehung für Jungen und Mädchen beeinflusst sie eine Schrift, die 1792 in London erscheint und bis heute als programmatischer Meilenstein innerhalb der Frauenbewegung gilt: *A Vindication of the Rights of Woman* [Plädoyer für die Rechte der Frau]. Als Verfasserin zeichnet die dreiunddreißigjährige Mary Wollstonecraft (1759–1797). Mit ihren provokanten Thesen löst sie europaweit einen Sturm der Empörung aus. Nicht nur die Herren der Schöpfung sind entrüstet, auch von ihren Geschlechtsgenossinnen schlägt ihr herbe Kritik entgegen. Selbst die *Blue Stockings* sind empört. Doch Mary Wollstonecraft hat ihre Schrift nicht an die Damen der Salons adressiert, sondern an Frauen ihres Standes: Mittelklassefrauen, die nicht durch anerzogene Vornehmheit und Künstlichkeit zum bloßen Beiwerk degradiert worden sind. Die Armen hatte sie bei ihrer Schrift ebenfalls nicht im Visier. Das in nur sechs Wochen vollendete Pamphlet macht sie zu einer der meistgehassten Frauen auf der Insel. Doch sie lässt sich nicht beirren. Unverhohlen tut Mary Wollstonecraft ihre Abneigung gegen Monarchie, Adel und Klerus kund, welche die Menschen in Unterdrückung und Abhängigkeit halten: »Die Vererbung von Ehren und Reichtümern und die Monarchie haben soviel Elend mit sich gebracht, daß gescheite Männer das Walten der Vorsehung nur noch mit blasphemischen Mitteln zu rechtfertigen wußten.«[28] Größtes Opfer des herrschenden Untertanensystems seien jedoch die Frauen, die in einer patriarchalen Gesellschaftsordnung in Abhängigkeit und Unwissenheit gehalten werden. Ein Zustand, an dem sich auch in der Aufklärung nichts ändern wird, da selbst Denker wie Rousseau von der geistigen Unterlegenheit der Frau überzeugt zu sein scheinen und bei ihren radikaldemokratischen Forderungen Frauenrechte stets ausschließen: »Alle Reflexionen der Frauen über das, was nicht unmittelbar mit ihren Pflichten zusammenhängt, sollen auf das Studium der Männer zielen oder auf angenehme Erkenntnisse, deren Gegenstand nur das Geschmackvolle ist; denn was die Werke des Geistes anbetrifft, so übersteigen sie ihr Fassungsvermögen. Auch besitzen die Frauen zu wenig Geistesschärfe und Ausdauer, um es in den exakten Wissenschaften zu etwas zu bringen; und die naturkundlichen Kenntnisse sind Sache dessen, der von beiden am tätigsten ist, am beweglichsten, der die meisten Dinge sieht; dessen, der mehr Stärke besitzt und sie mehr nützt, um die Verhältnisse der empfindsamen Wesen und die Gesetze der Natur richtig zu beurteilen. Die Frau, die schwach ist und nichts außerhalb ihrer selbst erkennt, schätzt und beurteilt die Triebkräfte, die sie einsetzen kann, um ihrer Schwäche beizukommen, und diese Triebkräfte sind die Leidenschaften des Mannes«,[29] schreibt Rousseau.

Im Gegensatz zum Denken ihrer Zeit verwahrt sich Mary Wollstonecraft gegen eine gottgegebene Vormachtstellung des Mannes, der ihrer Ansicht nach der Frau nur physisch überlegen ist, nicht jedoch was die Vernunft anbelangt. Frauen würden absichtlich in Unwissenheit gehalten, damit aus ihnen keine selbstständigen und autonomen Persönlichkeiten werden können.

Um die Gleichstellung der Geschlechter voranzutreiben, sei vor allem die Erziehung zu reformieren, die sich »auf die Schriften von Männern [stützt], für die Frauen an erster Stelle weibliche und erst an zweiter menschliche Wesen sind [...]«.[30] Falsche Sitten und überkommene Moralvorstellungen zwängen die Frauen in ein geistiges Korsett, das dem der aktuellen Mode, welche die Frau auch noch äußerlich verkrüppelt, durchaus ähnlich sei. Frauen würden einzig und allein dazu erzogen, sich Gedanken um ihre Schönheit, nicht um ihre Persönlichkeit zu machen. Sie ließen sich zu Haustieren degradieren und unterdrückten ihre eigene Meinung, nur um ihr einziges Lebensziel zu erreichen: die Ehe. Für Mary Wollstonecraft ist dieses Verhalten nichts anderes als eine »legale Form der Prostitution«.[31] Dabei käme eine kluge und gebildete Frau auch ihrem Mann zugute. Denn Schönheit verschwindet, das Abenteuer einer gleichwertigen

Partnerschaft aber bliebe bestehen. Mädchenbildung ist für sie der Schlüssel zur politischen und sozialen Gleichstellung der Frau.

Männer hätten paradoxerweise neben die Zweitrangigkeit der Frau zugleich die Überhöhung des Weiblichen als etwas Reines, Vollkommenes gestellt, das nicht mit Wahrheiten und zu viel Wissen konfrontiert werden, sondern in Unschuld verharren sollte. Beides lehnt Mary Wollstonecraft ab, die Frauen weder als Heldinnen noch als Tiere sehen will, sondern als vernünftige Wesen. Das Frauenwahlrecht spielt in Mary Wollstonecrafts Überlegungen nur eine untergeordnete Rolle. Zu jener Zeit besitzen auch nur wenige Männer dieses Recht, weshalb es ihr nur von geringer Bedeutung erscheint und schon gar nicht als *der* Schlüssel zur Gleichstellung der Frau.

Nach Wollstonecrafts frühem Tod und der gewalttätigen Entwicklung der Französischen Revolution setzt eine Phase der Restauration ein, in der die Forderung nach Frauenrechten zunächst wieder zurückgedrängt wird. Es wird viele Jahre dauern, bis die Diskussion erneut entfacht wird. 1825 stellt William Thompson (1775–1833) in seinem *Appeal of One Half of the Human Race, Women, Against the Pretension of the Other Half, Men, to Retain Them in Political, and thence in Civil and Domestic Slavery* die Frage nach dem Stimmrecht der Frauen zum ersten Mal in aller Deutlichkeit. Angefacht dazu hat ihn Anna Wheeler, Mutter von sechs Kindern und Ehefrau eines Trunkenboldes, den sie 1812 nach zwölf Jahren verlassen hat. Mrs. Wheeler ist Autodidaktin in Philosophie und begeisterte Anhängerin der Französischen Revolution. Sie hatte sich in einem offenen Brief gegen einen Artikel von James Mill, den Vater John Stuart Mills, gewandt, in dem dieser erklärt hatte, dass Frauen zu Recht politische Rechte verwehrt wurden, da ihre Interessen identisch mit denen ihrer Männer seien und ebenso gut von diesen vertreten werden könnten. Thompson greift dies auf und vergleicht die Abhängigkeit der Frau mit der Sklaverei. Er zürnt der sexuellen Doppelmoral seiner Zeitgenossen, die das häusliche Glück propagieren und außer Haus Befriedigung suchen, während ihre Frauen sittsam zu bleiben hatten. Um die Unterdrückung der Frau zu beenden fordert er ihre rechtliche und politische Gleichstellung, Kinderbetreuungs- und Arbeitsmöglichkeiten, damit Frauen auch finanziell unabhängig werden können. In seiner Schrift nimmt er bereits eine der Hauptthesen vieler Frauenstimmrechtlerinnen vorweg: Die Frau braucht das Stimmrecht nicht, um gleichwertig zu sein, sondern um sich zu befreien und durch ihre moralische Überlegenheit die Menschheit auf eine höhere Stufe zu heben. Er folgt in seinem Aufsatz in vielen Gedankengängen den Überlegungen von Frühsozialisten wie Charles Fourier und Saint-Simon oder dem englischen Genossenschaftstheoretiker Robert Owen, welche die Befreiung der Menschheit an die Befreiung der Frau knüpfen. Fourier sieht die Stellung der Frau als wichtigen Gradmesser für die Zivilisationsstufe einer Gesellschaft an. Für die Anhänger von Saint-Simon ist die Ehe repressiv, weshalb sie dazu aufrufen, diese durch freie Willensentscheidung zu beenden. Eine Gruppe Saint-Simonisten entwickelt gar die Idee, dass im neuen Zeitalter ein weiblicher Messias gefunden werden muss, der Gott gleichberechtigt zur Seite gestellt werden soll. Doch so radikal und leidenschaftlich sich William Thompson auch für die Befreiung der Frau einsetzt, große Wirkung in der Öffentlichkeit zeigt sein Buch nicht.

1832 wird im Rahmen des ersten Wahlreformgesetzes zum ersten Mal eine Petition zum Frauenstimmrecht im Unterhaus eingereicht. Der liberale Abgeordnete Henry Hunt präsentiert die Petition von Mary Smith, einer reichen Dame aus Yorkshire, die verlangt, dass jede unverheiratete Frau, welche die Besitzansprüche des Gesetzes erfüllt, auch das Recht zu wählen haben sollte. Als Antwort darauf ersetzen die Abgeordneten im Gesetz das Wort *person* durch das Wort *man* und schließen Frauen explizit vom Wahlrecht aus.

1843 veröffentlicht Marion Reid *A Plea for Women*, in dem sie die Gleichstellung der Frau fordert. 1846 verfasst die Quäkerin Anne Knight das erste von vielen Flugblättern für das Frauenstimmrecht. 1848 bringt Joseph Hume eine Resolution im Unterhaus ein, die vergeblich das Stimmrecht für Frauen, die einem Haushalt vorstehen, beantragt. Während sich in Großbritannien nicht nur viele Männer, sondern auch zahlreiche Frauen gegen das Wahlrecht für Frauen aussprechen, kommt es in den USA 1848 in Seneca Falls/New York State zur ersten Demonstration gegen die politische und soziale Unterdrückung der Frau. Die Vorgänge in den USA werden in Großbritannien von den Befürwortern des Frauenwahlrechts genau verfolgt. 1851 veröffentlicht der radikaldemokratische Philosoph John Stuart Mill (1806–1873), der sich zeit seines Lebens für die Rechte der Frauen einsetzt und noch in hohem Alter für die Befreiung der Sklaven in den USA kämpft, die Schrift *Enfranchisment of Women* [Über Frauenemanzipation], die allerdings das Werk seiner langjährigen Gefährtin und Ehefrau Harriet Taylor Mill (1807–1858) ist. In diesem Text wird dargelegt, dass nun, da sich die Gesellschaft langsam, aber unaufhaltsam der Sklaverei, der Monarchie, dem Feudalismus und dem religiösen Wahn entledigt habe, es nur folgerichtig sei, Frauen die gleichen Rechte wie Männern zuzugestehen. Die politische, soziale und rechtliche Gleichstellung der Frau würde auch dem Mann dienen, der nur in einer Partnerschaft zwischen Gleichen wachsen kann: »Es liegt daher im Interesse nicht nur der Frauen, sondern auch der Männer und des menschlichen Fortschrittes im weitesten Sinne, daß die Emanzipation der Frauen, welche die moderne Welt sich oft rühmt bewirkt zu haben und welche mitunter auf Rechnung der Zivilisation, mitunter auf jene des Christentums gesetzt wird, nicht auf der Stufe stehen bleibe, auf der sie sich jetzt befindet.«[32]

Im selben Jahr gründet Anne Knight die *Sheffield Female Political Association*. Die Frauen bringen den radikalen Earl of Carlisle dazu, eine Petition fürs Frauenstimmrecht im Oberhaus einzubringen. Doch sie scheitert ebenso wie Hunts Entwurf 1832. Bis 1860 gibt es keine großartigen Anstrengungen mehr im Parlament, das Frauenwahlrecht voranzutreiben, doch außerhalb des Parlaments halten einige engagierte Personen das Thema am Kochen.

Um 1855 beginnt Barbara Bodichon, eine Cousine von Florence Nightingale, in ihrem Haus in Langham Place in London eine Gruppe Frauen um sich zu scharen. Dank einer großzügigen jährlichen Apanage ihres Vaters, einem radikaldemokratischen Unterhausabgeordneten aus Norwich, ist Barbara Bodichon finanziell unabhängig. Schon früh beginnt sie sich für die Befreiung der Frau zu engagieren. 1856 gelingt es ihr, 24 000 Unterschriften für den ersten *Married Women's Property Act* zu sammeln, dem Gesetz, das verheirateten Frauen die Vollmacht über ihr Vermögen zurückgibt. Später verfasst sie eine Schrift, in der sie zum Entsetzen vieler, die damit den Untergang der Familie verbunden sehen, den freien Zugang von Frauen zu allen Berufen fordert. Um ihre Forderung praktisch umzusetzen, eröffnen Barbara Bodichon und ihre Freundinnen ein Arbeitsvermittlungsbüro für Frauen. Doch ihre Versuche, Männerberufe für Frauen zu öffnen, scheitern an der Tatsache, dass die Mädchenerziehung in Großbritannien völlig ungeeignet ist, um Frauen stärker ins Berufsleben einzubinden. Ab 1857 gibt sie die Frauenzeitschrift *The Englishwoman's Review* heraus, die für viele Jahre zum Sprachrohr der Frauenbewegung wird.

Wie bereits geschildert, ist eines der großen Probleme der Frauen ihre mangelhafte Erziehung. In der Unterschicht ist Schulbildung kaum vorhanden, und auch in der Mittel- und Oberklasse ist von echter Bildung keine Spur. Der Kampf um die Frauenbildung ist ein Meilenstein in der Geschichte der Frauenbewegung. Im Mai 1848 eröffnet Prof. Frederick Maurice vom *Kings College* in London das *Queens College for Women* in der Harley Street, an dem Frauen kostenlose Abendkurse in Mathematik, Latein, Geschichte und Philosophie belegen können. Unter den ersten Studentinnen befinden sich Frances Mary Buss und Dorothea Beale, die in den nächsten Jahren die *North London Collegiate School* (1850) sowie das *Cheltenham Ladies College* (1858) gründen und zu den Pionierinnen der englischen Mädchenbildung gehören. In dem Maße, in dem sich Frauen das Recht auf Bildung erkämpfen und selbstbewusster werden, verschärft sich auch der Kampf ums Frauenstimmrecht.

1865 formieren sich einige Frauen zur sogenannten *Kensington Society*. Unter ihnen sind Barbara Bodichon, Emily Davies, Frances Mary Buss, Dorothea Beale, Elizabeth Garrett und Helen Taylor, die Stieftochter von John Stuart Mill. Die meisten der Frauen sind unverheiratet und streben nach einer eigenständigen beruflichen Karriere. Sie verlangen, dass mit der anstehenden Wahlrechtsreform auch das Stimmrecht für Frauen eingeführt wird. Dank ihres Engagements markiert das Jahr 1866 einen entscheidenden Schritt im Kampf um das Frauenwahlrecht. Die Frauen der *Kensington Society* übergeben den Abgeordneten John Stuart Mill und Henry Fawcett eine Petition, in der sie die Gleichbehandlung aller Haushaltsvorstände unabhängig vom Geschlecht fordern. Sie wollen ein Stimmrecht für Frauen unter den gleichen Bedingungen wie für Männer. Die Forderung, Frauen nach dem Zensus ein Wahlrecht zu geben, ist der Tatsache geschuldet, dass man die Gesellschaft nicht sofort mit einem allgemeinen Wahlrecht überfahren will. Noch geht es weniger um die Gleichstellung der Geschlechter an sich, sondern um die Gleichstellung innerhalb einer bestimmten Klasse.

Die meisten Frauen wären von diesem Wahlrecht weiter ausgeschlossen geblieben. Dennoch unterschreiben 1500 Frauen den Antrag, nachdem Mill zugesichert hat, ein *Amendment* zum Frauenstimmrecht im Parlament einzubringen. Zu jenem Zeitpunkt hat er gemeinsam mit seiner langjährigen Gefährtin Harriet Taylor Mill mehrere Aufsätze und Artikel zur Frauenfrage veröffentlicht. Er hält auch im Wahlkampf mit seinen politischen Zielen nicht hinterm Berg: »… und da eines davon das Wahlrecht war, machte ich sie mit meiner Überzeugung bekannt, daß Frauen zu den gleichen Bedingungen wie Männer das Recht zur Repräsentation im Parlament haben. […] Es war zweifellos das erste Mal, daß dem englischen Wähler eine solche Doktrin zu Ohren gekommen ist, und die Tatsache, daß ich gewählt wurde, obwohl ich das vorgeschlagen hatte, gab der Bewegung zugunsten des Frauenwahlrechts, die seitdem so stark geworden ist, einen guten Start.«[33] 1867 bringt er in einer Debatte um die Reformgesetze ein *Amendment* ein, wodurch das Wort *man* wieder durch das Wort *person* ersetzt werden soll, was zahlreichen Frauen de facto das Wahlrecht geben würde.

Obwohl der Antrag mit 194 zu 73 Stimmen abgelehnt wird, gibt Mill nicht auf und hält in der darauf folgenden Sitzungsperiode die erste Parlamentsrede über »Die Zulassung der Frauen zum Wahlrecht«. Bei den nächsten Wahlen verliert Mill zwar seinen Unterhaussitz, doch die Debatte, die er angestoßen hat, ist nicht mehr zu stoppen. 1869 veröffentlicht er seinen bereits 1861 verfassten Essay *The Subjection of Women* [Die Hörigkeit der Frau], in dem er die auch von Sozialreformern wie John Ruskin propagierte »Natur der Frauen« als etwas Unnatürliches entlarvt, das einzig und allein der Aufrechterhaltung des patriarchalen Systems und der dazu notwendigen Unterdrückung der Frau dient: »Was man aber jetzt die Natur der Frauen nennt, ist etwas durch und durch künstlich Erzeugtes – das Resultat erzwungener Niederhaltung nach der einen, unnatürlicher Anreizung nach der anderen Richtung. Bei keiner anderen Klasse von Abhängigen, das darf man dreist behaupten, ist der Charakter der Unterdrückten durch die Beziehung zu ihren Gebietern so gänzlich seiner ursprünglichen Anlage entfremdet worden, wie dies bei den Frauen der Fall ist.«[34] Anhand zahlreicher Beispiele zeigt er auf, in welchen Bereichen Frauen rechtlich schlechter gestellt sind und dass allein das Frauenstimmrecht an dieser Situation etwas verbessern könnte. Seine Schrift findet rasche Verbreitung und wird von den Frauenbewegungen in den USA, Frankreich und Deutschland aufgegriffen. Für Frauen bleibt der Text bis ins 20. Jahrhundert hinein bedeutsam, als ihn Kate Millett in ihrem Buch *Sexus und Herrschaft* unter der Überschrift: »Die Sexualrevolution. Der polemische Gesichtspunkt. Mill gegen Ruskin«[35] erneut aufgreift. Die traditionelle Mill-Forschung hingegen tut diesen Text lange als völlig unbedeutend ab. Erst in den 70er Jahren des 20. Jahrhunderts wird er von der amerikanischen Mill-Forscherin Alice S. Rossi neu herausgegeben.

Der Beginn der organisierten Frauenstimmrechtsbewegung

Das Jahr 1866 bringt aber noch etwas anderes hervor: neue Frauenstimmrechtsgruppen, die sich zwei Jahre später zu einem Zentralverband zusammenschließen. 1866 wird in Manchester, der Stadt, die neben London zur Zentrale der Frauenstimmrechtsbewegung wird, von Lydia Becker, Emily Davies und Elizabeth Wolstenholm das *Manchester Women's Suffrage Committee* gegründet. Überall in England, Schottland und Irland bilden sich kurz darauf ähnliche Gruppen. Agieren diese Organisationen zunächst unabhängig voneinander, zeigt sich bald, dass ein starker nationaler Zentralverband durchschlagkräftiger sein würde. 1868 wird auf Initiative von Lydia Becker (1827–1890), der führenden Persönlichkeit der Frauenstimmrechtsbewegung zwischen 1860 und 1890, die *National Society for Women's Suffrage* [NSWS] als Dachverband gegründet. Damit beginnt nach Theorie und Diskussion, Einzelaktivitäten und isolierten Bestrebungen die Phase des organisierten Widerstandes und des organisierten Kampfes für das Frauenstimmrecht.

Allerdings währt die Einigkeit der Bewegung nicht lange. Zur ersten größeren Diskussion führt eine Auseinandersetzung innerhalb der von Mitgliedern der *Kensington Society* gegründeten Londoner Gruppe der *London Society for Women's Suffrage* über die Frage, ob das Komitee nur von Frauen besetzt sein soll, oder ob es auch Männern gestattet sein soll, mitzuarbeiten. Zwei der wichtigsten Feministinnen der Londoner Gruppe stehen stellvertretend für diese unterschiedlichen Positionen: Helen Taylor, die dafür plädiert, nur Frauen mitarbeiten zu lassen, und Barbara Bodichon, die auch Männern den Zugang gewähren will. Die Streitigkeiten innerhalb der Londoner Gruppe führen schließlich dazu, dass sich viele Frauen von ihr abwenden, was zu einer Schwächung der Gruppe und letztlich zu deren Ineffektivität führt.

Während die Frauen sich noch um die organisatorische Umsetzung ihres Anliegens kümmern, beginnen zeitgleich die ersten von unzähligen öffentlichen Auseinandersetzungen. Besonders aufsehenerregend gestaltet sich der Fall Lily Maxwell. Bei den Nachwahlen 1867 landet der Name der alleinstehenden Hausbesitzerin aus Manchester irrtümlich auf einer der Wahllisten. Am Tag der Wahl marschiert sie eskortiert von Lydia Becker und weiteren Frauen ins Wahllokal, um ihre Stimme abzugeben. Nachdem sich ihr Name tatsächlich auf den Wahllisten wiederfindet, wird diesem Ansinnen nach langem Hin und Her stattgegeben. Triumphierend wird Lily Maxwell nach Abgabe ihrer Stimme als erste Wählerin Großbritanniens von ihren Mitstreiterinnen empfangen. Die Lehre, die sich für die Frauenstimmrechtlerinnen daraus ergibt, ist, dass Frauen unbedingt versuchen mussten, auf die Wahllisten zu gelangen. Allein in Manchester melden sich daraufhin für die Wahl 1868 5346 Hausbesitzerinnen und Steuerzahlerinnen fürs Wahlregister an. Aufgrund einer Gesetzesänderung von 1850, die eigentlich zur Vereinfachung der Sprache von Gesetzestexten hätte beitragen sollen, erscheint dies möglich. Damals wurde festgelegt, dass in allen Gesetzestexten das Wort Mann auch Frauen mit einschließen sollte, außer es würde ein Geschlechterunterschied explizit betont. Konkret hieß es dort: »That in all acts words importing the masculine gender shall be deemed and taken to include females – unless the contrary as to gender is expressly provided.«[36] Nachdem sich die Abgeordneten geweigert hatten, bei der Reform 1867 das Wort *man* durch das Wort *person* zu ersetzen, hätte eigentlich nach dieser Sprachregelung die Wahlreform auch für Frauen gelten müssen, da sie nicht explizit davon ausgenommen werden. Doch dem ist nicht so. Dennoch bestehen die Frauen darauf, dass dieses Gesetz sie mit einschließt und ihnen gestattet sein muss, unter den gleichen Bedingungen wie die Männer zu wählen. Nachdem einige Wahlkreise die Frauen auf den Listen platzieren, versuchen die Frauen am 7. November 1868 vor dem *Court of Common Pleas*, vertreten durch die Anwälte John Coleridge und Richard Pankhurst, ihr Wahlrecht einzuklagen. Das Gericht weist die Klage zurück mit der Begründung, dass Frauen generell nicht in der Lage seien zu wählen. Damit scheitert der einzige Versuch in der britischen Geschichte von Frauen, vor Gericht ihr Recht auf Wahl einzuklagen. Nachdem das Gericht ihre Klage abgewiesen hat, ist den Frauen klar, dass sie sich ihr Recht auf juristischem Wege nicht holen können und zu außerparlamentarischen und später eben auch zu außergesetzlichen Mitteln greifen müssen.

Am 14. April 1868 findet in Manchester in der *Free Trade Hall* die erste öffentliche Versammlung statt, die jemals zur Unterstützung des Frauenstimmrechts abgehalten wurde. Doch schockierend daran ist für die Öffentlichkeit nicht, dass sich zahlreiche Männer dafür einsetzen, sondern die Tatsache, dass eine Frau, Lydia Becker, hier eine politische Rede hält und die Anwesenden dazu bringt, eine Resolution zum Frauenstimmrecht zu unterzeichnen. Von nun an spricht man hinter vorgehaltener Hand von drei Geschlechtern: Frauen, Männer und Lydia Becker. Das erste öffentliche Meeting in London findet ein Jahr später im Juli 1869 statt. Hier spricht neben den Männern als einzige Frau die einundzwanzigjährige Millicent Fawcett, die spätere Vorsitzende der Suffragistenvereinigung NUWSS. Erst bei den folgenden Versammlungen werden die Frauen präsenter und melden sich verstärkt zu Wort. Die Zeitungen sind angesichts dieser Entwicklung ebenso empört wie der Mann auf der Straße. Und auch die Queen ist not amused: »The Queen is most anxious to enlist everyone who can speak or write or join in checking this mad, wicked folly of ›Woman's Rights‹ with all its attendant horrors, on which her poor sex is bent, forgetting every sense of womanly feeling and propriety – God created men and women different – then let them remain each in their own position [...].«[37]

Lydia Becker

Von 1870 an gibt Lydia Becker mit dem *Women's Suffrage Journal* die erste Zeitschrift zum Frauenstimmrecht heraus. Unter ihrer Federführung wird in den 70er Jahren, außer 1874, jährlich ein Gesetzentwurf zum Frauenstimmrecht im Unterhaus eingebracht.

Damit beginnt ein fast zwanzig Jahre dauernder parlamentarischer Kampf um das Frauenstimmrecht. 1870 verfasst Richard Pankhurst die *Women's Disabilities Removal Bill*. Der liberale Unterhausabgeordnete Jacob Bright, der nach dem Ausscheiden John Stuart Mills die Sache der Frauen im Parlament vertritt, reicht den Antrag ein, der es immerhin bis zur zweiten Lesung schafft. Zunächst erhält er viel Zustimmung von den liberalen Abgeordneten, doch als sich Parteiführer William Gladstone dagegen ausspricht, ändern diese ihre Meinung. Gladstone ist zwar der Ansicht, dass Frauen gut ausgebildet und auch gerecht behandelt werden sollen, aber politische Mitsprache will er ihnen dennoch nicht einräumen. Der Antrag scheitert, ebenso wie alle anderen in den nächsten Jahren.

Zulauf erhält die Frauenstimmrechtsbewegung in jenen Jahren neben der *Contagious Diseases Act*-Kampagne und der Anti-Sklaverei-Bewegung auch aus der dritten Kampagne, mit der es starke theoretische und personelle Verflechtungen gibt: der Anti-Vivisektions-Kampagne. Seit 1870 werden Vivisektionen auch in Großbritannien im großen Stile durchgeführt. Von Beginn an gibt es eine enge Verbindung zwischen Frauenbewegung und Antitierversuchsbewegung. So wie hilflose Tiere durch Wissenschaftler gequält werden, so werden Frauen von Ärzten bei den Zwangsuntersuchungen zur Vermeidung von Geschlechtskrankheiten durch das Vaginalspekulum gequält. Viele ziehen Parallelen zwischen dem Tier und der Frau als Opfer. Die Engländerin Elisabeth Blackwell, Amerikas erste Ärztin, und die Schriftstellerin Frances Newmann, aktiv in beiden Bewegungen, klagen Ärzte an, Frauen und Tiere aufs grausamste zu misshandeln. Frances Power Cobbe (1822–1904), die führende Persönlichkeit der britischen Anti-Vivisektions-Bewegung und Gründerin der weltweit ersten Organisation gegen Tierversuche, der *Society for the Protection of Animals Liable to Vivisection* (1875), ist auch eine bekannte und einflussreiche Frauenstimmrechtlerin. Die Frauen wehren sich gegen die Selbstherrlichkeit von Wissenschaftlern, Politikern, Medizinern und Männern. Sie bekämpfen einen Materialismus, der im Namen der Wissenschaft im wahrsten Sinne des Wortes über Leichen geht.

1871 kommt es im Zuge der Kampagne der *Ladies National Association* [LNA] gegen die *Contagious Diseases Acts* [CDA] zu einem weiteren Zerwürfnis zwischen der Londoner Gruppe und der *National Society for Women's Suffrage* [NSWS]. Zum einen wird Josephine Butlers Kampf ohnehin nicht von allen Frauen befürwortet. Die Tatsache, dass die attraktive Frau in öffentlichen Reden ungeniert über Prostitution und die sexuelle Doppelmoral auf der Insel spricht, schockiert viele ihrer Landsfrauen. Vielen Frauen ist es unangenehm, mit diesem Thema in Verbindung gebracht zu werden. Zudem überträgt die Öffentlichkeit ihre Abneigung gegen Butler und die LNA nun auch auf die Frauenstimmrechtsbewegung. Millicent Fawcett hält sich deshalb mit öffentlicher Unterstützung für Butler zurück, auch wenn sie persönlich deren Kampf unterstützt. Zum anderen gehen vor allem die Mitglieder der Londoner Gruppe nicht mit Butlers Ansichten zum Frauenstimmrecht konform und wollen deshalb die enge Zusammenarbeit zwischen NSWS und LNA verhindern, für die sich Lydia Becker stark macht. Josephine Butler will das Frauenstimmrecht, weil sie an den Unterschied zwischen Mann und Frau glaubt. Sie sieht die spezielle Aufgabe der Frau darin, die Schwachen zu beschützen. Das Wahlrecht ist in ihren Augen unverzichtbar für die Gesundung und moralische Erweckung der Nation. Damit widerspricht sie Feministinnen wie Emily Davies aus dem Londoner Kreis, die Frauen den Männern gleichstellen wollen und die Gleichheit der Geschlechter betonen. Dazu kommt, dass die Mitglieder der Londoner Gruppe den Kampf ums Frauenstimmrecht von allen anderen politischen Programmpunkten abtrennen wollen und sich einzig und allein darauf konzentrieren. Sie wollen sich deshalb mit keinerlei anderen politischen Gruppen, auch nicht mit der LNA, verbinden. Ihre Befürchtung ist, dass dies der Bewegung neue unnütze Feindseligkeit entgegenbringen werde, was die Durchsetzung des Frauenstimmrechts erneut auf längere Zeit verhindere. Die Frauen der Provinzgruppen der NSWS hingegen verstehen den Kampf gegen die CDAs, ebenso wie den Kampf ums Frauenstimmrecht, als Teil ihres Kampfes gegen die Unterdrückung der Frau. Ein Gesetz wie die CDAs wäre ihrer Ansicht nach im Parlament niemals erlassen worden, wenn Frauen das Stimmrecht besitzen würden. Diese Debatte führt schließlich zur Spaltung der Bewegung in zwei eigenständige Organisationen: die *London National Society for Women's Suffrage* [LNSWS] und das *Central Committee of National Society for Women's Suffrage* [CCNS]. Erst 1877 werden sich die beiden Gruppen unter dem Dach des *New Central Committee of National Society for Women's Suffrage* wieder vereinigen.

Auf lokaler Ebene können die Frauen in jenen Jahren erste Erfolge verbuchen. Von 1869 an ist es alleinstehenden oder verwitweten Steuerzahlerinnen gestattet, an Gemeindewahlen teilzunehmen. (Erst 1907 ist dies allen Steuerzahlerinnen möglich.) Ab 1870 können Frauen sich in lokale Schulaufsichtsbehörden wählen lassen. Viele Frauen übernehmen diese Aufgaben auch, um zu zeigen, dass Frauen sehr wohl in der Lage sind, politische Verantwortung zu übernehmen. 1875 wird die erste Frau in einen Ausschuss für Armenrechtspflege gewählt, bis 1900 sind es etwa 1000. Eine davon ist die Anführerin der Suffragetten Emmeline Pankhurst. Die Armut, die den Frauen dabei begegnet, erschüttert sie zutiefst und zeigt ihnen deutlich die Notwendigkeit von sozialen Reformen auf: »Das Schlimme ist, wie ich bald nach der Übernahme meines Amtes merkte, daß das Gesetz unter den gegenwärtigen Umständen nicht alles das leisten kann, auch für Kinder nicht, wozu es vorgesehen war. Wir werden neue Gesetze schaffen müssen, und es wurde mir bald klar, daß wir darauf nicht hoffen können, solange Frauen kein Stimmrecht haben.«[38]

1874 kommt es unter den Frauenstimmrechtlerinnen erneut zum Streit, nachdem das Gerücht die Runde macht, das Parlament könne eventuell beschließen, ledigen Frauen das Wahlrecht zuzugestehen. Unverheiratete Frauenrechtlerinnen wie Lydia Becker setzen sich dafür ein, diesen Beschluss zu unterstützen. Sie sehen ihn als ersten Schritt. Warum nicht zunächst ein eingeschränktes Wahlrecht akzeptieren? Hatte man erst einmal einen Fuß in der Tür, würde es viel einfacher sein, die Türe ganz aufzustoßen. Verheiratete Frauenrechtlerinnen wie Emmeline Pankhurst lehnen dies entschieden ab. Ihre

Befürwortung des eingeschränkten Wahlrechts führt dazu, dass Lydia Becker innerhalb der Bewegung in die Isolation gerät.

Während die Frauen in Großbritannien noch viele Jahre um das Wahlrecht kämpfen müssen, erhalten die Frauen der Isle of Man am 31. Januar 1881 das Wahlrecht. Dies wird möglich durch den Sonderstatus der Isle of Man. Sie besitzt einen eigenen Gouverneur, ein eigenes Oberhaus, ein eigenes Unterhaus, einen eigenen Bischof und eigene Richter. Die Insel erlässt eigene Gesetze, kassiert eigene Steuern. Die einzige Macht, der sie unterliegt, ist die Vormachtstellung Königin Victorias, welche die Gesetze absegnen muss, bevor sie Gesetz werden können. Überraschenderweise gibt Victoria ihre Zustimmung zu einem Gesetz, das etwas bewilligt, was sie selbst aus tiefstem Herzen ablehnt: das Frauenstimmrecht. Am 21. März 1881 findet auf der Isle of Man die erste Wahl statt, zu der auch Frauen zugelassen sind. 37 Jahre, bevor Großbritannien seinen Frauen das Wahlrecht gibt, gehen 700 britische Frauen dort zur Wahl.

Immerhin nehmen bald auch die Parteien die Frauen wahr, doch sie tun dies in eigenen Frauenorganisationen, nicht innerhalb der Parteien. Die Konservativen gründen 1883 die *Primrose League*, die Liberalen 1887 die *Women's Liberal Federation*. Die Ursache dieses Engagements ist wohl darin zu suchen, dass mit den Wahlrechtsreformen immer mehr Menschen das Wahlrecht erlangen und die Parteien sich bemühen, zukünftige Wähler an sich zu binden. Zudem spielen Frauen politisch eine wichtige Rolle, wenn es gilt, einen bestimmten Kandidaten zu unterstützen. Letztlich will man die Frauen politisch auch auf das vorbereiten, was die meisten Politiker noch ablehnen, was jedoch höchstwahrscheinlich irgendwann doch einmal kommen wird – das Frauenwahlrecht.

Mit dem *Reform Act* von 1884 stößt die Bewegung zunächst einmal an ihre Grenzen. Wieder haben Frauen das Wahlrecht nicht bekommen. Zahlreiche Besitzerinnen großer Ländereien erleben nun, wie ihre männlichen Vorarbeiter wählen, während sie auch weiterhin nur zusehen können. Wenn Frauen in der Lage sind, große Vermögen zu verwalten, warum sollten sie dann nicht in der Lage sein, am politischen Prozess mitzuwirken? Hatte der Satz *No taxation without representation* nicht schon einmal zu einer Revolution geführt? In Großbritannien ist die Vorstellung, Steuern zu bezahlen und darum auch im Parlament vertreten zu sein, eng miteinander verknüpft. Doch dies scheint nur für Männer zu gelten. Frauen dürfen bezahlen, aber nicht bestimmen!

Die Enttäuschung wächst, trotz all der Reformen, die auch die Situation der Frauen verbessern. So lange Zeit kämpfte man nun schon für das Frauenwahlrecht, und was hatte sich verändert? Gar nichts! Vielleicht war es an der Zeit, die Strategie zu überdenken, die Taktik zu ändern. Eine Reihe jüngerer und auch radikalerer Frauen wollen die Organisation stärker an die Liberale Partei anbinden, die sich seit längerem für die Rechte der Frauen einsetzt. Ältere Frauenstimmrechtlerinnen hingegen wollen die Frauenstimmrechtsbewegung parteipolitisch unabhängig halten. Die Jungen versuchen, den Kampf ums Frauenstimmrecht auch mit anderen Frauenthemen zu verknüpfen wie zum Beispiel der Frage der Eigentumsrechte der Frauen, während die Älteren sich allein der Kampagne fürs Frauenstimmrecht widmen wollen.

Ende 1888 spaltet sich die Bewegung erneut. Die Einheit der Frauenstimmrechtsbewegung, die das *New Central Committee of National Society for Women's Suffrage* organisatorisch gewährleisten sollte, zerbricht über der Frage des »Wie«, sie zerbricht an den unterschiedlichen Vorstellungen der Frauen über den richtigen Weg und die richtigen Mittel. Aus den Trümmern hervor geht die radikalere *Central National Society for Women's Suffrage* [CNSWS] und das *Central Committee of the National Society for Women's Suffrage* [CCNWS] unter der Führung von Millicent Fawcett.

Doch auch innerhalb dieser Gruppen kommt es bald zu Spannungen. Einige führende Mitglieder der CNSWS wollen das Wahlrecht auf ledige Frauen beschränken, während Ehefrauen davon ausgeschlossen bleiben sollen. Damit stoßen sie auf den erbitterten Widerstand derjenigen, die darin eine weitere Verschlechterung des Status der Ehefrau sehen. Zudem würde dies in letzter Konsequenz bedeuten, dass eine Frau ihr Wahlrecht verlieren würde, wenn sie sich verheiratet. Viele würden dadurch in einen schweren Konflikt zwischen dem Wunsch einer Eheschließung und dem Wunsch zu wählen geraten. Die Befürworter argumentieren, dass sich ein eingeschränktes Wahlrecht leichter durchsetzen lassen würde und es besser wäre, eine schnelle kleine Reform zu haben, als gar keine. Die Diskussion führt 1890 zur Gründung der *Women's Franchise League* [WFrL], der ersten Frauenstimmrechtsorganisation, die explizit verheiratete Frauen in ihre Forderungen mit einbezieht. Sie knüpft Verbindungen zur Arbeiterklasse und wird zur ersten Organisation der militanten Frauen. Noch lehnen sich diese eng an die Liberale Partei an. Ihre Ziele sind zum einen das Stimmrecht für die Frau, egal ob ledig, verheiratet oder verwitwet, auf nationaler und kommunaler Ebene, zum anderen die rechtliche und politische Gleichstellung aller Frauen mit den Männern. Sie vertreten für die damalige Zeit äußerst moderne Ansichten und plädieren unter anderem für Co-Education, Gewerkschaften, Internationalismus und die Auflösung des *House of Lords*.

Obwohl sich in der WFrL nur etwa 140 Personen zusammenschließen, ist ihre Wirkung immens, versammeln sich doch unter ihrem Namen einige der führenden politischen Aktivistinnen und Aktivisten der damaligen Zeit. So finden sich in ihren Reihen Josephine Butler, Elizabeth Wolstenholm, Emmeline und Richard Pankhurst, aber auch das radikaldemokratische Unterhausmitglied Jacob Bright oder die amerikanische Frauenstimmrechtlerin Harriot Stanton Blanche. Die WFrL setzt alles daran, die Kluft zwischen den Frauenstimmrechtsgruppen zu schließen, doch es gelingt ihr nicht. Dies liegt wohl nicht zuletzt daran, dass sich selbst die Mitglieder der WFrL nicht in allem einig sind und sich die Gruppe nur zwei Jahre nach ihrer Gründung ebenfalls aufspaltet. Der Spaltung voran geht ein Zwischenfall vom April 1892. Damals stören Mitglieder der WFrL eine Versammlung von Lydia Becker in der *St. James Hall*, mit der die Aktivistinnen den konservativen Abgeordneten Sir Albert Rollit unterstützen wollen, der gerade einen Frauenstimmrechtsantrag im Parlament einbringt, der unverheirateten Frauen das Wahlrecht zugestehen soll. Emmeline und Richard Pankhurst stürmen in die Versammlung und bringen mit lauten Zwischenrufen ihren Unmut über diese eingeschränkte Wahlrechtsreform zum Ausdruck. Elizabeth Wolstenholm ist darüber so aufgebracht, dass sie von ihrem Posten als Sekretärin der WFrL zurücktritt und die *Women's Emancipation Union* gründet. Ihren Posten übernimmt daraufhin Ursula Bright, Ehefrau des Abgeordneten Jacob Bright und enge Freundin Emmeline Pankhursts.

Obwohl der Antrag Sir Rollits zurückgewiesen wird, gibt er der Bewegung neuen Auftrieb. 1894 verfügt der *Local Government Act*, dass sich jede Frau, ob ledig oder verheiratet, an Kommunalwahlen beteiligen darf, vorausgesetzt, sie besitzt den fürs Wahlrecht nötigen finanziellen Hintergrund. Damit wird es ein für alle Mal unmöglich gemacht, verheiratete Frauen vom Frauenstimmrecht auszuschließen. Nun, da verheiratete Frauen in den Gemeinderäten sitzen, ist es sinnlos, das Stimmrecht allein für ledige Frauen einzufordern. Einer der großen Streitpunkte innerhalb der Bewegung wird so hinfällig. Gegen Ende des 19. Jahrhunderts schließen alle Frauenstimmrechtsverbände verheiratete Frauen in ihren Kampf mit ein.

Die langwierigen Diskussionen und Aufspaltungen innerhalb der Bewegung bringen diese nicht zum Stillstand, sondern führen zu einer lebendigen und fruchtbaren Diskussion sowie zur steten Erneuerung einer Bewegung, die über viele Jahre Bestand haben wird. Diese, noch relativ ruhige Zeit wird zur Lernzeit für die heiße Phase der Auseinandersetzungen. Für viele der späteren Suffragetten sind dies die Lehr- und Wanderjahre, in denen sie nicht nur Fragen strategischer und politischer Natur klärten, sondern auch den Umgang mit der männlich dominierten Politik erlernten.

Die Verteidigerin der Frauenrechte:
Mary Wollstonecraft
(1759–1797)

*»Wenn man den weiblichen Verstand schärft, indem man ihn bildet,
ist Schluß mit dem blinden Gehorsam.«*

Die erste Heroine der britischen Frauenbewegung wird am 27. April 1759 als Tochter eines Seidenwebers in ärmlichsten Verhältnissen in London geboren. Sie hat drei Brüder und zwei Schwestern, denen man nur die einfachste Bildung zugesteht. Erst später lernt die Autodidaktin mehrere Sprachen, unter anderem spricht sie fließend Deutsch.

Die unglückliche Ehe ihrer Mutter mit einem Alkoholiker bringt Mary schon früh dazu, die traditionelle Ehe abzulehnen und sich auf eigene Füße zu stellen. Ihr Ziel ist es, unabhängig zu sein, auch finanziell. Dabei lehnt sie die Ehe nicht als solche ab, betrachtet sie aber als Bund zweier freier, unabhängiger Menschen, geschlossen aus Liebe, nicht aus Vernunftgründen. So zieht sie es vor, mit ihrer engsten Freundin Fanny Blood zusammenzuleben, anstatt zu heiraten. Mary wird Erzieherin und gründet 1784 mit Fanny Blood und ihrer Schwester Eliza eine Schule in Newton Green. Durch ihre Bekanntschaft mit dem radikaldemokratischen Theoretiker Richard Price beginnt sie mit der Arbeit an ihrer ersten Schrift *Thoughts on the Education of Daughters*, die 1786 im Verlag von Joseph Johnson erscheint. Seit 1786 arbeitet Mary als Gouvernante für die Töchter des Lord Viscount Kingsborough in Irland und schreibt nebenbei ihr erstes Kinderbuch *Mary, a Fiction*. Nachdem sie aufgrund ihrer unkonventionellen Ansichten entlassen wird, stellt Johnson sie als Lektorin und Übersetzerin ein. Von nun an schreibt sie neben ihrer Arbeit immer wieder Artikel für die Literaturzeitschrift *Analytical Review*, die von Joseph Johnson herausgegeben wird. Mit Ausbruch der Französischen Revolution erfassen deren Ideale den ganzen Kontinent. Auch Mary ist begeistert von den Ereignissen und verfasst eine Schrift mit dem Titel *A Vindication of the Rights of Man* (Eine Verteidigung der Menschenrechte), die sie dem reaktionären

Historiker Edmund Burke, der in seinem Werk *Reflections on The Revolution in France* dem revolutionären Frankreich Chaos und Terror prophezeit, gegenüberstellt. Sie preist darin die Errungenschaften der Revolution und geißelt Aristokratie und Klerus. Gleichsam als Ergänzung dieser Schrift, nachdem ihr klar wird, dass Menschenrechte vor allem Männerrechte bedeuten, verfasst sie in nur sechs Wochen ihr berühmtestes Werk *A Vindication of the Rights of Women*. Damit wird sie auf einen Schlag berühmt. Das Buch wird in mehrere Sprachen übersetzt und erlebt unzählige Auflagen. Der Zorn, der ihr entgegenschlägt, ist riesig. Horace Walpole, seines Zeichens Schriftsteller und Aufklärer, spricht vielen aus der Seele, wenn er Mary als »philosophische Schlange« und »Hyäne in Unterröcken« beschimpft. Mary gibt für die vornehme britische Gesellschaft vortrefflich das Bild einer Furie. Mode und Prunk lehnt sie ab, verachtet Frauen, die nur mit ihrem Äußeren beschäftigt sind und dafür ihre Bildung vernachlässigen. Selbst weigert sie sich strikt, eine Perücke zu tragen, lässt ihre langen dunklen Haare lieber offen über die Schulter fallen. Sie liebt bequeme Kleidung und nichts kann sie dazu bringen, im Reifrock mit geschnürter Taille herumzulaufen. Die unverheiratete Mary mit ihren eigentümlichen Ansichten ist nach Meinung ihrer Zeitgenossen eine ganz und gar unmögliche Person.

Während sich halb Europa über sie empört, durchlebt Mary privat gerade ein Desaster, dem noch viele folgen werden. Vor einiger Zeit hat sie den Schweizer Maler Heinrich Füssli kennengelernt. Der weltgewandte charmante Mann erobert die resolute und eigenwillige Frau im Sturm. Stets auf der Suche nach der großen alles umfassenden Liebe, hatte sie sich fast schon damit abgefunden, dass dies in einer Zeit der gestifteten Ehen ein Ding der Unmöglichkeit ist. Sie will eine echte Partnerschaft, eine geistige und körperliche Verbindung zweier freier Menschen, die allein auf Freiwilligkeit beruht. Nun scheint sie dies gefunden zu haben. Während Mary ihr ganzes Glück in dieser Verbindung sieht, ist Füssli aber bereits an eine andere Frau gebunden. Nachdem er auch auf Marys eindringliche Bitten, sich zu trennen, nicht reagiert, schlägt Mary in ihrer

Verzweiflung der Rivalin eine Ehe zu dritt vor. Daraufhin trennt sich Füssli, der in der Öffentlichkeit die freie Liebe propagiert, privat aber ein Biedermann ist, aus Angst vor einem Skandal von Mary. Dies stürzt sie in tiefe Verzweiflung. Sie ist eine leidenschaftliche Person, voll Entschlossenheit und Hingabe, aber auch voller Zweifel und Schwermut. Himmelhoch jauchzend und zu Tode betrübt, stets schwankt sie zwischen den Extremen.

Nachdem sie nun privat wie beruflich mehr als genug Ärger am Hals hat, verlässt Mary England, um in das Land der von ihr so verehrten Revolution zu reisen: nach Frankreich. Finanziell hat sie keine Sorgen, die *Verteidigung* hat sie berühmt und reich gemacht. Im Dezember 1793 reist sie ins revolutionäre Paris, wo sie kurz vor der Hinrichtung Ludwigs XVI. eintrifft. Ihre ursprüngliche Begeisterung für die Französische Revolution weicht bald der Ernüchterung. Vor allem ihre Hoffnungen auf ein gleichberechtigtes Miteinander von Männern und Frauen werden enttäuscht. Die Erlebnisse in Frankreich und die Entwicklung der Revolution hält sie 1794 in einem Buch fest: *Historical and Moral View of the Origin and Progress of the French Revolution.*

In Frankreich findet sie sofort Zugang zu intellektuellen Kreisen. Bei einem Abendessen im White House, dem Treffpunkt der Amerikaner in Paris, lernt sie den amerikanischen Geschäftsmann, Schriftsteller und Offizier Gilbert Imlay kennen und lieben. Drei Monate lang sind die beiden in Neuilly nahe Paris ein von allen Sorgen der Welt entrücktes Liebespaar. Als Mary Imlay jedoch mitteilt, dass sie schwanger ist, flieht dieser in dringenden Geschäften nach Le Havre. Nachdem sie ihm monatelang sehnsüchtige Briefe hinterherschickt, reist sie ihm im fünften Monat schwanger hinterher und lässt Paris, in dem die Gewalt nun eskaliert, hinter sich. Doch als am 14. Mai 1794 Tochter Fanny geboren wird, ist die Beziehung bereits am Ende. Während Imlay nach London weiterreist, kehrt Mary nach Paris zurück. Hier ist die Versorgung mittlerweile völlig zusammengebrochen. Ihre Pläne, Fanny im ihrer Ansicht nach trotz allem Terror noch immer freieren Frankreich aufzuziehen, zerschlagen sich und sie folgt Imlay nach London, beseelt von der Hoffnung auf einen

Neuanfang. Doch die Hoffnung trügt. Nachdem Imlay sich einer anderen Frau zugewandt hat, unternimmt sie einen ersten Selbstmordversuch. Nach ihrer Rettung macht sie mit ihrer Tochter eine Reise durch Skandinavien. Ihre Erlebnisse schildert sie Imlay in langen Briefen, die später unter dem Titel *Letters Written During a Short Residence in Sweden, Norway and Denmark* publiziert werden. Als sie im Oktober 1795 wieder in London eintrifft, erfährt sie, dass Imlay längst mit einer Schauspielerin zusammenlebt. Abermals unternimmt sie einen Selbstmordversuch, stürzt sich von der *Putney Bridge* in die Themse. Einige zufällig am Kai stehende Männer ziehen die Halbertrunkene heraus. Nachdem Imlay sie nicht im Krankenhaus besucht, sondern ihr stattdessen Geld bietet, wird ihr endgültig klar, dass er nicht der Mann ist, für den sie ihn gehalten hat. Sie schließt mit ihm ab, auch literarisch, mit ihrem neuen Buch: *Die Leiden der Frauen.*

Nachdem sie diese unglückselige Geschichte hinter sich gelassen hat, beginnt sie sich wieder verstärkt im Johnson Verlag einzubringen. Hier, wo sie den bedeutendsten Intellektuellen des Landes begegnet, trifft sie William Godwin (1756–1836), den Begründer des theoretischen Anarchismus wieder. Sie kennen sich seit längerem und haben nie sonderlich viel Sympathie füreinander empfunden. Diesmal ist das anders. Sie verlieben sich, und wie immer setzt sich Mary auch hier über alle gesellschaftlichen Konventionen hinweg. Nach einigem Hin und Her wird aus den beiden, vor allem durch Marys Zutun, ein Paar. Bald ist sie schwanger, und am 29. März 1797 heiraten sie, obwohl Godwin die Ehe aus politischen Gründen ablehnt. Ihre Hochzeit wird ein gesellschaftliches Großereignis. Die nächsten Wochen werden die glücklichsten ihres Lebens. Am 30. August 1797 kommt Tochter Mary zur Welt. Bei der Geburt kommt es zur Katastrophe. Mary Wollstonecraft verliert so viel Blut, dass eine Operation notwendig wird, nach der sie eine fiebrige Infektion bekommt. Am 10. September 1797 stirbt sie achtunddreißigjährig. Ihr völlig gebrochener Mann versucht in seiner Trauer, ihr mit der Publikation *Memoirs and Posthumous Work of Mary Wollstonecraft* ein Denkmal zu setzen. Unfreiwillig manifestiert er darin das Bild

Marys als Hyäne in Unterröcken: wild, lasterhaft mit unehelichem Kind, getrieben von Emotionen, nicht von Vernunft. In ihrer Generation sind Mary und ihre Ideen bald vergessen, doch in ihrer Tochter leben sie weiter. Diese wird später die Gefährtin des Dichters Percy Bysshe Shelley (1792–1822) und erlangt als Mary Shelley (1797–1851) mit ihrem Roman *Frankenstein oder Der moderne Prometheus* Weltruhm. Mary Shelley lebt jenes unabhängige und freigeistige Leben, jenseits aller Konventionen, das ihre Mutter in ihrem *Plädoyer für die Rechte der Frau* einst für alle Frauen gefordert hatte.

> *»The time has come to take one's stand and show one's colours. If you are in favour of it, fight for it; if you are against it, fight against it. Fight at the polls, fight in Parliament, fight wherever you can, but at least do us the honour to treat the question seriously.«*
>
> (Lord Victor Lytton)

IV. »Männer wissen, daß Frauen ihnen überlegen sind«
Vom Für und Wider

Im Laufe des 19. Jahrhunderts beginnt sich die Lage der Frauen langsam zu verbessern. Mit den Reformen werden auch die Forderungen nach dem Frauenstimmrecht lauter und drängen schließlich alle anderen Forderungen in den Hintergrund. Für die Aktivistinnen ist die Erlangung des Frauenstimmrechts gleichbedeutend mit der Emanzipation der Frauen in allen Bereichen und muss daher am Beginn der Gleichstellung der Geschlechter stehen.

Die Entstehung der organisierten Frauenstimmrechtsbewegung ist untrennbar verbunden mit der Entwicklung, die das Parlament im 19. Jahrhundert durchlebt. Je wichtiger es im politischen Prozess wird, umso wichtiger erscheint den Frauen die Erlangung des Wahlrechts. In dem Maße, wie das Parlament vom Debattierclub zum Entscheidungsfinder und Träger der Politik wird, gewinnt das Frauenstimmrecht an Bedeutung. Noch zu Beginn des Jahrhunderts war die Frage des Frauenstimmrechts nur bei einigen wenigen Frauen von Bedeutung gewesen. In einer Zeit, da der Großteil der Bevölkerung von den Wahlen und somit vom Zugang zur politischen Mitbestimmung ausgeschlossen war, schien das Wahlrecht nichts Fundamentales zu sein. Erst als mit den Wahlrechtsreformen 1832, 1867 und 1884 immer mehr Männer das Wahlrecht erhalten, erkennen auch Frauen die Notwendigkeit einer eigenen parlamentarischen Vertretung.

Argumente der Befürworter

Nach der Reform von 1832, als viele Männer der Mittelschicht das Wahlrecht erhielten, wurden zahlreiche Gesetze erlassen, welche für ebendiese Klasse von Bedeutung waren. Nachdem 1867 die ersten Arbeiter das Wahlrecht erlangten, kam es zu Reformen im gewerkschaftlichen Bereich und in der Bildung. Dies führt den Frauen deutlich vor Augen, dass Gesetze zu ihrem Wohl nur dann erlassen werden, wenn auch sie im Parlament sitzen. Solange sie politisch nicht repräsentiert sind, würden sich ihre Lebensumstände nicht verbessern. Wer nicht im Parlament vertreten ist, dessen Interessen werden nicht vertreten. Erst wenn Frauen das Wahlrecht haben, wird ihre Unterdrückung enden, werden ihre Belange nicht länger missachtet werden. Frauen brauchen das Wahlrecht nicht in erster Linie, damit sie sich selbst regieren können, sondern damit sie nicht länger falsch regiert werden. Gesetze gegen Frauen, wie die von Männern erlassenen *Contagious Diseases Acts*, würden nicht mehr vorkommen, wenn Frauen über das Wohl und Wehe einer Regierung mitentscheiden können.

Noch aber leiden die Frauen unter von Männern gemachten Gesetzen. Das britische Eherecht des 19. Jahrhunderts gilt als eines der härtesten und brutalsten in ganz Europa. Noch nach den Reformen der 70er Jahre ist es Ehemännern gestattet, ihre Frauen zu schlagen. Kinder über sieben Jahre sind rechtmäßiges Eigentum ihres Vaters, und die Väter können sie den Müttern jederzeit entziehen. All dies mit dem Segen des Gesetzes. Dass Frauen mitbestimmen wollen, um derartige Ungerechtigkeiten zu beseitigen, verwundert kaum. Der Schutz der Frauen in der Ehe gegen Übergriffe der Ehemänner wird zu einem wichtigen Anliegen der Bewegung. Frances Power Cobbe ficht an vorderster Stelle, wenn es darum geht darzulegen, dass Frauen ohne das Wahlrecht innerhalb der Ehe keine Möglichkeit haben, sich gegen Willkür und Brutalität ihres Mannes zu wehren: »Were women to obtain the franchaise tomorrow, it is normally certain that a Bill for the protection of wives would pass through the legislature before a session was over.«[39]

Männer hatten in der Vergangenheit oft genug gezeigt, dass sie nicht in der Lage waren, Gesetze auf den Weg zu bringen, die Frauen schützten. Und solange Frauen das Wahlrecht nicht besäßen, solange würden solche Gesetze wohl auch nicht zustande kommen.

Viele betrachten das Frauenstimmrecht auch als Voraussetzung für die Verbesserung der Arbeits- und Lebensbedingungen erwerbstätiger Frauen. Die Löhne der Männer sind mit den Jahren gestiegen und das nicht zuletzt deshalb, weil sie durch ihre Organisierung in den Gewerkschaften Druck auf die Parlamentarier ausüben konnten. Druck, der durch ihr Recht zu wählen noch verstärkt wurde. Für Frauen ergreift niemand das Wort, und dementsprechend selten werden ihre Anliegen in der Öffentlichkeit vertreten. Sie verdienen nicht nur konstant weniger als Männer, auch der Zugang zu vielen Berufen bleibt ihnen verwehrt. Die strenge Reglementierung der Frauenarbeit, die unter dem Deckmantel des Schutzes vorgenommen wird, ist in Wahrheit eine Schutzmaßnahme zur Sicherung männlicher Arbeitsplätze. Billig arbeitende Frauen stellen eine Konkurrenz für Männer dar und haben keine Solidarität zu erwarten. Erst das Wahlrecht wird dazu führen, gleiche Arbeitsbedingungen für Frauen und Männer herzustellen – so hofft Frau zumindest!

Ein weiterer wichtiger Aspekt, den die Frauen für das Stimmrecht anführen, ist die Frage der Moral. Für viele Aktivistinnen ist das Frauenstimmrecht eng mit der Anhebung der Moral der Männer verbunden. Die höheren moralischen Standards der Frauen würden sich nach Einführung des Frauenwahlrechts ausweiten und zu allgemeingültigen Standards werden. Diese Überlegungen stehen in engem Zusammenhang mit dem Kampf gegen die sich immer weiter ausbreitenden Geschlechtskrankheiten. Die Angst der Menschen vor Ansteckung ist groß, und man sieht durch diese Krankheiten nicht nur das Individuum, sondern die Nation im Ganzen bedroht. So weit wie Christabel Pankhurst (1880–1958), Tochter von Emmeline Pankhurst, gehen allerdings nur wenige. Diese sieht eine Kausalverbindung zwischen Geschlechtskrankheiten und Wahlrecht. In ihren Augen sind sowohl die weibliche Tugendhaftigkeit als auch die männliche Verworfenheit grenzenlos. Sie ist der festen Überzeugung, dass Geschlechtskrankheiten sofort verschwinden würden, sobald Frauen das Wahlrecht hätten. In ihrer Aufsatzsammlung *The Great Scourge and How to End it* bestimmt sie die Unterdrückung der Frau zur alleinigen Ursache von Geschlechtskrankheiten und plädiert für männliche Keuschheit und das Frauenwahlrecht. Würden Frauen an der Gesetzgebung mitwirken, wäre dem unmoralischen Treiben der Männer gesetzlich ein Riegel vorgeschoben und die Ausbreitung von Geschlechtskrankheiten gestoppt.

Christabel Pankhurst

Allerdings verfolgen nicht alle Frauen mit dem Wahlrecht eine derart rigide Sexualmoral, es gibt genügend, die nicht Verbesserung der männlichen Sexualmoral fordern, sondern ganz einfach die gleichen moralischen Standards für Frauen und Männer, vor allem bezüglich der Sexualität einführen wollen.

Die Verhinderung von Geschlechtskrankheiten steht in enger Verbindung mit der Diskussion um die Prostitution. Auch bei diesem so weit verbreiteten Phänomen sehen die Frauen einen Zusammenhang mit dem Wahlrecht. Prostitution sei in erster Linie ein Ausdruck dafür, dass Frauen nicht über denselben gesellschaftlichen Status verfügten wie Männer. Frauen seien keine staatsbürgerlichen Subjekte und könnten deshalb leichtfertig als Objekte behandelt werden. Frauen, die aus der Bahn geworfen werden, zumeist durch das Verhalten von Männern, finden nur schwer den Weg zurück und landen im sozialen Abseits. Vielen bleibt nur der Weg in die Prostitution. Die herrschende Doppelmoral begünstige Prostitution. Das Stimmrecht erscheint als probates Mittel, dies zu ändern, denn Prostitution ist nichts anderes als Ausdruck der politischen und wirtschaftlichen Abhängigkeit der Frau. Obwohl der Kampf gegen Prostitution und Geschlechtskrankheiten für nahezu alle Frauenstimmrechtlerinnen ein wichtiges Anliegen ist, scheuen sich viele, es in der Öffentlichkeit zu thematisieren. Gerade die viktorianischen Frauenstimmrechtlerinnen fürchten, damit die Schamgrenzen der Gesellschaft zu überschreiten und ihr eigentliches Anliegen zu erschweren. Sicher einer der Gründe, weshalb viele Frauen zwar privat Josephine Butler unterstützen, sich aber öffentlich nicht zu ihr und ihrer Bewegung bekennen.

Mit der Forderung nach dem Wahlrecht verlangen die Frauen nicht die Einführung eines neues Rechtes, sondern die Wiederherstellung eines alten Rechtes. Es gibt in der englischen Geschichte zahlreiche Beispiele von Frauen, die in früherer Zeit eine wichtige politische Rolle spielten. Das Prinzip *No taxation without representation* hatte dereinst auch für Frauen gegolten. Bekanntes Beispiel für die politische Einflussnahme sogar auf allerhöchster Ebene war Anne Countess of Dorset, deren parlamentarischer Einfluss unter Charles II. ganze Wahlen entschieden hatte. Die Äbtissinnen von Shaftesbury, Barking, Wilton oder St. Mary of Winchester, waren Parlamentarierinnen gewesen. Im 17. Jahrhundert hatte sich die Einstellung zu Frauen in der Politik allmählich gewandelt, bis im 18. Jahrhundert schließlich ihr politischer Einfluss immer mehr zurückgedrängt wurde. Je mehr die Sphären von Mann und Frau getrennt wurden, umso mehr wurde die Frau ins

Haus und aus der Öffentlichkeit verbannt. Mit der Wahlreform von 1832 wurden Frauen dann explizit vom Wahlrecht ausgeschlossen.

Das britische Wahlrecht ist ein Zensuswahlrecht, gebunden an den Nachweis eines bestimmten Vermögens, Einkommens oder Steuerbetrags. Das Wahlrecht für Männer beruht auf Besitz, nicht auf geistiger Überlegenheit. Auch zahlreiche Männer bleiben deshalb davon ausgeschlossen. Doch wenn das Wahlrecht aus dem Zensus hervorgeht, warum dürfen dann Frauen, die diese Bedingungen erfüllen, nicht wählen? Es gibt Frauen, die Herrinnen über große Anwesen sind, denen Personal und Arbeiter unterstehen und denen dennoch das Wahlrecht verweigert wird. Steuern zahlen dürfen sie – mitbestimmen nicht.

Durch die zweite Phase der Industrialisierung ist eine neue Schicht in Großbritannien entstanden, die sogenannten Rentiers, die allein von den Profiten und Sparrücklagen der Investitionen vergangener Generationen leben können und nicht mehr für ihren Unterhalt arbeiten müssen. Gegen 1870 gibt es davon etwa 170 000. Viele davon sind Frauen, zumeist unverheiratet. Zwei Fünftel der Aktionäre der *Bank of Scotland* und der *Commercial Bank of Scotland* sind Frauen, zwei Drittel alleinstehend. Witwen, Töchter und andere Verwandte werden durch Firmenbeteiligungen großzügig versorgt, Mitspracherechte an Unternehmen erwerben sie sich keine. Ihre Aufgabe ist es, die Seebäder zu bevölkern, an der Promenade auf und ab zu flanieren und das viele Geld unter die Leute zu bringen – nicht zu wählen! Staatsbürgerinnenrechte stehen noch nicht auf dem Programm. Als 1867 und 1884 die Besitzgrenzen fürs Wahlrecht herabgesetzt werden, dürfen Männer wählen, die bei weitem über weniger Vermögen verfügen als manche Frau. Hausbesitzerinnen sehen ihre Mieter und Gutsbesitzerinnen ihre Vorarbeiter wählen. Ein Gedicht an den Herausgeber des *Leeds Express* zeugt vom Unmut der Frauen, die sich zu Recht benachteiligt fühlten:

»I wonder, Mr. Editor,
Why I can't have the vote;
And I will not be contented
Till I've found the reason out.
I am a working woman,
My voting-half is dead,
I hold a house, and want to know
Why I can't vote instead.
I pay my rates in person,
Under protest tho', tis true;
But I pay them, and am qualified
To vote as well as you.«[40]

Die Frauen fordern das Wahlrecht zu den gleichen Bedingungen, wie die Männer es besitzen. Dies impliziert, dass sich die Forderung der Frauenstimmrechtlerinnen in dem Maße verändert, wie sich die Gesellschaft modernisiert. Während in den ersten Anträgen zum Frauenstimmrecht nur sehr wenige besitzende Frauen in dessen Genuss gekommen wären, weiten sich die Forderungen bis zum Beginn des Ersten Weltkrieges aus. Zu dieser Zeit dürfen bereits sehr viel mehr Männer wählen als noch Jahrzehnte zuvor. Die Ausweitung des Wahlrechts für Männer führt letztlich fast zur Forderung eines allgemeinen Wahlrechts.

Wie bereits erwähnt, gelingt es einzelnen Frauen zumindest auf lokaler Ebene, eine gewisse Rolle zu spielen, seitdem von 1869 an alleinstehende Frauen und steuerzahlende Witwen bei Gemeindewahlen wählen dürfen. Sie engagieren sich vor allem für bessere Erziehung, soziale Reformen und Armenfürsorge. Dass sie jedoch wesentlich mehr in Richtung Fürsorge, Kranken- und Armenpflege leisten könnten, wenn es ihnen möglich wäre, auch die Rahmenbedingungen mitzubestimmen, liegt auf der Hand. Die Mitarbeit von Frauen auf lokaler Ebene gilt als bestandener Test für die politischen Fähigkeiten von Frauen – auch auf nationaler Ebene. Warum sollen Frauen die Rahmenbedingungen, unter denen sie auf lokaler Ebene tätig sind, nicht von vornherein mitgestalten?

Die Befürworter des Frauenstimmrechts versuchen, die Gegner auch beim Nationalstolz zu packen. England gilt als das Mutterland der Demokratie, und man argumentiert deshalb, dass es doch wohl eine Schande für das Vereinigte Königreich sei, wenn es in einer solch wichtigen Angelegenheit von anderen, weitaus rückständigeren Ländern überholt werden würde. Man habe bereits die Führungsrolle in der Demokratie verloren und würde nun weiter an Ansehen verlieren, wenn man sich dem Frauenstimmrecht länger verweigere. Die Briten halten sich für zivilisierter und fortschrittlicher als der Rest der Welt. Und deshalb soll es ihr Land sein, dass das Wahlrecht für Frauen zuerst einführt, zum Vorbild aller anderen Nationen.

Die Einforderung des Frauenstimmrechts ist also zum Teil auch im Zusammenhang mit dem britischen Überlegenheitsdenken zu sehen, von dem auch Frauen nicht ausgenommen sind. Auch viele Frauenstimmrechtlerinnen sind davon überzeugt, einer überlegenen Nation, einer überlegenen Rasse anzugehören. Zwar gibt es enge Verbindungen zwischen den Frauenstimmrechtlerinnen und den Abolitionisten, und in diesem Sinne wird das Wahlrecht der Frauen mit der Sklavenbefreiung in einen Zusammenhang gebracht, aber es gibt auch gegenteilige Strömungen. Als 1865 männliche Afroamerikaner in den USA das Wahlrecht erhalten, protestiert eine Reihe Frauenrechtlerinnen dagegen, dass nun schwarze Männer Bürgerrechte hätten, welche der Mehrheit der Weißen, also den Frauen, verweigert werden. Sie warnen vor unabsehbaren Folgen für die weiße Rasse und sehen die einzige Möglichkeit, die Macht der Weißen zu sichern, darin, den Frauen das Stimmrecht zu geben. Diese Stimmen werden lauter, als der Imperialismus immer weiter um sich greift.

Die Argumentation der Überlegenheit der weißen Rasse, welche während der imperialistischen viktorianischen Ära besonders beliebt ist und dementsprechend auch von den frühen Frauenstimmrechtlerinnen benutzt wird, zieht sich bis weit ins neue Jahrhundert hinein. Sie findet sich auch in Texten der Suffragettenbewegung. Christabel Pankhurst schreibt in einem Artikel für *Votes for Women*, es sei undenkbar, dass die britische Frau kein Wahlrecht hätte, während Männer anderer Rassen dieses Recht besäßen. Jingoistische und rassistische Ansätze in der englischen Frauenstimmrechtsbewegung sind nicht von der Hand zu weisen. Zugleich ist sie andererseits auch eine sehr internationale Bewegung, fordert das Frauenwahlrecht für ihre Geschlechtsgenossinnen auf der ganzen Welt und arbeitet international mit Frauenstimmrechtsorganisationen zusammen. Gerade die militanten Suffragetten machen bis zum Ersten Weltkrieg immer wieder deutlich, dass das gemeinsame Anliegen der Frauen weit über den Verschiedenheiten der Nationen steht.

Die Aktivistinnen bringen eine Menge guter und weniger guter Gründe für die Einführung des Frauenstimmrechts vor. Alle sind sich jedoch einig, dass das Frauenwahlrecht weitreichende Reformen einleiten wird. Manche erhoffen sich eine finanzielle Besserstellung der Frauen. Andere erwarten eine Neubewertung der Frau als Ehefrau und Mutter. Wieder andere verbinden mit dem Wahlrecht die Hoffnung auf soziale Reformen und die Verbesserung der Stellung der Frau im Allgemeinen. Auf welchem Gebiet diese Reformen letztlich umgesetzt werden sollen, bleibt stets eine Frage des politischen und gesellschaftlichen Standorts.

Die Argumente der Gegner

Während Frauen sich leidenschaftlich für das Frauenwahlrecht einsetzen, genügt es den Gegnern zunächst, sich schlicht und einfach darüber lächerlich zu machen. Die Mehrheit der Bevölkerung hält das Anliegen lange Zeit für einen Witz und betrachtet es als absolute Zeitverschwendung, sich darüber ernsthafte Gedanken zu machen. Wann immer anfangs im Parlament einer der seltenen Versuche gestartet wird, über das Frauenwahlrecht zu sprechen, brechen die Anwesenden in schallendes Gelächter aus. Die Vorstellung, Frauen könnten am politischen Prozess teilnehmen, erscheint geradezu absurd. Diese Einstellung ändert sich erst im Laufe der Zeit, als die Gegner des Frauenstimmrechts mit den Jahren immer mehr als unmodern, antiquiert und rückständig gelten und selbst zu lächerlichen Figuren werden.

Anfangs jedoch sind die Argumente der Gegner kaum logisch. Der Haupteinwand gegen das Frauenstimmrecht ist einzig die Tatsache, dass es Frauen sind, die wählen wollen. Frausein allein widerspricht dem Wahlrecht. Die Unterlegenheit des weiblichen Geschlechts scheint so offensichtlich, dass man sie kaum begründen muss. Die ablehnende Haltung stützt sich auf Vorurteile und Ignoranz, nicht auf Argumente. Dies ändert sich allerdings, als die Frauen immer bessere Gründe vorbringen, denen man nicht länger mit Zynismus und Hohn begegnen kann.

Mit ihrer Forderung nach politischer Gleichstellung rüttelten die Frauen an Grundpfeilern des Systems. Der Kampf für das Frauenwahlrecht beruht für viele auf der Überzeugung der natürlichen Gleichheit der Geschlechter, und allein das ist in den Augen der Gegner nicht nur lächerlich, sondern eine höchst gefährliche Idee, welche die Zivilisation zum Einsturz bringen würde.

Die Heilsarmee, welche die völlige Gleichstellung von Frau und Mann propagiert, löst heftige Proteste aus, weil männliche Offiziere es unter ihrer Würde sehen, sich von weiblichen Offizieren befehligen zu lassen. Sowohl unter Königin Victoria als auch unter Edward VII. (1841–1910) ist die Annahme, dass Frauen und Männer von Natur aus unterschiedlich sind und deshalb auch unterschiedliche Aufgaben zu erfüllen haben, weit verbreitet. Sind es nicht einzig Frauen, die Kinder gebären und ernähren können? Hat nicht die Natur selbst die Aufgabe der Frau vorherbestimmt? Wo anders könnte der richtige Platz der Frau sein, als zu Hause bei den Kindern? Frauen scheinen prädestiniert für Hausarbeit: kochen, putzen, Kinder erziehen, während Männer den öffentlichen, politischen Bereich übernehmen. Die Idee, dass Frauen nun in diesen politischen Bereich drängen, stellt das Weltbild einer ganzen Gesellschaft auf den Kopf und widerspricht bis ins Letzte deren Philosophie von den zwei getrennten Sphären. Frauen und Männer sollen in den ihnen zugeschriebenen natürlichen Sphären verbleiben. Man betrachtet es als die natürliche Pflicht der Frau, zu Hause zu bleiben und dort ihre

Aufgaben zu erfüllen. Diese würden zweifellos vernachlässigt werden, sollte es Frauen gestattet sein, sich politisch zu betätigen. Frauen, die ihre natürliche Rolle aufgäben, würden zwangsläufig zu Mannweibern mutieren, ihre Weiblichkeit verlieren.

Die in jener Zeit unumstößliche Tatsache, dass Frauen und Männer nicht nur unterschiedlich, sondern dass Frauen gar dümmer sind als Männer, wird durch Wissenschaftler und Ärzte eindrucksvoll untermauert. Charles Darwin ist der Ansicht, dass die Emotionalität von Frauen typisch für Kinder und niedere Rassen ist. In *Die Abstammung des Menschen* beschreibt er den Unterschied der Geschlechter: »Der hauptsächlichste Unterschied in den intellektuellen Kräften der beiden Geschlechter zeigt sich darin, daß der Mann zu einer größeren Höhe in Allem, was er nur immer anfängt, gelangt, als zu welcher sich die Frau erheben kann, mag es nun tiefes Nachdenken, Vernunft oder Einbildungskraft, oder bloß den Gebrauch der Sinne und der Hände erfordern. Wenn eine Liste mit den ausgezeichnetsten Männern und eine zweite mit den ausgezeichnetsten Frauen in Poesie, Malerei, Skulptur, Musik (mit Einschluß sowohl der Komposition als der Ausübung), der Geschichte, Wissenschaft und Philosophie mit einem halben Dutzend Namen unter jedem Gegenstand angefertigt würde, so würden die beiden Listen keinen Vergleich mit einander aushalten.«[41] Wie doch auch große Geister irren können!

Haarsträubende Erklärungen werden für die geringeren geistigen Fähigkeiten von Frauen herangezogen. Erklärungen, die deshalb als Beweise gelten, weil sie messbar sind. Frauen sind unintelligent, weil ihr Gehirn weniger wiegt. Männer sind schlichtweg schon deshalb intelligenter, weil sie das größere Gehirn besitzen. Die geistige Unterlegenheit der Frau diente Jahrzehnte als Rechtfertigung dafür, sie von Bildungseinrichtungen fernzuhalten, nun will man sie zumindest von den Wahlurnen fernhalten. Biologisch gibt es für die Gegner nichts zu deuten und zu rütteln an der unumstößlichen Tatsache, dass Frauen weniger klar denken können als Männer, ja, dass es ihren Verstand überfordert, sich mit ernsthaften Problemen zu befassen. Zu den beliebtesten Argumenten gegen das Frauenwahlrecht gehören Hinweise auf die emotionale Struktur von Frauen. Während Männer vernunftbegabte Wesen sind, gelten Frauen als emotional und hysterisch, gelenkt nicht von Ratio und Logik, sondern von Gefühl. Und damit ließen sich nun einmal die Geschicke eines Staates nicht lenken. Angesehene Mediziner erklären, Frauen würden statt von ihrem Gehirn von ihrer Gebärmutter bestimmt und dies würde während der Pubertät, der Menstruation, bei Schwangerschaften und in der Menopause zu gefährlichen Instabilitäten bei Entscheidungen führen. Frauen stünden generell sehr nahe am Rande des Wahnsinns und liefen leicht Gefahr, den Verstand zu verlieren. Was angesichts derartiger Argumentation wahrlich kein Wunder gewesen wäre! Der bekannte Arzt und Bakteriologe Sir Almroth Wright (1861–1947) schreibt im Zusammenhang mit der Diskussion um das Frauenstimmrecht in einer Artikelserie in der *London Times*, dass die Hälfte der englischen Frauen in den Wechseljahren geisteskrank werde. Streitbarkeit, wie sie die Frauenstimmrechtlerinnen an den Tag legten, sei ein deutliches Zeichen für Geisteskrankheit. Argumente, die von einer frauenfeindlichen Presse, die das Problem Frauenstimmrecht lange Zeit totgeschwiegen hat, nur allzu gerne aufgegriffen werden. Der feindliche Tenor der Berichterstattung nimmt in dem Maße zu, wie sich die Militanz der Frauen steigert. Die Aktivistinnen werden als unweiblich, verrückt, bösartig und hysterisch beschimpft. In der *London Times* brandmarkt man sie als bedauerliche Auswüchse der Gesellschaft, die ihr erbarmungswürdiges Leben durch lächerliche Aktionen vertuschen wollen. Im *London Standard*, im *Daily Mirror* und in *Illustrated London* werden die Frauen als geisteskrank abgetan. Die dazu veröffentlichten Fotos tun ein Übriges, um den Männern Schweißperlen auf die Stirn zu treiben angesichts eines drohenden Wahlrechts für Frauen. Die *Saturday Times* beschimpft gebildete Frauen als Ungeziefer, und der italienische Kriminologe Cesare Lombroso (1836–1909), auf dessen Thesen sich die Nationalsozialisten später bei der Zwangssterilisation von Kriminellen und Geisteskranken berufen, behauptet gar, dass Frauen kriminaloide Wesen seien. Seltene Ausnahmen sind *The Workman's Time*, der *Manchester Guardian*, der *Daily Herald* und die *Daily News*, welche die Frauen publizistisch unterstützen.

Frauen gelten allgemein und Frauenstimmrechtlerinnen im Besonderen schlicht und einfach als hysterisch. Ein Begriff, den man bis heute gerne mit Frauen in Verbindung bringt. Hysterie gilt als Frauenkrankheit. Allein das Wort zeigt dies. *Hysteria* stammt aus dem Griechischen und bedeutet Gebärmutter. Der Uterus wurde für den Ort gehalten, der schuld an der weiblichen Hysterie ist. Frauen gelten als kindisch, hysterisch, emotional, aufbrausend, unvernünftig und kapriziös. Sie würden politische Entscheidungen stets mit persönlichen Dingen vermischen. Ohnehin würden sie nicht begreifen, um was es in der Politik überhaupt gehe. Dass Frauen auf lokaler Ebene tagtäglich bewiesen, wie verantwortlich sie mit ihren politischen Rechten umgehen, lässt man als Beweis für das politische Geschick von Frauen nicht gelten. Lokalpolitik gilt als geeignet für Frauen, da es viel mit Erziehung und sozialen Belangen zu tun hat.

Frauen und Männer sind grundverschieden und haben deshalb innerhalb der Gesellschaft verschiedene Aufgaben zu erfüllen – so sehen es die Gegner des Frauenstimmrechts. Die unterschiedliche körperliche und mentale Stärke der Geschlechter ist angeboren, naturgegeben und somit gottgewollt. Wenn Gott gewollt hätte, dass Frauen die Geschicke des Staates bestimmen, hätte er dies gesagt und nicht bestimmt, dass Männer herrschen und Frauen beherrscht werden. Eva sei aus Adams Rippe geformt worden und somit seiner Kontrolle unterstellt. Hinter all dem steckt unübersehbar eine große Angst. Die Angst vor Kontrollverlust, die Angst, Familie und Heim, die einzig stabilen Posten in einer sich immer stärker ändernden Welt, in der nicht einmal mehr die Religion Schutz zu gewähren vermag, zu verlieren. Das Wahlrecht für Frauen würde die sukzessive Gleichstellung der Geschlechter auch in anderen Bereichen nach sich ziehen, und dies ist eine Vorstellung, die den meisten Männern ganz und gar nicht behagt. Die Überlegenheit des männlichen Geschlechts, niedergeschrieben bereits in der Bibel und als solche offensichtlich gottgewollt, ist in Gefahr, und dieser Gefahr muss mit allen Mitteln begegnet werden.

Parteien, Gewerkschaften und Kirchen

Die Ablehnung des Frauenwahlrechts begründet sich nicht nur in der Annahme der Unterlegenheit der Frau, sondern hat auch ganz handfeste politische Hintergründe. Das Wahlrecht der Frauen würde eine Veränderung der Parteienlandschaft und damit auch eine Veränderung der Politik bringen, das ist klar. Keine der politischen Parteien hat die Einführung des Frauenstimmrechts in ihrem Programm. Die Anträge zum Frauenstimmrecht werden von einzelnen Abgeordneten eingebracht, als Einzelanträge, die kaum Chancen auf Durchsetzung haben. Niemals steht eine Parteimehrheit hinter ihnen, stets sind es Einzelne, die sich des Themas annehmen. Zwischen 1860 und 1914 schafft es kein einziger Antrag auch nur über die zweite Lesung hinaus. John Stuart Mills Antrag von 1867 wird mit deutlicher Mehrheit abgeschmettert. Die meisten Anwesenden finden das Thema so lächerlich, dass sie es nicht einmal der Mühe wert finden, sich an der Abstimmung zu beteiligen. Sie enthalten sich ganz einfach.

In den nächsten vierzig Jahren wird jedes Jahr eine neue Gesetzesvorlage zur Einführung des Frauenwahlrechts eingereicht, und jede einzelne wird abgelehnt. Die Ursachen, warum das Frauenwahlrecht nicht die Unterstützung einer Partei erlangt, sind vielfältig.

Den Konservativen ist jegliche Demokratisierung ein Dorn im Auge. Dennoch gibt es in ihren Reihen sowohl Gegner als auch Befürworter des Frauenstimmrechts. Resolutionen zum Frauenwahlrecht werden zumindest bei drei Jahrestagungen der Konservativen in England und mit großer Regelmäßigkeit auch bei den Jahrestagungen der schottischen Konservativen verabschiedet. Die Parteiführung steht dem Frauenwahlrecht durchaus wohlwollend gegenüber. Alle konservativen Premierminister sprechen sich grundsätzlich dafür aus. Doch zwischen Worten und Taten klafft zumeist ein himmelweiter Unterschied.

Im April 1866 hält Benjamin Disraeli als Führer der Konservativen im Unterhaus eine flammende Rede für das Frauenstimmrecht: »I say that in a country governed by a woman – where you allow women to form part of the estate of the realm – peeresses in their own right, for example – where you allow a woman not only to hold land, but to be a lady of the manor and hold legal courts and oversee the poor – I do not see where she has so much to do with the State and Church, on what reasons, if you come to right, she has not the right to vote.«[42] Als er später Premierminister ist, ist von diesem Engagement nicht mehr viel übrig. Als John Stuart Mill 1867 sein *Amendment* einbringt, findet er ausgerechnet bei Disraeli keine Unterstützung.

Lord Robert Cecil (1830–1903), der 1888 bereits den Tag nahen sieht, an dem auch Frauen die Geschicke des Staates mitbestimmen werden, rührt als Premier keinen Finger, um das Frauenwahlrecht zu befördern, im Gegenteil, 1891 stimmt er höchstpersönlich gegen eine zweite Lesung des Gesetzesvorschlags. Sein Neffe Arthur Balfour (1848–1930), der ihm 1902 als Premierminister nachfolgt, bringt 1892 die Ungerechtigkeit, von Frauen Steuern zu verlangen, sie aber nicht wählen zu lassen, auf den Punkt, doch als es darum geht, seine politische Macht für das Frauenstimmrecht einzusetzen – Fehlanzeige. Als Balfour 1911 von Andrew Bonar Law (1858–1923) als Parteiführer abgelöst wird, ergeht es den Frauen nicht viel besser. Noch 1913 verweigert Bonar Law dem *Amendment* zur Wahlreform, das Frauen das Wahlrecht gestatten würde, seine Zustimmung. Die Tatsache, dass ihre Parteiführer das Frauenwahlrecht prinzipiell befürworten, führt dazu, dass verschiedene Abgeordnete der Konservativen immer wieder *private member bills* im Unterhaus einbringen. Alle diese Eingaben bleiben zwar erfolglos, halten aber das Thema Frauenwahlrecht auch innerhalb der Mauern des Parlaments am Leben.

Mitte der 70er Jahre des 19. Jahrhunderts kommen einige konservative Abgeordnete auf die Idee, dass es der Partei vielleicht zum Vorteil gereichen könnte, wohlhabenden Frauen das Wahlrecht zu geben. Zu diesem Zeitpunkt ist das Wahlrecht weniger eine Frage des Geschlechts als vielmehr des Besitzes. Die meisten Konservativen fürchten nicht in erster Linie die Frauen als Wähler, sondern die Armen. Gegner des Frauenstimmrechts sind oftmals auch Gegner eines erweiterten Wahlrechts im Allgemeinen. Sie wollen auch nicht noch weitere Männer daran teilhaben lassen. Die Idee, jeder Person ab 21 Jahren das Wahlrecht zu geben, würde Millionen von Armen und Mittellosen die Möglichkeit zur politischen Mitbestimmung geben. Jede Ausweitung des Wahlrechts würde aber eine Verschiebung des Status quo mit sich bringen. Was wären die Folgen, wenn Arme, Arbeiter und Frauen plötzlich die gleichen Stimmrechte erhielten? Dies würde das System unweigerlich destabilisieren, mit unabsehbaren politischen Konsequenzen. Was letztlich drohe, sei die Machtübernahme durch Menschen, die ihrem Bildungsstatus, ihrem Besitz und ihrem Geschlecht nach nicht zur Übernahme politischer Verantwortung geeignet seien. Derartige Argumente halten sich hartnäckig und zeugen von einem überkommenen Klassenbewusstsein, dem nicht zuletzt der Erste Weltkrieg den Garaus macht.

Gegen ein Frauenwahlrecht, das nur Hausbesitzerinnen und Steuerzahlerinnen berücksichtigt, haben die meisten Konservativen nichts einzuwenden. Ein derartig eingeschränktes Frauenstimmrecht bringt nur sehr wenigen Frauen eine Stimme, in den allermeisten Fällen gehört das Haus dem Mann. Einzig die begründete Sorge, dass es zahlreiche Prostituierte gibt, die finanziell in der Lage sind, ein Haus zu kaufen, und so automatisch zu einem Wahlrecht gelangen, lässt die traditionsbewussten und moralisch integeren Herren schaudern und lässt sich als Argument selbst gegen ein eingeschränktes Frauenwahlrecht heranziehen. Was die Konservativen jedoch noch mehr fürchten, ist eine Entwicklung, die über das Frauenstimmrecht über kurz oder lang in ein allgemeines Wahlrecht münden wird. Erst um die Jahrhundertwende gibt es einen Stimmungsumschwung bei den Konservativen zugunsten des Frauenwahlrechts. Zur Regierungszeit Edwards VII. haben die meisten Abgeordneten bereits erkannt, dass man am Frauenwahlrecht wohl nicht mehr vorbeikommen würde und es besser sei, sich den zukünftigen Wählerinnen gegenüber nicht allzu feindlich zu gebärden. Dennoch gibt es unter allen konservativen Regierungen niemals ein ernsthaftes Bemühen, die Partei zur Speerspitze des Frauenwahlrechts zu machen.

Im Oberhaus, das traditionell von den Konservativen beherrscht wird, steht man bis auf einige wenige Ausnahmen wie Lord Victor Lytton, Bruder der Suffragette Lady Constance Lytton und Präsident der *Men's League for Women's Suffrage*, geschlossen gegen das Frauenwahlrecht. Hier teilen die meisten Abgeordneten die Ansicht von Lord Curzon, dem späteren Vizepräsidenten der *Men's League for Opposing Women's Suffrage*, der aktiv gegen das Frauenstimmrecht kämpft und die militanten Aktionen der Suffragetten als Beweis ihrer geistigen Instabilität ansieht. Er hat viele Anhänger, die wie er daran glauben, dass aus dem Frauenwahlrecht der Wahnsinn erwachsen würde. Frauen gehören ins Haus, dies ist die gängige Meinung der Männer im Oberhaus.

Eine Einschätzung, die auch viele liberale Politiker teilen. Ihre Ablehnung des Frauenstimmrechts ist stark mit dessen politischen Konsequenzen verbunden. So wie die Konservativen die Einführung des allgemeinen Wahlrechts fürchten, so fürchten die Liberalen durch eine Ausweitung des Zensuswahlrechts eine Stimmenverschiebung zugunsten der Konservativen. Ähnliches hatten sie bereits bei der Wahlrechtsreform von 1884 erlebt, als viele Landarbeiter das Wahlrecht erlangten. Auf den Weg gebracht hatten das Gesetz die Liberalen, gewählt aber wurden die Konservativen.

Trotz dieser Befürchtungen gibt es enge Kontakte zur Frauenstimmrechtsbewegung, die sich ihrerseits eng mit der Liberalen Partei verbunden fühlt. Allerdings sind die Liberalen über dieser Frage tief gespalten. Während in den 60er Jahren des 19. Jahrhunderts führende Intellektuelle der Partei das Thema aufgreifen, halten die Konservativen innerhalb der Partei nur wenig von diesem Engagement und liegen hinsichtlich ihrer Meinung zum Frauenwahlrecht eher auf der Linie des politischen Gegners. Genau wie bei den Konservativen sind es auch hier nur einzelne Abgeordnete, die sich für das Frauenstimmrecht einsetzen, Parteipolitik wird die Frauenstimmrechtsfrage nicht.

Zwischen 1867 und 1886 gibt es 15 Resolutionen zum Frauenstimmrecht. Mehr als zwei Drittel davon werden von Abgeordneten der Liberalen eingebracht. Im 20. Jahrhundert treten zwei Abgeordnete der Liberalen aus Protest gegen die Ungleichbehandlung der Frauen durch die liberale Regierung gar von ihren Parlamentssitzen zurück. Sir John Simon aus der Führungsriege der Partei ist Vizepräsident der *Manchester Men's League for Women's Suffrage* zur Unterstützung der Frauenstimmrechtskampagne und riskiert damit seine politische Karriere. Das Mitglied der Liberalen, Frederick Pethick-Lawrence, kämpft sogar Seite an Seite mit den Frauen, nimmt Gefängnis, Hungerstreik und Zwangsernährung auf sich und erleidet schließlich den finanziellen Bankrott, als sein Vermögen aufgrund seines Engagements in der militanten Frauenstimmrechtsorganisation WSPU beschlagnahmt wird. Die 25 Parlamentsabgeordneten der Liberalen, die sich 1910 dem *Conciliation Committee* anschließen, um im Parlament eine Mehrheit für das Frauenstimmrecht zu erlangen, haben enge Verbindungen zur Frauenstimmrechtsbewegung.

Interessanterweise verweigern die Parteiführer und Premierminister der Liberalen der Frauenstimmrechtsbewegung jegliche Unterstützung. William Gladstone macht den Frauen durch seine ambivalenten Aussagen bezüglich des Frauenwahlrechts jahrelang Hoffnung. Doch als er schließlich die Regierung übernimmt, verwehrt er jedem Gesetzesantrag auf das Frauenwahlrecht seine Unterstützung. 1884 verweigert er seine Zustimmung zum *Amendment* für das Reformgesetz mit der Begründung, das *Amendment* würde das ganze Gesetz zu Fall bringen. In der Öffentlichkeit fällt er durch Aussagen auf, wonach das Wahlrecht den Frauen ihre Reinheit und Zartheit, ihre Vornehmheit und Würde nehmen und ihre ganze Natur zum Nachteil verändern würde. Premierminister Henry Campell-Bannerman (1836–1908) ist dafür bekannt, dass er sich im privaten Kreis durchaus für das Frauenstimmrecht ausspricht. In der Öffentlichkeit hingegen tritt er als entschiedener Gegner auf und weiß jegliche Debatte darüber durch politische Intervention geschickt zu verhindern. Lloyd George und Winston Churchill (1874–1965) sprechen sich bei Versammlungen durchaus für das Stimmrecht aus, bei Abstimmungen hingegen verweigern sie ihre Zustimmung. Henry Herbert Asquith (1852–1928) wird zum erbittertsten politischen Gegner der Frauenstimmrechtsbewegung. Asquith, von 1908 bis 1916 Premierminister, also in der Hochphase der Auseinandersetzung, bekämpft die Bewegung vehement und weigert sich beharrlich, Abordnungen der Frauen zu empfangen. In der Frage des Frauenstimmrechts ist er nicht bereit, sich auch nur einen Millimeter weit zu bewegen. Bereits in seiner ersten großen Rede zum Frauenstimmrecht 1892 legt er die Gründe dafür dar. Er glaubt fest daran, dass die meisten Frauen kein Stimmrecht wollen, dass Frauen nicht in der Lage sind, dieses Recht verantwortlich auszuüben, und dass Frauen durch ihren persönlichen Einfluss weit mehr erreichen können als durch das Wahlrecht. Eine kluge Frau habe seit jeher Einfluss auf ihren Mann und kann auf diesem Wege indirekt auch die Politik in hohem Maße beeinflussen. Ein Mann vertrete immer auch die Interessen seiner Frau und Familie, und durch ihn hätten Frauen ohnehin eine Stimme. Die Einführung des Frauenstimmrechts würde die natürliche Ordnung auf den Kopf stellen und sei deshalb widernatürlich. Das Haus sei der ideale Ort für die Frau, und man müsse sie nach Kräften vor dem schmutzigen Geschäft der Politik schützen.

Politik gilt als schmutziges Geschäft – zu schmutzig für Frauen. Wahlkabinen werden als unschickliche Orte für Frauen begriffen, da viele Männer die Wahlen dazu benutzen, sich zu betrinken und die Wahlen zu einem geselligen Ereignis statt zu einer politischen Handlung machen. Bis 1872, als erstmals geheime Wahlkabinen eingeführt werden, kommt es in Wahllokalen regelmäßig zu Schlägereien und wilden Saufgelagen. Frauen gelten als viel zu sensibel, um Derartiges ertragen zu können. Die Vorsichtsmaßnahmen gehen gar so weit, dass Männer ihre Frauen während der Wahlen aufs Land schicken, um sie vor diesem Chaos zu schützen. Asquiths Einfluss führt schließlich dazu, dass die Liberalen, obwohl sie anfangs als die Partei des Frauenstimmrechts gelten, davon abkommen und das Frauenstimmrecht trotz heftiger Diskussionen nicht in ihr Parteiprogramm aufnehmen.

Nachdem die Mehrheit der Liberalen durch verschiedene Wahlen zu Beginn des 20. Jahrhunderts immer weiter schrumpft und stark von den Irischen Nationalisten abhängig wird, rückt die Frauenstimmrechtsfrage zunehmend in den Hintergrund. Die Irischen Nationalisten haben kein Interesse, über das Frauenstimmrecht zu verhandeln, *Home Rule* ist ihr Thema, und darüber soll so viel wie möglich debattiert werden. Für die meisten Abgeordneten hat das Land mit ganz anderen Problemen zu kämpfen: dem Irland-Problem, dem Machtanspruch des Oberhauses und der immer stärker werdenden Arbeiterbewegung. In der turbulenten Zeit um die Jahrhundertwende ist das Frauenstimmrecht nur eines von vielen ungelösten Problemen, und für viele Liberale bei weitem nicht das dringlichste.

Die 1906 entstandene *Labour Party* kämpft im Sinne eines allgemeinen Wahlrechts auch für ein Frauenstimmrecht. Zu Beginn des 20. Jahrhunderts haben mehr als 60 Prozent der Arbeiter in Großbritannien kein Wahlrecht. Da die Frauen das Wahlrecht zu den gleichen Bedingungen fordern, zielen sie auf ein eingeschränktes Wahlrecht ab, das einen Großteil der Bevölkerung von den Wahlen ausschließt. Ein derart elitäres Wahlrecht lehnt die *Labour*-Partei ab. Man befürchtet zu Recht, dass dieses die eigene Partei schwächen und die politische Macht der Ober- und Mittelschicht stärken würde. Als Verfechter eines allgemeinen Wahlrechts kann man sich deshalb nicht zu einer expliziten Unterstützung der Frauenstimmrechtsbewegung durchringen. Dennoch steht die Partei den Frauen sympathisierend zur Seite, allerdings nur so lange, bis die Suffragetten beginnen, ihren Kampf gewaltsam auszutragen. Dadurch machen die Suffragetten in den Augen von *Labour* aus dem ernsten Thema der Revolution ein Kasperltheater. In maßgeschneiderter Garderobe Fensterscheiben zu zertrümmern, ist in den Augen der *Labour Party* eine irrationale Aktion und nicht im Mindesten revolutionär. Für viele *Labour*-Anhänger sind die vornehmlich aus der Mittel- und Oberschicht stammenden Frauen die Karikatur von Revolutionärinnen, haben keine Ahnung vom alltäglichen Überlebenskampf der meisten Menschen im Land und spielen Revolution.

Die Unterstützung des Frauenstimmrechts findet bei *Labour* ebenso wie die Ablehnung des Frauenstimmrechts durch die Liberalen und Konservativen hauptsächlich aus taktischen Gründen statt. In völliger Übereinstimmung mit den Konservativen ist man der Ansicht, dass, sobald das Wahlrecht für Frauen eingeführt worden sei, der Weg zum allgemeinen Wahlrecht frei wäre. Die Errichtung des einen würde zwangsläufig den Sieg des anderen nach sich ziehen. Zudem scheint es möglich, durch die Unterstützung des Frauenstimmrechts eine große Zahl von Arbeiterinnen zu erreichen, die sich der Frauenstimmrechtsbewegung in immer stärkerem Maße anschließen. Für *Labour* liegt es deshalb im Interesse der eigenen Klientel, die Frauen zu unterstützen.

Unter den Unterstützern ragen vor allem die Abgeordneten Keir Hardie, George Lansbury und Philip Snowden heraus. Keir Hardie, der Führer der *Labour Party*, ist ein enger Freund der Familie Pankhurst und setzt sich verstärkt für das Frauenwahlrecht ein, auch wenn er sich damit im Unterhaus offene Gegnerschaft zuzieht. Er sammelt Geld, schreibt Flugblätter, unterweist die Frauen in parlamentarischen Verfahrensweisen und stellt Kontakte zu Politikern her.

Philip Snowden (1864–1937), Vize-Präsident der *Men's League for Women's Suffrage*, unterstützt ebenfalls zunächst offen die Politik der WSPU, wendet sich aber um 1912, als die Militanz ihren Höhepunkt erreicht, mehr und mehr von ihr ab. George Lansbury (1859–1940) hingegen rechtfertigt die gewaltsamen Aktionen der Suffragetten als eine Folge einer restriktiven Politik. Jahrelang versucht er, seine Parteigenossen zu überzeugen, alle Gesetzesvorlagen der liberalen Regierung abzulehnen, auch wenn die eigenen Wähler davon profitieren würden, solange die Regierung den Frauen das Wahlrecht verweigere. 1912 tritt er aus Protest gegen die Haltung seiner Partei zurück und kämpft als unabhängiger Kandidat um seine Wiederwahl. Obwohl die Suffragetten seinen Wahlkampf unterstützen, wird Lansburys aufrechte Haltung nicht belohnt. Er verliert die Wahlen. Beatrice Webb nennt ihn später halb scherzhaft einen Mann mit großem Herzen, aber kleinem Hirn.

Das Verhältnis zwischen der *Labour Party* und der Frauenstimmrechtsbewegung verändert sich mit der Zeit. Anfangs sind die

Verbindungen vor allem auf lokaler Ebene sehr eng. Viele radikale Frauenstimmrechtlerinnen treten *Labour* und seinen Vorgängerorganisationen bei. Auch die Pankhursts sind Mitglieder. 1906 wird die *Women's Labour League* gegründet, unter deren Dach man innerhalb der Partei eine Organisation für das Frauenstimmrecht schafft. Das Verhältnis verschlechtert sich allerdings rapide, nachdem die Suffragetten immer militanter werden und die *Labour*-Abgeordneten sich weigern, in Totalopposition zur liberalen Regierung zu gehen. Dennoch stimmen ab 1910 alle *Labour*-Abgeordneten bei Abstimmungen stets für das Frauenwahlrecht, und 1912 beendet auch die gemäßigtere Frauenstimmrechtsorganisation NUWSS ihre langjährige Unterstützung der Liberalen und wendet sich der *Labour Party* zu. 1912 nimmt die *Labour Party* die Forderung nach dem Frauenstimmrecht als erste Partei in ihr Parteiprogramm auf. Da *Labour* zu jener Zeit allerdings nur 42 Parlamentarier besitzt, sind deren Durchsetzungskraft enge Grenzen gesteckt. Zudem erweist sich die Festlegung auf die Unterstützung eines allgemeinen Wahlrechts, welches das Frauenwahlrecht beinhalten *muss*, als Pferdefuß für ihre Politik. Noch im selben Jahr sehen sich die *Labour*-Abgeordneten nämlich gezwungen, einen Gesetzesentwurf der Regierung abzulehnen, der den Arbeitern das Wahlrecht bringen würde, nur weil er das Frauenwahlrecht nicht berücksichtigt.

Bei den Politikern von Liberalen und Konservativen gibt es große politische Vorbehalte gegen Frauen in der Politik, die eng mit dem Fortbestehen des Britischen Empire zusammenhängen. Frauen gelten grundsätzlich als pazifistisch und würden sich daher gegen Kriege aussprechen. Damit werde die Macht des Empires massiv geschwächt. Eine starke Armee ist für viele der Rückhalt der Nation, und Rüstung und Militarismus zugunsten pazifistischer Strategien aufzugeben, gilt als eine Sache von Träumern, Phantasten und – Frauen. Wie sollte man sich gegenüber einem aggressiven Land wie dem Deutschen Kaiserreich behaupten, wenn man eine Politik der Zögerlichkeit und Weichheit vertrat? Gerade bezüglich der Landesverteidigung beruft man sich auf die deutliche Unterlegenheit der Frau. Frauen können nicht als Soldatinnen dienen, weshalb sollen sie dann voll anerkannte Bürgerinnen werden? Weshalb soll man ihnen die gleichen Rechte zugestehen, wenn sie nicht in der Lage sind, dieselben Pflichten zu erfüllen? Politik sei immer mit Gewalt verbunden, und dies könnten Frauen aufgrund ihrer physischen Unterlegenheit, aber auch aufgrund ihrer moralischen Standards nicht leisten. Sie würden die Rolle des Empire untergraben, dessen imperiale Macht nicht zuletzt auf einer schlagkräftigen Armee beruht, die zur Aufrechterhaltung dieser Macht überall im Einsatz ist, um Freiheitsbestrebungen und Unabhängigkeitsbewegungen in Schach zu halten. Zudem würde aus gutem Grund keine Kolonialmacht der Welt das Frauenwahlrecht einführen. Die Kolonien würden jeglichen Respekt vor dem Mutterland verlieren, wenn Frauen mitreden dürften. Dass im imperialistischen Großbritannien eine Frau auf dem Thron sitzt, ficht die Befürworter dieser Argumentation nicht an. Man befürchtet, dass die Kolonien nach Einführung des Frauenwahlrechtes ebenfalls das Wahlrecht verlangen würden, was zwangsläufig über kurz oder lang zu ihrer Unabhängigkeit führen werde. In dem für die damalige Zeit typischen Diskussionsstil über die Überlegenheit der weißen Rasse haben Frauen argumentiert, dass es nicht sein dürfe, dass schwarze Männer vor weißen Frauen das Wahlrecht erhielten. Auf der anderen Seite argumentieren nun die Gegner, dass es schwarze Männer wohl kaum hinnehmen würden, wenn Frauen, egal welcher Hautfarbe, zu Autoritäten aufsteigen würden. Man sieht, Gegner und Befürworter des Frauenstimmrechts entstammen derselben Kultur, zumeist auch derselben gesellschaftlichen Schicht und teilen viele gemeinsame Weltanschauungen – bis auf eine.

Das Wahlrecht für Frauen ist aus machtpolitischem Kalkül nicht durchsetzbar. Frauen seien nicht in der Lage Gesetze, die sie selbst beschließen würden, mit der gebotenen Härte umzusetzen. Ein Staat, der derart leichtfertig mit seinem Gewaltmonopol umgeht, würde zerbrechen. Das Ergebnis wäre Anarchie, innenpolitische Unruhen und nicht zuletzt der Untergang des Empires. Niemals hätten sich die Herren wohl träumen lassen, dass 100 Jahre später die Regierungsgeschäfte in den Händen einer Frau liegen würden, die britische Interessen mit solch einer Härte umzusetzen wusste, dass sie den Spitznamen »Eiserne Lady« erhielt. Frauen gelten als viel zu schwach, um sich mit Politik zu beschäftigen. Zudem hätten sie kaum Interesse an nationalen und internationalen Fragen. Die meisten Frauen seien einfach nicht in der Lage zu wählen.

Diesen Argumenten schließen sich auch Frauen an – Gegnerinnen des Frauenstimmrechts wie die Schriftstellerin Mary Humphry Ward, die im Juni 1889 einen Aufruf gegen das Frauenstimmrecht im *Nineteenth Century* Magazin veröffentlicht: »We are convinced that the pursuit of mere outward equality with men is for women not only vain but – leads to a total misconception of women's true dignity and special mission.«[43] Ward, die erste Präsidentin der *Anti-Suffrage-League*, spricht sich dafür aus, bestimmte Regierungsämter Männern vorzubehalten. Parlamentsdebatten und Gesetzgebung, Innen- und Außenpolitik, Kolonialpolitik, Verteidigung, alle Angelegenheiten, die Schwerindustrie, Eisenbahn, Wirtschaft und Finanzen betreffen, können Frauen allein aufgrund ihrer Benachteiligungen durch das Geschlecht, welches ihnen physische Grenzen setzt, nicht leisten, und es sei verlorene Liebesmühe, ihnen darüber Befehlsgewalt zu erteilen. Sie könnten diese Macht nicht ausüben, seien dazu nicht in der Lage, einfach weil sie Frauen seien. Frauen sollten sich auf die Kommunalpolitik beschränken, wo sie durch Wohlfahrt, Religion und Erziehungsarbeit eine ganze Menge erreichen könnten. Paradoxerweise tritt Mary Humphry Ward, die nicht müde wird zu betonen, dass Frauen keine Rolle im öffentlichen Leben spielen sollen, unermüdlich in Sachen Anti-Frauenstimmrechtsbewegung öffentlich als Rednerin auf.

Nachdem sich tatsächlich zahlreiche Frauen gegen das Wahlrecht aussprechen, sind die Gegner nicht ganz unbegründet der Ansicht, dass die meisten Frauen überhaupt nicht wählen wollen. Höflich ausgedrückt heißt es, dass die wenigen Frauen, die das Frauenstimmrecht fordern, nichts als eine qualifizierte Minderheit sind. Weniger zurückhaltend werden Frauen, die für das Wahlrecht eintreten, als ein Haufen Verrückte beschimpft; zänkische Weiber und hässliche einsame alte Jungfern, die ihre Frustration auf diese Weise loswerden müssen. Die meisten Männer glauben fest daran, dass die Mehrzahl der britischen Frauen zufrieden mit dem politischen System ist und das Wahlrecht gar nicht will. Frauen seien gerne zu Hause, hieß es, wollten sich auch weiterhin um Mann und Kinder und nicht um den Staat kümmern. Das Unterhaus könne doch die Frauen nicht zum Wählen zwingen, nur weil eine kleine Gruppe dies fordere.

Wie die Parteien, so sind auch die Gewerkschaften bezüglich der Frauenstimmrechtsfrage gespalten. Die Palette reicht von aktiver Unterstützung über Desinteresse bis hin zu offener Ablehnung. Obwohl der *Trade Union Congress* 1884 eine Resolution zum Frauenstimmrecht verabschiedet, halten sich die Gewerkschafter bei diesem Thema auffallend zurück. Siebzehn Jahre später führt dasselbe Thema bei einem Kongress gar zu massiver Ablehnung. 1912 bringt die Gewerkschaftsvertretung der Minenarbeiter NUM auf einem *Labour*-Parteitag einen Antrag fürs Frauenstimmrecht zu Fall. Auch bei den Gewerkschaften sind es nur Einzelne, die sich auf die Seite der Frauen stellen. Robert Smilie, Gewerkschaftsführer ausgerechnet der Minenarbeiter, organisiert zum Beispiel einen Streik zur Unterstützung der Frauen. In einzelnen Städten verbünden sich ganze Abordnungen mit den Frauen. In Glasgow wird die WSPU von den Hafenarbeitern unterstützt, in Lancashire, wo Frauen traditionell Einfluss auf die männerdominierten Gewerkschaften haben, wird das Frauenstimmrecht offen unterstützt, und im East End von London gelingt es Emmelines Tochter Sylvia, große Teile der Arbeiter auf ihre Seite zu ziehen. Doch ganz wohl ist den männlich dominierten Gewerkschaften bei der Vorstellung von politisch aktiven Frauen nicht. Auch in Gewerkschaftskreisen träumt man insgeheim von der braven viktorianischen tugendhaften Ehefrau. Frauen in Männerdomänen sieht man schichtenübergreifend nicht allzu gerne.

Die religiösen Gruppen fügen sich nahtlos in dieses Bild ein, auch hier gibt es keine einheitliche Linie. Die Anglikanische Kirche steht dem Frauenstimmrecht eher ablehnend gegenüber, während Freikirchen und Quäker die Frauen durchaus unterstützen. Allerdings hält sich die Staatskirche in dieser Frage eher bedeckt. Ein Verhalten, das ihr die Frauen übelnehmen und offen als Feigheit anprangern. Die

Oberhäupter der Kirche, die Bischöfe, nehmen durch ihren Platz im Oberhaus direkt politischen Einfluss und segnen mehr als ein gegen die Frauen gerichtetes Gesetz ab. Es gibt jedoch auch prominente Unterstützer wie den Erzbischof von Canterbury, den Lord Bischof von Exeter, den Lord Bischof von Hereford und den Lord Bischof von Liverpool. Sie hoffen, dass durch die moralische Überlegenheit der Frauen Moral in die Politik einkehren wird. Leider liefert das Argument von der moralischen Überlegenheit der Frauen auch den Gegnern Munition, die darauf verweisen, dass Frauen gerade deshalb unbedingt vor der Welt und den Niederungen der Politik geschützt werden müssen, um sich diese moralische Überlegenheit zu bewahren und nicht auf ein ähnlich niederes Niveau wie die Männer herabzusinken. Einige Kirchenmänner formen die *Church League for Women's Suffrage*, da sie die Einführung des Frauenstimmrechts als logische Konsequenz aus dem christlichen Prinzip der Gleichheit aller Menschen ableiten. Es gibt Unterstützer aus den Reihen der Katholischen Kirche, und auch der oberste Rabbiner Londons spricht sich für das Frauenstimmrecht aus. Andererseits kommt es aber auch zu Übergriffen von Gläubigen auf die Frauen, wie zum Beispiel auf Anhänger von Sylvia Pankhurst, die, als sie in einer Kirche für ihr Anliegen beten wollen, von aufgebrachten Gottesdienstbesuchern zusammengeschlagen werden.

Die Unterstützung aus Kirchenkreisen ist für die Gegner des Frauenstimmrechts ein Beweis für ihre These, dass Frauen mit Wahlrecht noch stärker unter den Einfluss der Kirche geraten würden, als sie es im religiösen Vereinigten Königreich ohnehin schon sind. Das Frauenstimmrecht werde die Macht der Kirche im Staat festigen, da Priester Frauen in ihrem Wahlverhalten beeinflussen würden. Vor allem bezüglich des Irlandkonflikts fürchtet man Probleme, wird doch gerade der Katholischen Kirche Irlands nachgesagt, dass sie das Frauenstimmrecht begünstigt, weil sie damit rechne, Frauen in ihrem Wahlverhalten beeinflussen zu können. Dies würde in Irland zu einer Machtverschiebung zugunsten der Katholiken führen und die Spannungen zwischen Katholiken und Protestanten noch verschärfen.

Die Verbindungen zwischen den Frauenstimmrechtlerinnen und den Nonkonformisten waren ungleich größer. Dies mag daran liegen, dass Frauen in den Freikirchen eine größere Rolle spielen als in der Amtskirche. So fordert die im 19. Jahrhundert in Manchester gegründete *Labour Church* die Frauen auf, aktiv am politischen Leben teilzunehmen, und stellt den Frauenstimmrechtlerinnen ihre Kirchenräume für Versammlungen zur Verfügung. Ähnliches zeigt sich auch bei den Quäkern, wo Frauen dieselben Rechte haben wie Männer und an Versammlungen nicht nur teilnehmen, sondern sich auch zu Wort melden können. Gerade die Quäker unterstützen die Frauen bei vielen ihrer Aktionen, zum Beispiel beim Kampf gegen die *Contagious Diseases Acts*.

Organisierte Gegnerschaft

Zu Beginn des 20. Jahrhunderts organisieren sich auch die Gegner des Frauenstimmrechts. 1908 gründet sich die *Women's National Anti-Suffrage League*, ein Jahr später die *Men's League for Opposing Women's Suffrage*, die im ganzen Land Versammlungen abhält, bei denen sie vor den Folgen des Wahlrechts warnt und Unterschriften sammelt. Beide Vereinigungen verschmelzen 1910 zur *National League for Opposing Women's Suffrage*.

Man befürchtet mit der Einführung des Frauenstimmrechts den völligen Zusammenbruch der sozialen Ordnung. Frauen könnten ihren Platz in der Öffentlichkeit niemals voll ausfüllen, weil sie mit ihrer Rolle als Ehefrauen und Mütter ohnehin ausgelastet seien. Die Doppelbelastung würde die Familien zerstören und die Autorität des Mannes innerhalb der Familie unterminieren. Die Familie als Keimzelle des Staates würde absterben und damit letztlich auch den Staat vernichten. Es würde dazu kommen, dass Frauen nicht mehr auf ihre Männer hören, sondern nach eigenen Interessen wählen würden, die nicht immer deckungsgleich mit den Interessen der Männer seien. Dadurch könnten innerfamiliäre Konflikte und Disharmonie entstehen. Ein Argument, das im Übrigen auch die konservativen

Frauenstimmrechtlerinnen anführen, um ihre Weigerung zu begründen, auch verheirateten Frauen das Stimmrecht zu gewähren. Das Argument, dass das Wahlrecht aus vielen Frauen, die gelangweilt und nur mit sich selbst beschäftigt zu Hause sitzen, verantwortliche Staatsbürgerinnen machen würde und dadurch sowohl das öffentliche wie das private Leben gewinnen würde, lässt man nicht gelten. Man ist noch nicht so weit einzusehen, dass Frauen adäquatere und interessantere Partnerinnen sind, wenn man sie auch am öffentlichen Leben teilhaben lässt.

Büro der WSPU

Andere befürchten, dass Frauen gar nicht in der Lage sein würden, eine eigene politische Meinung zu erlangen, da sie so sehr unter dem Einfluss der Männer stünden. Väter und Ehemänner würden ihnen die politische Richtung vorgeben und dies würde im Endeffekt bedeuten, dass manche Männer zusätzliche Wahlstimmen erhielten, weil ihre Frauen in ihrem Sinne wählen würden. Eine Entwicklung, die jedem Demokratieverständnis zuwiderlaufen würde.

Andererseits gehen viele davon aus, dass Frauen stärker als Frauen wählen würden, denn als Individuen. Sie würden soziale Reformen durchsetzen, die gegen die Interessen des Staates gerichtet sein könnten. Größte Befürchtungen gibt es in der Hinsicht, dass Frauen ein Alkoholverbot durchsetzen könnten. Abschreckendes Beispiel dafür ist die Frauenstimmrechtsbewegung der USA, wo die Frage der Prohibition von tagespolitischer Aktualität ist. Die Kampagne für ein völliges Verbot von Alkohol wird in den USA von Frauen getragen. Sie sind es, welche die Auswirkungen der Trunkenheit ihrer Männer am meisten zu spüren bekommen. Die *Woman's Christian Temperance Union* unterstützt parteienabhängig Abgeordnete, die sich für ein generelles Alkoholverbot stark machen. Aktionen wie die von Carry Nation, die mit einer Axt bewaffnet in Bars stürmt und dort die Einrichtung zerschlägt, lehren weltweit die Männer das Fürchten. Obwohl die Wahlrechtskampagne sich von der Prohibitionskampagne abgrenzt, fordern die Mitglieder der Prohibitionskampagne auch das Wahlrecht, um der Trunkenheit Einhalt zu gebieten. Für alle, deren Geschäft und Leidenschaft der Alkohol ist, bedeutet dies erbitterte Gegnerschaft zum Frauenwahlrecht, da sie befürchten müssen, in diesem Fall werde einem generellen Alkoholverbot Tür und Tor geöffnet. Das Wahlrecht für Frauen wird in den USA gleichgesetzt mit dem Verbot von Alkohol, und auch die Briten befürchten Schlimmstes angesichts der Vorstellung, dass Frauen neue moralische Standards einführen wollen. Viele Männer sehen die Entwicklung deutlich vor Augen: Zuerst das Wahlrecht und dann, wenn Frauen irgendwann die Wahlen dominieren, würden sie den gesamten Staat übernehmen, und vom Matriarchat bis zum Amazonenstaat erscheint dann alles im Bereich des Möglichen. Die Angst vor dieser Zukunft bringt einige Gegner dazu, sich nicht nur mit Worten, sondern auch mit Gewalt gegen das Frauenstimmrecht zu wehren. Aktionen, die stattfinden, als den Gegnern sukzessive die Argumente ausgehen.

Frauen werden bei Demonstrationen Opfer sexueller Übergriffe. Sie werden an den Haaren gezogen, ihre Kleider werden zerrissen, sie selbst betatscht, begrapscht und mit Obszönitäten überschüttet. In Glasgow überfällt eine Gruppe von 200 Männern das Büro der WSPU und schlägt alles kurz und klein. In einer Kleinstadt in Wales

werden Suffragetten, die es gewagt hatten, Lloyd George zu atta-
ckieren, von einer aufgebrachten Menge beinahe gelyncht. Man
reißt ihnen büschelweise die Haare aus und zerfetzt ihre Kleider,
nur um diese anschließend an die johlende Meute zu verteilen. In
Croydon werden die Fensterscheiben der WSPU eingeworfen und in
Walstall Büros verwüstet. Die Bedrohung wird so groß, dass die
Frauen allen Mut brauchen, um ihre Versammlungen auch weiterhin unter freiem Himmel abzuhalten.

Allerdings bleiben die Männer, die sich zu tätlichen Angriffen auf
die Frauenstimmrechtlerinnen hinreißen lassen, in der Minderheit.
Die Mehrheit der britischen Männer können weder für noch gegen
das Frauenwahlrecht mobilisiert werden. Den meisten Männern ist
es schlicht egal. Es ist kein Thema, das sie beschäftigt, über das sie
lange nachdenken. Nur ganz selten stellt sich eine Gruppe generell
gegen das Frauenwahlrecht, wie etwa die Angehörigen der Londoner
Clubs, die es bis heute vermeiden, Frauen in ihre Reihen aufzunehmen. Und auch das Königshaus stellt sich absolut gegen das Frauenwahlrecht. So sind Victoria, Edward VII. und George V. bekennende
Gegner dieser Reform, wie all ihre Aussagen zum Thema zeigen.

Man sieht, der Kampf um das Frauenstimmrecht ist nicht nur ein
Geschlechterkampf. Es gibt zahlreiche Männer, die dieses Anliegen
unterstützen, und zahlreiche Frauen, die es ablehnen. Vielfach sind
Herkunft, Sozialisation und Bildung ausschlaggebender für Unterstützung und Ablehnung als das Geschlecht. Viele Argumente werden von beiden Seiten ins Spiel gebracht und unterscheiden sich nur
in der Bewertung. Was die einen als positive Entwicklung empfinden, ist für die anderen gleichbedeutend mit dem Untergang des
Abendlandes. Gegner und Befürworter sehen im Wahlrecht einen
Schritt in Richtung Gleichstellung von Mann und Frau. Nur, die einen wollen genau das, sehen positive Aspekte im Ende der männlichen Vorherrschaft, die anderen wollen die Abschaffung dieser
Vorherrschaft auf keinen Fall hinnehmen. Die Vorstellung, dass ein
Parlament, in dem Frauen sitzen, sich mehr der sozialen Frage an-
nehmen wird, begrüßen die einen und lehnen die anderen ab. Die
Befürworter glauben, dass Frauen durch die ihnen eigene Sichtweise

der Dinge die Regierungsgeschäfte verbessern werden, die Gegner fürchten die Unterminierung sämtlicher Autoritäten. Beide Gruppen sehen im Wahlrecht für Frauen eine Revolution, welche die Gesellschaft für immer verändern wird.

Nur, die einen wollen dies, die anderen fürchten sich davor!

Ein lebendes Relikt:
Mary Humphry Ward
(1851–1920)

»It is time that the women who are opposed to the concession of the parliamentary franchise to women should make themselves fully and widely heard.«

Mary Humphry Ward war eine der berühmtesten Frauen ihrer Zeit: populäre Bestsellerautorin und gerngesehener Gast in den Salons der englischen Hauptstadt. Das 19. Jahrhundert war ihr Jahrhundert. Hier galt sie als moderne Frau mit Visionen und Idealen. Heute ist die Schriftstellerin Mary Ward in Vergessenheit geraten, nur an die Sozialreformerin erinnern noch ihre Stiftungen. In deutlicher Erinnerung geblieben ist dafür die verbissene Gegnerin des Frauenwahlrechts, die auf verlorenem Posten gegen die Frauenstimmrechtsbewegung ankämpfte und sich dabei mehr und mehr der Lächerlichkeit preisgab. Gegen Ende ihres Lebens galt Mary Humphry Ward nur mehr als lebendes Relikt, als Überbleibsel einer Zeit, die man hinter sich lassen wollte. Auf viele ihrer Zeitgenossen wirkte sie wie ein Dinosaurier aus längst vergangenen Tagen. Aus der bewunderten und geliebten Schriftstellerin wurde eine Frau, über die man sich angesichts ihrer traditionalistischen Einstellung öffentlich lustig machte.

Geboren wird Mary am 11. Juni 1851 in Tansania. Hier ist ihr Vater Schulinspektor und verheiratet mit der Enkelin des britischen Gouverneurs. Zu Marys Familie gehören prominente Mitglieder aus Literatur und Politik, später wird aus einem ihrer Neffen der Schriftsteller Aldous Huxley. 1856 kehrt die Familie nach England zurück. Da die Eltern aufgrund beruflicher Verpflichtungen des Vaters häufig unterwegs sind, wächst Mary bei den Großeltern in Fox How in Fairfield auf. Es ist ein literaturbegeisterter Haushalt, in dem schon Charlotte Brontë zu Gast war. Der Großvater war ein enger Freund des Dichters William Wordsworth, dessen Witwe Mary während ihres Aufenthalts kennenlernt.

Während Marys Brüder eine exzellente Schulausbildung genießen, wird sie selbst wohnortnah in einer Schule in Eller Howe unterrichtet. Diese Schule, deren Leiterin Jemima Clough später die erste Rektorin des Frauencolleges *Newnham Hall* in Cambridge wird, bleibt ihr stets in guter Erinnerung. Weniger Freude bereiten dem aufgeweckten Kind die Höheren Töchterschulen, die sie anschließend besucht: »I learnt nothing thoroughly or accurately, and the German, French and Latin, which I soon discovered after my marriage to be essential to the kind of literary work I wanted to do, had all to be relearnt before they could be of any real use to me«, schreibt sie später über ihre Schullaufbahn.[44]

Ihre eigenen Erfahrungen mit der rudimentären Mädchenbildung des 19. Jahrhunderts macht sie zu einer erbitterten Streiterin für Mädchenbildung und Erziehung. Als ihr Vater 1865 eine Schule in Oxford eröffnet, darf sie das Internat verlassen und mit nach Oxford gehen. Hier bekommt sie zumindest einen informellen Zugang zu der Bildung, die sie bisher so schmerzlich vermisst hat. Obwohl Frauen an der Universität Oxford nicht zugelassen sind, gelingt es ihr, einen Ausweis für die berühmte Bodleian Bibliothek zu erhalten. Hier beginnt sie mit dem Studium der Spanischen Geschichte, die sie seit langem interessiert. Rasch erhält sie Zugang zu verschiedenen intellektuellen Zirkeln, und bald ist das aufgeweckte intelligente junge Mädchen gerngesehener Gast in den Räumen der Universität.

In jenen Jahren wächst in ihr der Wunsch heran, Schriftstellerin zu werden. 1870 wird ein erster Text von ihr in *The Churchman's Companion* veröffentlicht. 1871 lernt sie ihren zukünftigen Mann, den 25-jährigen Thomas Humphry Ward, kennen, der in Oxford unterrichtet. Die Hochzeit zeigt deutlich, in welch illustren Kreisen sich das Paar bewegt. Das Hochzeitsfoto schießt kein Geringerer als Lewis Caroll, der Vater von »Alice im Wunderland«, und die Trauung vollzieht der Dean von Westminster Abbey, Arthur Stanley, höchstpersönlich. Das junge Paar zieht in ein eigenes Haus, und Mary wird eine feste Größe im gesellschaftlichen Leben der Universitätsstadt. Drei Kinder werden in den nächsten Jahren geboren, von einer Mutter, die als die beste Krocketspielerin Oxfords gilt.

Trotz ihrer Aufgaben als Ehefrau und Mutter schreibt sie wieder. Früh am Morgen und spät nachts findet man sie in der Bücherei oder an ihrem Schreibtisch sitzend. Die Humphry Wards gelten als kirchenkritisch und halten auch gegenüber der Krone Distanz. Marys Schrift *Unbelief and Sin* wird aus dem Verkehr gezogen, nachdem sich die Kirche beschwert.

Das größte Interesse der jungen Frau gilt weiterhin der Mädchenerziehung. 1873 wird sie Vorsitzende des *Oxford's Lectures for Ladies Committee*. 1877 wird die *Association for the Education of Women* gegründet, deren Ziel die Errichtung eines Frauencolleges in Oxford ist. Mary arbeitet an vorderster Front mit: »My friends and I were all on fire for women's education, including women's medical education, and very emulous of Cambridge, where the movement was already far advanced.«[45] Im Oktober 1879 öffnen sich die Pforten von *Somerville Hall*, dem ersten Frauencollege in Oxford, dessen Namen Mary Humphry Ward nach der 1872 verstorbenen Astronomin Mary Somerville auswählt.

Bei ihrem Engagement für Mädchenbildung trifft Mary mit Millicent Fawcett, einer der führenden Figuren der Frauenstimmrechtsbewegung, zusammen. Doch obwohl die beiden sich gut verstehen, lehnt Mary die Frauenstimmrechtsbewegung rundweg ab. In ihren Augen gibt es wichtigere Aufgaben für Frauen als Politik. Sie will Frauen nicht aus der Öffentlichkeit verbannen, doch ihrer Ansicht nach gibt es für Frauen andere Einflussmöglichkeiten als das Wahlrecht. Frauen sollten sich aus der großen Politik heraushalten, sich stattdessen auf die Lokalpolitik konzentrieren. Hier vor Ort konnten Frauen ihrer Ansicht nach weitaus mehr bewirken als in Westminster. 1881 wird Thomas Humphry Ward Journalist der *Times*, die Familie übersiedelt nach London. Dessen ungeachtet reißen die Verbindungen nach Oxford nicht ab, allein schon deshalb, weil Mary als Prüferin für Spanisch an der Universität Oxford tätig ist. Sie ist damit der erste weibliche Prüfer für männliche Studenten an einer Eliteuniversität in Großbritannien überhaupt.

Hatten die Humphry Wards bereits in Oxford ein offenes Haus geführt, so ist dies in London nicht anders. Bekannte Gesichter der damaligen Zeit wie der Schriftsteller Henry James gehen hier ein und aus. 1884 erscheint Marys erster Roman *Miss Bretherton*, der

Millicent Fawcett

allerdings kein großer Erfolg wird. Doch sie lässt sich durch die eher schlechten Kritiken nicht entmutigen. Drei Jahre lang schreibt sie an ihrem nächsten Buch *Robert Elsmere*. Der Roman über einen jungen Kirchenmann und seine Glaubenszweifel erscheint in drei Bänden und wird einer der Bestseller des 19. Jahrhunderts. Allein im ersten Jahr werden in Großbritannien mehrere hunderttausend Stück verkauft, in den USA gehen mehr als eine halbe Million Exemplare über den Ladentisch.

Damit startet Mary eine äußerst erfolgreiche und auch finanziell höchst einträgliche Karriere. Ihre Romane, die mit schöner Regelmäßigkeit erscheinen, ermöglichen der Familie ein luxuriöses Leben, und ihr Einkommen übersteigt das ihres Mannes um ein Vielfaches. Sie wird zur Ernährerin der Familie und eine der bekanntesten Engländerinnen ihrer Zeit.

Damit wird sie für die Gegner des Frauenstimmrechts interessant. Als die Frauenstimmrechtsbewegung gegen Ende des Jahrhunderts zunimmt, mobilisieren auch die Gegner neue Kräfte. Und das beste Argument gegen das Frauenstimmrecht, sozusagen der Joker im

Spiel, erscheint den Gegnern, die sich vorwiegend aus Männern zusammensetzen, eine Berühmtheit wie Mary Humphry Ward, die sich gegen das Stimmrecht ausspricht. Mary lässt sich davon überzeugen, ihre bis dato nur im privaten Kreise geäußerte Ablehnung öffentlich zu machen.

Unmittelbar vor der Einreichung einer erneuten *Privat Member Bill* im Unterhaus durch William Woodall 1889 veröffentlicht sie im *Nineteenth Century* einen Aufruf gegen das Frauenstimmrecht, der von 104 zum Teil sehr prominenten Frauen unterzeichnet wird. Darunter befindet sich auch Beatrice Webb, die ihre Unterschrift später jedoch öffentlich bedauert. Damit positioniert sich Mary offen als Gegnerin der Frauenstimmrechtsbewegung und nimmt ihren Platz in der Historie als die erbittertste Kämpferin gegen ihre eigenen Geschlechtsgenossinnen ein.

Die Reaktionen auf den Aufruf sind gewaltig. Viele Frauen sind empört. Lydia Becker erklärt, dass ihr in all den Jahren, die sie bereits für das Frauenwahlrecht eintritt, niemals eine derartige Attacke von Frauen begegnet sei. Die nächste Ausgabe des *Nineteenth Century* veröffentlicht eine Unterschriftenliste von 1200 Frauen, die sich für das Frauenwahlrecht aussprechen. Kurioserweise leben die größte Gegnerin und die größte Kämpferin des Frauenstimmrechts in jener Zeit in unmittelbarer Nachbarschaft in London. Doch Mary Humphry Ward und Emmeline Pankhurst trennen nicht Mauern, sondern Welten, die auch durch räumliche Nähe nicht zu überwinden sind.

Dabei haben sie durchaus auch gemeinsame Anliegen. Eines der wichtigsten Projekte Mary Humphry Wards ist die Erziehung und Ausbildung der Unterschichten. Das, was im East End von London geschieht, empört sie so sehr, dass sie ein Zentrum gründet, in dem junge Männer billig Kost und Logis nehmen und sich durch Abendkurse fortbilden können. Sie gründet eine Schule für geistig behinderte Kinder, die von der lokalen Schulbehörde offiziell anerkannt wird. 1906 gibt es bereits 20 solcher Schulen in London. Zudem initiiert sie ein Berufsförderungsprogramm, das den Kindern den Einstieg in den Beruf erleichtern soll. Auf ihre Initiative geht auch die

Gründung von Jugendzentren zurück, die Jugendlichen aus den Slums Möglichkeiten zur Freizeitgestaltung aufzeigen und sie auf diese Weise von Alkohol und Kriminalität fernhalten sollen.

Neben all ihrem sozialen Engagement bleibt ihr aber auch noch genug Zeit, um als Rednerin gegen die Frauenstimmrechtsbewegung zu agitieren. Dass es dabei zu erbitterten Auseinandersetzungen mit den Frauenstimmrechtlerinnen kommt, ist kaum verwunderlich. An der Universität Cambridge wird die Kämpferin für Frauenbildung von wütenden Studentinnen ausgebuht. Ihre Versammlungen werden gestürmt, ihre Reden durch Zwischenrufe und Pfeifkonzerte unterbrochen.

Mit den Jahren wird nicht nur die Frauenstimmrechtsbewegung stärker, sondern auch deren Rückhalt innerhalb der Bevölkerung. Viele, die einst auf Seiten Mary Humphry Wards standen, wechseln die Fronten. Selbst ihre eigenen Schwestern sprechen sich für das Frauenstimmrecht aus. Doch Mary ist viel zu sehr von sich und der Richtigkeit ihrer Ansichten überzeugt, als dass man sie zum Umdenken hätte bewegen können. Hat sie sich einmal einer Sache verschrieben, dann bleibt sie dabei, bis zum bitteren Ende. 1907 verfasst sie einen Leserbrief an die *Times*, in dem sie heftig gegen das Frauenstimmrecht wütet. Sie wird Präsidentin der neugegründeten *Women's National Anti-Suffrage League*, die zeigen soll, dass die »Antis« nicht nur aus Männern bestehen. Zugleich wird sie Herausgeberin der *Anti-Suffrage-Review*, dem Organ der Gegner. Zwei ihrer Romane, *The Testing of Diana Mallory* (1908) und *Delia Blanchflower* (1915), kritisieren explizit die Frauenstimmrechtskampagne.

Doch je länger die Auseinandersetzungen dauern, umso mehr verliert Mary Humphry Ward an Einfluss und an gutem Ruf. Die Zeitungen machen sich über sie lustig. Es erscheinen unschöne Karikaturen über jene Frau, die an der Seite von ein paar ewig Gestrigen das Rad der Zeit zurückdrehen will.

Wie sehr man über Mary spottet, zeigt nicht zuletzt der Schriftstellers H.G. Wells, der in einer autobiographischen Schrift eine Szene schildert, wonach er mit Elisabeth von Arnim im Juli 1908 auf dem von Mary Humphry Ward verfassten Manifest der *Women's National Anti-Suffrage League* aus Protest einen Liebesakt vollzieht.

Mary schadet nicht nur ihrem Ruf als Frau, sie schadet auch ihrem Ruf als Schriftstellerin. Virginia Woolf schreibt irgendwann entnervt, dass man allein vom Lesen ihrer Texte schon die Grippe bekommen würde. 1909 zeigen die Suffragetten in einer Ausstellung zum Stimmrecht in Kensington in London eine Kokosnuss mit Marys Gesicht. Aus der geachteten und bewunderten Mary Humphry Ward wird eine tragische Figur.

Mit Ausbruch des Ersten Weltkriegs finden sich Emmeline Pankhurst und Mary Humphry Ward zum ersten und einzigen Mal auf derselben Seite wieder. Beide unterstützen vorbehaltlos mit pathetischen Reden und Veröffentlichungen die britische Kriegspolitik. Mary Humphry Ward setzt sich auf Wunsch des Kriegsministeriums für das Eingreifen der USA in den Krieg ein. Sie verfasst zahlreiche Propagandaschriften und besucht zu diesem Zweck gar die Front, wo sie begeistert Zeugin vom Einsatz der britischen Soldaten wird, die dort vor ihren Augen den »Heldentod« für England sterben.

In jene Zeit fällt der finanzielle Niedergang der Familie, ausgelöst durch die Spielsucht ihres Sohnes Arnold, konservativer Abgeordneter, der die Anti-Stimmrechts-Philosophie seiner Mutter im Unterhaus politisch vertreten hatte. Die Familie übernimmt seine Schulden, verliert deshalb aber später Haus und Hof.

Mit Ende des Ersten Weltkrieges schweigen zwar die Waffen zwischen den Ländern, aber nicht zwischen Stimmrechtsbefürwortern und Stimmrechtsgegnern. Obwohl Mary Humphry Ward während des Krieges klargeworden ist, dass sie den Krieg gegen die Frauenstimmrechtlerinnen wahrscheinlich verlieren wird, will sie sich nicht ohne ein letztes Aufbäumen geschlagen geben. Im Januar 1918 erscheint eine Abordnung der Gegner mit Mary an der Spitze im Oberhaus und versucht noch einmal das Ruder herumzureißen. Doch es ist zu spät. Sie muss erkennen, dass sie verloren hat.

Am 26. März 1920 stirbt Mary Humphry Ward. Sogar das Königshaus übersendet ein Beileidsschreiben für die Frau, die in der

Predigt noch einmal als eine der bedeutendsten Engländerinnen aller Zeiten geehrt wird. Eine Einschätzung, der längst nicht alle beipflichten. Angesichts der Tatsache, dass Mary Humphry Ward heute nahezu vergessen ist, neigt man eher dazu, sich dem Urteil Virginia Woolfs anzuschließen, die nach der Beerdigung in ihr Tagebuch schreibt: »Poor Mrs Humphry Ward, it seems she was merely a woman of straw after all – shovelled into the grave and already forgotten.«[46]

»Noch schlimmer, als wenn über einen gesprochen wird, ist, wenn nicht über einen gesprochen wird.«
(Oscar Wilde)

V. »Taten, nicht Worte«
Von Suffragisten und Suffragetten

Am Beginn der organisierten Frauenstimmrechtsbewegung steht ein sich immer stärker wandelndes Großbritannien, das sukzessive auch Frauen in den Wandel mit einschließt. Erinnern wir uns: Zu Beginn der Wahlrechtsreform 1832 gab es keine höheren Mädchenschulen, Frauen hatten keinen Zugang zur Universität, konnten weder Krankenschwestern noch Ärztinnen werden. Verheiratete Frauen hatten weder Verfügungsgewalt über ihr Eigentum noch über ihren Verdienst noch über ihre Kinder. Es war Frauen nicht möglich, in der Öffentlichkeit aufzutreten, geschweige denn ein öffentliches Amt zu bekleiden. Anfang des 20. Jahrhunderts hat sich daran einiges geändert. Nahezu jede Stadt hat nun ihre eigene Mädchen-*High-School*. Frauen behaupten trotz aller Vorbehalte und Restriktionen ihren Platz an den Universitäten. Es gibt mehr als 400 niedergelassene Ärztinnen und 9000 ausgebildete Krankenschwestern im Land. Verheiratete Frauen haben Rechte über Einkommen und Vermögen erlangt, und auch ihre Rechte bezüglich der Kinder haben sich verbessert. Frauen bekleiden, zumindest auf lokaler Ebene, öffentliche Ämter. Es gibt Frauenorganisationen und Frauengewerkschaften. In allen Bereichen des öffentlichen Lebens stößt man auf engagierte Frauen. Am Ende des 19. Jahrhunderts, das so verbissen an der Idee von der Frau als Hüterin des Hauses festgehalten hat, sind Frauen aus der Öffentlichkeit nicht mehr wegzudenken.

Mit dieser Entwicklung einher geht ein neues politisches Selbstbewusstsein der Frauen, die sich nun landesweit zusammenschließen, um ihre Forderungen voranzutreiben. In Anlehnung an die beiden großen politischen Bewegungen des 19. Jahrhunderts, Chartisten-Bewegung und *Anti-Corn-Law-League*, haben sie erkannt, dass die Organisierung ihres Anliegens seine Durchsetzung stärken würde. Die organisierte Frauenstimmrechtsbewegung entwickelt sich in jenen Jahren in erstaunlichem Maße, und bis zum Beginn des Ersten Weltkriegs gibt es in Großbritannien rund 56 verschiedene Gruppen, in denen mehr als 300 000 Frauen organisiert sind.

Als Startschuss für die nationale organisierte Frauenstimmrechtsbewegung gilt die Gründung der *National Society for Women's Suffrage* durch Lydia Becker im Jahre 1868. Wie bereits geschildert, zeigen sich vom Beginn der organisierten Frauenbewegung an Differenzen zwischen den einzelnen Gruppen, die immer wieder zu Abspaltungen und Neugründungen führen, so dass die Frauenstimmrechtsbewegung gegen Ende des Jahrhunderts in zahlreiche Einzelorganisationen zerfallen ist.

Die National Union of Women's Suffrage Societies [NUWSS]

Gegen Ende des 19. Jahrhunderts versucht man, die zersplitterte Bewegung neu zu organisieren. 1897 wird eine der bedeutendsten Frauenstimmrechtsorganisationen ins Leben gerufen, der es gelingt, die untereinander zerstrittenen Gruppen zusammenzufassen: die *National Union of Women's Suffrage Societies* [NUWSS]. Siebzehn Frauenstimmrechtsverbände vereinigen sich unter ihrem Dach. Ihre Mitglieder werden in Abgrenzung zu den militanten Suffragetten als Suffragisten bezeichnet. Langjährige Präsidentin der Organisation ist Millicent Fawcett, Witwe des blinden Parlamentsabgeordneten Henry Fawcett und Schwester von Elizabeth Garrett, der Vorkämpferin des Frauenmedizinstudiums.

Millicent Fawcett ist der Überzeugung, dass zwischen Männern und Frauen nicht automatisch ein Interessenkonflikt bestehen muss, sondern beide Seiten durch das Frauenwahlrecht und die soziale und rechtliche Gleichstellung der Frau gewinnen können. Sie kämpft nicht allein für das Wahlrecht, sondern unterstützt Josephine Butler in ihrem Kampf gegen den Mädchenhandel in England, oder auch die Gewerkschafterin Clementina Black (1854–1922), Vorsitzende des *Women's Industrial Council*, die sich für die soziale Absicherung von Arbeiterinnen, Arbeiterrechte und Mindestlöhne einsetzt und ihrerseits Mitglied sowohl der *Fabian Society* als auch der NUWSS ist. Millicent Fawcetts politische Überzeugung, dass die NUWSS sich nicht allein mit dem Frauenstimmrecht beschäftigen, sondern sich generell für soziale Reformen einsetzen muss, prägt den Verband.

Die Vereinigung der einzelnen Verbände in der NUWSS wird durch die neue einheitliche Linie der Frauenstimmrechtsverbände möglich, das Wahlrecht auch auf verheiratete Frauen auszudehnen. Aufgabe der NUWSS ist es zum einen, als Bindeglied zwischen den lokalen Vereinen zu fungieren, zum anderen, die Mittlerrolle zwischen den einzelnen Vereinen und denjenigen Parlamentsabgeordneten, die das Frauenstimmrecht unterstützen, zu übernehmen. Neu daran ist, dass es keine zentrale politische Richtlinie gibt, sondern die einzelnen Gruppen eigenständige Politik betreiben. Durch die föderale Struktur sollen Streitigkeiten vermieden werden, die den Verband erneut aufreiben und die Macht der Frauenstimmrechtsbewegung schwächen würden. Diesem unübersehbaren Vorteil steht jedoch ein ebenfalls nicht von der Hand zu weisender Nachteil gegenüber: Die NUWSS ist aufgrund ihrer dezentralen Struktur kaum in der Lage, eine durchsetzungskräftige, machtvolle Organisation zu bilden. Sie hat weder Vollmacht über die einzelnen Gruppen noch die Möglichkeit, durch ein unabhängiges Zentralkomitee den Kampf selbst voranzutreiben.

Die Sozialstruktur ihrer Mitglieder ist, vor allem am Anfang, relativ homogen. Die meisten Mitglieder der NUWSS haben nicht nur denselben sozialen Background, sondern fühlen sich auch ähnlichen Idealen verpflichtet. Viele sind miteinander verwandt oder verkehren in denselben Freundeskreisen. Die Frauen sind Teil gemeinsamer Diskussionszirkel, in denen sie sich austauschen und gemeinsam neue Denkweisen und Argumente finden können. Viele haben einen religiösen, wenn auch nonkonformistischen Hintergrund. So stammen circa 20 Prozent der NUWSS-Mitglieder aus Quäkerfamilien und setzen sich im Sinne ihrer humanen Erziehung für verschiedenste Sozialreformen wie Gesundheitsreformen oder die Reformierung der Mädchenbildung ein. Diese erste Phase der Bewegung zeichnet sich durch eine große Einigkeit der Frauen aus, die einen gemeinsamen Traum teilen. Da sie nahezu ausschließlich der Mittelschicht entstammen, sind soziale und politische Spannungen nicht zu erwarten.

Doch obwohl die NUWSS auch heute noch als Organisation der Mittelklassefrauen gilt, darf nicht übersehen werden, dass es vor allem im industriereichen Norden auch Organisationen der Arbeiterinnen gibt, die sich unter das Dach der NUWSS begeben. Neuere Forschungsarbeiten zeigen, dass in diesen Gegenden die Zusammensetzung der NUWSS wesentlich differenzierter ist. Hier ist man im Zuge der Basisarbeit bemüht, auch Arbeiterinnen für das Frauenstimmrecht zu begeistern. Organisationen wie die *North of England Society for Women's Suffrage* werben gezielt Arbeiterinnen an, um die Frauenstimmrechtsbewegung zu verbreitern. Im März 1901 übergibt die Nordgruppe der NUWSS dem Unterhaus eine von den Arbeiterinnen der Lancashire Textilfabriken unterzeichnete Petition. Mehr als 29 000 Frauen fordern darin ihre Gleichstellung in Politik, Fabrik und Haus.

Das verstärkte Engagement von Arbeiterinnen vergrößert zwar den Einflussbereich der NUWSS, führt aber auch zu Auseinandersetzungen zwischen den traditionellen Frauenstimmrechtlerinnen der NUWSS und den Arbeiterinnen aus den nördlichen Regionen. Dies zeigt sich unter anderem bei der Frage nach dem Wahlrecht. Die NUWSS setzt sich für ein Wahlrecht ein, das den gleichen Bedingungen unterliegen soll wie das Wahlrecht der Männer. Doch dies ist nicht im Sinne der Arbeiterinnen, die von einer derartigen Regelung kaum profitieren würden, und führt zu heftigen Diskussionen. 1903 gründet Eva Gore Booth (1870–1928), Schwester von Lady Constance Markievicz, der ersten Frau, die einen Platz im Unterhaus erlangen wird, mit ihrer Lebensgefährtin Esther Roper (1868–1948) das *Lancashire and Cheshire Women's Textile Workers*

Representation Committee [LCWT], das sich ausschließlich um die Belange der Arbeiterinnen kümmert und eng mit verschiedenen Frauengewerkschaften zusammenarbeitet. Auch wenn sich das LCWT später von der NUWSS trennt, bleiben beide Gruppierungen eng verbunden, was sich nicht zuletzt darin manifestiert, dass die NUWSS dem LCWT großzügige finanzielle Unterstützung gewährt. Ursächlich dafür ist sicherlich die Tatsache, dass sich das LCWT neben anderen Themen in den Städten Nordenglands weiterhin verstärkt dem Frauenwahlrecht widmet. Durch Frauen wie die Präsidentin des *Women's Industrial Council*, Clementina Black, sind Frauengewerkschaften und NUWSS auch personell eng verbunden.

Politisch gibt sich die NUWSS unabhängig, doch ihre Hinwendung zu den Liberalen ist offensichtlich. Nur einige wenige NUWSS-Mitglieder wie Emily Davies oder Frances Power Cobbe sind Anhänger der Konservativen. Die meisten stehen in engem Kontakt mit einzelnen Mitgliedern der Liberalen Partei, und viele Suffragisten sind weibliche Verwandte liberaler Parlamentsabgeordneter: Helen Taylor ist die Stieftochter von John Stuart Mill, Millicent Fawcett die Witwe von Henry Fawcett und Priscilla Bright die Schwester von Jacob Bright. Als die Wahlen 1905 die Liberalen an die Regierung bringen, glauben die Suffragisten, aufgrund ihrer guten Zusammenarbeit mit der Partei dem Frauenstimmrecht einen entscheidenden Schritt nähergekommen zu sein. Umso größer ist die Enttäuschung, als klar wird, dass die Liberalen nicht im Traum daran denken, sich für die jahrelange Unterstützung ihrer Politik zu revanchieren und die Forderungen der Frauen zu erfüllen. Manch liberaler Politiker, der einst auf Seiten der Frauen gestanden hatte, hat seine Meinung gar gänzlich geändert, wie zum Beispiel Henry Labouchere (1831–1912), der 1867 für das *Amendment* von John Stuart Mill gestimmt hatte und jetzt sämtliche Wahlrechtsinitiativen dadurch blockiert, dass er zu allen möglichen und unmöglichen Tagesordnungspunkten ellenlange Reden hält, so dass keine Zeit mehr bleibt, die Anträge zum Frauenstimmrecht auch nur vorzutragen. Als Herbert Henry Asquith 1908 das Amt des Premierministers übernimmt, verschärft sich der Ton zwischen der NUWSS und den Liberalen weiter.

Asquith ist, wie bereits geschildert, ein erbitterter Gegner des Frauenstimmrechts und zieht sich mit seinen politischen Kommentaren zu diesem Thema mehr als einmal den Zorn der Frauen zu. 1912 beschließt die NUWSS deshalb, nach jahrzehntelanger Anhängerschaft der Liberalen bei den nächsten Wahlen die *Labour Party* zu unterstützen.

Die NUWSS ist in erster Linie eine Frauenstimmrechtsorganisation, setzt sich jedoch auch für soziale Reformen in den verschiedensten Bereichen ein. Das Wahlrecht erscheint den Frauen zwar als das essenzielle Recht, um das es zu kämpfen gilt, aber nicht als das einzige Recht, um das gestritten werden muss. Die Suffragisten treten nicht allein für das Frauenwahlrecht ein, sondern engagieren sich in allen gesellschaftlichen Bereichen frauenpolitisch. Sie verknüpfen Privates und Politisches miteinander und zeigen, dass das Private längst politisch ist. Die meisten haben jahrelange Auseinandersetzungen hinter sich, bevor sie zur NUWSS gestoßen sind, und bringen eine Menge Erfahrung in die neue Organisation mit ein. Zu den bekanntesten Mitgliedern der NUWSS gehören Anne Knight, Lydia Becker, Barbara Bodichon und Emmeline Wolstenholm.

Die Methoden, mit denen die Suffragisten das Frauenwahlrecht erringen wollen, sind aufwendig, aber in jedem Fall legal und gewaltfrei. Die NUWSS setzt vor allem auf parlamentarische Lobbyarbeit. Ihre Mitglieder halten öffentliche Versammlungen ab, reichen Petitionen ein, schreiben Briefe an Abgeordnete, veröffentlichen Artikel und geben eigene Zeitschriften heraus. Alles frei nach dem Motto: Steter Tropfen höhlt den Stein. Tatsächlich aber kann die Lobbyarbeit der NUWSS in einem Land mit einem Regierungssystem, wie es in Großbritannien vorherrscht, nur sehr schwer zum gewünschten Erfolg führen. Einzig eine Gesetzesvorlage, hinter der das Kabinett steht, hat aufgrund der Dominanz des Kabinetts über das Unterhaus Aussicht auf Erfolg. Mit der Entstehung des Westminster Modells in den 80er Jahren des 19. Jahrhunderts ist ein Machttransfer vom Unterhaus ans Kabinett erfolgt, der zu Lasten der einfachen Abgeordneten ohne Regierungsamt gegangen ist: »Am Beginn des Jahrhunderts war das Unterhaus noch das große

Rügegericht der Nation; das Beschwerderecht (grievances before supply) sowie das Präsentationsrecht von Petitionen waren bestimmend für den Geschäftsgang. Aber um 1900 war das Unterhaus ein von der Regierung kontrolliertes Werkzeug der Gesetzgebung geworden, bei dem die Initiativrechte der ›Private Members‹ zur Bedeutungslosigkeit reduziert waren.«[47] Der Handlungsspielraum und die Einflussmöglichkeit des einzelnen Parlamentsabgeordneten sind viel zu gering, als dass dies von entscheidender Bedeutung wäre. Ist das Kabinett an einer Gesetzesänderung nicht interessiert, haben einzelne, wohlgesonnene Abgeordnete keine Chance. Dies zeigt sich beim Kampf ums Frauenstimmrecht überdeutlich. In den USA, wo der einzelne Kongressabgeordnete ungleich mehr Handlungsfreiheit besitzt, wäre diese Strategie wohl eher von Erfolg gekrönt gewesen. Dennoch hielt die NUWSS an friedlichen und legalen Mitteln fest. Illegalität und Gewaltanwendung, auch nur in begrenztem Maße, lehnen die Frauen ab – teils aus rationalen Überlegungen, teils aus moralischen Bedenken und vielleicht auch aus Furcht vor dem, was das in letzter Konsequenz bedeutet: Gefängnis! Auch auf dem Höhepunkt der Auseinandersetzungen ums Frauenstimmrecht sind nur wenige bereit, diesen Weg zu gehen – ihr Leben für das Wahlrecht aufs Spiel zu setzen.

1907 verabschiedet die NUWSS eine neue Satzung, die der Führung mehr Macht zugesteht. Die Führungsriege kann von jetzt an bezahlte Mitarbeiter beschäftigen und bekommt die Hoheit über die Finanzen der Organisation zugesprochen. Millicent Fawcett bleibt an der Spitze. 1909 sind 207 lokale Gruppen bei der NUWSS, die über zehn Festangestellte verfügt und mit *The Common Cause* auch eine eigene Zeitung herausgibt. Ab 1912 steht diese unter der Federführung von Clementina Black.

Der rasante Anstieg der Mitglieder im Zuge der Ausweitung der Bewegung führt zu einer weiteren Strukturreform, bei der die Regionalgruppen in unabhängige Vereinigungen mit eigenen Exekutivkomitees umgewandelt werden. Obwohl die NUWSS aufgrund ihrer dezentralen Struktur organisatorisch nie die mächtigste Frauenvereinigung ist, steigt sie zur mitgliederstärksten auf. Zu Beginn des Ersten Weltkrieges gehören ihr mehr als 600 lokale Gruppierungen mit etwa 100000 Mitgliedern an. Nach Kriegsende findet an der Spitze der NUWSS ein personeller Wechsel statt, bei dem Millicent Fawcett den Vorsitz an Eleanor Rathbone (1872–1946) übergibt. Noch im selben Jahr verabschiedet die Organisation ein von Rathbone maßgeblich mitausgearbeitetes Sechs-Punkte-Programm, das die wesentlichen Forderungen enthält, mit welchen die NUWSS in die Nachkriegsära eintritt: gleicher Lohn für gleiche Arbeit, freie Berufswahl für Frauen, gleiche Sexualmoral für beide Geschlechter, ein neues Scheidungsrecht sowie einen neuen Umgang mit der Prostitution, Witwenrente für Mütter mit kleinen Kindern, allgemeines aktives und passives Wahlrecht, ein den Vätern gleichgestelltes Bestimmungsrecht von Müttern über Kinder sowie die Öffnung von Rechts- und Verwaltungsberufen für Frauen.

Die Women's Social and Political Union [WSPU]

Die zweite bedeutende Frauenstimmrechtsorganisation und Heimat der Suffragetten entsteht 1903 und ist eng verbunden mit der zunehmenden Unzufriedenheit einiger Frauenstimmrechtlerinnen mit den Methoden der NUWSS. Die relative Erfolglosigkeit der Strategie der Suffragisten führt zur Gründung einer radikalen Frauenstimmrechtsgruppe, deren Mitglieder sich bei ihrem Protest nicht länger innerhalb der engen Grenzen des Gesetzes bewegen wollen. Sie beginnen, eine neue Strategie der bewussten Regelüberschreitung zu entwickeln. Im Gegensatz zu den Suffragisten schrecken die Suffragetten dabei auch vor Gewalt nicht zurück. Nach jahrelanger Lobbyarbeit, die sie ihrem Ziel keinen Schritt weiter gebracht hat, wollen sie das Ziel nun auf anderem Wege erreichen. »Taten, nicht Worte«, lautet das Credo der neuen Organisation, bei deren Gründung noch niemand ahnt, was dies alles beinhalten wird. Ihre Entstehung ist jedoch nicht nur die Konsequenz aus dem angeblichen Versagen der NUWSS, sondern auch eng verbunden mit der Frustration gegenüber der *International Labour Party* [ILP], der Vorläuferin der *Labour Party*. Obwohl *Labour* mit dem allgemeinen Wahlrecht auch das Wahlrecht für Frauen fordert, gibt es keine Anzeichen dafür, dass man mit ihrer Hilfe schneller ans Wahlrecht gelangen wird. Dass Sozialisten in ihren Ansichten so konservativ sein können wie ihre politischen Gegner, muss Hannah Mitchell (1871–1956), WSPU-Führungsmitglied der ersten Stunde, bitter erkennen: »Sogar die Sozialisten setzen selten ihren Glauben in Worte um, da sie dem Gefühl nach immer noch Konservative sind, besonders was die Frauen angeht. Viele von uns, die verheiratet sind, mussten erfahren, dass das Frauenwahlrecht für unsere Männer von geringerem Interesse als ihr Abendessen war, sie konnten einfach nicht verstehen, warum wir darum so ein Theater machten.«[48]

Die Frauen kommen aufgrund ihrer Erfahrungen mit der männerdominierten Partei zu der Ansicht, dass es ohne eine neue schlagkräftige militante Gruppe, welche die ILP dazu zwingen wird, das Frauenwahlrecht mit der gleichen Vehemenz zu fordern wie das Wahlrecht für Männer, niemals zum Frauenwahlrecht kommen werde. Noch allerdings versteht sich die Gruppe als Teil von *Labour*, was nach Emmeline Pankhursts Willen auch der Name der neuen Gruppierung *The Women's Labour Representation Committee* symbolisieren sollte. Ihre Tochter Christabel, zu jener Zeit aktiv in der Gewerkschaftsbewegung tätig, besteht jedoch darauf, den Namen zu ändern, weil er dem der Organisation ihrer Freundinnen Eva Gore-Booth und Esther Roper zu ähnlich ist. Sie schlägt stattdessen vor, die neue Gruppe *Women's Social and Political Union*, kurz WSPU, zu nennen.

Am 10. Oktober 1903 gründet Emmeline Pankhurst in ihrem Haus in der Nelson Street 62 in Manchester mit einigen Frauen aus ILP-Kreisen die WSPU, die, obwohl an *Labour* orientiert, politisch unabhängig bleiben will. Zu jener Zeit sind die Pankhursts allesamt stramme Sozialisten.

Unter der Federführung von Emmeline Pankhurst entwickelt die WSPU eine neue Taktik. Sie sieht davon ab, einzelne Politiker für ihr Vorhaben zu gewinnen, sondern setzt darauf, die Massen zu gewinnen. Auffallen um jeden Preis lautet die Parole. Und dabei ist es egal, ob durch die Aktionen mehr Feinde als Freunde gewonnen werden. Von Bedeutung allein ist es, die geballte Aufmerksamkeit der Öffentlichkeit auf eine einzige Sache zu ziehen: auf das Frauenstimmrecht.

Bei ihren strategischen Überlegungen ziehen die Frauen historische Vorbilder heran. Zum einen zeigt ihnen der Blick auf die entscheidenden Wahlrechtsreformen des vergangenen Jahrhunderts, dass nur der Druck der Straße die Regierung wirklich zum Handeln bringen wird. Die Reform von 1884 hat zahlreichen Landarbeitern das Wahlrecht gebracht, und für Emmeline Pankhurst steht eindeutig fest, warum: »Tatsache ist, dass sie es bekommen hatten, weil sie Heuhaufen angesteckt, Krawalle gemacht und auch auf andere Weise ihre Stärke demonstriert hatten: der einzige Weg, den englische Politiker verstehen können.«[49] Auch die Abolistenbewegung in den USA, die bei ihren Aktionen vor Gewalt nicht zurückgeschreckt war, gilt Emmeline, deren Eltern in England der Anti-Sklaverei-Bewegung angehört hatten, als leuchtendes Vorbild.

Die wichtigsten Lehren jedoch zieht sie aus dem Kampf der irischen Nationalisten um das *Home Rule*-Gesetz. Charles Stewart Parnell und seine *Irish National Party* hatten mit Hilfe ihrer Obstruktionspolitik die Regierung Gladstone dazu gezwungen, das *Home Rule*-Gesetz zu unterstützen. Jahrelang hatten die irischen Autonomisten grundsätzlich im Unterhaus gegen die Regierung gestimmt und bei Wahlen jeden Kandidaten der Regierungspartei bekämpft. 1885 wurde ihr Mann Richard Pankhurst, der sich für die Liberalen um ein Unterhausmandat bemühte, Opfer von Parnells Politik. Alle Kandidaten der regierenden Partei wurden bekämpft, auch wenn sie sich wie Richard Pankhurst für die irische Sache einsetzten. Emmeline war damals empört über diese Politik gewesen, doch Richard hatte ihr erklärt, dass diese Strategie die einzig richtige sei, denn nur sie würde es Parnell ermöglichen, mit seiner kleinen Partei die Regierung zu Zugeständnissen zu zwingen. Nachdem die nächsten Wahlen den Liberalen nur eine knappe Mehrheit gebracht hatten, wurde die *Irish National Party* zum Zünglein an der Waage. Um seiner Politik die Mehrheit im Unterhaus zu sichern, sah sich Gladstone genötigt, eine Regierungsvorlage zur Autonomie Irlands einzubringen. Für Emmeline Pankhurst war dies, wie sie selbst sagt, »eine wertvolle politische Lektion, die ich später in die Praxis umsetzen sollte«.[50] Genauso wie einst Parnell will nun die WSPU jede Regierung bekämpfen, die das Frauenwahlrecht nicht auf die politische Tagesordnung setzt. Es kann keinerlei Zusammenarbeit mit einer solchen Regierung geben, auch dann nicht, wenn einzelne Abgeordnete dem Stimmrecht positiv gegenüberstehen. Im Unterschied zur NUWSS, die sehr wohl einzelne wohlgesonnene Abgeordnete unterstützt, setzt die WSPU auf Totalopposition. Parnell hatte mit seiner Obstruktionspolitik *Home Rule* zur Regierungspolitik gemacht, und Emmeline Pankhurst würde dasselbe mit dem Frauenstimmrecht schaffen. Statt Kooperation heißt es nun Konfrontation: »Wir erklärten, daß wir Krieg führen würden nicht nur gegen alle Feinde des Frauenstimmrechts, sondern auch gegen alle neutralen und nicht aktiven Kräfte. Jeder Mann mit Stimmrecht war in unseren Augen ein Gegner des Frauenwahlrechts, es sei denn, er war bereit, sich aktiv dafür einzusetzen.«[51]

Obwohl die WSPU in Manchester gegründet wird, wird London bald zum Hauptstützpunkt. Während die anderen Frauenstimmrechtsverbände landesweit agieren und überall im Land lokale Gruppen unterhalten, beschränken sich die Aktionen der WSPU größtenteils auf die britische Hauptstadt. Auf dem Höhepunkt der Bewegung 1913 sind von den 88 Vertretungen der WSPU allein 34 in London stationiert. Dies hängt nicht nur mit dem Umzug der Familie Pankhurst von Manchester nach London zusammen, sondern hat strategische Gründe. Nicht, dass die WSPU die Bedeutung der Provinz unterschätzt, ganz im Gegenteil. Doch während die NUWSS und andere Gruppen auf Lobbyarbeit vor Ort setzen, geht es der WSPU um möglichst viel Publicity, und die ist ihnen in London garantiert: Hier ist die gesamte Presse versammelt, hier kann man spektakuläre Aktionen gegen die Regierung durchführen und sich sicher sein, dass im ganzen Land darüber berichtet wird. Es ging nicht in erster Linie darum, die Hauptstadt zu erobern, sondern über die Aktionen im Zentrum das Hinterland zu mobilisieren und so eine landesweite Bewegung zu initiieren.

Darüber, wie viele Frauen der WSPU angehören, gibt es keine genauen Zahlen, da die WSPU im Gegensatz zur NUWSS keine Daten zur Mitgliederstärke herausgibt. Dies ist bei dieser Art von informeller Organisation, der man ohne große Förmlichkeit beitreten kann, indem man einen Schilling entrichtet und sich dazu verpflichtet, loyal zu sein, auch gar nicht möglich. Jede Frau, die mitarbeiten will, ist willkommen. Man schätzt, dass die WSPU zu ihren Spitzenzeiten etwa 2000 feste Mitglieder zählt, zu denen Tausende Sympathisantinnen kommen. Die sogenannten *At-Home*-Treffen in London werden zuletzt von über 1000 Frauen wöchentlich besucht. Doch obwohl ihre Anzahl kontinuierlich steigt, bleibt die NUWSS der WSPU an Mitgliederstärke stets haushoch überlegen.

Dagegen kann es die WSPU an finanzieller Stärke mit der NUWSS durchaus aufnehmen. Allein 1910 stehen ihr 33 027 Pfund zur Verfügung, während der Nationalverband der NUWSS sich mit 5 000 Pfund begnügen muss. Die WSPU hat in Spitzenzeiten 98 Frauen in London und 28 Frauen in der Provinz fest angestellt. Das erste Organ der Suffragetten *Votes for Women* (gegründet 1907) erreicht eine Auflage von nahezu 40 000 Stück pro Woche, während von *The Common Cause* nie mehr als 10 000 Stück wöchentlich verkauft werden.

Bezüglich der sozialen Struktur ihrer Mitglieder wird der WSPU von Seiten ihrer Kritiker gerne vorgeworfen, dass sie eine sehr elitäre Organisation gewesen sei, der ausschließlich Frauen der oberen Mittelschicht angehörten und in der die Anliegen von Arbeiterfrauen kaum berücksichtigt wurden. Betrachtet man die finanziellen Zuwendungen, welche die WSPU von ihren Mitgliedern erhält, spricht wohl einiges für diese These. In der WSPU dominiert wie in der gesamten Stimmrechtsbewegung die Mittel- und Oberschicht. Allerdings finden sich am Anfang in den Reihen der WSPU mehr Arbeiterinnen als in den Reihen der NUWSS. Dies hängt mit dem Ort ihrer Gründung zusammen: Manchester, eine Stadt mit einem sehr hohen Anteil an Fabrikarbeiterinnen. Die Verbindungen der WSPU mit der *Labour Party* tun zunächst ein Übriges, um Arbeiterinnen zu integrieren, und in den ersten Jahren leistet die WSPU verstärkt Propagandaarbeit in den Industriestädten des Nordens. Selbst als das Hauptquartier 1906 nach London verlegt wird, behält man das Interesse der Arbeiterinnen im Auge. Eine der wichtigsten Personen der WSPU ist die Arbeiterin Annie Kenny (1879–1953), die gemeinsam mit Sylvia Pankhurst die Zentrale in London aufbaut. Aufgewachsen in ärmlichsten Verhältnissen, ist sie vor allem Christabel, die als die Jeanne d'Arc der Bewegung gilt, treu ergeben. Sehr viel später, als sich ihre Wege längst getrennt haben, wird sie einmal über ihr Verhältnis zu Christabel schreiben: »Es gibt ein Band zwischen Christabel und mir, das nichts auflösen kann – das Band der Liebe. Wir haben den Kampf Seite an Seite begonnen und wir blieben zusammen bis zum Sieg.«[52] Annie Kenny ist ein Glücksfall für die WSPU. Sie ist radikal und furchtlos, und sie stammt im Gegensatz zu den meisten Suffragetten aus der Arbeiterklasse, wo die Bewegung nur mit Mühe Fuß fassen kann. Mit Annies Hilfe gelingt es, die Basis fürs Frauenstimmrecht zu verbreitern und Schichten mit einzubeziehen, die bisher unerreichbar waren. Annie wird zu einem Symbol dafür, dass die Frauenstimmrechtsbewegung nicht nur ein Zeitvertreib gelangweilter Upperclass-Frauen ist und an den wahren Nöten der Frau vorbeigeht. Das Image der Arbeiterin bleibt Annie Kenny lebenslang erhalten, und sie wird bei offiziellen Anlässen, als sie schon längst keine Textilarbeiterin ist, stets Hut und Mantel gegen das verschlissene Kopftuch und die Holzschuhe der einfachen Textilarbeiterin tauschen.

Die erste Gruppe der WSPU in London wird mit Annies Hilfe in Canning Town im East End von London gegründet, einem klassischen Arbeiterviertel. Erst mit der Ankunft von Christabel Pankhurst ändert sich die Hinwendung zu den Arbeiterinnen. Christabel lehnt eine derartige klassenübergreifende Zusammenarbeit ab. Sie ist überzeugt davon, dass die Forderung nach einem allgemeinen Stimmrecht weitaus geringere Chancen zur Durchsetzung hat als ein Stimmrecht, das nur Frauen mit Einkommen und Besitz begünstigt. Nichts werde die Konservativen Englands mehr schrecken als eine Arbeiterklasse mit Wahlrecht. Und auch einige Frauen der oberen Schichten, welche die WSPU großzügig finanziell unterstützen, fürchten ein Wahlrecht des Lumpenproletariats, das ihren Einfluss schmälern könnte. So verändert sich in London die Gewichtung, und es werden verstärkt Frauen aus der Mittel- und Oberschicht rekrutiert wie etwa Lady Constance Lytton. Frauen wie sie bleiben trotz ihres Engagements für das Frauenstimmrecht politisch konservativ und hatten zuvor wohl niemals Kontakt zur Arbeiterklasse. Doch selbst wenn in London nach einiger Zeit die Mittel- und Oberschicht dominiert, findet dennoch eine Ausweitung der sozialen Basis des Kampfes statt, der Frauen aus allen Schichten eint. So kommt es innerhalb der WSPU durchaus auch zur Aufweichung von Klassengegensätzen, was für die Frauen und ihren Einsatz von nicht unerheblicher Bedeutung ist. Die WSPU unterstützt stets auch die politischen Forderungen von Arbeiterinnen, und 1913 titelt das neue Organ der WSPU *The Suffragette* »Votes for Working Women!«. Nachdem die Arbeiterinnen von den gebildeteren Mittel- und Oberschichtfrauen aber sukzessive politisch in den Hintergrund gedrängt werden, gründet Sylvia Pankhurst innerhalb der WSPU die *East London Federation*, die sich vorwiegend für die Belange der Arbeiterinnen einsetzt und sich als Teil der Arbeiterbewegung versteht.

Im Führungsgremium dominieren sowohl bei der WSPU als auch bei der NUWSS Mittel- und Oberschicht-Frauen, die vor allem bei der NUWSS im Gegensatz zum vorherrschenden Klischee keine verbitterten alten Jungfern sind, sondern vielfach verheiratet und aus wohlhabenden Elternhäusern kommen. Nur Frauen mit einem gewissen finanziellen Background sind in der Lage, ihre Zeit für das Frauenstimmrecht zu opfern. Müssten sie für ihren Lebensunterhalt sorgen, bliebe ihnen kaum Zeit für die politische Arbeit. So aber nutzen sie diese Zeit, um die Emanzipation der Frau voranzutreiben. Die meisten Arbeiterinnen haben weder das Geld noch die Zeit, durchs Land zu reisen und zu agitieren. Dass sie innerhalb der WSPU keine Führungsrolle einnehmen können, liegt verstärkt in den sozialen Umständen begründet, unter denen sie leben. Frauen wie Lydia Becker, Barbara Bodichon oder Lady Constance Lytton verfügen über große Geldsummen, die es ihnen erlauben, sich ganz dem Kampf ums Frauenstimmrecht zu widmen. Doch während auch die meisten männlichen Politiker auf einen finanziell stabilen Hintergrund zurückgreifen können, der ihnen die politische Karriere erst möglich macht, gereicht dies den Frauen zum Vorwurf. Bei ihnen wird politisches Engagement mit Langeweile gleichgesetzt, nicht mit sozialer Verantwortung. Für die WSPU aber ist es von enormem Vorteil, dass viele ihrer Mitglieder über große Summen verfügen können. Die Kosten für Anwälte, Strafen, Ärzte etc. sind immens. Nur durch diese vermögenden Frauen ist es der WSPU möglich, sich bezahlte Agitatorinnen zu leisten, unter denen vereinzelt auch Arbeiterinnen wie Annie Kenny zu finden sind.

Die WSPU ist eine Vereinigung, die neben unendlicher Bewunderung und höchster Anerkennung bis heute auch heftige Kritik auslöst. Verbunden ist diese Kritik vor allem mit dem autoritären Führungsstil von Emmeline Pankhurst und ihrer Tochter Christabel, welche die Organisation einer Armee gleich führen. Seit 1906 werden alle Entscheidungen von einem Zentralkomitee getroffen, das nicht aus Wahlen hervorgeht, sondern durch einen willkürlichen Akt Emmeline Pankhursts eingesetzt wird. Als Schriftführerin fungiert Tochter Sylvia, Freundin Emmeline Pethick-Lawrence (1867–1954) ist als Schatzmeisterin und Annie Kenny als bezahlte Organisatorin von Veranstaltungen mit im Boot. Familiäre und freundschaftliche Beziehungen ziehen sich durch das gesamte Zentralkomitee, dem allein enge Vertraute Emmeline Pankhursts angehören. Eine Beobachtung, die sich auch für das Unterkomitee machen lässt, das dem Zentralkomitee als Hilfsorganisation zur Seite gestellt wird. Auch hier nur Freunde und Familie, wie Mary Clarke, die Schwester Emmelines.

Politische Entscheidungen werden nicht durch Diskussion und Mitgliederabstimmung getroffen, sondern von einem ausgewählten Kreis. Die Organisation, welche sich für die Demokratisierung der Gesellschaft durch das Frauenstimmrecht einsetzt, ist in sich durch und durch undemokratisch strukturiert. Mitspracherechte der Mitglieder sieht die Satzung nicht vor, Kritik schon gar nicht. Hinter vorgehaltener Hand heißt es, dass Emmeline Pankhurst zwar den Frauen das Wahlrecht geben will, aber keine eigene Meinung. Kritiker äußern berechtigte Zweifel daran, ob die WSPU Frauen zu mündigen Bürgerinnen machen kann, wenn die innerverbandliche Demokratie derart im Argen liegt. Kann eine autoritäre Organisation tatsächlich politische Freiheit bringen?

Die Mitglieder der WSPU werden regelmäßig vom Führungszirkel im Hauptquartier der Bewegung, dem Haus der Familie Pethick-Lawrence in London, über die neue Linie unterrichtet. Das Zentralkomitee und hier allen voran die Pankhursts kontrollieren alle Publikationen der WSPU, vertreten die Position der WSPU nach außen und überwachen die Finanzen der Organisation. David Mitchell, der Christabel Pankhurst in seiner Biographie regelrecht dämonisiert, geht so weit, die WSPU mit einer gutorganisierten Terrorgruppe zu vergleichen.

Dabei ist der auch von feministischen Historikerinnen kritisierte autoritäre Führungsstil nicht von Anfang an kennzeichnend für die WSPU. Bei ihrer Gründung hat kein Mitglied der Familie Pankhurst eine offizielle Funktion inne, allein aus dem Grund, damit die WSPU nicht als familieneigene Kampftruppe missverstanden werden kann. Mit der Zeit jedoch wird die WSPU zunehmend zentralistischer ausgerichtet. Je militanter die Aktionen werden, desto militärischer wird die Organisation. Dies gilt vor allem für die Gruppen in London, wo Christabel und Emmeline Pankhursts persönliche Anwesenheit die Gruppen in besonderem Maße prägt. Die Regionalgruppen sind, zumindest in sich, wesentlich demokratischer strukturiert, auch wenn sie niemals einen Widerspruch gegenüber London wagen würden. Allerdings muss man sich immer vor Augen halten, dass niemand gezwungen wird, in der WSPU zu bleiben. Wer nicht mehr will, kann gehen. Die Mitglieder sind keine willenlosen Sektenanhänger, sondern politische Aktivistinnen, die ihr Leben für eine Sache aufs Spiel setzen, an die sie mit jeder Faser ihres Herzens glauben. Emmeline und Christabel Pankhurst sind sich ihres autoritären Führungsstils zudem wohl bewusst. Sie sehen diese Art der Struktur als einzige Möglichkeit, eine machtvolle Organisation zu begründen. Demokratische Strukturen würden ihrer Ansicht nach die Durchsetzungsfähigkeit der WSPU mindern und zu unnötigen Dis-

kussionen führen, welche die Handlungsfähigkeit der Frauen einschränken würden: »Falls einmal Mitglieder das Vertrauen in unsere
Strategie verlieren und eine andere vorschlagen oder falls sie unser
eigentliches politisches Ziel dadurch gefährden, daß sie noch weitere
politische Themen aufs Programm setzen wollen, verlieren sie sofort ihre Mitgliedschaft. Autoritär? Sicherlich!«[53] schreibt Emmeline Pankhurst in ihrer Autobiographie. Und Christabel erklärt ihre
Sicht der Dinge ausführlich in *Votes for Women*: »If you have any
pettiness or personal ambition you must leave that behind before
you come to this movement. There must be no conspiracies, no dou-
ble dealing in our ranks. Everyone must fill her part. The founders
and leaders of the movement must lead, the non-commissioned of-
ficers must carry out their instructions, the rank and file must loy-
ally share the burdens of the fight. For there is no compulsion to
come into our ranks, but those who come must come as soldiers
ready to march onwards in battle array.«[54]

Je mehr die WSPU schließlich in die Illegalität gedrängt wird,
desto undemokratischer wird sie. Ein Phänomen, das sich bei vielen
Organisationen, die im Untergrund operieren, zeigt und das letztlich seinen politischen Ausdruck in Lenins Organisationsprinzip des
demokratischen Zentralismus findet. Illegale Operationen erfordern
eine andere Organisationsstruktur als legale. Die WSPU sieht sich
einer absolut feindseligen Gesellschaft gegenüber. Ihre Mitglieder
sind permanenter Verfolgung ausgesetzt, laufen ständig Gefahr,
verhaftet zu werden. Die Frauen befinden sich im Krieg mit der
Gesellschaft, und die WSPU ist eine militärische Truppe, mit Kom-
mandostrukturen und Befehlsempfängern: »Die W.S.P.U. ist ganz
einfach eine Armee, die sich im Kampf für das Wahlrecht befindet.
Alle Mitglieder sind Freiwillige, und niemand ist verpflichtet, bei ihr
zu bleiben. Denn wir wollen niemanden bei uns haben, der nicht
völlig von unserer Strategie überzeugt ist«,[55] so Emmeline Pankhurst. Nur eine streng lineare Führung ohne Fraktionen und Diskussionen sei in der Lage, eine Armee für das Frauenwahlrecht zu
bilden. Dieser Krieg sei nicht mit einem Kaffeekränzchen zu gewinnen, sondern nur mit einer schlagkräftigen Truppe, in der strenge

Regeln herrschen: »It was an unwritten rule that there must be no concerts, no theatres, no smoking; work, and sleep to prepare us for more work, was the unwritten order of the day. These rules were good, and the more I look back on those early days the more clearly I see the necessity for such discipline. The changed life into which most of us entered was a revolution in itself«, schreibt Annie Kenny in ihren Erinnerungen.[56]

Von unschätzbarem Vorteil für diese Organisationsform ist das übergroße Charisma, das sowohl Emmeline als auch Christabel Pankhurst besitzen. Die Frauen der WSPU hängen mit abgöttischer Hingabe an den Anführerinnen, die selbst ebenfalls jedes nur erdenkliche Risiko für die Sache in Kauf nehmen. Die Bewunderung und Verehrung, die den beiden entgegenschlägt, verhindert stets allzu heftige Kritik am Führungsstil in den eigenen Reihen. Die meisten Suffragetten stellen sich ohne jeden Vorbehalt auf die Seite der Pankhursts, die von ihren Anhängerinnen nichts verlangen, was sie nicht auch selbst bereit sind zu tun. Teresa Billington-Greig schildert Emmeline Pankhurst als »very wonderful [...], very beautiful, very gracious, very persuasive. To work alongside of her day by day was to run the risk of losing yourself. She was ruthless in using the followers she gathered around her as she was ruthless to herself. She took advantage of both their strengths and their weaknesses, laid on them the burden of unprepared action, refused to excuse weakness, boomed and boosted the novice into sham maturity, refused maturity a hearing, suffered with you and for you while she believed she was shaping you and used every device of suppression when the revolt against the shaping came. She was a most astute statesman, a skilled politician, a self-dedicated re-shaper of the world – and a dictator without mercy.«[57] Ihr Haus sei ein Haus gewesen, »which was inevitably to produce martyrs, missionaries, fanatics, politicians, publicists, saints and dictators«.[58] Dazu kommt, dass beide mit einem untrüglichen Gespür für Stimmungen ausgestattet sind und sehr genau auf die Zwischentöne innerhalb der WSPU einzugehen wissen. Beide sind Menschenfischer und das mit großem Erfolg. Ihre unumstrittene Führungsrolle basiert auf

Charme, Intelligenz und Charisma, nicht auf demokratischer Legitimation. Sie sind, solange der Kampf dauert, nicht nur politische Leitfiguren, sondern geliebte und bewunderte Vorbilder, die von ihren Anhängerinnen mit geradezu mystischer Überhöhung verehrt werden. In späteren Jahren berichten ehemalige Suffragetten, dass die Pankhursts und die WSPU eine gradezu magnetische Anziehungskraft ausgeübt und sie fast wie unter Hypnose ihren jeweiligen politischen Auftrag erfüllt hätten.

Doch die Begeisterung für die Sache und für die Pankhursts ist nicht immer in der Lage, die Differenzen innerhalb der WSPU zu kanalisieren. Gerade diejenigen Suffragetten, die eine leitende Funktion innerhalb der WSPU einnehmen, sind ebenfalls starke unabhängige Persönlichkeiten und bei aller Hingabe an die WSPU nicht immer gewillt, sich unterzuordnen. Sobald sie aber beginnen, eigene Vorschläge zu machen, kommt es zu Streit. Nicht selten endet dieser mit einer Trennung. Bis zum Ersten Weltkrieg gibt es insgesamt sieben Abspaltungen von der WSPU, die vor allem auf den autoritären Führungsstil der Pankhursts zurückzuführen sind. Die Tatsache, dass es jedes Jahr einmal zu einem Richtungsstreit und zum Verlust von wichtigen Mitstreitern kommt, schmälert die Erfolgsgeschichte der WSPU doch ein wenig.

1907, 1912 und 1914 finden die drei bedeutendsten Abtrennungen statt, die mit dem Weggang von wichtigen Mitarbeiterinnen einhergehen. 1907 kommt es zu einer scharfen Auseinandersetzung zwischen Teresa Billington-Greig, Charlotte Despard (1844–1939) und Emmeline Pankhurst. Teresa Billington-Greig (1877–1864) steht an der Seite Emmeline Pankhursts, seitdem sie sich geweigert hatte, als Lehrerin Religion zu unterrichten. Sie gilt als eines der bekanntesten Gesichter der WSPU. Billington-Greig und Despard kritisieren die verstärkte Abkehr der WSPU von den Arbeiterinnen und ihre Hinwendung zur Oberschicht. Des Weiteren fordern sie innerverbandliche Demokratisierung und eine größere Autonomie der lokalen Gruppen. Um dies voranzutreiben, macht Teresa Billington-Greig 1906 den Vorschlag, eine neue demokratische Satzung zu installieren, die es von den Mitgliedern gewählten Delegierten ermöglichen soll, auf einer jährlich stattfindenden Konferenz über Leitlinien und das weitere Vorgehen zu beraten. Dies würde eine Machtverschiebung hin von der Führung auf die lokalen Gruppen bedeuten, und wird von Emmeline und Christabel Pankhurst rundweg abgelehnt. Sie brandmarken die Initiatorinnen der neuen Satzung als Verräterinnen und werfen ihren ganzen Einfluss in die Waagschale, um diese abzuschmettern. Mit Erfolg. Nun ist die Spaltung nicht mehr aufzuhalten, das Tischtuch zwischen den ehemaligen Mitstreiterinnen ist zerschnitten. Diejenigen, die sich eine Demokratisierung der WSPU wünschen, folgen Billington-Greig und Despard. »I do not believe that a dictatorship can be right even if it is exercised by heroines, geniuses and benevolent reformers, not even a dictatorship of angels would win my approval… The movement was certainly damaged by the absurdity of women demanding the vote in the community while accepting the denial of them in their own fighting society« schreibt Teresa Billington-Greig später.[59] Vom gemeinsamen Kampf bleibt offene Feindschaft. Billington-Greig und Despard gründen zusammen mit rund einem Fünftel der WSPU-Mitglieder am 11. Oktober 1907 die *Women's Freedom League* [WFL]. Charlotte Despard wird die erste Präsidentin dieser neuen militanten Frauenstimmrechtsorganisation, die bei ihren Aktionen zwar auch das Gesetz überschreitet, in sich jedoch demokratisch organisiert ist. Sie streben eine Taktik an, die sich mit *constitutional militancy* beschreiben lässt. So nehmen sie eine führende Rolle in der *Tax-Resistance*-Bewegung ein, die Frauen auffordert, keine Steuern mehr zu entrichten, bis sie das Wahlrecht haben. Auch dies ist eine Methode mit langer Tradition innerhalb der Frauenstimmrechtsbewegung, denn der Zusammenhang zwischen Wahlrecht und Steuerpflicht, der entgegen der landläufigen Meinung nicht von Edmund Burke, sondern vom britischen Lord Chancellor Camden zum ersten Mal formuliert wurde, stellt sich auch den Frauen. Bereits 1870 hatten Anne und Mary Priestman, zwei Quäkerinnen, ihren Besitz verloren, weil sie sich geweigert hatten, Steuern zu bezahlen. Mehr als 35 Jahre später verbarrikadiert sich Dora Montefiore in *Hammersmith House*, um sich vor den Gerichtsdienern zu schützen, die ihren Besitz aufgrund ihrer Weigerung, Steuern zu bezahlen, beschlagnahmen wollen.

Einige Frauenstimmrechtlerinnen verlieren auf diese Weise ihr komplettes Vermögen. Charlotte Despard selbst geht mit gutem Beispiel voran, was die vielen gepfändeten Möbelstücke aus ihrem Besitz in den verschiedensten Auktionshäusern bezeugen. Glücklicherweise findet sich jedoch jedes Mal ein Gönner, der die Möbel aufkauft und sie wieder an ihren angestammten Platz zurückstellt. Die WFL erlangt weder die Bedeutung der WSPU noch der NUWSS. Ausgerechnet durch ihre demokratische Struktur wird sie geschwächt. Endlose Diskussionen lähmen ihre Einsatzfähigkeit. Wie die meisten Frauenstimmrechtsorganisationen bleibt auch sie offiziell parteipolitisch unabhängig, arbeitet aber schon aufgrund ihres Einsatzes für die Arbeiterinnen sehr eng mit *Labour* zusammen und unterstützt bei Wahlen offen deren Kandidaten.

Die zweite große Abspaltung vollzieht sich im Oktober 1912 und ist verbunden mit dem Ausschluss der engsten Freunde und Mitstreiter der Pankhursts, dem Ehepaar Emmeline und Frederick Pethick-Lawrence (1871–1961), den Herausgebern der *Votes for Women*, deren Londoner Haus nicht nur das Hauptquartier der WSPU ist, sondern auch einer der Orte, an dem sich freigelassene Suffragetten von den Strapazen des Gefängnisses erholen.

Zu diesem Ausschluss kommt es infolge der Diskussion um die Gewalteskalation, die das Ehepaar mehr und mehr in Frage stellt. Nach dem Generalangriff der Suffragetten 1912 werden Emmeline und Frederick verhaftet und zu neun Monaten Haft verurteilt. Als Mitglieder des Führungszirkels der WSPU werden sie zudem verurteilt, für den angerichteten Sachschaden aufzukommen. Während ihrer Haft treten beide in Hungerstreik und erleiden die Folter der Zwangsernährung. Nach ihrer Entlassung sprechen sie sich offen für eine Strategieänderung aus. Daraufhin werden sie von Christabel und Emmeline ohne Zögern aus der Organisation ausgeschlossen. Zu jener Zeit hat Christabel bereits begonnen, Männer grundsätzlich als Feinde zu betrachten und weigert sich, weiter mit ihnen zusammenzuarbeiten – auch mit Frederick Pethick-Lawrence, dem einzigen Mann, der jemals innerhalb einer Frauenstimmrechtsorganisation eine führende Rolle eingenommen hat. Obwohl er für die Sache der Frauen Gefängnis, Misshandlung, Hungerstreik und Zwangsernährung auf sich genommen hat, wird er plötzlich als Störfaktor innerhalb der WSPU wahrgenommen. Und auch Emmeline Pethick-Lawrence, die während des Kampfes insgesamt sechs Mal inhaftiert worden ist, muss gehen. Im Gegensatz zur ersten Abspaltung verläuft diese zweite friedlich, was vor allem dem Verhalten der Pethick-Lawrences zu verdanken ist, die kein böses Wort über die WSPU verlauten lassen. Sie engagieren sich auch künftig in der Frauenstimmrechtsbewegung und fungieren weiterhin als Herausgeber der *Votes for Women*. Die WSPU aber schafft sich ein neues Zentralorgan, *The Suffragettes*, herausgegeben von Christabel Pankhurst. In ihrer ersten Ausgabe am 18. Oktober 1912 erscheint zum Austritt der Pethick-Lawrences aus der WSPU folgende Verlautbarung:

»Wichtige Erklärung des Präsidiums.

Beim ersten Treffen des Präsidiums [...] legten Mrs. Pankhurst und Miss Christabel Pankhurst den Plan für eine neue Form des politischen Kampfes vor, die Mr. und Mrs. Pethick-Lawrence glaubten, nicht billigen zu können. Mrs. Pankhurst und Miss Christabel Pankhurst äußerten, sie seien nicht bereit, von ihren Zielen abzugehen, und empfahlen Mr. und Mrs. Pethick-Lawrence, die Herausgabe der Zeitschrift *Votes for Women* wieder zu übernehmen und die Soziale und Politische Frauenunion [WSPU] zu verlassen. Um keine Spaltung in den Reihen der Union zu verursachen, stimmten Mr. und Mrs. Pethick-Lawrence dieser Lösung zu.«[60]

Jahrelang hatten die Pethick-Lawrences den autoritären Führungsstil der Pankhursts verteidigt und unterstützt, nun hatte er sich gegen sie selbst gerichtet. Sie treten zunächst dem *Votes for Women Fellowship* bei und werden 1914 Gründungsmitglieder der *United Suffragists*, die sich bemüht, Kontakte zwischen der Frauenstimmrechtsbewegung und der radikalen Arbeiterbewegung herzustellen.

Waren bei der ersten Abspaltung enge Mitstreiter gegangen, sind bei der zweiten bereits engste persönliche Freundschaften betroffen.

Diese Entwicklung erfährt mit der dritten Abspaltung eine eindeutige Zuspitzung. Diesmal trennen sich die Wege der Familie Pankhurst. Im Januar 1914 kommt es zur Auseinandersetzung zwischen Emmeline und Christabel auf der einen Seite und Sylvia Pankhurst auf der anderen. Die Abspaltung von Sylvia und ihren Frauen aus dem Arbeiterviertel East End hängt eng mit der Wegentwicklung der WSPU-Führung von sozialistischem Gedankengut zusammen. Während Christabel und Emmeline immer konservativer werden, bleibt Sylvia Sozialistin – bis zum Ende ihres Lebens. Zur Auseinandersetzung kommt es aufgrund von Sylvias verstärktem Engagement im East End. Ihr Einsatz für die Belange der Arbeiterinnen und ihr klares Bekenntnis zum Sozialismus entfernt sie immer weiter von Christabels elitärerem Ansatz. Dazu kommt, dass Emmeline und Christabel die WSPU einzig und allein als Organisation zum Kampf um das Frauenstimmrecht begreifen und sie nicht mit anderen politischen Forderungen verquicken wollen. Die von Sylvia aufgestellten sozialen Forderungen sind nicht Teil des Kampfes der WSPU. Christabel stellt Sylvia vor die Wahl: entweder ins Glied zurückzukehren oder die WSPU zu verlassen. Die WSPU könne nur eine Linie verfolgen und nur einem Kommando unterstehen. Jede Suffragette, die eine unabhängige Linie verfolgen will, muss die WSPU verlassen. So hält man es seit Jahren. Ausnahmen hatte es nicht für engste Freunde gegeben und werde es auch nicht für ein Familienmitglied geben. Das Ergebnis des Konflikts ist die Trennung der *East London Federation* von der WSPU. Sylvia gründet daraufhin die *East London Federation of Suffragettes* [ELFS].

Männer als Unterstützer von NUWSS und WSPU

Die Frage, inwieweit Männer eine aktive Rolle im Kampf ums Frauenwahlrecht spielten, liegt bis heute weitgehend im Dunkeln. So wie Männer ihre Geschichte bis in die jüngste Vergangenheit als Geschichte von Männern schrieben und die Frauenstimmrechtsbewegung als Teil der politischen Liberalisierung des Landes betrachteten, ohne die entscheidende Rolle der Frauen herauszustellen, so haben Frauen seit einigen Jahren damit begonnen, ihre Geschichte aufzuschreiben, ohne dass Männern darin eine wichtige Rolle zufällt. Sicher war die Frauenstimmrechtsbewegung eine Frauenbewegung, und ihre Akteure waren in erster Linie Frauen. Männer spielen in diesen Jahren keine große Rolle, werden ins zweite Glied verdrängt, jetzt, da Frauen zu politisch Handelnden werden. Doch es gibt durchaus Männer, die diesen Frauen zur Seite stehen und sie unterstützen.

Während die NUWSS-Frauen bis zum Ende der Bewegung eng mit Männern zusammenarbeiten, gilt die WSPU als ausgesprochen männerfeindlich. Für Emmeline Pankhurst ist der Kampf ums Frauenwahlrecht eine Sache der Frauen und muss auch von diesen ausgefochten werden. Männer können dabei Hilfestellung leisten, aber letztlich ist es nicht ihr Kampf. Frauen müssen sich ihre Rechte selbst erkämpfen. Eine Argumentation, mit der auch viele Männer d'accord gehen und deshalb eigene Vereine gründen, um die Frauen und ihre jeweiligen Organisationen zu unterstützen, wie die *Men's League for Women's Suffrage* und die *Men's Federation for Women's Suffrage*.

Die 1907 gegründete *Men's League for Women's Suffrage* ist die erste Vereinigung, die von Männern zur Unterstützung des Frauenstimmrechts ins Leben gerufen wird. Ihr Gründer ist der Schwager von Emmeline Pethick-Lawrence, Sir Simon Lawrence, ihr Vorsitzender ist der Parlamentsabgeordnete Lord Victor Lytton, Bruder von WSPU-Mitglied Lady Constance Lytton. Trotz zahlreicher personeller Verbindungen zur WSPU steht die Gruppierung der NUWSS und der sich 1907 von der WSPU abgespalteten WFL näher. Die Führerinnen beider Gruppierungen, Millicent Fawcett und Charlotte Despard, nehmen am Gründungstreffen der *League* teil. Hier versammeln sich Männer aus allen sozialen Schichten, geprägt von diversen politischen und religiösen Überzeugungen, die ihr Einsatz für Gleichberechtigung verbindet. Im ganzen Land bilden sich Zweigstellen zur Unterstützung der friedlichen Kampagnen der Bewegung aus. Die Mitglieder beteiligen sich an Demonstrationen, verteilen Flugblätter, reichen Petitionen ein, sammeln Unterschriften und fungieren als Mittler zwischen den Frauenstimmrechtlerinnen und dem Parlament.

Die *Men's Federation for Women's Suffrage*, die sich später in *Men's Political Union* umbenennt, wird 1910 gegründet. Sie fährt einen deutlich radikaleren Kurs als die *Men's League for Women's Suffrage*. So setzt sie unter anderem auf Totalopposition gegenüber jedweder Regierung, solange das Frauenwahlrecht nicht eingeführt worden sei. Sie kündigt an, bei Wahlen unabhängige Gegenkandidaten aufzustellen, um die Regierung zu schwächen. Ebenso wie die WSPU setzt sie darauf, durch massive Störaktionen das Bewusstsein der Bevölkerung zu verändern, damit diese das Frauenwahlrecht endlich als Problem wahrnimmt. Mit ihrem Engagement unterstützt sie die WSPU, was sich nicht zuletzt darin zeigt, dass sie sogar die Farben der Suffragetten – lila, weiß und grün – verwendet. Ihre Mitglieder stellen ihre ganze Kraft in den Dienst des Frauenstimmrechts und beteiligen sich auch an illegalen und militanten Aktionen. So attackiert ein Vertreter der *Federation* Winston Churchill einmal mit einer Reitpeitsche, ein anderes Mal werfen zwei Männer Mausefallen vom Balkon des Parlaments auf Abgeordnete, um gegen den *Cats and Mouse Act*, ein Gesetz, von dem später noch ausführlich die Rede sein wird, zu protestieren. Männer beteiligen sich an Scheibeneinwürfen und Brandstiftungen. Harold Laski (1893–1950), in späteren Jahren bekannter Pluralismustheoretiker und Vorsitzender der *Labour Party*, versucht gar, allerdings vergebens, einen Bahnhof in die Luft zu jagen.

Bis 1912 ist die WSPU für derartige Unterstützung dankbar. Erst von diesem Zeitpunkt an tritt eine Wende in der WSPU-Politik ein. Es folgt die Distanzierung von der *Federation*, von Männern im Allgemeinen. Was genau die Hintergründe dafür sind, ist umstritten. Einer der Gründe dürfte wohl in der zunehmenden Gewaltbereitschaft liegen. Nach Ansicht der WSPU bleibt den Frauen keine andere Möglichkeit, als Gewalt anzuwenden, da ihnen demokratische politische Rechte für den Kampf nicht zur Verfügung stehen. Aus diesem Grund ist ihre Gewalt gerechtfertigt und legitim. Männer hingegen hätten sehr wohl die Möglichkeit, auf politischem Wege etwas zu verändern, und deshalb gibt es für sie keinen Grund, Gewalt anzuwenden. Die Aktionen der *Federation*, auch wenn sie der Unterstützung dienen sollen, sind falsch und diskreditieren die Aktionen der Suffragetten. Zum anderen wird der Kampf der Suffragetten immer mehr auch ein Kampf der Geschlechter; mit Militanz geführt gegen Männer, die Frauen ihre politischen Rechte verweigern. Wie soll diese Militanz aufrechterhalten werden, wenn man mit Männern Seite an Seite streitet? Die Gefahr der Aufweichung der Argumentation steht im Raum. Die Kluft zwischen Männern und Frauen von Seiten der WSPU verstärkt sich zunehmend, und bis 1914 ist sie so groß geworden, dass allen voran Christabel Pankhurst keine Möglichkeit zur Zusammenarbeit mehr sieht. Für sie sind alle Männer Feinde, die es zu bekämpfen gilt. Sozialisten sind dabei nicht besser als Konservative und Liberale. Selbst Männer, die sich für das Frauenwahlrecht starkmachen, werden nun von ihr bekämpft, allein aus der Tatsache heraus, dass sie Männer sind. Aus dem Kampf ums Frauenstimmrecht ist für die WSPU ein erbitterter Geschlechterkampf geworden.

Wenn auch *League* und *Federation* die beiden wichtigsten männlichen Gruppierungen zur Unterstützung der Frauenstimmrechtskampagne sind, sind sie bei weitem nicht die einzigen. Es gibt landesweite Vereinigungen wie die *Men's Society for Women's Rights*, die *Male Electors' League for Women's Suffrage* oder die *Liberal Men's Association for Women's Suffrage*. Dazu kommen lokale Gruppen wie die *Rebels' Social and Political Union*, die *East London Men's Society* oder die *Northern Men's Federation for Women's Suffrage*. Für ihre Unterstützung werden die Männer zusammengeschlagen und verhaftet. Sie treten ebenso wie die Frauen in Hungerstreik und werden in ebenso schöner Regelmäßigkeit zwangsernährt. Ein Aktivist, inhaftiert wegen eines Brandanschlages auf einen Bahnhof, wird unvorstellbare 114 Male zwangsernährt. Insgesamt gehen in den Jahren, in denen so hart um das Frauenstimmrecht gefochten wird, über 40 Männer für dieses Grundrecht der Frauen ins Gefängnis.

Unterschiede zwischen WSPU und NUWSS

Die unterschiedliche Behandlung von Männern als Unterstützer und Gegner ist einer der augenfälligsten Unterschiede zwischen WSPU und NUWSS, aber bei weitem nicht der einzige. Die meisten WSPU-Mitglieder sind jung und unverheiratet, während in der NUWSS über die Hälfte der Aktivistinnen verheiratet ist und Kinder hat. Bereits 1907 gründen sich innerhalb der WSPU die *Young Hot Bloods*, eine geheime Gruppe jüngerer unverheirateter Suffragetten, die vor allem für militante Aktionen vorgesehen sind. In der Hochphase der Militanz zwischen 1913 und 1914 sind etwa 63 Prozent der WSPU-Mitglieder unverheiratet. Die Führungsspitze besteht nur aus unverheirateten Frauen. Allein schon aus diesem Grund sind die Angriffe der NUWSS nicht gegen Männer generell gerichtet, denn dann hätte man diejenigen angegriffen, mit denen man lebte. Christabels Kampf gegen die Männer im Allgemeinen stößt innerhalb der NUWSS auf großes Unverständnis.

Für die Menschen außerhalb der Bewegung sind die Unterschiede zwischen beiden Gruppen in den ersten Jahren kaum erkennbar. Dazu kommt, dass es neben den beiden großen Organisationen unzählige weitere gibt, die für den Außenstehenden nur schwer voneinander zu trennen sind: Frauen formieren sich als Berufsgruppen (*The Artists Franchise League, The Actresses' Franchise League*), als religiöse Gruppen (*The Catholic Women's Suffrage Society, The Church League for Women's Suffrage*) oder als Gruppen bestimmter Parteien (*The Conservative and Unionist Women's Franchise Association*), um für das Frauenstimmrecht zu streiten. All diese Gruppen bleiben jedoch im Schatten der großen zwei.

Es dauert nicht lange, und die gesamte Frauenstimmrechtsbewegung wird mit der lauteren WSPU gleichgesetzt. Damit steigt auch die Spendenbereitschaft für die NUWSS, die bis dahin eher kläglich gewesen ist, rapide an. Als Millicent Fawcett einmal neue Blumen für ihren Vorgarten bestellt, werden ihr diese kostenlos geliefert, mit dem Hinweis, sie möge das Geld lieber für den Kampf ums Frauenstimmrecht verwenden.

Dennoch gibt es gravierende Unterschiede zwischen Suffragisten und Suffragetten. So kann die NUWSS aufgrund ihrer Verbindungen zu den Gewerkschaften ihren Kampf besser im Fabrikarbeiterinnen-Milieu verankern. Viele NUWSS-Aktivistinnen des Nordens können auf langjährige Tätigkeit in den Fabriken und Gewerkschaften zurückblicken. Die Pankhursts hingegen kommen aus der Parteipolitik, nicht aus den Gewerkschaften, ihre Politisierung verlief in anderen Bahnen. Die WSPU besteht auch in den lokalen Zentren vorwiegend aus Mittelschichtfrauen, viele davon sind Lehrerinnen. Während sich die NUWSS auch für soziale Reformen einsetzt und zahlreiche ihrer Mitglieder sich auch an anderen Reformprojekten beteiligen, gilt in der WSPU die alleinige Konzentration dem Frauenstimmrecht. »Kein Mitglied der W.S.P.U. teilt seine Aufmerksamkeit zwischen dem Wahlrecht und anderen sozialen Reformen. Vernunft und Gerechtigkeit gebieten nach unserer Überzeugung, daß Frauen bei der Überwindung gesellschaftlicher Mißstände mitwirken sollten, besonders von solchen, unter denen sie selbst zu leiden haben. Daher fordern wir – vor allen anderen gesetzgeberischen Maßnahmen – das Grundrecht ein, dass Frauen wählen dürfen.«[61]

Es ist aber vor allem die zunehmende Militanz, die NUWSS und WSPU trennt. Suffragetten und Suffragisten kämpfen für ein und dieselbe Sache – aber mit unterschiedlichen Mitteln. Zwischen 1905 und 1908, als sich die Militanz der WSPU noch in Grenzen hält, arbeiten die beiden großen Frauenstimmrechtsorganisationen weitaus enger zusammen als gemeinhin kolportiert wird. Und auch später, als die Suffragisten um Millicent Fawcett längst die Befürchtung hegen, dass die militanten Aktionen der Suffragetten ihrer gemeinsamen Sache schaden können, hegt manche doch insgeheim Bewunderung für die Kompromisslosigkeit ihrer Geschlechtsgenossinnen. In ihren Memoiren 1924 weist Millicent Fawcett darauf hin, dass die Suffragetten niemals in all den Jahren, in denen sie so viel Gewalt erleiden mussten, jemanden getötet hätten, weder Tier- noch Menschenblut vergossen hätten. Persönlich habe sie stets die allergrößte Hochachtung vor dem rigorosen Einsatz dieser Frauen gehegt. Sie habe in jenen Jahren gar ernsthaft darüber nachgedacht, der WSPU beizutreten. Dass sie sich schließlich dagegen entschieden habe, sei zum einen daran gelegen, dass sie sich nicht in der Lage gesehen habe, einer revolutionären Bewegung zu dienen, zum anderen daran, dass sie den autokratischen Führungsstil Emmeline Pankhursts ablehnte.

Nichtsdestoweniger unterstützt Millicent Fawcett auch WSPU-Mitglieder. Als ihre gute Freundin und WSPU-Mitglied Jane Cobden-Sanderson 1906 gemeinsam mit anderen Frauen nach einer Demonstration im Unterhaus verhaftet wird, setzt sie sich dafür ein, dass die Frauen eine bessere Behandlung erhalten. Nach einem Besuch im Gefängnis interveniert sie bei Edward VII., der daraufhin tatsächlich die Haftbedingungen der Frauen erleichtert. Nach der Entlassung der Inhaftierten ist es Millicent Fawcett, die ein gemeinsames Festbankett von WSPU und NUWSS organisiert.

Auch um das gemeinsame Ziel nicht zu gefährden, hört man aus den Reihen der NUWSS selten Kritik an den Aktionen der WSPU. Ursächlich dafür ist wohl auch, dass zunächst viele Frauenstimmrechtlerinnen Mitglieder in beiden Vereinigungen sind, doppelte Mitgliedsbeiträge zahlen und ohnehin auf allen Veranstaltungen anzutreffen sind. Für sie zählt allein das gemeinsame Ziel, nicht die unterschiedlichen Strategien und Mittel. Erst als die Gewalt der WSPU immer heftiger wird, wird die Kritik von Seiten der NUWSS, die illegale und gewaltsame Aktionen bis zuletzt ablehnt und unvermindert mit ihrer Lobbyarbeit fortfährt, laut. Die Frauen beginnen sich stärker voneinander abzugrenzen. Dabei verfolgt die WSPU in den Jahren, als die illegale Aktion längst zur Strategie geworden ist, zeitgleich auch eine legale Strategie. Ebenso wie die NUWSS schreiben die Frauen weiter Eingaben ans Parlament und betreiben Lobbyarbeit. Sie führen in jener Zeit eine Doppelstrategie aus Legalität und Illegalität durch. So kommt es, dass auch in den Jahren, in denen zwischen Suffragetten und Suffragisten die Kluft am größten ist, es immer wieder Zusammenarbeit und sogar Versuche gibt, die Diskrepanzen zu überwinden. Doch je mehr sich die Niederlagen der Bewegung häufen, je weniger die legalen Aktionen Früchte tragen, desto mehr wenden sich die Suffragetten illegalen Methoden zu und umso weniger wollen die Suffragisten mit ihnen zusammenarbeiten. Denn die WSPU konterkariert in den Augen der NUWSS all das, wovon die Frauen die Öffentlichkeit seit Jahren überzeugen wollen. Nämlich, dass Frauen überlegte und verantwortungsbewusste Bürgerinnen sind, denen man ohne jeden Zweifel politische Mitverantwortung übertragen kann. Die gewalttätigen, in den Augen vieler gar irrationalen Aktivitäten der WSPU untergraben dieses Anliegen und bilden ihrer Ansicht nach für die liberale Regierung den perfekten Vorwand, den Frauen das Wahlrecht zu verweigern. Eine Kritik, die allerdings nur intern geäußert wird und niemals an die Öffentlichkeit dringt. Für die Öffentlichkeit bilden NUWSS und WSPU in Sachen Frauenstimmrecht eine Einheitsfront, obwohl sie sich durch einen gravierenden Unterschied voneinander abgrenzen: der unterschiedlichen Strategie von Legalität und Illegalität.

Was hatte Emmeline Pankhurst bei Gründung der WSPU gesagt? Die Zeit der Duldung und Bittstellerei sei zu Ende, eine neue Phase im Kampf um das Frauenstimmrecht habe begonnen: »Die Doppelmoral der Männer, nach der die Opfer ihrer Begierde verwerflich sind, während sie selbst ohne soziale Zensur leben, gilt in Wirklichkeit für die moralischen Standards in allen Bereichen des Lebens. Männer stellen den Moralkodex auf und erwarten von den Frauen seine Annahme. Sie haben entschieden, daß es für Männer völlig richtig und angemessen ist, um ihre Freiheiten und Rechte zu kämpfen, aber für die Frauen nicht. Sie haben entschieden, daß es für Männer feige und unehrenvoll ist, still und ruhig zu bleiben, wenn tyrannische Machthaber ihnen die Ketten der Sklaverei anlegen; aber wenn Frauen dasselbe tun, ist es nicht feige und unehrenvoll, sondern im Gegenteil ehrbar. Nun, die Suffragetten lehnen diesen doppelten moralischen Standard völlig ab. Wenn es für Männer richtig ist, für ihre Freiheit zu kämpfen – und Gott weiß, was die Menschheit heute wäre, wenn Männer seit Beginn der Zeiten nicht dafür gekämpft hätten – dann ist es auch richtig für Frauen, für ihre Freiheit zu kämpfen, und für die Freiheit ihrer Kinder, die sie gebären. Auf diese Überzeugung gründen die militanten Frauen Englands ihre Sache.«[62]

Die Heroine:
Emmeline Pankhurst
(1858–1928)

»Es kann keinen wirklichen Frieden in der Welt geben, bis die Frau, die mütterliche Hälfte der Menschenfamilie, die Freiheit in den Ratsversammlungen der Welt erhalten hat.«

Emmeline Pankhurst ist die berühmteste der britischen Suffragetten. Gemeinsam mit ihren Töchtern Christabel und Sylvia prägt sie das Gesicht der militanten Frauenstimmrechtsbewegung wie niemand sonst. Die begnadete Rednerin und mutige Kämpferin gilt als die Personifizierung der Bewegung schlechthin. Doch sie ist nicht nur eine herausragende Frauengestalt, man tut sich auch schwer mit ihr. Ihr Hang, unbedingten Gehorsam einzufordern, ihr Wandel von der überzeugten Sozialistin zur Kandidatin der Torys, ihr Bruch mit Tochter Sylvia aufgrund der politischen Differenzen und nicht zuletzt ihre Haltung im Ersten Weltkrieg sind oftmals nur schwer nachzuvollziehen und machen eine ungetrübte Heldenverehrung nahezu unmöglich. Dessen ungeachtet kommt man nicht umhin, in ihr eine der außergewöhnlichsten Frauengestalten des letzten Jahrhunderts zu sehen.

Emmeline wird am 29. September 1858 in Manchester in eine Unternehmerfamilie hineingeboren. Sie wächst zusammen mit zehn Geschwistern in einer äußerst politischen Familie auf. Ihre Eltern, Robert Goulden und Sophia Jane Crane, setzen sich vehement für die Abschaffung der Sklaverei ein und erziehen ihre Kinder in einem liberalen Geiste. Emmeline Pankhurst erinnert sich später daran, dass sie bereits als Fünfjährige mit den Begriffen Sklaverei und Emanzipation umgehen konnte. Die Eltern sind wohlhabend, Anhänger der Liberalen und stehen zumeist auf Seiten der Unterprivilegierten. Emmeline wächst sorglos und mit allen Annehmlichkeiten ihrer Klasse auf. Sie fühlt sich wohl in dem großen Haus mit den vielen Gästen. Nur wenn es um ihre Erziehung geht, auf die nicht dasselbe Augenmerk gelegt wird wie auf die ihrer Brüder, dann merkt sie, dass etwas anders ist.

Mit vierzehn Jahren nimmt sie zum ersten Mal gemeinsam mit ihrer Mutter an einer Stimmrechtsveranstaltung mit Lydia Becker teil. Bevor sie ihr Leben jedoch voller Begeisterung dem Kampf ums Frauenstimmrecht weiht, geht sie nach Paris an eine für ihre Reformpädagogik berühmte Erziehungsanstalt, auf der sie drei Jahre verbringt. Nach ihrer Rückkehr beginnt sie, aktiv in der Frauenstimmrechtsbewegung mitzuarbeiten. Hierbei lernt sie ihren zukünftigen Gatten, Dr. Richard Pankhurst, kennen. Der 43-jährige Rechtsanwalt setzt sich seit vielen Jahren für das Frauenstimmrecht ein und hat unter anderem eine Gesetzesvorlage zur Verleihung des Wahlrechts für die Frauen formuliert, die 1870 im Unterhaus eingebracht worden ist.

1879 werden sie trotz des Altersunterschieds Mann und Frau. Es wird eine glückliche Ehe, die all diejenigen Spötter Lügen straft, die davon ausgehen, dass die Suffragetten nichts als unzufriedene zänkische Weiber seien, enttäuscht von einem Leben ohne Liebe. Fünf Kinder, Christabel, Sylvia, Frank, Adela und Harry gehen aus ihr hervor. Finanziell sieht es nicht immer rosig für die Familie aus. Zum einen kann Emmeline mit Geld nicht umgehen, zum anderen schafft es Richard durch seine politischen Ideen immer wieder, sich Mandate zu verscherzen. Beide Pankhursts sind Mitglieder der Liberalen Partei, Richard bewirbt sich mehrfach erfolglos als Kandidat für das Unterhaus.

1885 zieht die Familie nach London, wo ihr Haus bald zu einer Anlaufstelle für Menschen mit progressiven politischen Ideen wird. Keir Hardie geht hier ein und aus, ebenso William Morris und Eleanor Marx. Weil es der Familie in jenen Jahren finanziell schlecht geht, versucht sich Emmeline als Unternehmerin und wird Besitzerin eines Modeartikelgeschäfts namens *Emersons*. Doch sie erleidet finanziellen Schiffbruch. 1889 schließen sich die Pankhursts der *Women's Franchise League* an. 1893 kehren sie nach Manchester zurück. Hier werden beide Mitglieder der *Independent Labour Party*, bei der Richard Pankhurst 1895 erneut für einen Unterhaussitz kandidiert. Auch dieses Mal verliert er die Wahl. Emmeline Pankhurst wendet sich fern vom Frauenstimmrechtszentrum London einer neuen Aufgabe zu. 1894 lässt sie sich zum Mitglied des Ausschusses für Armenrechtspflege wählen. In ihrer Zeit als Armenrechtspflegerin wird sie, die in relativ stabilen Verhältnissen lebt, nicht nur mit der unvorstellbaren Armut der Industriestadt Manchester konfrontiert, sondern macht die Entdeckung, dass es vor allem Frauen sind, die in den englischen Armenhäusern dahinvegetieren. Witwen, alleinerziehende Mütter, alte, kranke Frauen ohne Rente, sie alle werden benachteiligt in einem System, in dem Frauen als Staatsbürger zweiter Klasse betrachtet werden.

1898 stirbt Richard Pankhurst plötzlich an einem Geschwür. Für seine Frau ist sein Tod ein schmerzlicher Verlust. Finanziell geht es der Familie nicht gut, Emmeline versucht erneut, sich selbstständig zu machen. Sie eröffnet ein neues *Emersons*, um das sich bald Tochter Christabel kümmert. Da die Geschäfte schlecht laufen, nimmt Emmeline eine Stelle als Standesbeamtin für Geburts- und Sterbefälle an. Hierbei trifft sie häufig auf alleinerziehende Mütter, die selbst noch halbe Kinder sind, alleingelassen und ohne Hoffnung. Aufgrund dieser Erfahrungen wächst ihr Entschluss, sich für das Frauenstimmrecht einzusetzen, zu einer Mission. Sie glaubt fest daran, dass das Frauenstimmrecht die Ursachen der Nöte und des Elends, dem die Frauen ausgeliefert sind, beseitigen wird.

Mit ihrer Hinwendung zum Frauenstimmrecht vollzieht sich auch ihre Abwendung von den Zielen der *Labour*-Partei und ihrem Engagement für eine soziale Wende, hin zu dem für sie einzig wichtigen Thema: zum Frauenstimmrecht. Um die Kampagne für das Frauenwahlrecht voranzutreiben, gründet sie 1903 die WSPU. Als Führerin dieser militanten Frauenstimmrechtsorganisation prägt sie bald das Bild der Bewegung. Das Gesicht der stolzen und mutigen Frau wird zur Personifizierung der Frauenstimmrechtsbewegung. Seite an Seite mit ihren Töchtern, die ihr an Mut und Schönheit in nichts nachstehen, streitet sie für die Rechte der Frauen und wird bald landesweit bekannt. 1907 kehrt Emmeline Pankhurst nach London zurück. Während sie sich die ersten Jahre des Kampfes trotz allem Engagement wie eine ehrenwerte Witwe der Upperclass verhalten hat, ändert sie nun nicht nur ihr Verhalten, sondern auch ihr Leben. Sie gibt ihre Wohnung auf und lebt fortan ohne festen Wohnsitz, aus Koffern, in Hotelzimmern. Von nun an weiht sie ihr

Leben voll und ganz dem Kampf ums Frauenstimmrecht. Sie nimmt Prügel, Demütigungen und Schikanen auf sich. Im Februar 1908 wird sie zum ersten Mal verhaftet. Nachdem sie im Oktober 1908 erneut verhaftet wird, bestellt der Liberale Parlamentsabgeordnete James Murray beim Londoner Savoy Hotel Damasttischdecken, Porzellan, Silber, Kerzen sowie ein mehrgängiges Menü samt Bediensteten ins Gefängnis zu Emmeline Pankhurst. Der Leitung des Savoys ist es eine große Ehre, sämtliche Kosten zu übernehmen.

Bei den anschließenden Gerichtsverhandlungen zeigt sie mutig und mediengerecht Flagge: »Unsere Regel war immer, geduldig zu sein, Selbstbeherrschung zu üben, unserer sogenannten Obrigkeit zu zeigen, daß wir nicht hysterisch sind; keine Gewalt zu gebrauchen, sondern uns lieber der Gewalt anderer auszusetzen. […] Wir sind hier, nicht weil wir Gesetzesbrecherinnen sind, wir sind hier, weil wir uns darum bemühen, Gesetzgeberinnen zu werden.«[63]

1910 lernt sie die Komponistin Ethel Smyth (1858–1944) kennen, die in den nächsten zwei Jahren ihre ständige Begleiterin sein wird. Obwohl die bisexuelle Musikerin in Emmeline Pankhurst mehr als eine politische Kameradin sieht, bleibt aufgrund der Prüderie, die Emmeline Pankhurst in Sachen Sexualität an den Tag legt, das Verhältnis zwischen der schicken Emmeline und der stets in Hosen und Krawatte gekleideten Ethel ein rein platonisches. Doch die radikale Ethel, die sich nicht um Konventionen schert, wird für Emmeline die ideale Partnerin. Sie ist es, die mit der vornehmen Emmeline gezielte Steinwürfe trainiert, allerdings leider vergebens. Am Fenster in Downing Street trifft sie nicht nur knapp vorbei.

1913 wird Emmeline beschuldigt, einen Bombenanschlag auf das Haus von Lloyd George geplant zu haben. Sie wird zu drei Jahren Haft verurteilt. Im Gefängnis tritt sie in Hungerstreik. Obwohl sie sehr unter dem tagelangen Essensentzug leidet und durch diese radikale Maßnahme so geschwächt wird, dass sie nur knapp dem Tode entrinnt, gibt sie nicht auf. Im Gegenteil, sie ermuntert die Frauen zu immer militanteren Aktionen: »Wir handeln nicht unrecht, wir handeln richtig, wenn wir unsere revolutionären Methoden gegen privates Eigentum anwenden. Es ist unsere Aufgabe, auf diese Weise die richtigen Werte wieder einzusetzen und den höheren Wert der Menschenrechte gegenüber den Eigentumsrechten zu betonen«,[64] gibt sie Gegnern dieser Strategie mit auf den Weg.

Innerhalb der WSPU gibt es im Laufe der Jahre immer wieder Kritik an ihrem autoritären Führungsstil. Gemeinsam mit ihrer Tochter Christabel gelingt es ihr jedoch stets handstreichartig, interne Gegner loszuwerden und die Organisation auf Kurs zu bringen. Ihrer unübersehbar autoritären, ja bisweilen gar diktatorischen Art zum Trotz stehen die meisten Frauen uneingeschränkt hinter ihr. Ist sie verhaftet, demonstrieren täglich Hunderte vor dem Gefängnis. Liegt sie im Krankenhaus, patrouillieren die Suffragetten auf dem Gang.

Kaum taucht sie auf einer Veranstaltung auf, ist sie umringt von Frauen, die sie stürmisch bitten, ein paar Worte zu sagen. In den Kirchen Englands erheben sich die Frauen und stimmen zum Entsetzen der Priester Gebete für sie an. Dies mag auch daran liegen, dass sie, trotz allem missionarischen Eifers, ein humorvoller Mensch ist, gesegnet mit einem durchaus anarchistischen Witz.

Als der Erste Weltkrieg beginnt, verfällt Emmeline Pankhurst wie so viele dem nationalistischen Taumel und beendet die Auseinandersetzungen mit der Regierung.

1917 gründet sie gemeinsam mit Tochter Christabel die *Women's Party*, in der sie ein Konglomerat diffuser Ideen von der Gleichberechtigung der Scheidungsrechte von Mann und Frauen bis zur rassischen Reinheit propagiert. Um die Frauenstimmrechtsbewegung kümmert sie sich kaum mehr. Nach dem Ersten Weltkrieg geht Emmeline Pankhurst nach Kanada und arbeitet dort an einer Kampagne des Nationalen Rates zur Bekämpfung von Geschlechtskrankheiten mit. 1925 kehrt sie zurück nach Europa und versucht sich erfolglos mit einem Teeladen im französischen Juan-les-Pins.

1928, kurz vor ihrem Tode, wird sie in London Mitglied der Konservativen Partei. Sie lässt sich als Kandidatin für die Parlamentswahlen aufstellen. Doch ihre Gesundheit ist dahin, ihre Kraft zu Ende. Sie fällt in tiefe Depressionen, wird schließlich von Christabel in ein Pflegeheim gebracht. Hier verstirbt sie am 14. Juni 1928 noch nicht ganz 70-jährig. Ehemalige Suffragetten halten Ehrenwache an ihrem Sarg in St. Johns, eine Ehrengarde begleitet den Sarg zum Friedhof. Zwei Jahre nach ihrem Tod wird ihr zu Ehren vor dem *House of Parliament* eine Statue errichtet.

»Wie lange habt ihr Frauen doch versucht, das Wahl-
recht zu bekommen!
Ich für meinen Teil habe vor, es wirklich zu bekom-
men!«   (Christabel Pankhurst)

VI. »Votes for Women«
   Von Zwischenrufen und Hungerstreik

1905

In den ersten Jahren erlangt die WSPU weder die Bekanntheit noch
die Popularität der NUWSS. Dennoch gelingt es Emmeline Pankhurst 1905 nach harten Verhandlungen, die *Labour Party* dazu zu
bewegen, nach acht Jahren erstmals wieder eine Gesetzesvorlage
zum Frauenstimmrecht im Parlament einzubringen. Doch sie hat
nicht mit dem hartnäckigen Widerstand der Parlamentarier gerechnet. Nachdem der Antragsteller den letzten Redeplatz per Los erhält,
werden die vorhergehenden Tagesordnungspunkte absichtlich so in
die Länge gezogen, dass eine Diskussion ums Frauenstimmrecht
nicht mehr zustande kommt. Die Frage der Rückbeleuchtung von
Pferdewagen ist an jenem Tag eine Frage von nationaler Bedeutung.
Die auf der Besuchergalerie ausharrenden Damen sind über dieses
Verhalten so empört, dass sie einen spontanen Demonstrationszug
bilden. Dies führt dazu, dass zum ersten Mal die Personalien von
Frauenstimmrechtlerinnen polizeilich festgestellt werden. Das erneute Scheitern der Wahlrechtsvorlage und die geradezu unver-
schämte Vorgehensweise der Abgeordneten lässt bei der WSPU den
Entschluss reifen, jetzt tatsächlich neue Wege zu beschreiten. Wenn
die Abgeordneten nicht hören wollten, musste man sie eben dazu
zwingen. Aufgrund der bereits geschilderten Besonderheit des britischen Regierungssystems ist klar, dass der Weg zum Frauenstimmrecht über die Regierung führen muss. Es genügt nicht, dass einzelne Abgeordnete der Regierungspartei das Frauenstimmrecht

unterstützen. Solange die Regierung sich nicht deutlich dafür ausspricht, hat eine Wahlrechtsvorlage kaum eine Chance, Gesetz zu werden. Deshalb muss nun alles darangesetzt werden, der Regierung das öffentliche Versprechen abzunehmen, sich für das Frauenstimmrecht einzusetzen.

Im Frühjahr 1906 sollen die nächsten Wahlen zum Unterhaus stattfinden. Aus gutem Grund setzen die Frauen auf einen Sieg der Liberalen. Jahrelang hatte die Frauenstimmrechtsbewegung die Liberale Partei unterstützt. Schließlich hatten die Liberalen ihren Forderungen immer offener gegenübergestanden als die Konservativen. Nun hofft man, dass sich dieses Engagement nach einem Wahlsieg der Liberalen auszahlen wird. Um ganz sicherzugehen, will man der zukünftigen Regierung noch während des Wahlkampfes das Versprechen abtrotzen, das Frauenstimmrecht auf die Tagesordnung zu setzen.

Am 13. Oktober 1905 erhebt sich zum allgemeinen Erstaunen der Anwesenden bei einer Versammlung der Liberalen in der *Free Trade Hall* in Manchester eine Frau und stellt mit lauter Stimme, im Anschluss an eine Rede Sir Edward Greys, die Frage: »Wird die liberale Regierung den Frauen das Wahlrecht geben?« Da sie vom völlig verblüfften Redner keine Antwort erhält, klettert sie auf einen Stuhl und wiederholt ihre Frage: »Wird die liberale Regierung den Frauen das Wahlrecht geben?« Nun erhebt sich eine weitere Frau, und auch diese ruft mit fester Stimme in den Saal: »Wird die liberale Regierung den Frauen das Wahlrecht geben?« Während alle Blicke auf die Ruferinnen gerichtet sind, entrollen die beiden ein Banner, auf dem in Großbuchstaben die Worte *Votes for Women* zu lesen sind. Damit ist nicht nur der Skandal perfekt, sondern auch der Slogan der Wahlrechtsbewegung geboren.

Tumult bricht aus. Nachdem sich die beiden Frauen weigern, still zu sein, und auf der Beantwortung ihrer Frage beharren, werden sie mit Gewalt von ihren Plätzen gezogen und aus der Halle geworfen. Die englische Tradition des Zwischenrufens bei politischen Diskussionen gilt eindeutig nicht für Frauen. Vor der Tür werden sie festgenommen und wegen versuchter Unruhestiftung angeklagt. Am nächsten Tag kommt es zur Verhandlung. Beide weigern sich, die geringe Geldstrafe zu bezahlen, und ziehen es vor, ins Gefängnis zu gehen. Die eine der beiden Frauen ist Christabel Pankhurst, die andere Annie Kenny. Beide hatten die *Free Trade Hall* mit dem festen Vorsatz betreten, dieses Mal entweder gehört oder verhaftet zu werden. »Wir werden entweder eine Antwort auf unsere Frage bekommen oder heute Nacht im Gefängnis schlafen«, mit diesen Worten hatte sich Christabel von ihrer Mutter verabschiedet. Ihre Verhaftung erregt ungeheure Aufmerksamkeit. Zum allerersten Mal haben Frauenstimmrechtlerinnen nicht nur ihre Verhaftung provoziert, sondern bestehen darauf, ihre Gefängnisstrafe abzusitzen. Die Öffentlichkeit ist schockiert. Die Zeitungen überschlagen sich vor Empörung. Doch damit haben die beiden gerechnet. Ziel der Aktion ist es nicht gewesen, Sympathien zu gewinnen, sondern Aufmerksamkeit zu erregen, den Kampf ums Frauenstimmrecht aus dem Dunkel ins grelle Licht der Öffentlichkeit zu zerren. Und dies ist ihnen wahrlich gelungen. In den nächsten Tagen schmücken sie landesweit die Titelseiten der Zeitungen. Eine einzige gezielte Aktion hatte gereicht, um das Schattendasein der WSPU ein für alle Mal zu beenden. Die militante Phase im Kampf ums Frauenstimmrecht hat begonnen. »Taten, nicht Worte« – dieses Motto bestimmt von nun an die Auseinandersetzung.

Als die beiden Frauen am 20. Oktober entlassen werden, findet in der *Free Trade Hall*, von wo man sie nur Tage vorher gewaltsam entfernt hatte, eine große Siegsfeier statt, auf der auch *Labour*-Führer Keir Hardie spricht. Die Frauenstimmrechtsfrage ist in nur wenigen Tagen zu einem der Top-Themen der Insel geworden. Die WSPU kann sich vor Neumitgliedern kaum retten.

Der Erfolg dieser ersten Aktion führt dazu, dass die WSPU die Form des Zwischenfragens zu einer Strategie ausbaut. Die Liberalen sollen gezwungen werden, sich für das Frauenstimmrecht einzusetzen. Was dies genau bedeutet, bekommen die Kandidaten der Partei alsbald zu spüren. Besonderes Pech hat Winston Churchill, in dessen Wahlkreis in Manchester das Hauptquartier der WSPU liegt. Die Störung seiner Veranstaltungen ist logistisch am einfachsten zu bewerkstelligen, so wird er zum bevorzugten Opfer der Kampagne. Nirgendwo kann er mehr ungestört auftreten und sprechen. Wie in der Geschichte von Hase und Igel ist die WSPU immer schon da, wenn er kommt. Egal zu welchem Thema er gerade spricht, stets tauchen von irgendwoher unvermittelt die Fahnen der WSPU im Publikum auf, begleitet von der bekannten Zwischenfrage: »Wird die liberale Regierung den Frauen das Wahlrecht geben?« Sooft er die Frauen entfernen lässt, so oft kehren sie zurück. Sie können zwar seine Wahl ins Unterhaus letztlich nicht verhindern, kosten den Kandidaten aber den letzten Nerv. Niemals kann er sicher sein, welche von den anwesenden Frauen zur WSPU gehören. Drei? Vier? Zehn? Fünfzehn? Kaum hat er eine durch Ordner aus dem Saal entfernen lassen, tauchen an anderer Stelle neue auf. Der Kampf gegen die WSPU gleicht dem Kampf mit einer Hydra. Je mehr Köpfe man abschlägt, desto mehr neue erscheinen.

Die WSPU ist so enervierend, dass man nicht länger über sie hinwegsehen kann. Dank ihrer Störaktionen ist das Thema Frauenstimmrecht präsenter als je zuvor. Dies erkennen auch die alten Gruppen und beginnen sich neu zu formieren und neue Kampagnen durchzuführen. Es scheint, als sei die Bewegung aus einem jahrelangen Dornröschenschlaf erwacht. Eine gigantische Unterschriftensammlung wird initiiert, der sich neben *Labour* auch die sechs großen Frauenvereine anschließen. Innerhalb von zwölf Monaten ist aus einem Randthema und einer Randgruppe das heißeste Eisen Großbritanniens geworden. Kein Tag vergeht, ohne dass die WSPU neue Schlagzeilen produziert. Was den Zeitungen jahrelang kaum eine Randnotiz wert gewesen ist, füllt nun die Titelseiten. Die Suffragetten haben ihr Ziel erreicht: Der Kampf ums Frauenstimmrecht ist in aller Munde.

1906

Nach dem Sieg der Liberalen beschließt die WSPU Anfang des Jahres 1906, den Funken, der sich neu entzündet hat, nach London zu tragen. Mit der Umsetzung beauftragt werden Sylvia Pankhurst und Annie Kenny. In den nächsten Wochen macht sich Annie daran, London zu erobern – mit zwei Pfund in der Tasche. Dies ist die Summe, die sie von den Pankhursts erbeten hat, um ihre Mission in London erfüllen zu können. Sie bezieht ein Zimmer bei Sylvia Pankhurst, die momentan noch die einzige Vertreterin der WSPU in London ist. Wochenlang berufen die beiden unermüdlich Versammlungen ein und laufen sich die Hacken ab, um neue Mitglieder zu werben. Auch in London greifen sie auf die bewährte Taktik der Zwischenfrage zurück. Bei einer Veranstaltung der Liberalen in der *Royal Albert Hall* gelingt es Annie, in einen Pelzmantel gehüllt bis zur Tribüne vorzudringen und dort beim Eintreffen des neuen Premierministers Henry Campbell-Bannerman ihre obligatorische Frage zu stellen: »Wird die liberale Regierung den Frauen das Wahlrecht geben?« Dabei öffnet sie ihren Mantel und gibt den Blick frei auf eine große Schärpe, auf der die Forderung der Frauen prangt: *Votes for Women*. Zeitgleich fällt von der Empore ein Transparent herab, auf dem in großen Lettern dieselben Worte prangen. Das Ergebnis ist wie gehabt: Tumult, Rauswurf, Verhaftung, Gefängnis, Titelgeschichte.

Am 19. Februar 1906, zwei Wochen nach Eröffnung ihrer neuen Geschäftsstelle, laden die Frauen parallel zur Eröffnung des Parlaments zu einer großen Versammlung nach *Caxton Hall* ein. Aus allen Teilen des Landes reisen Aktivistinnen an. An jenem Tag findet die erste Großdemonstration für das Frauenwahlrecht in London statt. Frauen aus allen Schichten reihen sich ein, schwenken die Fahnen der WSPU und setzen sich in Richtung *Caxton Hall* in Bewegung. Nachdem die Versammlung dort die Nachricht erhält, dass der König in seiner Eröffnungsrede vorm Parlament das Frauenstimmrecht mit keiner Silbe erwähnt hat, formiert sich ein Demonstrationszug zum Unterhaus. Doch dort will man die Frauen nicht einlassen. Einzelne Abgeordnete kommen heraus, um mit ihnen zu sprechen. Auf Drängen dieser Abgeordneten erklärt sich die Regierung schließlich bereit, den Frauen in kleinen Gruppen Einlass zu gewähren. Immer zwanzig dürfen nacheinander die Vorhalle betreten. Doch es gelingt ihnen trotz aller Überredungskünste nicht, auch nur einen Abgeordneten auf ihre Seite zu ziehen. Kein Einziger erklärt sich bereit, gegen die Rede des Königs zu protestieren und die Sache der Frauen zu vertreten. Obwohl die Frauen letztlich unverrichteter Dinge abziehen, ist dieser Tag laut Emmeline Pankhurst für die Bewegung von großer Bedeutung: »Diese Frauen waren mir zum Unterhaus gefolgt. Sie hatten der Polizei getrotzt. Sie waren endlich aufgewacht. Sie waren bereit, etwas zu tun, was Frauen niemals zuvor getan hatten: für sich selbst zu kämpfen. Frauen hatten immer für ihre Männer, für ihre Kinder gekämpft. Jetzt waren sie gewillt, für ihre eigenen Rechte als Mensch zu kämpfen.«[65]

Der Kampf gegen die Regierung hatte begonnen, und die WSPU war entschlossen, ihn erst zu beenden, wenn die Regierung nachgegeben hatte oder aus dem Amt gejagt worden war.

Der Zulauf, den die Wahlrechtsbewegung in den nächsten Monaten erhält, ist enorm. Sie führt ihren Kampf von nun an mit modernsten Mitteln, nutzt die Presse und lässt Unmengen von Propagandamaterial herstellen. In großen Auflagen wird Wahlrechtsliteratur gedruckt und verteilt. Buttons, Wimpel, Fahnen, Schärpen werden produziert. Postkarten, Poster, Spielkarten, Seifen – es gibt nichts, was es nicht gibt. Obwohl die NUWSS auch weiterhin die größte Organisation bleibt, ist die WSPU jetzt die aufsehenerregendste. Bald sind ihre Mitglieder aus dem Londoner Stadtbild nicht mehr wegzudenken. Überall tauchen ihre Agitatorinnen auf, stellen sich auf einen mitgebrachten Stuhl und beginnen lautstark, für das Frauenstimmrecht zu werben. Mit Hilfe einer Glocke werden die Passanten auf den Vortrag aufmerksam gemacht. Bald erklingt die Glocke an allen Ecken und Enden der Stadt. Ihr Gebimmel verursacht Menschenaufläufe. Die Suffragetten sind eine Sensation. Und sie sind äußerst einfallsreich, um ihre Thesen unters Volk zu bringen. Sie halten öffentliche Versammlungen ab, sprechen in Parks oder auf der Straße, in Vorgärten oder Wohnzimmern. Eines aber ist in jedem Fall klar: Sie sind weder zu übersehen noch zu überhören und von nun an tagtäglich in der Zeitung.

Im Frühjahr 1906 versucht eine Abordnung von dreißig Frauen, mit Premierminister Henry Campbell-Bannerman zu sprechen. Nachdem sie an der Tür zu Downing Street No. 10 abgewiesen werden, trommelt eine der Frauen mit den Fäusten gegen die Haustüre. Sie wird festgenommen. Die übrigen Frauen, zu denen auch Annie Kenny gehört, halten daraufhin eine spontane Kundgebung ab, zu der immer mehr Menschen stoßen. Inmitten dieses Auflaufes gelingt es Flora Drummond (1879–1949), die wegen ihrer strammen Haltung den Beinamen der »General« trägt, am Pförtner vorbei ins Haus des Premiers zu gelangen, wo sie verhaftet wird.

Nun macht die Polizei kurzen Prozess und verhaftet auch die übrigen Delegationsmitglieder. Nach mehreren Stunden auf der Polizeiwache erfahren die Festgenommenen, dass der Premier keine Anzeige erstatten wird und sich stattdessen bereiterklärt hat, eine Abordnung der WSPU zu empfangen.

Am 19. Mai 1906 kommt es zum Treffen zwischen der WSPU, einer Abordnung des Parlaments und dem Premierminister. Dabei macht Emmeline Pankhurst deutlich, dass die Frauen entschlossen sind, nicht nur all ihren Besitz, sondern wenn nötig auch ihr Leben für die Sache zu opfern. Wie ernst diese Worte gemeint sind, ist zu jener Zeit wohl kaum jemandem außerhalb der WSPU klar. Denn auch wenn Campbell-Bannerman die Frauen empfängt und ihnen versichert, dass er persönlich ein Befürworter des Frauenstimmrechts sei, kann er ihnen keine allzu großen Hoffnungen machen. Große Teile seines Kabinetts sind gegen das Frauenstimmrecht, allen voran Schatzkanzler Henry Herbert Asquith.

Im Sommer 1906 reist eine Delegation der WSPU nach Northampton zu einer Veranstaltung Asquiths, mit der Absicht, endlich eine Antwort auf ihre hundertfach gestellte Frage zu bekommen. Nachdem man sie gewaltsam aus dem Saal entfernt, legt die Vorsitzende der Liberalen Frauenvereinigung aus Empörung ihr Amt nieder und tritt der WSPU bei. Die damit beginnende Feindschaft zwischen Asquith und der WSPU wird legendär. Der Politiker weigert sich beharrlich, Deputationen zu empfangen. Oftmals werden die Frauen an der Vordertüre abgewimmelt, während Asquith durch die Hintertür flieht. Meist nimmt ein Polizeiaufgebot die Frauen schon auf halber Strecke Richtung Haus in Empfang. Dabei kommt es nicht selten zu gewaltsamen Übergriffen und Verhaftungen. Ruhe und Frieden bringt dies alles Asquith nicht. Allen Drohungen und misslichen Umständen zum Trotz belagern die Mitglieder der WSPU sein Haus. Eine der Frauen schlägt einen Polizisten, der sie zu vertreiben sucht, ins Gesicht. Annie Kenny läutet einmal so lange an seiner Tür, bis Asquith die Polizei zu Hilfe holt. Jedesmal weigern sich die Frauen standhaft, die Geldbußen zu bezahlen, ziehen den Gang ins Gefängnis vor. Vielleicht hätte sich der spätere Premierminister einiges erspart, hätte er zumindest einmal auf eine schriftliche Anfrage der WSPU reagiert.

Doch er ist nicht der einzige Politiker, den die Frauen an den Rand des Wahnsinns treiben. Im ganzen Land sehen sich Kabinettsmitglieder und Abgeordnete den Angriffen der Suffragetten ausgesetzt. Selbst Henry Campbell-Bannerman als Befürworter des Frauenstimmrechts wird nicht verschont. Die persönliche Meinung des einzelnen Politikers ist für die Suffragetten irrelevant. Ausschlaggebend ist die Haltung der Regierung, und da diese sich nicht bewegt, ersinnt die WSPU eine neue Methode.

Sie beginnt damit, die Kandidaten der Regierungspartei bei Wahlen zu boykottieren. Zum ersten Mal geschieht dies bei einer Nachwahl in Cockermouth im August 1906. Nachwahlen, bei denen durch Tod oder Rücktritt verwaiste Parlamentssitze neu besetzt werden, gelten gemeinhin als Messlatte der Zustimmung für die Politik der Regierung. Den Suffragetten gelingt es, eine so negative Stimmung gegen den liberalen Kandidaten zu erzeugen, dass er die Wahl gegen den konservativen Kandidaten verliert. Für Partei und Presse ist dies eine große Überraschung, hatte man sich doch gegenüber diesen »wildgewordenen Weibern« absolut sicher gefühlt. Nun wächst sich eine ärgerliche Angelegenheit zum politischen Problem aus. Jahrelang hatte die Frauenstimmrechtsbewegung die Liberale Partei unterstützt. Erst jetzt wird beiden Seiten bewusst, von welcher Bedeutung diese Unterstützung gewesen ist. Die WSPU behält nach diesem Überraschungserfolg diese Obstruktions-Politik über viele Jahre bei. Verschiedentlich gelingt es ihr tatsächlich, Kandidaten eine Niederlage zu bescheren. Doch auch wenn sich ihr Engagement zumeist nur in einem Stimmenverlust, nicht im Mandatsverlust niederschlägt, so zeigt sich doch, dass die Frauen einen nicht zu unterschätzenden Einfluss auf die Wahlen ausüben. Die Suffragetten werden zum Schreckgespenst der liberalen Kandidaten. Wann immer eine Nachwahl ansteht, reisen Suffragetten aus dem ganzen Land umgehend an den Ort des Geschehens.

Dabei gehen sie stets nach dem gleichen Muster vor. Zuerst agitieren sie auf offener Straße oder von den Pritschen eines Lastwagens herunter gegen den Kandidaten. Dann pachten sie in zentraler Lage ein Ladenlokal, in dem sie Regale und Schaufenster mit Literatur zum Frauenstimmrecht befüllen. Schon von weitem kann man ihre Flagge im Winde wehen sehen. Sodann mieten sie alle Säle in der weiteren Umgebung an, die sich für Großveranstaltungen eignen. Der Kandidat hat letztlich keine andere Wahl als auf Schulräume auszuweichen, wenn er nicht, unterbrochen von den Suffragetten, unter freiem Himmel sprechen will. Auch wenn es bei diesen Gelegenheiten immer wieder zu Übergriffen gegen die Frauen kommt, erreichen sie mit ihren Aktionen eine immer größer werdende Menschenmenge. Sogar die Presse muss dies nach anfänglicher Häme wohl oder übel einräumen.

Pünktlich zu Beginn der nächsten Sitzungsperiode des Parlaments im Oktober 1906 erscheint eine Abordnung der WSPU mit Emmeline Pankhurst an der Spitze im Unterhaus, um sich zu erkundigen, ob die Regierung für das kommende Jahr plane, das Frauenwahlrecht einzuführen. Nachdem dies verneint wird, steigt eine der Frauen auf ein Sofa in der Halle, um eine Ansprache zu halten. Bei dem Versuch, sie zu unterbrechen und vom Sofa zu zerren, kommt es erneut zu tumultartigen Szenen und einem Gerangel zwischen Suffragetten und Polizei. Elf Frauen werden verhaftet und zu einer zweimonatigen Haftstrafe im Frauengefängnis Holloway verurteilt. Erneut ist die WSPU der Headliner des Tages. Zahlreiche Prominente melden sich zu Wort und verurteilen das Vorgehen von Polizei und Justiz. Da im Norden des Landes erneut eine wichtige Nachwahl bevorsteht, werden die Frauen rasch wieder entlassen. Nachdem die Entlassenen jedoch von ihren unmenschlichen Haftbedingungen berichten, muss die Regierung um ihre Mehrheit fürchten. Und tatsächlich gehen bei den Wahlen erneut Sitze für die Liberalen verloren.

1907

Die Situation der inhaftierten Frauen ist für die Regierung von Anfang an ein großes Problem. Werden die ersten Frauen zunächst noch ähnlich wie politische Gefangene in *First Division* untergebracht, dürfen also ihre eigenen Kleider tragen und können nicht zu Strafarbeiten herangezogen werden, ändert sich dies, je mehr Frauen ins Gefängnis kommen. Nun werden die Frauen in *Second Division* untergebracht und als gewöhnliche Kriminelle behandelt. Sie sind gezwungen, Anstaltskleidung zu tragen, werden in Einzelzellen gesperrt und unterliegen strengen Kontaktsperren. Von nun an sind sie eine Nummer, keine Person mehr. Jeden Morgen um 5:30 Uhr werden sie geweckt, dann gibt es Frühstück. Um 7:00 Uhr müssen die Zellen aufgeräumt, die Pritschen gemacht und der Boden blitzblank geschrubbt sein. Gebadet wird einmal die Woche, und zweimal in der Woche ist es erlaubt, sich Bücher zu holen. Während des Tages müssen die Gefängnisinsassinnen Arbeiten verrichten, kochen oder nähen. Um 20:00 Uhr erlischt das Zellenlicht. Jeder Kontakt nach außen wird streng kontrolliert und ist limitiert. Während der ersten Monate sind Kontakte nach außen ohnehin verboten. Später sind private Briefe erlaubt, die jedoch gelesen und wenn nötig zensiert werden. Mit diesen Maßnahmen versucht man, die Suffragetten zu brechen, doch man unterschätzt ihren Mut, ihre Zähigkeit und ihren unbändigen Willen.

Die Erfahrungen in den Gefängnissen zeigen den Frauen, wie wichtig eine Reform der britischen Haftanstalten ist. Als Emmeline Pankhurst nach ihrem ersten Aufenthalt in Holloway vom Direktor gefragt wird, ob sie etwas zu beanstanden hätte, antwortet sie: »Nicht an Ihnen und auch nicht an den Wärterinnen. Nur an diesem Gefängnis und an allen von Männern eingerichteten Gefängnissen. Wir werden sie alle dem Erdboden gleichmachen.«[66]

Die Schilderungen der Frauen von ihren Gefängnisaufenthalten kosten die Regierung Sympathien und führen zur Solidarisierung mit den Suffragetten. Die große Aufmerksamkeit, die dem Thema nun entgegengebracht wird, nutzen auch andere Frauenstimmrechtsvereine wie die NUWSS, die weiterhin eifrig Lobbyarbeit betreibt. Im Februar 1907 organisiert die NUWSS einen Demonstrationszug durch London, der aufgrund der katastrophalen Witterungsverhältnisse als Matschmarsch – *Mud March* – in die Geschichte eingeht. Unterstützung erhalten sie von prominenten Zeitgenossen wie John Maynard Keynes, der als Ordner eingeteilt ist.

Am 13. Februar 1907 beruft die WSPU parallel zur Eröffnung der neuen Sitzungsperiode des Parlaments das erste Frauenparlament in *Caxton Hall* ein. Damit wird eine Tradition begründet, die so lange Bestand haben soll, bis Frauen als gewählte Abgeordnete an der regulären Parlamentseröffnung teilnehmen können.

Hier berät man nun über das weitere Vorgehen, für den Fall, dass der König in seiner Eröffnungsrede auch diesmal das Frauenstimmrecht unerwähnt lässt. Nachdem sich die Meldung verbreitet, dass er das vorhat, verabschiedet die Versammlung eine Resolution mit dem Beschluss, diese sofort zu übergeben. Diesmal jedoch hat die Regierung vorgesorgt und die Umgebung vor dem Parlament weiträumig abgesperrt. Die Suffragetten sehen sich einem Großaufgebot an Polizei gegenüber, das versucht, die Frauen auseinanderzutreiben und die Versammlung aufzulösen. Dies geschieht nicht zuletzt mit Hilfe berittener Polizei, die ohne zu zögern in die Frauen hineingaloppiert. Obwohl von der Gewalt überrascht, weichen die Frauen keinen Zentimeter zurück, sondern versuchen unverdrossen, bis zum Unterhaus zu gelangen. Dass sie dabei ihre Hüte verlieren und ihre Kleider zerrissen werden, kümmert sie kaum. Mutig kämpfen sie gegen die männliche Übermacht, und obwohl sie zahlreiche blaue Flecken und Platzwunden davontragen, schaffen es fünfzehn von ihnen in die

Besucherhalle des Unterhauses. Hier werden sie umgehend verhaftet. Bis in die Nacht hinein dauern die Auseinandersetzungen, an deren Ende unzählige Verletzte sowie 57 Verhaftungen stehen. Unter den Verhafteten sind Christabel und Sylvia Pankhurst sowie Charlotte Despard. Bei der anschließenden Gerichtsverhandlung entscheiden sich alle Frauen wie gewöhnlich fürs Gefängnis.

Dass die Zeitungen ausführlich über die Schlacht vor dem Unterhaus berichten und erste Fotos von am Boden liegenden Frauen abdrucken, kommt den Suffragetten zugute. Obwohl die Mehrheit der Bevölkerung die Militanz der WSPU ablehnt, wird die Tatsache, dass die Regierung berittene Polizei gegen Frauen eingesetzt hat, deren einziges Vergehen bisher Störungen und Zwischenrufe waren, einhellig verurteilt. Als daraufhin ein Abgeordneter der Liberalen ankündigt, eine neue Gesetzesvorlage zum Frauenstimmrecht einzubringen, versichert ihn sogar der Premierminister seiner Unterstützung.

Am 20. März 1907 findet das zweite Frauenparlament in *Caxton Hall* statt. Es wird beschlossen, dem Premierminister eine Resolution zu übergeben, in der eine offizielle Wahlrechtsvorlage von der Regierung gefordert wird. Auf mündliche Zusagen wollen sich die Frauen nicht länger verlassen. Angeführt von Viscountess Lady Harberton, bekannt durch ihren unermüdlichen Einsatz für die Hose als angemessenes Kleidungsstück für die englische Frau, ziehen die Frauen in Richtung Unterhaus. Hier wiederholen sich trotz aller Lippenbekenntnisse die brutalen Szenen vom Februar. Diesmal stehen eintausend Polizisten einigen hundert Frauen gegenüber. Die Schlacht, in der die Polizei mit aller Härte gegen die Frauen vorgeht, fordert unzählige Verletzte und dauert bis tief in die Nacht hinein. Lady Harberton gelingt es zwar, in die Vorhalle des Unterhauses zu gelangen, doch die Resolution kann sie nicht übergeben. Am Ende stehen erneut zahlreiche Festnahmen, die Zellen von Holloway füllen sich. Allein in den ersten beiden Monaten des Jahres 1907 werden 130 Frauen dorthin gebracht. Frauen, deren einziges Vergehen darin besteht, ihre Rechte einzufordern.

Die Suffragetten arbeiten jetzt rund um die Uhr. Allein von Mai bis Oktober 1907 halten sie landesweit mehr als 3000 Versammlungen ab. Nahezu täglich stören sie Veranstaltungen von Kabinettsministern und agitieren bei Nachwahlen. Dabei kommt es immer wieder auch zu Übergriffen von Seiten des Mobs. Weihnachten 1907 werden Emmeline Pankhurst und Nellie Martel in Mid-Devon nach einer Veranstaltung auf der Straße überfallen, brutal zusammengeschlagen und fast gelyncht. Es dauert Monate, bis sie von ihren Verletzungen genesen. Von den Schlägern wird kein einziger je zur Rechenschaft gezogen.

1908

Das neue Jahr beginnt erneut mit einer weiteren aufsehenerregenden Aktion der WSPU. Am 17. Januar 1908 ketten sich Edith New und Olivia Smith während eines Treffens der Minister an das Geländer von Downing Street No. 10. Dadurch stellen sie zum einen sicher, dass ihre Worte an richtiger Stelle gehört werden, zum anderen, dass es eine Zeit lang dauern wird, sie von diesem Platz zu vertreiben. Im Nu sind sie von Passanten umringt. Die Polizei versucht vergeblich, die Frauen loszueisen und zum Schweigen zu bringen. Plötzlich hält ein Taxi. Heraus springt »General« Flora Drummond, die das Durcheinander nutzt, um ins Haus des Premiers zu gelangen, wo sie schließlich von ein paar aufgebrachten Ministern festgehalten wird. Für diese Aktion wandern die drei für drei Wochen ins Gefängnis. Die Öffentlichkeit verurteilt die Aktion der Frauen aufs schärfste, wirft ihnen vor, mit derart lächerlichen Aktionen ihrer eigenen Sache zu schaden. Doch Emmeline Pethick-Lawrence sieht das anders: »To us ridicule is welcome. It is death to the pretender, or the tyrant seeking concealment. […] It tells the whole world that women are not prepared to submit tamely and without protest to political tyranny. It has just the same effect, neither more nor less, than if we were men, and used the weapon of murder. It is the announcement of a mental and moral revolt against oppression. It arrests attention and arouses thought and quickens perceptions of wrong hitherto ignored or slothfully accepted.«[67]

Am 29. Januar 1908 eröffnet der König erneut das Parlament. Auch dieses Mal kein Wort zum Frauenstimmrecht. Am 11. Februar wird wieder ein Frauenparlament einberufen. Wieder versucht eine Abordnung, eine Resolution zu überbringen. Wieder sind Tausende von Polizisten aufmarschiert, daneben aber auch Tausende von Sympathisanten. Wieder kommt es zu Straßenschlachten. Wieder stehen am Ende Verletzte und Verhaftete. Wieder entscheiden sich alle Frauen für das Gefängnis. Diesmal jedoch droht der Anwalt der Krone den Frauen unmissverständlich. Sollten sie noch einmal straffällig werden, müssten sie zukünftig mit härteren Konsequenzen rechnen. Er droht damit, ein Gesetz aus der Regierungszeit Charles' II. wiederaufleben zu lassen, wonach niemand dem König eine Bittschrift oder Resolution übergeben dürfe, der von mehr als 12 Personen begleitet werde. Wer es dennoch wage, habe mit Strafen von 100 Pfund oder drei Monaten Gefängnis zu rechnen. Er ahnt nicht, dass die Suffragetten wenig später den Spieß umdrehen und sich bei ihren Aktionen auf genau dieses Gesetz berufen werden

Im Frühjahr 1908 tritt Premierminister Campbell-Bannerman aus gesundheitlichen Gründen zurück. Ihm folgt zum Entsetzen der Suffragetten ihr ärgster Gegner Henry Herbert Asquith nach. Die Entscheidung der Liberalen, Asquith für das Amt des Premiers zu nominieren, werten die Suffragetten als Kampfansage. Nichtsdestoweniger sind sie entschlossen, den Fehdehandschuh aufzunehmen. Die Veränderung im Kabinett führt zu erneuten Nachwahlen, da laut britischem Gesetz neue Kabinettsmitglieder ihren Parlamentssitz vorübergehend aufgeben und sich zur Wiederwahl stellen müssen. Die Suffragetten nehmen ihre Agitation gegen die Regierung wieder auf. Christabel Pankhurst führt den Kampf gegen Winston Churchill an, der Handelsminister geworden ist und sich ebenfalls zur Wiederwahl stellen muss. Am Ende verfehlt er seinen Parlamentssitz um 420 Stimmen. Daraufhin bietet ihm die Partei einen neuen Wahlkreis an. Er stellt sich in Dundee, Schottland, einer Hochburg der Liberalen erneut zur Wahl. Diesmal übernimmt Emmeline Pankhurst höchstpersönlich die Agitation. Mehr als 200 Veranstaltungen organisiert die WSPU bis zur Wahl. Damit kann sie den Sieg Churchills zwar nicht verhindern, beschert ihm aber ein mehr als schlechtes Ergebnis. Insgesamt gelingt es den Suffragetten, bei den ersten Nachwahlen die Stimmen der Liberalen um 6663 zu senken.

Angesichts dieser Bedrohung beginnt die Regierung damit, vage Andeutungen über das Frauenstimmrecht zu machen, die von der Öffentlichkeit und den liberalen Frauenvereinen als Hinwendung zum Frauenwahlrecht interpretiert werden. Die Zeitungen rufen die Frauen zum Waffenstillstand auf. Die WSPU sieht darin zwar nichts anderes als eine geschickte Taktik, um das Lager der Frauenstimmrechtsbewegung zu spalten und die Stimmung gegen die Suffragetten zu lenken, erklärt sich aber dennoch bereit, die nächsten Nachwahlen nicht zu torpedieren.

Sie versucht stattdessen neue Wege zu gehen. Wege, die noch friedlicher Natur sind. Eingedenk einer Rede, die Herbert Gladstone, Sohn des ehemaligen Premierministers, zum Frauenwahlrecht gehalten und bei der er erklärt hatte, dass das Frauenwahlrecht sich erst durchsetzen werde, wenn es tatsächlich eine Forderung der Massen geworden sei, planen die Suffragetten ihre erste Massenveranstaltung. Sie beschließen die größte Demonstration für das Wahlrecht auf die Beine zu stellen, die London je gesehen hat. Einem modernen Wahlkampf würdig, arbeiten die Frauen Tag und Nacht an der Vorbereitung. Im ganzen Land werden Plakate geklebt, Flugblätter verteilt und mit Kreide Ankündigungen auf die Bürgersteige geschrieben. Flora Drummond fährt in einem angemieteten Vergnügungsdampfer die Themse bis vor die Terrasse des Parlaments hinauf und lädt per Megaphon vom Wasser aus alle Abgeordneten herzlich zur Versammlung in den Hyde Park ein. Bis die von aufgeregten Parlamentariern informierte Wasserschutzpolizei erscheint, hat das Schiff längst beigedreht und ist verschwunden.

Am Sonntag, den 21. Juni 1908 ist es so weit. Sonderzüge werden eingesetzt, um die Demonstrantinnen nach London zu bringen, deren Anzahl die *London Times* auf eine halbe Million schätzt. Es wird eine der größten Demonstrationen, die Großbritannien bis dato gesehen hat. Von sieben Plätzen aus formiert sich der Demonstrationszug zum Hyde Park. Eine Woche zuvor hatten bereits die nichtmilitanten Frauenstimmrechtsvereine einen Demonstrationszug von mehr als 13 000 Menschen auf die Beine gestellt. Nun aber schallt es aus Hunderttausenden von Kehlen: »Votes for Women«. Ganz London ist angefüllt mit den »weißen Kleidern der Unschuld«, der Tracht der Frauenstimmrechtsbewegung, die mit ihren grünen Bannern nun schon ein gewohntes Bild in den Straßen von London sind. An diesem Tag fügen die Suffragetten ihrer Tracht noch einen violetten Streifen in der Schärpe bei. Damit begründen sie ihre Trikolore und setzen sich von den anderen Stimmrechtsvereinen ab. Drei Farben symbolisieren seit der französischen Revolution jede Freiheitsbewegung. Weiß steht nach Emmeline Pankhurst für die Ehrenhaftigkeit der Frauen, grün für die Hoffnung, und violett als royale Farbe symbolisiert das königliche Blut, das in den Adern der Kämpferinnen des Frauenwahlrechts fließt. Da die Suffragetten ihre Farben auch im Alltag tragen sollen, wird bei ihrer Wahl die Alltagsgarderobe der Frauen berücksichtigt. Eine weiße Bluse und ein weißer Leinenrock gehört zur Grundausstattung einer Frau um die Jahrhundertwende. Violett hingegen ist zu jener Zeit eine beliebte Modefarbe, vor allem im Winter, und Grün wird ohnehin gern getragen. Von nun an sieht man viele Frauen in grünen Kostümen mit violetten Borten oder grünen, weißen, und violetten Straußenfedern am Hut. Auch die Modemacher schwenken bald auf diese Linie ein und fertigen alle möglichen Kleidungsstücke und Accessoires in jenen Farben. Suffragetten tragen bei ihren Hochzeiten Brautsträuße in diesen Farben, und Männer, welche die Bewegung unterstützen, zeigen dies durch Hutbänder oder Krawatten in den Farben der Trikolore. Der erste Auftritt der Suffragetten in weiß, violett und grün am 21. Juni 1908 ist ein nicht zu übertreffender Erfolg. Am nächsten Tag berichten alle Zeitungen auf der Titelseite von der Demonstration: »Die Veranstalterinnen hatten mit 250 000 Teilnehmerinnen gerechnet. Diese Erwartung hat sich mit Sicherheit erfüllt. Wahrscheinlich waren es doppelt so viele; und es wäre schwierig, der Behauptung zu widersprechen, es sei die dreifache Zahl gewesen. Wie Entfernung und Zahl der Sterne lagen diese Massen jenseits unserer Wahrnehmungsfähigkeit.«[68]

Umso größer ist die Enttäuschung, als die Suffragetten feststellen müssen, dass die Regierung sich kein bisschen davon beeindruckt zeigt. Die von den Massen verabschiedete Resolution zum Stimmrecht bleibt folgenlos, und Asquith erklärt barsch, dass er seinen früheren Äußerungen zum Frauenstimmrecht nichts hinzuzufügen habe.

Doch wenn eine halbe Million Menschen nicht in der Lage sind, die Meinung der Regierung zu ändern, was dann? Betrachtet man die Situation, in der sich die Frauenstimmrechtsbewegung nun befindet, nüchtern, so bieten sich nur zwei Möglichkeiten: endgültig das Handtuch zu werfen oder eine härtere Gangart einzuschlagen. Die WSPU entscheidet sich für Letzteres. Die friedlichen und legalen Mittel haben nichts gebracht und sind in den Augen von Emmeline Pankhurst spätestens seit der Großdemonstration in London erschöpft. Auch wenn die Massenveranstaltungen noch weitergehen, neue militantere Möglichkeiten werden nicht nur theoretisch durchgespielt.

Für den 30. Juni setzt die WSPU erneut eine Großdemonstration an, diesmal vor dem Unterhaus. Sie wird umgehend von der Polizei verboten. Trotzdem beruft man für diesen Tag das Frauenparlament nach *Caxton Hall* ein und beschließt, wie zuvor in einem Brief an Asquith angekündigt, eine Abordnung zum Premier zu schicken.

Vierzehn Frauen, darunter Emmeline Pankhurst und Emmeline Pethick-Lawrence, versuchen vergeblich, bis zum Premier zu gelangen. Wieder weigert sich dieser hartnäckig, sie zu empfangen. Daraufhin halten die Frauen trotz des Verbots ihre Kundgebung vor dem Unterhaus ab. Mehr als 100 000 Menschen nehmen daran teil. Obwohl die Polizei versucht, die Menge auseinanderzutreiben, gelingt es den Frauen, ihre Reden zu Ende zu bringen. Bei Rangeleien mit der Polizei werden 29 Suffragetten verhaftet. Zahlreiche Parlamentarier betrachten das Spektakel aus sicherer Entfernung von den Stufen des Parlamentsgebäudes aus.

Zwei der anwesenden Frauen sind über die Situation so erbost, dass sie schnurstracks zum Wohnsitz des Premiers nach Downing

Street No. 10 marschieren und dort die Scheiben einwerfen. Mit dieser Tat begehen Mary Leigh und Edith New den ersten Scheibeneinwurf in der Geschichte der WSPU. Mary Leigh gehört zum harten Kern der militanten Suffragetten und gerät allein im Jahre 1908 dreimal in Haft. Bei diesem ersten Mal ist das Zertrümmern der Fensterscheiben keine geplante Aktion, sondern eine Tat, die aus der Frustration heraus geboren wird. Obwohl die beiden Frauen für ihre nicht mit der WSPU abgestimmte Tat die volle Verantwortung übernehmen und der WSPU anbieten, sich davon zu distanzieren, begründen sie damit eine neue Taktik, die später in einer weitaus militanteren Phase noch dutzendfach zum Einsatz kommen wird. Die WSPU stellt sich hinter die Werferinnen. Das Zertrümmern von Fensterscheiben gilt in Großbritannien ohnehin als traditionelle Methode der politischen Unmutsäußerung. Schon in der Vergangenheit war es immer wieder zum Einwurf von Scheiben gekommen, von Männern, die sich politisch benachteiligt fühlten: »Wenn englische Männer Fensterscheiben einwerfen, betrachtet man dies als achtbaren Ausdruck politischer Meinung. Wenn es englische Frauen tun, sieht man darin ein Verbrechen«, schreibt Emmeline Pankhurst in ihrer Autobiographie.[69]

Zu Beginn der Herbstsitzung des Parlaments am 12. Oktober 1908 planen die Suffragetten einen weiteren Demonstrationszug zum Unterhaus. In einem Flugblatt rufen sie dazu auf. Einen Tag vorher halten sie eine große Kundgebung am *Trafalgar Square* ab, immer unter den wachsamen Augen der Polizei und ihrer Spitzel, die sehr genau notieren, was Christabel und Emmeline Pankhurst und Flora Drummond von sich geben. Einen Tag später erhalten die drei ein amtliches Schreiben, in dem sie aufgefordert werden, sich umgehend bei der nächsten Polizeiwache zu melden. Es bestünde der Verdacht des Landfriedensbruchs. Sie haben in ihrem Flugblatt das Wort *rush* verwendet, das neben der Bedeutung »eilen« auch die Bedeutung »stürmen« hat. Im Zusammenhang mit dem Parlamentsgebäude erscheint dies der Polizei eine Aufforderung zur Rebellion.

Nachdem sich die Frauen weigern, der Aufforderung nachzukommen, werden sie festgenommen. Noch während die drei in Polizeigewahrsam sind, marschieren mehr als 60 000 Menschen in Richtung Parlament. 5000 Polizisten sind im Einsatz, trotzdem gelingt es einer Frau, ins Gebäude hineinzukommen. Am Ende stehen erneut Dutzende von Verhaftungen sowie zahlreiche Verletzte.

Am 21. Oktober kommt es zur Verhandlung wegen Landfriedensbruchs. Christabel, die zwar Jura studiert hatte, nach englischem Recht aber nicht praktizieren darf, verteidigt die Angeklagten, zu denen sie selbst gehört. Die Diskussion um den Begriff *rush* ist langwierig. Während des Prozesses wird deutlich, dass die Regierung schon auf bisherige Suffragettenprozesse direkten Einfluss genommen hat. Als die Frauen sich weigern, von weiteren politischen Aktionen abzusehen, werden Emmeline Pankhurst und Flora Drummond zu drei Monaten, Christabel zu zehn Monaten Gefängnis verurteilt. Nach dem sogenannten *Rush-Trial* ist Christabel, die in der Öffentlichkeit als die »Königin des Mobs« bezeichnet wird, so berühmt, dass bei Madame Tussaud eine Wachsfigur von ihr aufgestellt wird.

Der Rush-Trial: Christabel Pankhurst, Emmmeline Pankhurst und Flora Drummond vor Gericht.

Mit der Einlieferung der drei Führungsmitglieder ins Frauengefängnis Holloway beginnt der Kampf der Suffragetten um bessere Haftbedingungen. Sie wollen als politische Gefangene anerkannt werden und weigern sich, sich den Regeln des Gefängnisalltages zu unterwerfen. Nachdem Emmeline Pankhurst bei einem Hofrundgang das Schweigegebot bricht und mit Christabel spricht, erhalten die Frauen Einzelhaft. Doch ihr Beispiel macht Schule. Immer mehr Gefangene durchbrechen von nun an die Regeln, geraten in Einzelhaft. Nachdem Christabel schwer erkrankt, verweigert man der Mutter, sie zu sehen. Nun zeigt sich die grenzenlose Solidarität der Suffragetten mit der Familie Pankhurst. Zu Tausenden ziehen die Suffragetten nach Holloway, versperren, die Frauenmarseillaise singend, die Zufahrtsstraßen. Sie fordern eine bessere Behandlung der Gefangenen, allen voran ihrer bewunderten Anführerinnen. Der Protest der Frauen sowie zahlreiche Anfragen im Unterhaus führen schließlich zur Aufhebung des Schweigegebots in Holloway.

Damit hat die WSPU ein neues Schlachtfeld eröffnet. Von nun an weigern sich die Inhaftierten kollektiv, die Gefängnisregeln zu beachten, solange sie nicht als politische Gefangene anerkannt werden. Damit brechen die Suffragetten mit ihrem ehernen Gesetz, sich einzig und allein um das Wahlrecht zu kümmern. Hatten sie zuvor stets betont, dass die Verbesserung der Gefängnisse automatisch durch das Wahlrecht erfolgen würde, sehen sie es nun als notwendigen Schritt an, als politische Gefangene anerkannt zu werden. Eine Entscheidung, die sie vor größere Herausforderungen stellen sollte als alles andere, die viele bis an die Grenzen des Erträglichen bringen wird. Doch Emmeline Pankhurst zeigt sich auch im Nachhinein davon überzeugt, dass die Frauen, selbst wenn sie nur im entferntesten geahnt hätten, was mit dieser Entscheidung auf sie zukommen sollte, trotzdem so gehandelt hätten: »Hätten sie die Ereignisse voraussehen können, die uns bereits überschatteten, hätten sie die neuen Formen von Leid und Gefahr gekannt, die uns bevorstanden, auch dann, ich bin sicher, hätten sie genauso gehandelt; denn unsere Erfahrungen hatten uns gelehrt, auf Furcht keine Rücksicht zu nehmen. [...] Es gab keine Schrecken, vor denen wir zurückgewichen wären.«[70]

Auch das neue Jahr bringt keinen Fortschritt in der Frauenstimmrechtsfrage. Im Januar werden vier Frauen verhaftet, weil sie es gewagt haben, an die Haustüre des Premierministers zu klopfen. Eine
davon, Mary Clarke, die Schwester Emmeline Pankhursts, erhält
dafür einen Monat Gefängnis. Einen Monat später, pünktlich zur
Parlamentseröffnung, tagt das Frauenparlament in *Caxton Hall*.
Erneut versucht eine Deputation der WSPU, angeführt von Emmeline Pethick-Lawrence und Lady Constance Lytton, dem Unterhaus
eine Resolution zu übergeben. Sie werden verhaftet und zu mehrmonatigen Gefängnisstrafen verurteilt. Muriel Matters, die zur
Unterstützung der Petition zuvor mit einem Heißluftballon über
London geschwebt ist und dabei Flugblätter abgeworfen hat, teilt ihr
Schicksal.

Nachdem sich dieses Spiel ergebnislos nun Jahr für Jahr zu wiederholen scheint, beschließen die Suffragetten, etwas Neues zu wagen. Laut der *Bill of Rights* von 1689 besitzt jeder Untertan das
Recht, dem Inhaber der Macht eine Bittschrift zu übergeben. Dies
war dereinst der König, ist nun aber in den Augen der WSPU der
Premierminister als eigentlicher Inhaber der politischen Macht. Die
von Charles II. eingeführte Beschränkung des Petitionsrechts besagt,
wie erwähnt, dass diese Bittschriften von Gruppen, die aus nicht
mehr als 12 Personen bestehen dürfen, übergeben werden müssen.

Schriftlich teilen die Suffragetten dem Premier mit, dass sie ihn
aufsuchen würden, um eine Petition zu übergeben. Dies sei ihr ver-
fassungsmäßiges Recht und könne ihnen nicht verwehrt werden.
Obwohl Asquith ihnen daraufhin mitteilen lässt, dass er nicht daran
denke, sie zu empfangen, halten sie an ihrem Plan fest.

Um den Premier an dieses verbriefte Recht zu erinnern, versucht
Marion Wallace Dunlop an die Hauswand des Unterhauses Auszüge
der *Bill of Rights* zu schreiben; sie wird jedoch von Polizisten vertrieben. Ein paar Tage vor dem geplanten Treffen mit dem Premier
gelingt es ihr schließlich, mit großen Lettern an die Wand der *St.
Stephens Hall* zu pinseln: »WOMENS DEPUTATION JUNE 29.

BILL OF RIGHTS. IT IS THE RIGHT OF THE SUBJECTS TO PE-
TITION THE KING, AND ALL COMMITMENTS AND PROSE-
CUTIONS FOR SUCH PETITIONINGS ARE ILLEGAL.«[71] Sie wird
festgenommen und zu einem Monat Gefängnis verurteilt. Zwei
Stunden dauert es, bis die unliebsame Schrift wieder abgeschrubbt
ist. Einzelne Unterhausabgeordnete drängen jetzt darauf, die Frauen
zu empfangen, doch die Regierung bleibt hart. Am Abend des 29.
Juni wird zum vierten Mal das Frauenparlament in *Caxton Hall* einberufen. Nach einer einstimmigen Resolution machen sich zwölf
Frauen auf den Weg, darunter zwei hochbetagte WSPU-Mitglieder,
Mrs. Saul Solomon, Witwe des ehemaligen Präsidenten Südafrikas,
und Miss Annie Neligan, eine ehemalige Schulrektorin. Eine Reite-
rin mit Fahne zieht ihnen voran und verkündet hoch zu Ross der
staunenden Menge den Zweck ihrer Deputation. Vor der *St. Ste-
phans Hall* werden sie von einem großen Polizeiaufgebot empfangen und erhalten die Mitteilung, dass der Premier nicht mit ihnen
sprechen wird. Mit Rücksicht auf die beiden älteren Damen versucht
Emmeline Pankhurst, die ansonsten übliche handgreifliche Auseinandersetzung mit der Polizei zu umgehen und ihre sofortige Verhaftung zu provozieren. Sie schlägt dem diensthabenden Inspektor
zweimal mit der flachen Hand ins Gesicht. Daraufhin werden die
Frauen verhaftet. Ein tatenloser Rückzug ohne Konsequenzen ist für
eine Suffragette undenkbar.

Doch die Gefahr für den Premier ist damit keineswegs gebannt.
Die ganze Nacht hindurch versuchen Abordnungen von Suffragetten ins Unterhaus zu gelangen. Die WSPU hat allein in der nächsten
Umgebung des Parlaments über 30 Büroräume angemietet, in denen
Frauen auf ihren Einsatz warten. Und während die Polizei mit den
ständig auftauchenden neuen Gruppen heillos überfordert ist, marschieren zahlreiche Suffragetten zu verschiedenen Ministerien und
werfen dort aus Protest gegen ihre Behandlung reihenweise die
Fensterscheiben ein. Ada Cecile Wright, eine der Steinewerferinnen,
meint später dazu: »I am quite prepared to stand by what I have
done. I went to Parliament Square determined that if my leader was
again refused permission to present her petition to Mr. Asquith, I

would put my protest into a form which would not be forgotten. I do not believe that my action was morally wrong, but I believe, that what I did was my duty [...].«[72] 108 Frauen werden in dieser Nacht verhaftet. Bei der anschließenden Verhandlung gegen Emmeline Pankhurst und ihre Abordnung steht nicht zuletzt das Petitionsrecht vor Gericht. Obwohl die Suffragetten und ihr Anwalt Lord Robert Cecil darlegen, dass der Premier den Frauen ein geltendes Recht verweigert, werden sie über zwei Instanzen zu einem mehrmonatigen Gefängnisaufenthalt verurteilt.

Während vor Gericht noch gestritten wird, geht zunächst von der Öffentlichkeit unbemerkt der Kampf in eine weitere, noch militantere Phase. Marion Wallace Dunlop, die am 24. Juni 1909 wegen der Wandschmierereien nach Holloway gebracht wurde, weigert sich zu essen, solange sie nicht als politische Gefangene anerkannt wird. Obwohl die Gefängnisleitung sie durch feinste Delikatessen dazu bringen will, ihren Hungerstreik abzubrechen, bleibt sie standhaft. Weder Einschüchterungsversuche noch gutes Zureden können einen Meinungsumschwung bewirken. Als nach einer Woche der behandelnde Arzt Alarm schlägt, wird sie entlassen. Von den vier Wochen Strafe hatte sie nur eine einzige abgesessen. Damit hat sie die Tür zu einer neuen Taktik aufgestoßen. Von allen Seiten erntet sie große Bewunderung. Emmeline Pethick-Lawrence schreibt ihr: »If I needed anything more than this great and splendid movement, which I am privileged to assist, to make life worth living, it would be found in what you have done. I value the knowledge of it as I value the great facts of life: and I pray that if ever in my own life some great hour of trial comes, the memory of it will be with me to give me courage and faith and endurance.«[73]

Als am Tage ihrer Entlassung die vierzehn Frauen, welche für die Fenstereinwürfe in den Ministerien verantwortlich sind, nach Holloway gebracht werden, beschließen auch sie, jegliche Nahrungsaufnahme zu verweigern. Zudem weigern sie sich, Gefängniskleidung zu tragen und zu arbeiten. Wie schon unzählige Frauen zuvor fordern sie ihre Anerkennung als politische Gefangene. Doch nun haben sie zum ersten Mal ein Druckmittel in der Hand: ihr Leben. »We are feeling proud of having destroyed the Government's weapon of coercion. They will never in future be able to keep us in prison more than a few days, for we have now learnt our power to starve ourselves out of prison, and this power we shall use«, schreibt Christabel Pankhurst in einem Brief an Oppositionsführer Arthur Balfour.[74]

Welchen Qualen sich die Frauen dabei aussetzen, lässt sich nur schwer ermessen. Bereits nach drei Wochen kann ein Hungerstreik zu ernsthaften, zum Teil dauerhaften gesundheitlichen Schäden führen. Lässt das übergroße Hungergefühl nach, weicht es starken Kopfschmerzen, Schwindelanfällen und Bewusstseinsstörungen. Nichtsdestoweniger halten von nun an unzählige Frauen ihren Hungerstreik als Form des politischen Widerstandes aufrecht.

Die Frauen wenden sich schriftlich an den Innenminister mit der Bitte, sie als politische Gefangene anzuerkennen. Um ihrer Forderung Nachdruck zu verleihen, zerbrechen sie die Fensterscheiben ihrer Zellen. Bei einem ihrer Besuche öffnet Christabel Pankhurst ein Fenster zum Hof und ruft, die Suffragettenfahne schwenkend, laut in den Hof: »Votes for Women«. Hundertfach schallt es zurück, aus den Zellenfenstern schwenken die Frauen Taschentücher und Bettlaken. Dies ist für die Gefängnisleitung gleichbedeutend mit Meuterei und wird mit Einzelhaft zwischen sieben und zehn Tagen bestraft. In den völlig verdreckten, dunklen und feuchten Strafzellen treten weitere Frauen in Hungerstreik. Nachdem sie davon bald so geschwächt sind, dass ihre Gesundheit gefährdet scheint, werden sie nacheinander entlassen. Die Öffentlichkeit stellt sich hinter die gesundheitlich schwer angeschlagenen Frauen, die bei ihrer Entlassung ein Bild des Jammers abgeben. Viele brauchen Wochen, bis sie sich von den Strapazen erholt haben. Neuerliche Kritik an der Regierung wird laut. Als die WSPU erkennt, welche Wirkung diese Maßnahme zeigt, wird die Politik des Hungerstreiks offizielle Politik der WSPU. Die Methode wird vor allem dazu genutzt, Sympathisanten zu gewinnen. Geschichten von hungerstreikenden, rebellierenden Frauen, die um ihre Anerkennung als politische Gefangene kämpfen, erscheinen nun in regelmäßigen Abständen in der *Votes for Women*.

Die Berichte der Inhaftierten schocken die Bevölkerung: »Wir blieben ganz ruhig, wenn wir den Befehl erhielten, uns auszuziehen, und wenn sie uns aufforderten, in unsere Zellen zu gehen, hakten wir unsere Arme ineinander und blieben mit dem Rücken zur Wand stehen. Der Direktor blies auf seiner Pfeife, eine große Menge von Wärterinnen erschien, fiel über uns her, riß uns auseinander und schleppte uns zu den Zellen. Ich glaube, bei mir waren es zwölf Wärterinnen, und zusammen brachten sie mich zum Stolpern, so daß ich hilflos zu Boden stürzte. Eine Wärterin ergriff mich bei den Haaren, wickelte den langen Zopf um ihr Handgelenk und zerrte mich buchstäblich den Fußboden entlang. In der Zelle rissen sie mir einfach die Kleider vom Leibe, zwangen mich in ein kratzendes Baumwollkleid und warfen auf das Bett andere Kleidungsstücke, die ich selber anziehen sollte. [...] Nach einiger Zeit kam eine Wärterin an die Tür und warf mir eine Decke zu. Ich wickelte sie um mich, denn ich war inzwischen bis auf die Knochen durchgefroren. Dieses Baumwollkleid und die raue Decke war die einzige Kleidung, die ich während des Gefängnisaufenthaltes trug. Die meisten Gefangenen wiesen alles außer der Decke zurück. Entsprechend einer Abmachung zerbrachen wir alle Scheiben unserer Fenster und wurden sofort in die Strafzellen geschleppt. Dort traten wir in den Hungerstreik. Nach fast einer Woche großen Leidens wurden wir eine nach der anderen entlassen.«[75] Ist es da ein Wunder, dass Frederick Pethick-Lawrence Holloway als »graduating university for Suffragettes«[76] bezeichnet?

Während die Frauen um ihre Anerkennung als politische Gefangene kämpfen, beginnt zwischen Unter- und Oberhaus jene folgenschwere Auseinandersetzung, an deren Ende die Veto-Macht des Oberhauses endgültig gebrochen wird. In diese Auseinandersetzungen mischen sich auch die Suffragetten ein. Bei einer Veranstaltung von Premierminister Asquith am 17. September 1909 in Birmingham versuchen zwei Frauen auf das Dach der Veranstaltungshalle zu klettern, in welcher der Premier seine Rede halten soll. Aus Sicherheitsgründen haben die Organisatoren das Glasdach zuvor mit dicken Planen abdecken lassen. Auch andere Vorsichtsmaßnahmen sind ergriffen worden. Aufgrund der befürchteten Störungen bringt man den Politiker durch einen unterirdischen Gang vom Bahnhof zum Hotel, wo er im Getränkeaufzug in seine Suite hochgefahren wird. Eskortiert von berittener Polizei geht es zur Veranstaltungshalle, die Asquith durch den Seiteneingang betreten muss. Rund um das Gebäude bezieht die Feuerwehr Stellung, um die Suffragetten im Ernstfall mit ihren Spritzschläuchen am Eintreten zu hindern. Lange Leitern an allen Seiten des Daches sollen es möglich machen, sie wenn nötig vom Dach zu spritzen. Auf den umliegenden Straßen werden Barrikaden errichtet, ein Durchkommen gibt es nur mit Eintrittskarte. Doch obwohl Asquith letztlich nur vor Männern spricht, kommt es zu Zwischenfällen. Zahlreiche Männer sind auf Seiten der Suffragetten und ermahnen Asquith, endlich etwas für das Frauenwahlrecht zu unternehmen. Dafür werden sie des Saales verwiesen. Draußen versucht währenddessen eine Gruppe Frauen, die Barrikaden niederzureißen. Mary Leigh und Charlotte Marsh ist es gelungen, unbemerkt aufs Dach des Nachbarhauses zu klettern. Von dort werfen sie Dachziegel auf die Straße. Als Asquiths Wagen nach Ende der Versammlung vorbeifährt, versuchen sie ihn mit gezielten Würfen zu treffen. Da die Feuerwehr sich weigert, die beiden Frauen vom Dach zu spritzen, übernimmt die Polizei diese ehrenvolle Aufgabe. Zunächst können sich die Frauen noch an einer Dachschräge festzuklammern, doch wenig später werden sie völlig durchnässt und verletzt von der Polizei heruntergeholt. Marsh erhält drei Monate, Leigh vier Monate Gefängnis. Auch die Barrikadenstürmerinnen werden verhaftet und zu Gefängnisstrafen verurteilt. Unmittelbar nach ihrer Ankunft in Holloway treten sie alle in den Hungerstreik.

Die Situation wird für die Regierung immer heikler. In der Bevölkerung wächst der Unmut. Das Mitleid mit den hungerstreikenden Frauen nimmt zu. Oft sind die Frauen so geschwächt, dass die Gefahr besteht, eine von ihnen könnte sterben. Eine Märtyrerin aber ist genau das, was die Regierung am allerwenigsten brauchen kann. So werden die Frauen meist ziemlich schnell entlassen. Kaum eine verbüßt ihre volle Haftstrafe, womit die Strafe ad absurdum geführt wird. Unmittelbar nach ihrer Genesung reihen sich die Frauen wieder in die Bewegung ein, tauchen erneut bei Demonstrationen auf, werden verhaftet, verurteilt, kommen ins Gefängnis und treten dort erneut in den Hungerstreik.

Um die Frauen im Gefängnis zu halten und sie von weiteren Aktionen auszuschließen, verfällt man auf die Methode der Zwangsernährung. Damit versucht man, den Willen der Suffragetten zu brechen und sie zur Aufgabe zu zwingen. Zudem hofft man, durch Abschreckung die Bewegung zum Erliegen zu bringen. Das Argument, damit vor allem den Hungertod der Frauen verhindern zu wollen, klingt etwas schwach angesichts der unvorstellbaren Grausamkeit und der schweren gesundheitlichen Risiken, die mit der Zwangsernährung bewusst in Kauf genommen werden.

Die Suffragetten bezeichnen die Methode der Zwangsernährung offen als orale Vergewaltigung. Die grausamen Schilderungen der Gefangenen können dies nur bestätigen: »Thursday morning, 16th July… the three wardresses appeared again. One of them said that if I did not resist she would send the others away and do what she had come to do as gently and as decently as possible. I consented. This was another attempt to feed me by rectum, and was done in a cruel way, causing me great pain. She returned some time later and said she had ›something else‹ to do. I took it to be another attempt to feed me in the same way, but it proved to be a grosser and more indecent outrage, which could have been done for no other purpose than torture. I was followed by soreness, which lasted for several days.«[77] Feministische Historikerinnen haben darauf hingewiesen, dass es sich bei der Zwangsernährung tatsächlich um eine gewaltsame Bemächtigung des Körpers durch große physische Kraft, die mit unsäglichem Leid verbunden ist, handelt, was einer Vergewaltigung durchaus gleichkommt. In den nächsten Jahren werden mehr als 1000 Frauen zwangsernährt. Fingerdicke Schläuche werden ihnen durch Nase, Mund, Vagina oder Mastdarm geschoben. Nicht immer sind die Schläuche steril, oftmals werden sie mehrmals verwendet. Die Frauen werden dabei auf einen Stuhl oder auf das Bett gedrückt, von mehreren Wärterinnen festgehalten und festgebunden. Dann führt man ihnen mit Gewalt den Schlauch in die jeweilige Körperöffnung. Im offiziellen Sprachgebrauch der Politiker heißt diese Tortur »Krankenhausbehandlung«. Um die Kritiker zu beruhigen, wird das Gerücht lanciert, Innenminister Churchill habe sich selbst zwangsernähren lassen, um sich zu vergewissern, dass den Frauen nichts geschieht. Trotzdem protestieren Vertreter der Ärzteschaft aufs Heftigste gegen diese Art der Behandlung. 116 Ärzte unterzeichnen eine Eingabe an den Premierminister und warnen vor den unabsehbaren gesundheitlichen Folgen. Doch obwohl das Gesetz die Zwangsernährung von Personen, die geistig gesund sind, verbietet, wird die Zwangsernährung eingeführt. Die erste Frau, der diese unmenschliche Tortur zugemutet wird, ist Mary Leigh, die Frau vom Dach. Unmittelbar nach Beginn ihres Hungerstreiks im September 1909 wird sie auf ihr Bett gedrückt und von zwei Ärzten und mehreren Wärterinnen festgehalten, bis ihr der zwei Meter lange Gummischlauch durch das Nasenloch bis in den Magen gestopft worden ist. Die Schmerzen, die sie dabei erleidet, sind laut ihrer eigenen Aussage unbeschreiblich. Einer der Ärzte klettert auf einen Stuhl und flößt ihr über einen Trichter Nahrung ein, während Mary beinahe erstickt. Tagtäglich wird diese Prozedur nun wiederholt, auch bei ihrer Mitstreiterin Charlotte Marsh. Nach ihrer Entlassung strengt Mary Leigh deswegen vor dem *High Court* ein Verfahren gegen das Innenministerium an. Nach nur zwei Minuten wird das Verfahren eingestellt.

Die Zwangsernährung macht auch vor behinderten Frauen nicht halt. May Billinghurst wird in Holloway zwangsernährt, obwohl sie gelähmt ist und im Rollstuhl sitzt. Miss McCrae ist taub, auch das schützt sie nicht vor dem brutalen Übergriff. Margaret Thompson, deren Gesicht durch einen Autounfall schwer entstellt ist, wird vom Arzt nach kurzer Untersuchung zur Zwangsernährung freigegeben.

Allerdings müssen nicht alle Frauen dieses Leid erdulden. Die britischen Gefängnisse sind Klassengefängnisse. Sind prominente Suffragetten der Oberschicht oft in *First Division* untergebracht, werden Arbeiterinnen wie gewöhnliche Kriminelle behandelt. Ausschlaggebend für ihre Einteilung in die Gefängnishierarchie ist nicht die Tat, sondern der soziale Hintergrund. So wird Selina Martin, eine Arbeiterin aus Liverpool, in Ketten gefangen gehalten und an Armen und Beinen in ihre Zelle geschleift, während man Lady Constance Lytton mit ausgesuchter Höflichkeit begegnet und ihr fortwährend medizinische Betreuung angedeihen lässt.

Während Arbeiterinnen ohne langes Prozedere brutal zwangsernährt werden und keinerlei medizinische Betreuung erhalten, wird jemand wie Lady Constance Lytton umgehend aus der Haft entlassen, nachdem sie in Hungerstreik getreten ist. Auch die Frau des bekannten Journalisten Henry Noel Brailsford wird nicht zwangsernährt. Constance Lytton schämt sich angesichts der Ungleichbehandlungen der Gefangenen so sehr, dass sie sich bei ihrer nächsten Verhaftung als Arbeiterin ausgibt. Das Zweiklassensystem der britischen Gefängnisse ist für die Frauen ein weiteres Argument für das Frauenstimmrecht. Erst wenn Frauen an politischen Entscheidungen mitwirken, würden derartige Missverhältnisse beendet werden.

Obwohl die ersten Zwangsernährungen in der Öffentlichkeit auf harsche Kritik stoßen, behält die Regierung ihre Linie bei. Als George Bernard Shaw im Juli 1909 in einem satirischen Text mit dem Titel *Press Cuttings* das Thema aufgreift, wird er zensiert. Manche Frauen jedoch werden ein Leben lang unter den Folgen der Zwangsernährung leiden, wie etwa Rachel Peace, die aus Angst und Schrecken über das ihr angetane Unrecht den Verstand verliert und den Rest ihres Lebens geistig umnachtet in verschiedenen Pflegeheimen verbringt.

Doch auch der Schrecken der Zwangsernährung bringt die Bewegung nicht zum Stillstand. Im Oktober 1909 attackiert Theresa Garnett auf dem Bahnhof in Bristol Winston Churchill mit einer Hundepeitsche. Kurz zuvor hatte sie eine Gefängnisstrafe erhalten, weil sie während ihrer Haftzeit eine Wärterin gebissen hatte.

Die Suffragetten sind mehr als einfallsreich bei ihren Aktionen. In der *Royal Albert Hall* verstecken sich Frauen während einer Versammlung der Liberalen in der Orgel, nur um bei geeigneter Gelegenheit herauszuspringen und die Versammlung zu stören. Ein andermal sitzen sie unter dem Rednerpult eines Ministers oder gelangen in der Verkleidung von Telegrafenjungen in den Sitzungssaal. Kabinettsmitglieder sehen sich Frauen gegenüber, die in Gymnastikanzügen auf Schornsteinen herumklettern und ihre Reden unterbrechen. Andere springen aus Büschen auf Minister zu, die sich bei einer Partie Golf zu entspannen suchen. In Cambridge wird einem Kandidaten gar eine tote Katze ins Gesicht geschleudert. Einmal versteckt sich eine Suffragette im Wagen von Lloyd George und hält dem verblüfften Mann einen stundenlangen Vortrag über das Frauenwahlrecht. An ein Entkommen ist nicht zu denken, die Tür ist verriegelt und lässt sich trotz aller Bemühungen des Chauffeurs nicht wieder von außen öffnen. Lady Constance Lytton schleudert einen Stein gegen das Auto von Lloyd George, während eine andere Frau versucht, mit einem Beil, das in einem Strauß Chrysanthemen versteckt war, Barrikaden niederzureißen, welche die Polizei zum Schutz des Politikers errichtet hat.

Neben diesen gezielten Angriffen auf Politiker finden das ganze Jahr über große Frauenprozessionen statt, angeführt von einer Suffragette hoch zu Ross. Die Paraden sind Inszenierungen erster Güte. Elsie Howey führt auf einem weißen Pferd sitzend mit der Fahne der WSPU in den Händen am 16. April 1909 den Zug an, mit dem die Freilassung von Emmeline Pethick-Lawrence aus der Haft gefeiert wird. Musikkapellen begleiten den Tross. Unter den Tausenden von Teilnehmerinnen ist auch eine Abordnung der amerikanischen Frauenstimmrechtsbewegung, die in einem mit dem amerikanischen Banner geschmückten Wagen sitzt. Am Ende des langen Zuges fährt ein Auto, geschmückt mit den Stimmrechtsflaggen, gefahren von der ersten weiblichen Chauffeuse Englands. In ihm steht mit einem Blumenstrauß im Arm Emmeline Pethick-Lawrence.

1910

Das Jahr 1910 beginnt mit einer Neuwahl, die nötig geworden ist, nachdem das Oberhaus den Haushaltsentwurf der Regierung zurückgewiesen hat. Die Wahl wächst sich zum Kampf Unterhaus ge

Wagen für eine Suffragettendemonstration

gen Oberhaus aus. Obwohl diese Wahlen für das parlamentarische System von großer Wichtigkeit sind und die Suffragetten von allen Seiten bestürmt werden, ihre Agitation gegen die liberalen Kandidaten zu beenden, führen sie ihren Kampf weiter wie bisher. Mit dem Ergebnis, dass die Wahlkampfsäle der Liberalen zu Festungen ausgebaut werden. Die Fenster werden mit Brettern vernagelt oder mit Gittern geschützt. So sollen die Frauen am Eindringen gehindert werden. Ein Großaufgebot von Saalordnern sorgt dafür, dass Störer umgehend aus dem Saal geworfen werden. Frauen wird der Zutritt zu den Versammlungen bald generell verwehrt. Dass die Suffragetten findig genug sind, ein Schlupfloch zu entdecken, bedarf eigentlich keiner besonderen Erwähnung. Bei einer Wahlveranstaltung mit Lloyd George in Louth gelingt es zwei Frauen im Saal lautstark zu demonstrieren, nachdem sie sich zuvor fünfundzwanzig Stunden lang in den Dachsparren des Saales versteckt hatten.

Die Zufahrtsstraßen zu den Veranstaltungsorten werden weiträumig abgesperrt, Polizeitruppen aus dem ganzen Land zur Verstärkung herangezogen. Allen Regierungsmitgliedern werden Leibwächter zugeteilt, die sie auf Schritt und Tritt bewachen. Doch die Regierung hat den Frauen bereits genug Material an die Hand gegeben. Im ganzen Land lässt die WSPU Plakate anbringen, auf denen Zwangsernährungen abgebildet sind. Die grausamen Bilder verfehlen ihre Wirkung nicht. In fast allen Wahlkreisen verzeichnen die Liberalen Stimmverluste. Insgesamt verlieren sie fast hundert Sitze an die Konservativen. Damit ist die Mehrheit der Regierung so geschrumpft, dass sie von den Abgeordneten der *Labour Party* und der *Irish National Party* abhängig ist. In dieser Situation gibt die Regierung zu verstehen, dass sie zum Einlenken bereit sei, wenn man ihr einen Gesichtsverlust erspare. Die Suffragetten erklären einen vorübergehenden Waffenstillstand. Zum ersten Mal scheint die Entwicklung tatsächlich eine positive Wendung zu nehmen.

Im Frühjahr 1910 bildet sich auf Anregung von Henry Noel Brailsford ein sogenannter Versöhnungsausschuss, der alle Befürworter des Frauenstimmrechts im Parlament an einen Tisch bringen will, um einen Gesetzesentwurf auszuarbeiten, an dessen Ende zumindest ein eingeschränktes Frauenwahlrecht steht. Den Vorsitz übernimmt Lord Lytton. Dem Ausschuss gehören Abgeordnete aller Parteien an, was die Arbeit nicht unbedingt erleichtert. Zu verschieden sind die Forderungen, die selbst Befürworter an das Frauenstimmrecht haben. Wollen die Konservativen ein Wahlrecht, das an Besitz gekoppelt ist, lehnen die anderen Parteien genau dies ab, fürchten sie doch eine Stärkung der Konservativen. Letztendlich einigt man sich darauf, weiblichen Haushaltsvorständen und Mieterinnen, die jährlich mindestens zehn Pfund Miete bezahlen, das Wahlrecht zu geben. Alle Frauenstimmrechtsvereinigungen, auch die WSPU, stimmen dem Vorschlag zu, wenn auch nicht mit übermäßiger Begeisterung. Zahlreiche Intellektuelle, Wissenschaftler und Prominente bekunden öffentlich ihre Unterstützung. Am 14.

Juni 1910 wird die *Conciliation Bill* von D. J. Shackleton im Unterhaus eingebracht und dort mit großer Mehrheit verabschiedet. Die WSPU organisiert vier Tage später eine Kundgebung in der *Royal Albert Hall*, an der zahlreiche Frauenstimmrechtsvereine aus dem In- und Ausland teilnehmen. Der Demonstrationszug dorthin ist mehrere Kilometer lang, ein weißes Kleid reiht sich an das nächste. An der Spitze marschieren 617 ehemalige inhaftierte WSPU-Mitglieder, jede mit einem großen silbernen Pfeil in den Händen. Es wird eine Manifestation der Größe der Bewegung. Die Zuversicht ist groß. Noch nie zuvor standen so viele Menschen auf Seiten der Frauen. Auch wenn Premierminister Asquith persönlich gegen die Vorlage ist, glaubt niemand, dass sich die Regierung gegen die Mehrheit des Unterhauses stellen wird. Für den 11. und 12. Juli wird die zweite Lesung des Entwurfes angesetzt. Zum Entsetzen der Frauen sprechen sich Lloyd George und Winston Churchill, die bis dahin eigentlich als Befürworter des Frauenstimmrechts galten, gegen die Vorlage aus. Aufgrund ihres Zensus sei sie undemokratisch und müsse neu verhandelt werden. Dass auch das Männerwahlrecht auf Zensus beruht und trotzdem keineswegs als undemokratisch gilt, tut dieser Argumentation keinen Abbruch. Dennoch wird die Vorlage auch bei ihrer zweiten Lesung mit großer Mehrheit angenommen. Doch bevor es zur dritten Lesung kommt, beginnt ein geschicktes Taktieren von Seiten der Regierung. Zunächst einmal erklärt Premier Asquith, dass es in dieser Sitzungsperiode keinen Termin mehr für die weitere Behandlung der Vorlage geben werde. Im Oktober folgt die Ankündigung, dass auch in der Herbstsitzung kein Termin frei wäre. Für die WSPU wird immer klarer, dass die Vorlage scheitern wird. Doch auch wenn sie das Gefühl beschleicht, dass ihr guter Wille schmählich verraten worden ist, halten sie sich an die Vereinbarungen mit der Regierung, keine weiteren militanten Aktionen durchzuführen. Noch nicht! Am 10. November 1910 erklärt Emmeline Pankhurst bei einer Rede in der *Royal Albert Hall*: »Dies ist der letzte Versuch der Sozialen und Politischen Frauenunion, mit verfassungsmäßigen Mitteln die Umsetzung der Vorlage in ein Gesetz zu erreichen. Falls die Vorlage trotz unserer Anstren-

Prozession der Suffragetten im Jahr 1910

gungen von der Regierung zu Fall gebracht wird, dann muß ich sagen, daß dies das Ende des Waffenstillstands bedeutet.«[78]

Am Freitag, den 18. November beginnt die neue Sitzungsperiode des Parlaments mit der Ankündigung Asquiths, dass die Eröffnung vertagt werde. An diesem Tag ziehen mehr als 450 Frauen, gesetzestreu in Gruppen von jeweils zwölf, von *Caxton Hall* zum Unterhaus. Was dann geschieht, geht als Schwarzer Freitag in die Geschichte der Frauenstimmrechtsbewegung ein. Die Frauen werden bei ihrem Marsch auf dem *Parliament Square* mit äußerster Brutalität von der Polizei gestoppt. Diese hat Anordnung erhalten, niemanden zu verhaften, sondern die Frauen durch Stöße, Tritte und Schläge zum Rückzug zu bewegen. Man will nicht schon wieder hungerstreikende Märtyrerinnen in den Gefängnissen haben. Alle später von den Frauen zu Protokoll gegebenen Aussagen decken sich, sie seien jeweils einzeln von mehreren Polizisten in die Mangel genommen und zusammengeschlagen worden. Zahlreiche Frauen geben an, es sei dabei auch zu sexuellen Übergriffen gekommen. Nachdem die Frauen sich trotz aller Gewalt nicht davon abhalten lassen, ihren Weg zum Unterhaus fortzusetzen, werden berittene Polizeistaffeln eingesetzt. Über sechs Stunden dauert die Schlacht, an deren Ende hundertfünfzehn Frauen und vier Männer verhaftet werden. Unzählige Verletzte müssen behandelt werden. Drei Frauen erliegen kurz darauf ihren Verletzungen oder sterben an Herzversagen. Später heißt es von offizieller Seite, die Frauen hätten die Gewalt provoziert. Zudem sei die Polizei einfach überfordert gewesen mit einem Einsatz gegen Mittelschichtfrauen. Doch Historikerinnen wie Susan Kingsley Kent und Martha Vicinus sehen in der Brutalität eine Art sexuellen Missbrauch und werten diesen in engem Zusammenhang mit dem Frauenbild der Viktorianischen und Edwardischen Ära, nach dem anständige Frauen zu Hause blieben und nicht in der Öffentlichkeit auftraten. Dies taten nur Männer und Prostituierte, und indem die Frauen in die Öffentlichkeit gegangen waren, waren sie in den Augen der Männer keine anständigen Frauen mehr, sondern Prostituierte, deren Körper man nach Belieben misshandeln konnte. Die politische Verantwortung für den Schwarzen Freitag liegt bei Innenminister Winston Churchill, der sich rückhaltlos vor die Polizei stellt: »I cannot but conclude without reaffirming my conviction that the Metropolitan Police behaved on November 18 with the forbearance and humanity for which they have always been distinguished, and again repudiating the unsupported allegations which have issued from the copious fountain of mendacity the Womens' Social and Political Union.«[79] Angesichts des öffentlichen Unmutes sieht er sich jedoch veranlasst, die Inhaftierten umgehend freizulassen und alle Verfahren einzustellen. Doch für das weitere Vorgehen der WSPU ist diese Geste bedeutungslos. In ihren Augen hat die Regierung einmal mehr gezeigt, dass sie nicht mit sich reden lassen wird. Damit wird eine Gewaltspirale in Gang gesetzt, deren Ausmaß noch nicht abzuschätzen ist. Winston Churchill selbst wird von Hugh Franklin, einem jungen Unterstützer der Suffragetten, als Sühne für den Schwarzen Freitag einige Tage später in seiner Kutsche überfallen und mit einer Reitpeitsche geschlagen.

Einen Tag nach den Ausschreitungen bewerfen die Suffragetten unter der Führung von Emmeline Pankhurst das Auto des Premier-

Kampfeinsatz am »Schwarzen Freitag«, dem 18.11.1910

ministers mit Steinen. Die Windschutzscheibe zersplittert, ein Minister wird verletzt. In den folgenden Nächten gehen die Fensterscheiben in den Privathäusern vieler Politiker sowie in zahlreichen Ministerien zu Bruch. Amelia Brown und Alice Paul gelingt es, sich auf einem Festbankett des Londoner Bürgermeisters einzuschleichen, zu dem auch der Premier und Winston Churchill geladen sind. Sie verbergen sich unter dem Tisch, und als die Gäste sich erheben, um einen Toast auf den König auszubringen, wirft Amelia Brown ihren Schuh durchs Fenster, so dass es in tausend Scherben zerspringt. Mrs. Mackworth gelingt es einige Zeit später in Schottland, auf das fahrende Auto des Premierministers aufzuspringen und ihn dabei fast zu Tode zu erschrecken. Kurz darauf trifft ein Frauenstiefel die Haustüre von Herbert Samuel, einem der eifrigsten Gegner des Frauenstimmrechts im Parlament. Dass die Türe dabei zersplittert, spricht mehr für die Qualität englischer Schuhe als für die Qualität englischer Türen. Eine neue Verhaftungswelle ist die Folge dieser Angriffe, doch angesichts der bevorstehenden Neuwahlen im Januar 1911 werden alle Frauen rasch wieder entlassen.

1911

Obwohl die Suffragetten sich zunehmend zu einem Problem für die liberale Regierung entwickeln, gehen die Liberalen bei den Wahlen als Sieger hervor. Asquith wird erneut Premierminister. In der neuen Sitzungsperiode, die gekennzeichnet ist durch die Krönung George V., wird eine neue, leicht veränderte Vorlage zum Frauenstimmrecht eingebracht, in der unter anderem die Klausel der Mindestmiete wegfällt und die nun alle weiblichen Haushaltsvorstände berücksichtigt. Wieder durchläuft die Vorlage ohne Probleme die erste Lesung. Die zweite Lesung wird auf den 5. Mai festgelegt. Nachdem Asquith erneut Anstalten macht, die Lesung zu torpedieren, verstärken die Frauen ihren Druck und beschließen den Boykott der für April geplanten Volkszählung.

Seit 1801 findet in Großbritannien alle zehn Jahre eine Volkszählung statt. 1911 ist es wieder so weit. Doch diesmal weigern sich die Frauenstimmrechtlerinnen, daran teilzunehmen. »Kein Wahlrecht, keine Volkszählung« lautet ihr Credo. Die *Women's Freedom League* organisiert den Boykott und wird dabei von WSPU und NUWSS unterstützt. Am Tag der Volkszählung bleibt eine große Anzahl englischer Frauen ihren Häusern fern. Von langer Hand haben sie Vorbereitungen getroffen, um an diesem Tag außer Hause zu schlafen oder sich zu verbarrikadieren. Frauen mit großen Häusern bieten ihren Mitstreiterinnen Betten an. In Edinburgh mietet die WSPU ein großes Café an, damit Frauen, die sich der Volkszählung entziehen wollen, einen sicheren Aufenthaltsort haben. Manche Frauen bleiben im Hauptquartier der *Women's Freedom League* in Glasgow oder in irgendeinem Büro der WSPU. Andere besuchen eine der zahlreichen Veranstaltungen, die von den Frauenstimmrechtsorganisationen initiiert worden sind. Die Parks sind voll von picknickenden Frauen. Einige flüchten sich in Kirchen und verbringen dort das Wochenende. Wieder andere treffen sich auf dem *Trafalgar Square* oder laufen die ganze Nacht Schlittschuh auf der Eislaufbahn in Aldwych. Theater geben Vorstellungen, Restaurants öffnen extra für die Verweigerinnen. Die Besitzerin eines großen Hauses in Bristol, der die Unterlagen zur Volkszählung zugestellt werden können, schreibt den Namen ihres Dieners hinein sowie folgenden Satz: »Keine weiteren Personen, nur jede Menge Frauen«. Weil die Zahl der Verweigerinnen so groß und unüberschaubar ist, verzichtet die Regierung letztlich darauf, sie zu bestrafen.

Am 5. Mai 1911 wird die *Conciliation Bill* in der zweiten Lesung mit einer Stimmenmehrheit von 137 Stimmen angenommen. Lloyd George erklärt noch einmal, er sei strikt gegen das Gesetz, das einzig und allein den Konservativen neue Wähler bringen wird. Dennoch fordern Unterhaus und Öffentlichkeit von der Regierung eine rasche Terminfestsetzung zur dritten Lesung. Doch wie gehabt erklärt Asquith erneut, es gäbe in dieser Sitzungsperiode keinen freien Termin mehr. Er verspricht jedoch, in der Herbstperiode einen zu benennen. Zuversicht breitet sich aus angesichts dieser Zusagen. Wiederum legen die Suffragetten alle fürs Frühjahr geplanten militanten Aktionen auf Eis, formieren sich stattdessen am 19. Juni zu einem großen Prozessionszug, an dessen Spitze nun schon über 1000 ehemalige Gefangene marschieren. Sie sind wieder ganz in Weiß gekleidet und tragen ein Banner mit der Aufschrift: »Vom Gefängnis zum Bürgerrecht«. Tausende von Frauen marschieren Richtung *Royal Albert Hall*. Dabei singen sie *The March of the Women*, die neue Hymne der WSPU, vertont von der großen englischen Komponistin Ethel Smyth.

Sie sind erneut voller Hoffnungen und werden erneut enttäuscht. Kurz nachdem das Parlament zu seiner Herbstsitzung zusammentritt, verkündet die Regierung, dass sie in der nächsten Sitzungsperiode 1912 einen Gesetzentwurf zum allgemeinen Wahlrecht für Männer einbringen wird. Die Nachricht schlägt ein wie eine Bombe. Für die Frauenstimmrechtsbewegung ist sie ein Schlag ins Gesicht.

Während sich die Regierung mit aller taktischen Finesse weigert, über ein eingeschränktes Frauenwahlrecht auch nur nachzudenken, wird auf der anderen Seite das allgemeine Wahlrecht für Männer angekündigt. Während die Frauen seit Jahrzehnten vergebens um ihr Recht kämpfen, erhalten die Männer ihres ohne jegliches Zutun. Die Empörung ist grenzenlos, denn dies ist das Ende der *Conciliation Bill*. Ein allgemeines Wahlrecht für Männer und ein auf Besitz gegründetes Wahlrecht für Frauen können nicht parallel bestehen. Das ist allen klar. Damit gibt Asquith der *Conciliation Bill* den Todesstoß, denn die Mehrheit der Abgeordneten würde sich hüten, irgendetwas zu unternehmen, um die Einführung des allgemeinen Wahlrechts für Männer zu verhindern. »If Mr. Asquith desired to revive a violent outbreak of militancy, he could not have acted differently or done more to promote his end«, schreibt Millicent Fawcett später in ihren Erinnerungen.[80]

Nicht nur die Suffragetten, auch die Presse ist über diese Finte empört. Selbst der Zusatz der Regierung, dass das Gesetz so formuliert werde, dass, falls das Unterhaus dies irgendwann einmal wünsche, auch eine Veränderung in Richtung Frauenwahlrecht möglich sei, kann die Gemüter nicht beruhigen. Asquith hat mit seinem Vorstoß alle brüskiert, die sich für das Frauenstimmrecht eingesetzt haben. Neun Frauenstimmrechtsvereine schicken Vertreterinnen zum Premier, und dieses Mal empfängt er sie. Für die WSPU erscheinen Emmeline Pethick-Lawrence, Annie Kenny, Lady Constance Lytton, Elisabeth Robins und Christabel Pankhurst am 17. November 1911 in Downing Street. Sie beschuldigen den Premier der arglistigen Täuschung, doch Asquith verschanzt sich hinter der Ausrede, dass er selbstverständlich auch weiterhin über einen Termin für die dritte Lesung der *Conciliation Bill* nachdenken werde, bedauerlicherweise aber bisher noch keinen geeigneten Termin gefunden hätte. Auf Christabels wütenden Aufschrei, sie sei mit dieser Antwort nicht zufrieden, erklärt Asquith brüsk, er habe auch gar nicht vorgehabt, ausgerechnet sie zufriedenzustellen.

Die Delegation verlässt Downing Street ergebnislos und wütend. Noch in der Nacht werden im Innenministerium, im Kriegs- und

Außenministerium, im geheimen Kronrat, im Handelsministerium, im Finanzministerium, im Sitz des Generalstandesbeamten, im nationalen Club der Liberalen, in Postämtern, in der *Old Banqueting Hall*, in der *London Bank*, in der *South West Bank* und vielen anderen Gebäuden inklusive den Wohnsitzen verschiedener liberaler Politiker die Fensterscheiben eingeworfen. Christabel Pankhurst gibt dazu eine knappe, aber deutliche Erklärung: »The message of the broken pane is that women are determined that the lives of their sisters shall no longer be broken, and that in future those who have to obey the law shall have a voice in saying what that law shall be. Repression cannot break the spirit of liberty. The time has come when, in the interests of the community, a just and reasonable demand must be satisfied and peace secured by granting of votes for women.«[81]

Im Klartext heißt das: Der Waffenstillstand ist beendet. Der Krieg hat begonnen!

Die Tapfere:
Lady Constance Lytton
(1869–1923)

*»Unter einer Regierung, die irgendjemanden un-
rechtmäßig einsperrt, ist im Gefängnis der angemessene Platz für einen gerechten Menschen.«*
(Nach Henry David Thoreau, von Constance
Lytton an die Wand ihrer Zelle geschrieben.)

Lady Constance Georgina Lytton wird am 12. Februar 1869 in Wien geboren. Sie stammt aus einer berühmten englischen Familie. Ihr Vater Robert, First Earl of Lytton, ist ein bedeutender britischer Politiker und Diplomat. Der Kampf um Frauenrechte scheint ihr in die Wiege gelegt zu sein, ist doch ihre Urgroßmutter niemand anders als Anna Wheeler, die 1825 William Thompson zu seinem *Appeal of One Half of the Human Race* veranlasst hatte und als eine der ersten britischen Feministinnen des 19. Jahrhunderts gilt. Sie selbst macht schon als Kind die Bekanntschaft unzähliger berühmter Intellektueller, Politiker und Künstler. Constance ist geprägt vom unsteten Leben eines Diplomatenkindes. Den größten Teil ihrer Kindheit verbringt sie in Europa, wo ihr Vater im diplomatischen Dienst in Wien, Paris und Lissabon tätig ist. 1875 zieht die Familie nach Indien, wo der Vater auf Vorschlag Benjamin Disraelis zum Vizekönig ernannt wird. Als Constance 11 Jahre alt ist, kehrt die Familie nach England zurück und lässt sich in Knebworth, Hertfordshire, nieder. Als Lord Lytton zum Botschafter ernannt wird, erfolgt 1887 der Umzug nach Paris.

1891 stirbt ihr Vater, die Familie geht zurück nach London. Der Tod des Vaters lässt die Familie in unsicheren finanziellen Verhältnissen zurück, wohl auch ein Grund, weshalb die Mutter Constance gerne an der Seite eines reichen Mannes sehen würde. Doch Constance beginnt für die Zeitung *The Realm* zu schreiben, und bald stellt sich heraus, dass sie ein wahres journalistisches Talent ist.

Ein Jahr nach dem Tod des Vaters verliebt sie sich auf einer Reise nach Südafrika in John Ponsonby, den Sohn des Privatsekretärs von Königin Victoria. Das Paar kommt überein, mit der Hochzeit so lange zu warten, bis Ponsonby eine Stellung gefunden hat, die es ihm ermöglicht, eine Familie angemessen zu ernähren. Doch dies wird niemals eintreten. Nach monatelangem Warten trifft er in England ein, um Constance mitzuteilen, dass seine Zukunft ungesichert ist und wohl auch bleiben wird. Ein jahrelanges Hoffen und Bangen setzt ein, unzählige Briefe und zahlreiche Besuche verhindern eine endgültige Trennung, zu der sie nicht nur die Mutter drängt. Auch als Constance und ihre Mutter 1902 aufs Land zurück nach Knebworth ziehen, bleibt der Kontakt bestehen. Doch wie in der Geschichte von den zwei Königskindern gelingt es ihnen nicht, endgültig zueinanderzufinden, und um 1905 herum bricht der Kontakt ab.

1906 erbt Constance von ihrer Taufpatin Lady Bloomfield ein Vermögen von 1000 Pfund. Sie unterstützt mit dem Geld einen Verein von Arbeitermädchen, dessen Mitglieder sie im September 1908 zu einer Sommerfrische in Littlehampton einladen. Hier macht sie die Bekanntschaft von Emmeline Pethick-Lawrence und Annie Kenny. Die beiden Frauen machen großen Eindruck auf Lady Constance, die nicht weiß, mit wem sie es zu tun hat. Erst als in den darauffolgenden Tagen ehemalige Insassen aus Holloway eintreffen, wird ihr klar, dass es sich bei den Frauen um Suffragetten handelt. Obwohl sie für das Frauenstimmrecht ist, lehnt sie deren Methoden strikt ab und hält die Bedeutung, die diese Frauen dem Wahlrecht zumessen, schlichtweg für übertrieben. Trotzdem hört sie sich die Schilderungen der entlassenen Frauen an und ist entsetzt von deren Erzählungen. In den nächsten Wochen liest sie sich wie eine Besessene durch die Literatur der Bewegung. Als sie immer öfter die ungerechte Behandlung der Suffragetten durch Justiz und Polizei erlebt und ihre eigene Ohnmacht verspürt, ihnen trotz ihrer einflussreichen Freunde nicht helfen zu können, wechselt sie endgültig auf deren Seite. Am 19. Januar 1909 tritt sie der WSPU bei. Einen Monat später verlässt sie Knebworth in Richtung London, ohne sich von ihrer Mutter zu verabschieden. Zu groß sind ihre Befürchtungen, irgendjemand könnte sie in letzter Minute von ihrem Schritt ins Leben, ihrer ersten militanten Aktion zurückhalten. In London angekommen, verfasst sie einen Brief, in dem sie ihre über alles geliebte Mutter um Verständnis bittet.

Am 24. Februar 1909 nimmt Lady Constance an ihrer ersten Suffragettenaktion teil. Als Mitglied einer Abordnung von Frauen versucht sie ins Parlament zu gelangen, um dem Premierminister eine Resolution zum Frauenwahlrecht zu überreichen. Nach einer heftigen Auseinandersetzung mit der Polizei, welche die Frauen an ihrem Marsch hindern will, wird sie zum ersten Mal verhaftet. Sie wird zu einer Gefängnisstrafe von vier Wochen verurteilt. Die Ankunft in Holloway, die Registrierung, die Abgabe aller persönlichen Dinge und das Überziehen der Gefängniskleidung sind ein Schock für Lady Constance, die jedoch auf alle Privilegien, die ihr die Gefängnisleitung angesichts ihrer Abstammung anbietet, verzichtet. Die Tatsache, dass sie im Krankenflügel statt wie ihre Mitstreiterinnen in einer ordinären Gefängniszelle untergebracht wird, empört sie so sehr, dass sie alle zusätzliche Nahrung, die ihr hier zusteht, strikt verweigert und statt im Bett auf dem Zellenboden schläft. In ihrem Bemühen, die Gefängnisleitung dazu zu bringen, sie wie jede andere Gefangene zu behandeln, beschließt sie, sich mit einer Haarklammer die Worte »Votes for Women« in den Körper zu ritzen, beginnend von der Brust bis übers Gesicht. Als sie das nächste Mal untersucht wird, finden die Ärzte ein großes »V« über ihrer Brust. Nach der Versorgung der Wunde wird sie zu ihren Kameradinnen in die Gefängniszelle gebracht.

Von nun an gehört Constance ganz der WSPU. Sie reist durchs Land, hält Reden und versucht ihre Freunde dazu zu bringen, sich für das Frauenstimmrecht einzusetzen. Nun kommen ihr die familiären Kontakte zu hochrangigen Politikern und ihr bekannter Name zugute, der ihr Türen öffnet, die anderen Frauen verschlossen bleiben.

Am 9. Oktober 1909 wird sie gemeinsam mit Emily Wilding Davison in Newcastle verhaftet, als sie einen Stein gegen das Auto eines Ministers schleudert. Der Stein ist in ein Papier gewickelt, auf dem steht: »Für Lloyd George: Rebellion gegen Tyrannei ist Gehorsam gegen Gott. Worte, statt Taten«. Noch im Untersuchungsgefängnis in Newcastle verfasst sie im Namen von elf Suffragetten einen Brief an den Herausgeber der *London Times*, in dem sie die Absicht ihres

Protestes erklärt, der sich gegen eine Regierung richtet, die den Frauen noch immer das Wahlrecht vorenthält. An die Wand ihrer Zelle schreibt sie: »Die Unterdrückten verteidigen, für die Schutzlosen kämpfen, die Kosten nicht zählen.«[82]

Diesmal erhält sie einen Monat Gefängnis, wird aber aufgrund ihres schwachen Herzens bereits nach zwei Tagen entlassen. Niemand versucht sie zwangszuernähren, jeder nimmt Rücksicht auf ihre Konstitution. Erneut empfindet sie die Sonderbehandlung, die man ihr als Tochter des ehemaligen Vizekönigs von Indien angedeihen lässt, als Schmach. Eine Schmach, die sie nie mehr wieder erleben will.

Nach einer Demonstration vor dem Gefängnis in Liverpool gegen die Haftbedingungen der Suffragetten wird sie am 14. Januar 1910 erneut verhaftet. Weil sie dieses Mal um jeden Preis eine Sonderbehandlung verhindern und zudem den Beweis erbringen will, dass die britische Justiz eine Klassenjustiz ist, hat sie ihr langes Haar abgeschnitten und gefärbt. Sie hat sich als Arbeiterin verkleidet und gibt ihren Namen mit Jane Wharton an. Die Behandlung anderer Suffragetten, die zu unbekannt sind, als dass sie öffentliches Interesse hervorrufen, hat in ihr den Entschluss reifen lassen, die Taktik der Regierung zu enthüllen. Vierzehn Tage Gefängnis lautet die Strafe. Diesmal erhält sie nicht die Vorzugsbehandlung einer politischen Gefangenen, sondern landet in der Abteilung für gemeine Kriminelle. Wie ihre Mitstreiterinnen tritt sie deshalb in den Hungerstreik. Diesmal wird sie nicht auf mögliche Herzprobleme untersucht, diesmal gibt es statt Mitleid Schläge, Beleidigungen, Arrestzelle und Zwangsernährung. Am Dienstag, den 18. Januar gegen 17.00 Uhr erlebt sie zum ersten Mal die Tortur der Zwangsernährung. Insgesamt acht Mal wird sie zwangsernährt. Als sie sich vor lauter Übelkeit auf die Kleidung des Arztes übergibt, schlägt er sie mit voller Wucht ins Gesicht. Später schildert sie in ihren Schriften ausführlich, welche Grausamkeiten an ihr begangen wurden. Als die Behörden schließlich ihre wahre Identität entdecken, wird die bereits völlig apathische Gefangene am 23. Januar entlassen. Doch der Skandal ist nicht mehr abzuwenden. Die Tochter des britischen Vizekönigs in Indien, malträtiert und geschunden, schlimmer behandelt als eine gemeine Verbrecherin. Offen klagt sie die Verantwortlichen an, hält im ganzen Land Reden über ihre Zeit im Gefängnis und die unmenschliche Behandlung, die ihr zuteilgeworden ist. Die Empörung innerhalb der Öffentlichkeit ist so groß, dass sich die Regierung veranlasst sieht, eine Untersuchung der Vorgänge anzuberaumen. Obwohl man hierbei versucht, die Glaubwürdigkeit von Constance Lytton zu erschüttern und die Einteilung von Gefangenen nach sozialem Status empört zurückweist, stellt die offensichtliche Ungleichbehandlung der Gefangenen, wie sie Constance am eigenen Leib erlebt hat, Regierung und Justiz ein schlechtes Zeugnis aus. Bei den Parlamentswahlen Ende Januar verlieren die Liberalen fast 100 Sitze.

Auch wenn Constance Lytton die grausame Behandlung im Gefängnis überlebt, gibt das ihrer ohnehin schwachen Gesundheit den Rest. Bis Juni 1910 ist sie nicht in der Lage, ihre Tätigkeit wiederaufzunehmen. Um ihr Auskommen zu sichern, bietet ihr die WSPU eine bezahlte Tätigkeit innerhalb der Organisation an. Mit einem Gehalt von 2 Pfund wöchentlich mietet sie sich ein Zimmer nahe der Euston Road. Im August 1910 erleidet sie einen Herzanfall, von dem sie sich nie mehr richtig erholt. Trotzdem hält sie unvermindert weiter Versammlungen ab, geht auf Reisen quer durchs Land. Als sie im November 1911 wegen des Zertrümmerns von Fensterscheiben eines Postamtes in der Victoria Street inhaftiert wird, verschlechtert sich ihr Gesundheitszustand so rapide, dass die Gefängnisleitung befürchtet, sie könne sterben. Daraufhin wird sie umgehend entlassen, eine Märtyrerin der Bewegung aus bestem Hause ist das Letzte, was die britische Regierung gebrauchen kann. Ein paar Monate später erleidet sie einen Schlaganfall, durch den sie für den Rest ihres Lebens halbseitig rechts gelähmt bleibt.

Jetzt, da sie nicht mehr an Aktionen teilnehmen kann, verlegt sie sich aufs Schreiben. Mit eiserner Disziplin bringt sie sich mit der linken Hand das Schreiben bei. Neben zahlreichen Artikeln und Aufsätzen veröffentlicht sie 1914 ein Buch über ihre Zeit im Gefängnis: *Prisons and Prisoners*. Als die Frauenstimmrechtsbewegung in ihrer militantesten Phase damit beginnt, leerstehende Häuser in die Luft zu jagen, kann sie mit Constance Lyttons publizistischer Hilfe rechnen. Während des Krieges unterstützt Constance Lytton nach Kräften die zivilen Opfer des Krieges: Frauen und Kinder. Sie macht alles, was ihr geblieben ist, zu Geld, verkauft Bücher, Teppiche und Porzellan, um die ärgste Not zu lindern.

Obgleich ihre Mutter das politische Engagement der Tochter missbilligt, unterstützt sie Constance bei ihrer schriftstellerischen Tätigkeit und übernimmt in den nächsten elf Jahren aufopferungsvoll die Pflege der Kranken, die nun auf Hilfe angewiesen ist. Constance Lytton stirbt am 22. Mai 1923 mit 54 Jahren viel zu früh in Knebworth.

»Wir haben Bittschriften geschrieben, wir haben uns beschwert, wir haben gefleht, wir haben uns zu Füßen des Throns geworfen, und alles war vergebens. Wir müssen kämpfen. Ich wiederhole Sir, wir müssen kämpfen.« (Patrick Henry, amerikanischer Unabhängigkeitspolitiker)

VII. »Den Frauen wurde der Krieg erklärt«
Von den Töchtern des Ares

1912

Nach der Wiedereröffnung des Parlaments im Februar 1912 erklärt sich der Abgeordnete der Konservativen, Agg Gardner, bereit, die *Conciliation Bill* erneut einzubringen. Während die NUWSS auch weiterhin all ihre Hoffnung darauf setzt, lehnt die WSPU aufgrund der veränderten Bedingungen die Vorlage ab. Unter den gegebenen Umständen kann es für sie nur noch absolute Konfrontation gegenüber einem Wahlgesetz geben, das nicht die gleichen Bedingungen für Frauen und Männer vorsieht. Ein eingeschränktes Wahlrecht für Frauen ist mit der WSPU nicht mehr zu machen. Am 16. Februar 1912 wird die härtere Gangart bei einem Treffen im vom Volksmund »Guerilla-Tearoom« genannten Hauptquartier in London abgesegnet. Damit ist die Zerstörung von Eigentum nun offizielle Politik der WSPU. Welche Ausmaße dies annehmen wird, ist noch unabsehbar. Die Höhe der Gewalt wird vom Staat bestimmt, nicht von der WSPU, das ist Emmeline Pankhursts eindeutige Ansage: »Wir wollen keine unnötig starken Waffen einsetzen. Wenn der Stein, dieses altehrwürdige Argument offizieller Politik, ausreicht, dann werden wir niemals ein stärkeres Argument einsetzen. […] Wir haben es lange genug versucht. Jahrelang hielten wir geduldig Beleidigungen und tätliche Angriffe aus. Frauen erlitten Schaden an ihrer Gesundheit. Frauen verloren ihr Leben. Wir hätten das bei Erfolg hingenommen, aber wir hatten keinen. Mit dem Zerbrechen von Glas erreichten wir bei geringerem Leid mehr, als wir je erreicht haben, wenn wir unsere Körper von ihnen zerbrechen ließen. [...] Dieser Gesichtspunkt sollte im Kampf die Wahl der Waffen bestimmen. Also werden wir jetzt ausprobieren, ob Steine allein ausreichen.«[83]

Für den 4. März wird eine Demonstration angekündigt. Während sich die Staatsmacht für diesen Tag wappnet, laufen abseits der offiziellen Pfade jedoch Vorbereitungen für eine illegale Demonstration am 1. März. Am Nachmittag dieses Tages lassen sich einige WSPU-Mitglieder, darunter Emmeline Pankhurst, mit dem Taxi zum Sitz des Premierministers nach Downing Street bringen. Dort werfen sie in einer gezielten Aktion die Fensterscheiben ein. Sie werden sofort verhaftet und aufs Revier in der *Cannon Row* gebracht. Doch was wie eine Einzelaktion gegen den Regierungschef wirkt, ist der Startschuss für eine Großoffensive der WSPU. Im Abstand von fünfzehn Minuten gehen in ganz London Fensterscheiben zu Bruch. Elegante Damen der Londoner Gesellschaft ziehen aus ihren Handtaschen Steine und kleine Hämmer und werfen diese in die Scheiben der völlig verdutzten Ladeninhaber. In *Haymarket* und *Piccadilly* werden die Schaufensterscheiben der Geschäfte eingeworfen. Kurz darauf klirrt es in der *Regent Street* und am *Strand*. Wenige Minuten später trifft es die Geschäfte in der *Oxford Street* und der *Bond Street*. Die Polizei steht den Überraschungsangriffen der Suffragetten machtlos gegenüber. Wann immer sie die Angreiferinnen in Gewahrsam nimmt, klirren anderswo die Scheiben. Einige Geschäftsinhaber versuchen ihre Geschäfte zu schützen, indem sie die Läden vor den Auslagen schließen. Andere stellen Verkäufer als Wachen vor die Türe. Doch die großen Schäden sind nicht mehr zu verhindern.

Noch vor kurzem hatte die Regierung erklärt, dass die Frage des Frauenstimmrechts für die Bevölkerung nicht von Interesse sei, die meisten dem Anliegen der Frauen absolut indifferent gegenüberstünden, weil es den Suffragetten nicht gelungen sei, sich und ihr Anliegen dem Volk deutlich zu machen. Nun geben ihr die Suffragetten die Antwort auf diese Provokation. Spätestens jetzt nimmt die Bevölkerung vom Kampf ums Frauenstimmrecht Notiz. Am Ende des Tages liegen Hunderte von Schaufenstern in Trümmern,

Dutzende von Frauen sind verhaftet. Nachdem die Methode des Scheibenzerbrechens es den Suffragetten bisher nur ermöglicht hatte, spontan auf Ankündigungen der Regierung zu reagieren, wird hier erstmalig das strategische Zertrümmern von Fensterscheiben angewandt. Das Argument splitternden Glases ist die Antwort der WSPU auf die Politik der englischen Regierung. Und da das Einschlagen von Scheiben in England eine lange politische Tradition des Widerstandes ist, wird es landesweit auch in diesem Sinne verstanden.

Angesichts dieser massiven Attacke geraten Ladenbesitzer und Polizei regelrecht in Panik bei dem Gedanken, was die Suffragetten für ihre angekündigte Demonstration am 4. März planen. Dass die WSPU keine Uhrzeit für die Versammlung am *Parliament Square* genannt hat, sondern nur zu einer Versammlung »am Abend« aufgerufen hat, verstärkt die Sorge. Am Abend des 4. Märzes legt sich gespannte Stille über die Stadt. Die Geschäftsinhaber haben meterhohe Barrikaden vor ihren Läden errichtet, die Schaufenster sind leergeräumt. Mehrere Tausend Polizisten sind aufgezogen, der Versammlungsort ist weiträumig abgeriegelt. Tausende von Schaulustigen haben sich eingefunden. Doch es geschieht nichts. Die Kundgebung verläuft vollkommen friedlich und ohne, dass auch nur ein Stein geworfen wird, gehen die Frauen auseinander. Doch die Ruhe ist trügerisch, sie ist die Ruhe vor dem Sturm. Denn am andern Morgen ziehen rund einhundert Frauen nach *Knightsbridge* und werfen dort in aller Seelenruhe und völlig unbehelligt von der Polizei sämtliche Schaufenster ein.

Am Ende dieser Märztage sind mehr als zweihundert Frauen in Haft. Sie nutzen die Gerichtssäle als politische Bühnen und geben statt ihren Aussagen politische Statements ab. Völlig überforderte Richter sehen sich einer Tätergruppe gegenüber, die keinerlei Reue zeigt und stattdessen offen verkündet, bei Entlassung umgehend weitere Aktionen zu starten. Die Frauen erhalten je nach angerichtetem Schaden Gefängnisstrafen zwischen einer Woche und zwei Monaten. Die Frauengefängnisse auf der Insel können den Ansturm kaum bewältigen.

Nun aber holt die Staatsmacht zum Gegenschlag aus. Am 5. März stürmt die Polizei das Hauptquartier der Suffragetten in *Clement's Inn* in London. Emmeline Pethick-Lawrence und ihr Mann Frederick werden ebenso verhaftet wie Mabel Tuke, die ehrenamtliche Schriftführerin der WSPU. Christabel Pankhurst, auf die der vierte Haftbefehl ausgestellt ist, befindet sich zu ihrem großen Glück nicht im Haus. Obwohl umgehend eine Fahndung eingeleitet wird, gelingt es ihr, sich ihrer Verhaftung zu entziehen. Dies tut sie nicht aus Feigheit, sondern aus revolutionärem Pflichtgefühl gegenüber der Sache und der Organisation. Nachdem die gesamte Führungsriege der WSPU im Gefängnis sitzt, ist die Polizei nahe dran, die WSPU als Organisation zu zerschlagen. Würde man auch sie verhaften, wäre die WSPU am Ende: »I did not sleep at all that night for thinking. Suddenly, in the small hours, I saw what I must do! Escape! The Government should not defeat us. They should not break our movement. It must be preserved and the policy kept alive until the vote was won.«[84] Obwohl die Polizei tagelang alle Züge und Häfen kontrolliert und Christabels Fahndungsbild an alle Einheiten geschickt wird, schafft sie es mit Hilfe von Freunden in der Verkleidung einer Krankenschwester aus England herauszukommen. Sie flieht nach Paris. Hier im Exil wird sie in den nächsten Monaten den Kampf weiterführen und die militanten Aktionen der WSPU koordinieren. Obwohl sie also weiterhin fürs Frauenstimmrecht kämpft, muss sie sich nicht zuletzt von ihrer Schwester Sylvia vorwerfen lassen, ein Leben im Luxus zu führen, während die Suffragetten leiden. Annie Kenny ist die erste Person, die von Christabel über ihren neuen Aufenthaltsort informiert wird. Sie übernimmt nun auf Wunsch Christabels die Leitung der WSPU in London. Einmal wöchentlich reist sie nach Paris, um Christabels Anweisungen entgegenzunehmen. Erst am 13. September 1912 gelingt es dem *Daily Sketch*, Christabels Aufenthaltsort herauszufinden und die Öffentlichkeit davon in Kenntnis zu setzen, dass die »Königin des Mobs« in Frankreich ist.

Nach der Verhaftung der Führungsmitglieder beschlagnahmt die Polizei alle Unterlagen in *Clement's Inn*. Dennoch erscheint die nächste Ausgabe der *Votes for Women* pünktlich zum Termin. Fast ein Drittel ist der Zensur zum Opfer gefallen. Doch die WSPU weiß auch diese Repressionsmaßnahme von Seiten des Staates für sich zu verwerten. Unter plakativen Überschriften erwarten den Leser nichts als leere Seiten, die ihre Wirkung nicht verfehlen. Auf der Seite des Leitartikels steht nur die Überschrift »Herausforderung!«. Ganz unten rechts ist der Name der neuen Herausgeberin, Christabel Pankhurst, zu finden. Von nun an wird Christabel ihre Leitartikel in Frankreich verfassen, und Annie Kenny wird sie ins Land schmuggeln.

Am 14. März 1912 beginnt der Prozess gegen die Anführer der WSPU, Emmeline Pankhurst und das Ehepaar Pethick-Lawrence. Die Anklage beschreibt die WSPU als paramilitärische Organisation. Zum Beweis werden beschlagnahmte Schriftstücke aus *Clement's Inn* vorgelegt, die denen einer professionellen Guerilla alle Ehre gemacht hätten. König, Premierminister, Regierungsmitglieder und wichtige Abgeordnete sind hier mit Decknamen aufgelistet. Manche der Anwesenden sind ziemlich ungehalten darüber, dass sie als Tarnnamen die Namen von Unkraut tragen. Die Mitglieder der WSPU selbst sind mit Codebuchstaben versehen. Auch jedes öffentliche Gebäude besitzt einen Tarnnamen. Der Staatsanwalt legt ein Telegramm vor, das die Verwendung der Codes zeigt: »Seide, Distel, Stiefmütterchen. Wolle, E.Q.« Die Decodierung lautet: »Protestieren Sie in der öffentlichen Versammlung, die Asquith morgen Abend abhält, aber lassen Sie sich nur verhaften, wenn der Erfolg davon abhängt. Telegraphieren Sie zurück an Christabel Pankhurst, *Clement's Inn*.«[85]

Die Frage, ob der hundertfache Scheibeneinwurf eine konzertierte Aktion, also eine Verschwörung war, ist für die Verhandlung von höchster Wichtigkeit. Dabei werden verschiedene Beweise vorgelegt wie die Ähnlichkeit der benutzten Steine bezüglich Größe und Gewicht, das gemeinsame Losmarschieren der Frauen, die Tatsache, dass sich alle Frauen bereitwillig festnehmen ließen, ohne Widerstand zu leisten, und auch der Umstand, dass alle Frauen umgehend durch eine Kaution von Frederick Pethick-Lawrence wieder freikamen. Die Zerstörung von so vielen Fensterscheiben in so kurzem zeitlichen Abstand weist laut Anklage weder auf eine spontane Aktion noch auf die Taten von Einzeltäterinnen hin, sondern zeigt eindeutig in Richtung eines ausgeklügelten Plans.

Mabel Tuke wird am 4. April freigesprochen, da man ihr außer ihrer Tätigkeit als Sekretärin für die WSPU nichts nachweisen kann. Emmeline Pankhurst und das Ehepaar Pethick-Lawrence werden an den *Central Criminal Court* nach *Old Bailey* weiterverwiesen. Am 23. April beginnt die Verhandlung. Aufgrund des schlechten gesundheitlichen Zustands Emmeline Pankhursts, die durch die Untersuchungshaft stark geschwächt ist, wird sie auf den 15. Mai vertagt. Mrs. Pankhurst nutzt ihren Auftritt vor Gericht, um noch einmal an die jahrzehntelange friedliche Agitation zum Frauenstimmrecht zu erinnern, die der Militanz vorausgegangen war. Sie schildert, wie die WSPU jahrelang vergeblich versucht hat, sich mit friedlichen Mitteln bei Politikern Gehör zu verschaffen und wie Politik und Regierung sich geweigert hätten, mit den Suffragetten auch nur zu sprechen: »Diese Frauenunion ist nicht eine Ansammlung von hysterischen und bedeutungslosen, wildgewordenen Weibern, wie man sie Ihnen dargestellt hat, sondern eine wichtige politische Bewegung, die hervorragende Frauen zu ihren Mitgliedern zählt. Sie besteht aus Frauen aller Schichten unserer Gesellschaft, Frauen mit Einfluss in ihren Verbänden für arbeitende Frauen, für Akademikerinnen und andere freiberuflich Tätige; aus Frauen mit großem gesellschaftlichen Ansehen; sogar Frauen von königlichem Blut sind unter den Mitgliedern. Eine solche Bewegung ist natürlich nicht unberechenbar, sondern muß sehr ernst genommen werden.«[86] Da alle drei mit einer Gefängnisstrafe rechnen, betonen sie noch einmal die politische Intention ihrer Aktionen. Sie verstehen sich als politische Gefangene und wollen auch dementsprechend verhandelt beziehungsweise behandelt werden. Doch alle Bemühungen sind vergebens. Am Ende der Verhandlung müssen sie für neun Monate ins Gefängnis, nicht als politische Gefangene, sondern als gewöhnliche Kriminelle.

Dennoch werden sie aufgrund des öffentlichen Drucks zunächst in *First Division* untergebracht. Aber ihre Freude darüber währt nur kurz, als sie feststellen, dass nur sie dort gelandet sind. Allen anderen Suffragetten wird die Unterbringung in *First Division* und somit die Anerkennung als politische Gefangene auch weiterhin verweigert. Nachdem alle Empörung angesichts dieser Ungleichbehandlung ergebnislos bleibt, treten die drei in Hungerstreik. Wie ein Lauffeuer spricht sich dieser Schritt der drei Anführer in den Frauengefängnissen Großbritanniens herum. Umgehend treten alle inhaftierten Suffragetten ebenfalls in Hungerstreik.

Die Regierung kennt keine Gnade und greift hart durch. Sie ordnet die Zwangsernährung der Hungerstreikenden an! Emmeline Pankhurst schildert in ihrer Autobiographie, wie die Schreckens- und Schmerzensschreie der Frauen durch die Gänge gehallt seien. Emily Wilding Davison stürzt sich aus Protest gegen diese Misshandlungen von der Galerie herunter. Obwohl sie schwere Verletzungen erleidet, geht auch bei ihr die Zwangsernährung unvermindert weiter.

Der massenhafte Hungerstreik und die in großem Stile durchgeführten Zwangsernährungen bringen die Regierung allerdings erneut in arge Bedrängnis. Prominente im In- und Ausland protestieren dagegen, darunter die zweifache Nobelpreisträgerin Marie Curie, der französische Sozialist Jean Jaurès und die Autoren Romain Rolland und Upton Sinclair. Beinahe täglich sieht sich die Regierung im Unterhaus mit kritischen Fragen konfrontiert. Abgeordnete fordern Premierminister Asquith auf, die Frauen umgehend freizulassen, woraufhin dieser erklärt, jede Frau könne sofort gehen, sobald sie eine Erklärung abgibt, wonach sie auf weitere militante Aktionen verzichtet. Entnervt von diesem schändlichen Trauerspiel schleudert ein empörter George Lansbury dem Premier daraufhin entgegen: »Das zu sagen, war schändlich von Ihnen, Sir. Sie sind mehr als verächtlich, Sie und Ihre Kollegen. Sie nennen sich *Gentlemen* und wenden bei Frauen Zwangsernährung an, um sie auf diese Weise umzubringen. Man müsste Sie aus dem Amte jagen. Es ist das Schändlichste, was je in England geschah. Sie werden in die Geschichte eingehen als die Männer, die unschuldige Frauen gefoltert haben.«[87] Daraufhin wird er des Saales verwiesen. Sein Zornesausbruch aber bleibt tagelang Stadtgespräch.

Derweil tun die Suffragetten draußen alles, was in ihrer Macht steht, um die Inhaftierten zu unterstützen. Zu Tausenden ziehen sie vor die Gefängnistore und verlangen lautstark die Freilassung ihrer Mitstreiterinnen. Nun wird die Zwangsernährung zum ersten Mal auch auf die Führungsriege ausgedehnt. Frederick Pethick-Lawrence wird über zehn Tage hinweg zwei Mal täglich zwangsernährt. Auch seine Frau muss die grausame Prozedur über sich ergehen lassen. Emmeline Pankhurst vernimmt in ihrer Zelle voll Entsetzen die Schreie ihrer alten Freundin. Als man später auch sie zwangsernähren will, wirft sie einen Steinkrug nach dem behandelnden Arzt. Überraschenderweise wird daraufhin davon abgesehen, sie zwangszuernähren. Zwei Tage nach diesem Vorfall werden beide Frauen entlassen. Bis Anfang Juli werden schließlich nach und nach alle inhaftierten Suffragetten freigelassen.

Einen Monat nach der Fensterscheibenaktion lehnt das Unterhaus die neue *Conciliation Bill* in der zweiten Lesung ab. Für die nichtmilitanten Frauenwahlrechtlerinnen ist dies ein deutliches Zeichen dafür, dass die Suffragetten zu weit gegangen sind. Doch die Gründe für diese Ablehnung sind weitaus komplizierter und haben kaum unmittelbar mit dem Verhalten der Suffragetten zu tun. Zum einen haben die irischen Abgeordneten, die dem Frauenwahlrecht ansonsten relativ offen gegenüberstehen, ihre Meinung geändert. Sie befürchten, dass die Diskussion um diesen Gesetzentwurf das von ihnen so lange ersehnte *Home Rule* für Irland blockieren würde, und schmettern die Vorlage deshalb ab. Die Abgeordneten der *Labour Party* hingegen wollen das angekündigte allgemeine Wahlrecht nicht gefährden. Da sie jedoch andererseits das Frauenstimmrecht mittlerweile im Parteiprogramm verankert haben, bleiben sie mehrheitlich der Abstimmung fern. So müssen sie weder für noch gegen die Gesetzesvorlage stimmen. Dennoch lasten viele, namentlich aus der NUWSS, den Suffragetten und ihren militanten Aktionen die Hauptschuld am Scheitern der Gesetzesvorlage an. Diese sehen das selbstverständlich ganz anders, fühlen sich nur umso heftiger provoziert und herausgefordert. Bevor Emmeline Pankhurst nach Paris aufbricht, um mit ihrer Tochter das weitere Vorgehen zu besprechen, kündigt sie deshalb in England eine Verschärfung des Konflikts an. In einer offiziellen Verlautbarung droht die WSPU der Regierung, dass sie nun die Früchte ernten würde, die sie selbst gesät habe.

Premierminister Asquith bekommt dies als einer der Ersten unmittelbar bei seiner Reise im Juli 1912 nach Irland zu spüren. Wo immer er auftaucht, kommt es zu Krawall. In Dublin wirft WSPU-Mitglied Mary Leigh eine Axt in die Kutsche des Premierministers. Angeblich soll sie einen der Insassen gar in die Wange gebissen haben. Wenige Stunden später legt sie gemeinsam mit Gladys Evans Feuer im *Theatre Royal,* in dem Asquith abends einen Vortrag halten soll. Noch während die Besucher einer Theatervorstellung den Saal verlassen, schütten sie Benzin aus und setzen den Bühnenvorhang sowie einen Teppich in Flammen. Ein brennender Stuhl fliegt in hohem Bogen in den Orchestergraben, eine kleine Handtasche, mit Hilfe von Schießpulver und Zündhölzern zur Bombe umfunktioniert, wird in den Zuschauerraum geworfen. An verschiedenen Stellen kommt es zu kleineren Explosionen. Für diesen Anschlag erhalten die beiden jeweils fünf Jahre Zuchthaus. Damit sind sie die ersten Suffragetten, die Zuchthausstrafen erhalten. Doch mit Hilfe des grausamen Mittels des Hungerstreiks erkämpfen sie sich ihren Weg in die Freiheit.

Denn ihre Aufgabe ist noch lange nicht erledigt, der Krieg hat gerade erst begonnen. Zunächst folgt eine großangelegte Aktion gegen Golfplätze im ganzen Land. Bevorzugte Opfer werden jene Clubs, die prominente liberale Politiker zu ihren Mitgliedern und Gästen zählen. Große Teile des Rasens werden mit Säure verätzt, so dass die Plätze unbespielbar sind. Teilweise ätzen die Frauen mit Säure auch ihren Wahlspruch *Votes for Women* als Bekennerschreiben in den Rasen. Nicht einmal der Golfplatz der Königlichen Familie in Schottland wird verschont. Als der König eines Morgens zu seiner traditionellen Runde erscheint, sind alle Markierungsfähnchen durch Wimpel der WSPU ersetzt worden. Zahlreiche Bedienstete tun ihr Bestes, um die Fähnchen mit der Aufschrift *Votes for Women* so schnell wie möglich aus dem Blickfeld des Monarchen zu entfernen.

Politiker sind zu keiner Zeit mehr vor den Frauen sicher. Als Premier Asquith zum wiederholten Male von einer Frau beim Golf gestört wird, packt er sie voller Wut am Kragen und droht damit, sie in den Teich zu werfen.

Mehr als 425 Fehlalarme lösen die Suffragetten in den nächsten Monaten aus und bringen damit die Feuerwehr der Insel schier zur Verzweiflung. Die Militanz nimmt weiter zu, doch nicht alle sind mit dieser Entwicklung einverstanden. Innerhalb der WSPU-Führung kommt es zum Streit zwischen den Pankhursts und dem Ehepaar Pethick-Lawrence. Frederick Pethick-Lawrence setzt auf eine Strategie der Deeskalation und will auch die Gewalt gegen Sachen einstellen. Emmeline und Christabel hingegen wollen die Militanz der Frauen noch verschärfen. Brandstiftung heißt ihr nächster Schritt. Nach einer heftigen internen Auseinandersetzung wird das Ehepaar Pethick-Lawrence im Oktober 1912 aus der WSPU ausgeschlossen. Die Einheitsfront der WSPU lässt keine Kritiker und Abweichler zu, auch dann nicht, wenn man mit ihnen jahrzehntelang Seite an Seite gefochten hatte: »There was something quite ruthless about Mrs. Pankhurst and Christabel where human relationship was concerned. This ruthlessness was shown not only to us but to many others – Men and women of destiny are like that – Thus in October 1912, my direct participation in the militant movement came to an end. The cleavage was final and complete. From that time forward I never saw or heard from Mrs. Pankhurst again, and Christabel, who had shared our family life, became a complete stranger. The Pankhursts did nothing by halves!«[88] Christabel Pankhurst gründet nun ein neues offizielles WSPU-Organ, *The Suffragette*.

Für viele Mitkämpferinnen ist die Trennung von den Pethick-Lawrences ein schwerer Schritt. Annie Kenny hängt mit großer Zuneigung an Emmeline Pethick-Lawrence. Nun sieht sie sich gezwungen, zwischen den Menschen zu entscheiden, die sie am meisten liebt und schätzt. Sie entscheidet sich für Christabel. »If all the world were on one side, and Christabel Pankhurst on the other, I would walk straight over to Christabel Pankhurst!«[89] Dies ist das Ende ihrer Beziehung zu Emmeline Pethick-Lawrence.

The Suffragette *von 1912*

Mit diesem Schritt wird die WSPU, ganz im Sinne von Emmeline Pankhurst, eine militärische Organisation. Die Reihen der WSPU sind dicht geschlossen, und Emmeline Pankhurst weiß ihre Frauen hinter sich: »Von nun an werden Frauen, die meiner Meinung sind, sagen: ›Wir kümmern uns nicht um Ihre Gesetze, meine Herren; wir halten Freiheit, Würde und Wohlergehen der Frauen für wichtiger als Gesetzestreue und werden deshalb diesen Krieg weiterführen wie bisher.‹«[90]

Die neue Stoßrichtung heißt Kampf nicht nur gegen die liberale Regierung, sondern gegen alle, die diese Regierung stützen. Dies betrifft auch die irischen Nationalisten und die *Labour Party*. Damit trennt sich die WSPU abermals von alten Weggefährten: »Wir haben die *Labour Party* aufgefordert, sich an ihr Programm zu halten und so lange in Opposition zu gehen, bis die Regierung den Frauen ihr Recht zukommen läßt. Offensichtlich wollen sie das nicht. [...] In diesem Fall, meine Herren, müssen wir Ihnen den Wert Ihrer eigenen Prinzipien klarmachen. Bevor Sie nicht bereit sind, sich für das Recht der Frauen einzusetzen, […] sind Sie mit Mr. Asquith und Kumpanen gleichermaßen verantwortlich für alles, was Frauen in ihrem Kampf für die Emanzipation zugestoßen ist und noch zustößt.«[91]

Die neue Phase des Kampfes ist geprägt durch die Zerstörung von Eigentum. Die WSPU versteht sich in der Tradition derjenigen Männer, die für Freiheit und politische Rechte gekämpft haben. In ihren Augen ist jegliche Reform über Jahrhunderte hinweg mit der Zerstörung von Eigentum erkämpft worden. Ob durch Krieg oder Revolutionen, immer hatte es Sachbeschädigung gegeben. Bevor es 1832 und 1867 zu Wahlrechtsreformen gekommen war, hatten wütende Männer Amtsgebäude in Brand gesteckt und Wohnhäuser von Gegnern der Erweiterung des Wahlrechts abgefackelt. Die historischen Vorbilder für die Suffragetten sind zahlreich. 1832 waren allein in Bristol 54 Häuser ein Raub der Flammen geworden, darunter auch der Sitz des Bischofs und das Rathaus. Vier Männer wurden während der Auseinandersetzungen dort gehängt. Die Suffragetten sehen sich in der Tradition dieser Kämpfer um das Wahlrecht und halten es dementsprechend für gerechtfertigt, Eigentum zu zerstören.

Sie beginnen damit, im ganzen Land Hunderte von Briefkästen anzuzünden, nicht spontan, sondern strategisch organisiert. Die Brandsätze werden im Anschluss an Versammlungen ausgeteilt. Dazu erhalten die Frauen genaue Instruktionen zu Ausführung und Tatzeit. Über verschlüsselte Annoncen in den Tageszeitungen werden die Attentäterinnen über das weitere Vorgehen informiert.

Manchmal verstecken die Frauen Brandsätze in den Briefkästen, die sich bei Leerung entzünden. Zuweilen schütten sie Chemikalien in die Briefkästen und zerstören so Tausende von Briefen. Nur sehr wenige werden gefasst, keine Einzige sitzt ihre volle Strafe ab. Von Seiten der Öffentlichkeit schlägt den militanten Frauen großes Unverständnis entgegen. Doch all denjenigen, welche die Zerstörungswut der WSPU kritisieren, hält Emmeline Pankhurst in einer Rede in der *Royal Albert Hall* entgegen: »Die Wahlrechtlerinnen sind allenfalls mit ihrem eigenen Leben leichtfertig umgegangen, nie mit dem Leben anderer. Und ich sage hier und jetzt, daß es nie die Politik der Sozialen und Politischen Frauenunion gewesen ist und sein wird, leichtfertig menschliches Leben aufs Spiel zu setzen. Das überlassen wir dem Gegner. Das überlassen wir den Männern in ihrer Kriegsführung. Das ist nicht die Methode der Frauen. Nein, auch wenn man die Wirkung auf die offizielle Politik im Auge hat, wäre eine Kampfstrategie, die das Leben von Menschen gefährdet, nicht sinnvoll. Denn es gibt etwas, was den Regierungen weit mehr am Herzen liegt als menschliches Leben: der Schutz des Eigentums. Deshalb werden wir dem Gegner über das Schädigen von Eigentum Schläge versetzen.«[92]

Nach der ersten Offensive verkündet die WSPU einen Waffenstillstand. Man will abwarten, welche Schritte die Regierung plant. Würde in die angekündigte Wahlrechtsreform tatsächlich ein Zusatz zum Frauenstimmrecht eingefügt werden? Würde die Regierung Asquith wie versprochen eine Ausweitung zum Wahlrecht zulassen, falls es das Unterhaus wünscht? Die Erwartungen der Suffragetten sind angesichts der bisherigen Erfahrungen gleich null.

1913

Am 24. Januar 1913 soll im Unterhaus über den Gesetzesentwurf der Reformierung des Wahlrechts für Männer beraten werden. Einen Tag vor der entscheidenden Debatte im Unterhaus erscheint eine Abordnung der WSPU, bestehend vor allem aus Arbeiterinnen, bei Schatzkanzler Lloyd George und Edward Grey. Premier Asquith empfängt sie nicht. Hunderte von Frauen warten vor dem Gebäude auf das Ende der Gespräche. Beide Politiker versichern den Frauen, dass der neue Wahlreformentwurf größte Chancen auch für das Frauenstimmrecht biete. Doch aus dem Munde Lloyd Georges klingt dies wie Hohn. Hatte er doch gemeinsam mit Winston Churchill schon im Vorfeld das Gerücht lanciert, dass das Kabinett auseinanderbrechen würde, wenn das Reformgesetz zugunsten des Frauenwahlrechts erweitert werden würde. Diese Drohung wirkt als Disziplinierungsmaßnahme vorzüglich. Nichts fürchten die einzelnen

Abgeordneten so sehr wie das Scheitern der Regierung. Dies bedeutet Neuwahlen, und so mancher Wackelkandidat müsste dann um seinen Parlamentssitz bangen.

Am Tag der Debatte versuchen die Befürworter des Frauenwahlrechts, durch Eingaben und Ergänzungsvorschläge das Thema in die Beratungen mit einzubringen. Einen Tag lang windet sich das Unterhaus in Diskussionen. Doch als sich herausstellt, dass eine Ergänzung des Frauenstimmrechts die Gesetzesvorlage so sehr verändern würde, dass sie neu eingebracht werden muss, zieht die Regierung den gesamten Gesetzesentwurf zurück. Für die Suffragetten ein abgekartetes Spiel. Für sie hatte der Premier die Möglichkeit zu Ergänzungsvorschlägen nur deshalb in Aussicht gestellt, weil er genau wusste, dass dies nicht möglich war. Dieses parlamentarische Trauerspiel bestärkt Emmeline Pankhurst, die sich von Anfang an gegen die Ergänzungsvorschläge ausgesprochen hatte. Ihr Verdacht ist der, dass die Regierung ein falsches Spiel mit den Frauen treibt und an eine tatsächliche Einführung des Frauenwahlrechts auf Wunsch des Unterhauses nie wirklich gedacht hatte. Ihre konsequente Haltung bringt der WSPU viele neue Mitglieder. Frauen, die bisher auf Zusammenarbeit mit der Regierung gesetzt haben, laufen in Scharen zur WSPU über.

Nun beginnt der von Emmeline und Christabel Pankhurst initiierte Guerillakrieg: »Die Jahre unserer Arbeit, unseres Leidens und Opferns hatten uns gelehrt, daß die Regierung sich nicht dem fügen würde, was die Mehrheit des Unterhauses für Recht und Gerechtigkeit hielt. [...] Jetzt war es unsere Aufgabe zu zeigen, daß es im Interesse der Regierung lag, sich den gerechten Forderungen der Frauen zu fügen. Dazu mußten wir England und jeden Bereich englischen Lebens unsicher und gefährlich machen. Wir mußten erreichen, daß das englische Recht als Katastrophe und die Gerichte als Schmierenkomödien entlarvt wurden. Wir mußten Regierung und Parlament in den Augen der Welt diskreditieren. Wir mußten den Spaß am englischen Sport verderben, der Geschäftswelt Schaden zufügen, wertvolles Eigentum ruinieren, die Gesellschaft demoralisieren, über die Kirchen Schande bringen, den normalen Gang des

Lebens durcheinanderbringen. Das heißt, wir mußten diesen Guerillakrieg so lange führen, wie die Leute in England ihn ertragen würden. Wenn sie endlich der Regierung sagten: ›Macht ein Ende damit, auf die einzig mögliche Weise! Gebt den Frauen von England das Wahlrecht!‹ – dann würden wir unsere Fackel löschen.«[93]

Damit beginnt eine neue Phase der Militanz und die Hochphase der Suffragettenbewegung. Warum die Suffragetten zunehmend militanter werden, wird von Beobachtern unterschiedlich beurteilt. All diejenigen, die gegen das Frauenwahlrecht sind, sehen in den militanten Aktionen der Frauen einen weiteren Beweis dafür, wie fanatisch und hysterisch Frauen sind und dass es unmöglich ist, sie als ernsthafte politische Partner zu akzeptieren. Man könne nicht mit Leuten zusammenarbeiten und einen Staat führen, die psychisch so labil sind, dass sie statt auf rationale Argumente auf willkürliche Gewaltakte setzen. Viele bewerten die Militanz der Frauen als Aktionen frustrierter alter Jungfern und sehen sie als Beweis einer individuellen psychischen Störung einzelner Frauen.

Die Unterstützer hingegen sehen in den militanten Aktionen vor allem die Antwort auf die Unbeweglichkeit von Politikern und Gesellschaft in Sachen der Frauenfrage. Sie erkennen in illegalen Methoden durchaus ein probates Mittel, um einen ins Stocken geratenen Prozess voranzutreiben.

Die Suffragetten selbst erklären ihre gewalttätigen Aktionen vor allem mit der Folgenlosigkeit ihrer gewaltfreien Aktionen, die keinerlei Erfolg gebracht hätten. Des Weiteren ist die neue Militanz als Reaktion darauf zu begreifen, dass die liberale Regierung der WSPU jegliche Form von legalem Protest verweigert. So ist es den Frauen seit geraumer Zeit verboten, an Parteitreffen teilzunehmen. Die Regierung weigert sich beharrlich, Abordnungen von Frauen zu empfangen und Petitionen entgegenzunehmen. Versammlungen der Suffragetten werden durch die Polizei aufgelöst oder vorab verboten. Im Mutterland der freien Presse kommt es zu einer umfassenden Zensur von *The Suffragette*, um die WSPU zum Schweigen zu bringen. Eine Maßnahme, die sogar die ansonsten durchaus suffragettenfeindlichen britischen Zeitungen kritisieren. Anstatt sich mit den Frauen auseinanderzusetzen, sich ihre Argumente anzuhö-ren, versucht die liberale Regierung, die Frauen zum Schweigen zu bringen. Eine Taktik, die nicht überall auf Zustimmung stößt und unter anderem von Henry Brailsford, einem der profiliertesten Jour-nalisten der Insel, heftig kritisiert wird: »Pardon me if I ask you what steps you have taken to inform yourself of the real spirit of this movement? I have some acquaintance among Liberal opponents of this movement [...]. Not one of them to my knowledge has ever troubled to attend a meeting of these suffragists. They know noth-ing of the dauntless spirit they are opposing, of the self-discipline which drives refined and shrinking women to face the ridicule of the streets, the brutality of Liberal stewards, the uncertain temper of crowds, and the horrors of prison, of the passionate and merciful zeal which inspires women, themselves comfortable, respected, and well-educated, to face this martyrdom for the sake of their sisters in sweaters dens and unorganised trades. They are ready in the strug-gle for emancipation to endure even this outrage of forcible feeding. It will not degrade them. It dishonours only those who inflict it.«[94]

Den Frauen ist es verboten, in den Londoner Parks Versamm-lungen abzuhalten. Das Management der *Royal Albert Hall* wird genötigt, die Suffragetten auszusperren. Vermietern, die ihnen Ver-sammlungshallen zur Verfügung stellen, droht Lizenzentzug. Un-terstützer der WSPU werden von den Behörden schikaniert, die Durchsuchung von Privathäusern von WSPU-Mitgliedern ist an der Tagesordnung. Die Flucht Christabel Pankhursts nach Paris ist letzt-lich nichts anderes als die Konsequenz einer großangelegten Unter-drückungs- und Verfolgungsaktion von Seiten der liberalen Regie-rung. Nachdem ihnen die Regierung jegliche legale Form der politischen Auseinandersetzung verweigert, jegliche Möglichkeit zum friedlichen Protest erschwert, sehen die Frauen nur eine einzige Alternative: Gewalt!

Dazu kommt, dass die Aufkündigung einer friedlichen Strategie auch den Wunsch nach Satisfaktion befriedigt. Der Ruf nach Vergel-tung gegenüber den Maßnahmen, welche die Regierung den Suffra-getten angedeihen lässt, wurde mit der Zeit immer lauter. Sollten die

Frauen die Gewaltakte der Regierung einzig durch Duldung beantworten? Sollten sie sich niemals für die erlittenen Qualen rächen? Die Regierung hatte die Gewaltspirale in Gang gesetzt, sie bestimmte das Ausmaß der Gewalt. Die Militanz der Frauen ergibt sich aus der Militanz der Gegenseite.

Aufgrund ihrer langjährigen Erfahrung sind die Suffragetten zu der Überzeugung gelangt, dass die Regierung ihnen niemals das Wahlrecht zugestehen wird, außer man zwingt sie dazu. Die Reaktion der Regierung auf die Aktionen der Frauen, besonders als sie immer militanter werden, zeigt, dass sie deren Anliegen im Grunde genommen feindlich gegenübersteht. Am deutlichsten wird dies bei der himmelschreienden Ungerechtigkeit, mit der zwischen den Gesetzesbrechern der *Ulster Unionists*, die in Irland gegen die *Home Rule* kämpfen, und den Suffragetten unterschieden wird. Während die *Ulster Unionists* Waffen schmuggeln, um eine Loslösung von Irland durch einen bewaffneten Aufstand zu erzwingen, werfen die Frauen nur Fensterscheiben ein. Doch während sie zu langen Haftstrafen verurteilt werden, gehen die Waffenschmuggler straffrei aus und dürfen bei der Irlandpolitik der liberalen Regierung ein gewichtiges Wort mitreden. Die Männer der *Ulster Unionists* werden ohne Wenn und Aber als politische Gesprächspartner anerkannt. Die Frauen der WSPU werden verfolgt, eingesperrt und gequält, ganz so, als wären sie Terroristinnen, welche die innere Sicherheit des Landes bedrohen.

Dass politische Gruppen von Männern auf Gewalt setzen, um ihre Forderungen durchzubringen, gilt als selbstverständlich. Die WSPU aber, die als erste organisierte Frauenbewegung nicht mit friedlichen Mitteln, sondern mit Gewalt die Auseinandersetzung führt, gilt als abnormal und verrückt. Dabei unterscheiden die Suffragetten im Gegensatz zu all den männlichen Revolutionären, die Menschenleben ganz bewusst in Kauf nehmen, sehr wohl zwischen Gewalt gegen Personen und Gewalt gegen Sachwerte. Bei all ihren Gewaltaktionen verletzten oder töteten sie niemals Menschen. Dieser Unterschied zu Befreiungsbewegungen, die von Männern angeführt werden, ist Emmeline Pankhurst sehr wichtig. Sie begreift die »tiefe, achtungsvolle Ehrfurcht vor dem menschlichen Leben«[95] als Motiv ihres Kampfes.

Dennoch werden in jenen Jahren immer wieder Gerüchte laut, dass die Suffragetten Attentate auf führende Politiker oder gar den König planen. Bereits 1909, also noch lange vor dem massiven Ausbruch von Gewalt gegen Sachen, fürchtet Henry Herbert Asquith um sein Leben, als bekannt wird, dass die Suffragetten Schießübungen auf den Londoner Schießplätzen durchführen. Die Unwilligkeit der Regierung, die Suffragetten in den Gefängnissen einfach sterben zu lassen, hat nicht nur humane und politische Hintergründe, sondern resultiert aus der Angst heraus, dass die Suffragetten sich für jede Tote aus ihren Reihen mit einem Toten aus den Reihen der Gegner rächen würden – Auge um Auge, Zahn um Zahn. Jahre später erinnert sich Lord Crewe: »It is literally true that it would have been no surprise to us, the members of the Government of that day, if any one of our colleagues in the House of Commons who had taken a prominent line either for or against the grant of the vote to women had been assassinated in the street. Nor, I venture to say, would it have been the slightest surprise to Scotland Yard.«[96]

Beweisen können diese Befürchtungen weder die Politiker noch die Polizei. Tatsache ist, dass das einzige Leben, das die Frauen gefährden, ihr eigenes ist. Sie gebrauchen ihren Körper als Waffe, setzen ihn ein bei Hunger- und Durststreiks, auf Demonstrationen und bei der Zwangsernährung. Ihr wildes Gebaren dient oftmals einfach nur dazu, die Gegner einzuschüchtern, ihnen Angst einzujagen. Keiner der Politiker, die sich vor ihnen versteckten, hat jemals Schaden an Leib und Leben genommen. Die meisten Frauen leiden Höllenqualen bei ihren Anschlägen auf Eigentum. Die Suffragettenbewegung benutzt Gewalt als Mittel zum Zweck, sie wird niemals Selbstzweck. Der Verherrlichung von Gewalt, der revolutionäre Bewegungen oftmals unterliegen, verfallen sie nie. Die meisten Frauen tun das, was sie tun müssen, nicht gern. Sie hassen es, Geheimnisse vor ihren Familien zu haben, alleine irgendwo in der Dunkelheit auszuharren, um einen Anschlag zu begehen. Die Sorge, dass der Auftrag misslingt, die Angst vor Entdeckung, all dies begleitet sie

Tag und Nacht. Sie sind keine Berufsrevolutionäre, sondern Mittelklassefrauen, die üblicherweise um fünf Uhr Tee trinken und keine Häuser in die Luft jagen. Allerdings bleibt die Frage, was geschehen wäre, wenn Emmeline Pankhurst tatsächlich gestorben wäre. Der Tod Emmeline Pankhursts hätte die Bewegung in unvorstellbarer Weise radikalisiert. Ein Abflauen aufgrund des Verlustes der Anführerin wäre nicht zu erwarten gewesen, da mit Christabel Pankhurst jemand zur Verfügung gestanden hätte, der die Führungsrolle auch alleine hätte übernehmen können. Und sie hätte zweifellos der Regierung die Verantwortung für den Tod der geliebten Mutter gegeben und diesen eindeutig als Mord klassifiziert. Ob damit auch eine Strategieänderung der WSPU-Führung einhergegangen wäre, die individuellen Terror bisher klar ablehnte, ist schwer zu sagen. Sicherlich war Christabel Pankhurst noch um einiges radikaler als ihre Mutter. Vielleicht wäre dies aber auch gar nicht nötig gewesen. Es ist kaum vorstellbar, dass die Suffragetten den Tod ihrer Anführerin so einfach hingenommen hätten. Auch ohne Befehl von oben wäre die Gewalt wohl eskaliert und dabei wären auch Attentate auf Politiker durch Einzeltäterinnen durchaus im Bereich des Möglichen gewesen.

Es ist allerdings ohnehin fraglich, ob sich die theoretische Unterscheidung von Gewalt gegen Sachen und Gewalt gegen Personen in der Realität auf Dauer hätte durchhalten lassen. Irgendwann wäre es wohl zu »Kollateralschäden« gekommen, wären zufällig Anwesende verletzt oder getötet worden. Dazu kommt, dass eine Strategie der Gewalt der ständigen Steigerung bedarf. Eine Bedingung, an der sich die Suffragetten stets orientiert haben, da sie unerlässlich für den Erfolg schien. Von vornherein zu sagen, »bis hierhin und nicht weiter«, war unmöglich. Durch eine solche im Vorfeld angekündigte limitierte Gewaltanwendung konnte die Gegenseite nicht zum Handeln bewegt werden. Die immer stärkere Eskalation der Gewalt war nötig, um die Situation im Land immer unerträglicher zu machen. Doch die Voraussetzung eines gewaltsamen Aufstandes, das Ausmaß an Gewalt immer neu zu steigern, führt die Bewegung schließlich an ihre Grenzen.

Die erste konzertierte Aktion der Suffragetten in dieser Phase richtet sich erneut gegen die Golfplätze auf der Insel. Überall werden die Anlagen mit Säure verätzt, Parolen wie *Votes before Sports* oder *No Votes, No Golf!* werden landesweit in den Rasen geschrieben. Anfang Februar werden gezielt alle Telegraphen- und Telefonleitungen zwischen London und Glasgow gekappt. Stundenlang sind alle Verbindungen zwischen den beiden Städten unterbrochen. In vornehmen Londoner Clubs wie dem Carlton, dem Junior-Carlton und dem Reform-Club gehen die Fensterscheiben zu Bruch. In den *Kew Gardens* werden die großen Scheiben des Orchideenhauses zerstört, die Pflanzen aus den Töpfen gerissen und zertreten. Die eisigen Temperaturen tun ein Übriges, die wertvollen Orchideen zu zerstören. Leonora Cohen stürmt in den Juwelenraum des *Towers* und schlägt dort eine Vitrine ein. Bei Überfällen auf das Schloss von Prinz Christian und den Sitz des Erzbischofs von Canterbury gehen alle Fenster zu Bruch.

In Eisenbahnwaggons werden Sitze mit Messern aufgeschlitzt, in den Städten reihenweise Straßenlaternen zerstört. Die Worte *Votes for Women* werden auf Theatersitze und in Konzertsäle gepinselt, Schlüssellöcher von Bürotüren oder Haustüren führender Politiker werden mit Bleikugeln verstopft. In herrschaftlichen Landsitzen oder öffentlichen Parkanlagen werden Blumenrabatten zertreten, altehrwürdige englische Ladys beantragen Waffenscheine, nur um die Behörden zu schockieren. Suffragetten fahren tagelang mit dem Zug durchs Land, um Kieselsteine zwischen die Schiebefenster zu platzieren, die das Glas zum Zerspringen bringen sollen, sobald diese geöffnet werden. Bootshäuser und Sportstätten in ganz England werden ein Raub der Flammen, im *Regents Park* wird ein Pavillon niedergebrannt. Die Mitglieder des Kabinetts werden Opfer einer Niespulverattacke, nachdem sie Briefe öffnen, die mit rotem Pfeffer und Schnupftabak gefüllt sind. Jackiedawra Melford verschanzt sich auf dem Oberdeck eines offenen Doppeldeckerbusses und wirft von oben Steine in die Schaufenster der *Victoria Street* in London. Im ganzen Land werden leerstehende Sommerhäuser niedergebrannt, historische Gebäude unwiederbringlich vernichtet. Der Schaden geht in die Hunderttausende. Selbst vor Kirchen wie der *Suburb Free Church* oder der *Abercarn Church* in Monmountshire machen die Suffragetten nicht halt. In der *South Bromley Station* der Londoner U-Bahn brennt es ebenso wie im Wald von Walham Green. In der Nähe von *Dudley Castle* wird eine alte russische Kanone aus dem Krimkrieg abgeschossen, die im weiten Umkreis Glas zum Zerspringen und die Anwohner einem hysterischen Anfall nahe bringt. In der Nähe der *Bank of England* und in *Wheatley Hall* in Doncaster explodieren Bomben. Mary Richardson und die erst 21-jährige »Baby-Suffragette« Lilian Lenton sprengen in Birmingham den neuen Bahnhof in die Luft. Auch die Bahnhöfe von Saunderton und Croxley Green werden zerstört.

Die täglichen Meldungen von den Attentaten der Suffragetten lassen Großbritannien aufhorchen. Wohin soll das alles führen? Wie soll das alles enden? Eine der beteiligten Suffragetten beantwortet diese Frage in einem Brief an den Herausgeber des *Daily Telegraph* mit einer ganz simplen Antwort: »Everyone seems to agree upon the necessity of putting a stop to Suffragist outrages; but no one seems certain how to do so. There are two and only two ways in which this can be done. Both will be effectual:

1. Kill every woman in the United Kingdom
2. Give women the vote.«[97]

Am 19. Februar 1913 ereignet sich die bislang aufsehenerregendste Tat. An diesem Tag explodiert eine Bombe im Schlafzimmer des neu errichteten Landsitzes von Lloyd George. Das neue Haus des prominentesten Politikers des Vereinigten Königreichs wird dabei teilweise zerstört. Menschen kommen nicht zu Schaden. Am Tatort werden Haarnadeln gefunden, und bald melden sich erste Zeugen, die am Tatort einen Wagen beobachtet haben wollen, der auf das WSPU-Mitglied Norah Veronica Lyle Smith zugelassen ist. Doch weder ihr noch ihrer Begleiterin, der Malerin Olive Hocken, kann die Tat nachgewiesen werden. Doch nun reicht es der Regierung. Sie schlägt zurück und verhaftet statt den Täterinnen Emmeline Pankhurst. Wer wäre besser geeignet, um ein Exempel zu statuieren, als die bewunderte Anführerin der Suffragetten? Der Verhaftung wird der *Malicious Damage to Property Act* von 1861 zugrunde gelegt, das Gesetz über die mutwillige Zerstörung von Eigentum. Konkret lautet der Vorwurf: »Having feloniously, unlawfully, and maliciously, counselled and procured certain persons, whose names are unkown, to feloniously, unlawfully and maliciously place in a certain building, situated at Walton Heath, in the county of Surrey, certain gunpowder and explosive substances, with intent thereby to damage the said building, contrary to the previsions of the Malicious Damage to Property Act, 1861.«[98] In einer ersten Stellungnahme übernimmt Emmeline Pankhurst die Verantwortung für alle Anschläge der WSPU.

Am 2. April 1913 findet in *Old Bailey* der Prozess gegen Emmeline Pankhurst statt. Der Sitzungssaal ist überfüllt, vor dem Gerichtsgebäude haben sich Tausende von Frauen eingefunden. Emmeline Pankhurst übernimmt zwar wie schon bei ihrer ersten Vernehmung die Verantwortung für die Zerstörungen, bekennt sich aber im Sinne der Anklage, die ihr vorwirft, die Frauen aufgrund unlauterer Motive in böser Absicht zur Sprengung des Hauses angestiftet zu haben, für »nicht schuldig«. Obwohl die Anklage keinerlei Beweise hat, lässt sie keine Zweifel daran, dass sie die Attentäterinnen in den Reihen der WSPU vermutet, deren treibende Kraft Emmeline Pankhurst ist. Der Vorwurf der Anstiftung zu kriminellen Handlungen wird durch das Verlesen von Briefen und Reden Emmeline Pankhursts untermauert.

Die Anführerin der Suffragetten nutzt das Gericht als Plattform, um noch einmal ihre Argumente für das Frauenwahlrecht darzulegen. Sie schildert den langwierigen friedlichen Kampf der Frauen, der ohne Ergebnis geblieben sei, sowie den Übergang zur Militanz: »Sie wissen, jeder von Ihnen, daß ich nicht hier stehen würde, daß ich nicht ein einziges Gesetz übertreten würde, wenn ich die Rechte hätte, die Sie besitzen, wenn ich diejenigen mitwählen könnte, die die Gesetze machen, denen ich gehorchen muß.«[99]

Nachdem die Geschworenen sie zwar für schuldig befinden, bei der Ermessung des Strafmaßes aber ausdrücklich um Milde ersuchen, bittet der Richter Emmeline Pankhurst, Einsicht und Reue zu

zeigen, da er sich ansonsten außerstande sehe, eine milde Strafe aus-
zusprechen. Doch diese weigert sich beharrlich: »Ich habe kein
Schuldgefühl. Ich habe meine Pflicht getan. Ich sehe in mir eine
Kriegsgefangene. Ich habe keine moralische Verpflichtung, die mir
auferlegte Strafe zu akzeptieren. Ich werde zu dem verzweifelten
Mittel Zuflucht nehmen, das auch andere Frauen angewandt haben.
Es ist für Sie offensichtlich, daß es ein ungleicher Kampf sein wird,
aber ich werde ihn durchkämpfen, solange ich noch einen Funken
Kraft oder Leben in mir habe.«[100] Daraufhin wird das Urteil verkün-
det. Es lautet: drei Jahre Zuchthaus!

Nun bricht Tumult im Saal aus. Die Frauen rufen »Schande« und
»Es lebe Emmeline Pankhurst«. Als die Gefangene abgeführt wird,
beginnen ihre Anhängerinnen lautstark, die Frauenmarseillaise zu
singen. Der Gefängnistransport, der Emmeline Pankhurst nach Holloway bringt, wird von einem Konvoi aus Taxis begleitet, vollgepackt
mit Suffragetten. Tausende stehen Spalier, als der Wagen die Gefängnistore passiert. Christabel Pankhurst spricht vielen ihrer
Weggefährtinnen aus dem Herzen, wenn sie von ihrer Mutter sagt:
»Heroine! That is the name for her and I say it, though I am her
daughter. How small we all look in comparison, except the other
women who took upon themselves the sterner deeds and also faced
long years of imprisonment.«[101] Unmittelbar nach ihrer Ankunft in
Holloway tritt Emmeline Pankhurst in Hungerstreik.

Die Suffragetten reagieren auf ihre Weise auf die Verhaftung: mit
der Zerstörung von noch mehr Eigentum. Die Tribüne der Pferde-
rennbahn in Ayr geht in Flammen auf, ebenso wie zahlreiche unbe-
wohnte Landhäuser.

In der *Oxford Station* explodiert eine Bombe, in der Kunstgalerie
in Manchester werden dreizehn Kunstwerke beschädigt. Die Zerstörung von Kunstwerken gilt als ein Protest dagegen, dass diesen ein
höherer Wert zugestanden wird als den Frauen. Sie soll ein Zeichen
dafür sein, dass in einer Gesellschaft, in der Gegenstände offensichtlich von größerer Bedeutung sind als Menschen, etwas nicht stimmt.
Sir Arthur Conan Doyle bezeichnet die Frauen daraufhin als weibliche Hooligans und ihre finanziellen Förderer als Kriminelle. Um

sich jetzt noch zu steigern, könnten sie, seiner Ansicht nach, nur noch einen blinden Mann mit Hund in die Luft jagen.

Doch während die Suffragetten das halbe Land in Schutt und Asche legen, ist auch die Regierung nicht untätig geblieben. Noch während des Verfahrens gegen Emmeline Pankhurst wird im Parlament ein neues Gesetz verabschiedet, das unter dem Namen *Cat and Mouse Act* in die Geschichte eingehen wird. Innenminister Reginald McKenna (1863–1943) bringt eine Gesetzesvorlage ein, welche die Strategie des Hungerstreikes wirkungslos machen und dafür Sorge tragen soll, dass die Frauen endlich einmal ihre Gesamtstrafe absitzen. Die öffentliche Diskussion um die Zwangsernährung ist spätestens seit dem Fall Constance Lytton für die Regierung so unangenehm geworden, dass man sich eine Handlungsalternative überlegen musste. McKennas Vorschlag sieht vor, dass die hungerstreikenden Frauen immer dann, wenn ein Arzt ihren Zustand für bedenklich hält, entlassen werden, um sich wieder zu erholen. Während dieser Erholungsphase stehen sie unter Hausarrest und dürfen nicht an politischen Versammlungen teilnehmen. Sobald es ihr Gesundheitszustand erlaubt, werden sie ohne Haftbefehl erneut inhaftiert. Die Zeit außerhalb des Gefängnisses wird nicht auf die Gesamtstrafe angerechnet. Bisher konnte eine Gefangene nur entlassen werden, wenn sie zugleich begnadigt wurde. Wurde also eine Frau aufgrund ihres schlechten Gesundheitszustandes entlassen, verfiel ihre Strafe. Auf diese Weise hatte keine einzige Suffragette jemals ihre Haftstrafe abgesessen. Mit Hilfe des neuen Gesetzes will man zum einen vermeiden, dass eine Suffragette im Gefängnis stirbt, zum andern soll endlich das volle Strafmaß zum Tragen kommen. In diesem Katz-und-Maus-Spiel sieht McKenna die einzige Möglichkeit für den Staat, zumindest einigermaßen Herr der Lage zu bleiben: »They are fanatical and hysterical women, who no more fear death in fighting what they believe to be the cause of women, than the natives of the Sudan feared death when fighting the battle of the Mahdi.«[102] Am 12. April 1913 tritt der *Prisoner's Temporary Discharge for Ill Health Act* in Kraft. Das Gesetz, das eigens für die Suffragetten erdacht worden ist, heißt im Volksmund jedoch bald nicht mehr anders als *Cat and Mouse Act.*

*Plakat der WSPU gegen den Cat
and Mouse Act*

Nur zwei Wochen später wird Emmeline Pankhurst bereits aufgrund des neuen Gesetzes entlassen, allerdings mit der Auflage, sich nach fünfzehn Tagen wieder in Holloway einzufinden. Die Klinik, in die sie gebracht wird, wird von Polizei rund um die Uhr bewacht.

Inzwischen werden weitere Repressionsmaßnahmen gegen die Organisation durchgeführt. Am 30. April wird das Büro der WSPU in Kingsway gestürmt. Die Mitarbeiter werden verhaftet, Unterlagen kistenweise davongetragen. Die Druckerei, in der *The Suffragette* hergestellt wird, wird ebenfalls durchsucht, ihr Inhaber verhaftet. Alle Artikel für die nächste Ausgabe, die am folgenden Tag erscheinen soll, werden beschlagnahmt. Doch die Suffragetten denken nicht daran, sich geschlagen zu geben. Mit unermüdlichem Einsatz gelingt es ihnen, quasi über Nacht eine neue Zeitung zusammenzustellen. Am andern Morgen erscheint *The Suffragette* wie gewohnt. Auf der Titelseite, auf der sich üblicherweise Christabels Leitartikel befindet, prangt in Großbuchstaben nur ein einziges Wort: »ÜBERFALL«. Die Suffragetten schildern die Ereignisse des vorigen Tages so drastisch, dass sich die Polizei aufgrund der öffentlichen Proteste genötigt sieht, die Büroräume wieder freizugeben. Jüngere Suffragetten rücken nach und übernehmen die verwaisten Posten der Führungsriege. Sie gewährleisten eine reibungslose Weiterführung der militanten Aktionen. Die Verhafteten aber, zu vielen Monaten Gefängnis verurteilt, werden unmittelbar nach ihrem Haftantritt Opfer des *Cat and Mouse Acts*. Mehr als ein Jahr lang setzt sich dies »Spiel« fort: Suffragetten werden inhaftiert, treten in Hungerstreik, werden zwangsernährt, entlassen, erholen sich, werden wieder inhaftiert, treten wieder in Hungerstreik und so weiter und so fort. Nach ihren Entlassungen kommen sie zumeist in Privathäusern von Unterstützern unter, wie zum Beispiel im Haus der Familie Brackenbury. Alle Frauen der Familie inklusive der über 80-jährigen Hilda Brackenbury kämpfen für das Wahlrecht und werden mehrmals inhaftiert. Ihrem Haus in Notting Hill wird vom Volksmund der Name »Mäuseburg« verliehen, so viele Frauen finden sich nach ihrer Entlassung durch den *Cat and Mouse Act* hier ein.

Am 26. Mai 1913 wird Emmeline Pankhurst nach Holloway zurückgebracht. Doch sie ist noch immer so schwach, dass sie nach fünf Tagen Hungerstreik erneut entlassen werden muss. Die ständigen Hungerstreiks zehren an den Kräften der 55-Jährigen, die sich immer schlechter von den gesundheitlichen Strapazen erholt. Die Regierung ist in größter Sorge, dass sie stirbt. Dies würde der Bewegung zweifellos eine Märtyrerin verschaffen, wie es keine Zweite geben konnte.

Doch eine Bewegung, bei der mit solchem Einsatz und Fanatismus gekämpft wird wie in der Suffragettenbewegung, produziert Märtyrer. Niemand vermag dies zu verhindern. Die Frauen nehmen schlimmste Qualen, Hunger und Schmerzen auf sich. Jeder Hungerstreik birgt angesichts der gravierenden gesundheitlichen Folgen die Gefahr des Todes in sich. Es ist nur eine Frage der Zeit, bis sich eine der Frauen ganz für ihre Sache opfert.

Am 4. Juni 1913 wirft sich Emily Wilding Davison beim Derby in Epsom vor das Pferd König George V. Sie versteht ihren Tod als Fanal für das Frauenstimmrecht, opfert sich für eine Sache, an die sie fest glaubt und von der sie annimmt, dass sie ein derartiges Opfer benötigt, um Wirklichkeit zu werden. Abertausende verfolgen die Tat und ihren Tod. In einer Zeit, in der es noch kein Fernsehen gibt, das viele Menschen visuell an dramatischen Szenen teilhaben lässt, ist dieses Erlebnis in seiner Wirkung ungeheuerlich. Die Menschen sind schockiert. Landesweit wird über Sinn und Sinnlosigkeit der Tat debattiert. In Emily Wilding Davisons Tod scheint alles zu kumulieren, was die Suffragettenbewegung ausmacht: Tragik und Radikalität, Heldenmut und Opferbereitschaft, unbedingte Entschlossenheit bis hin zur Selbstaufgabe.

Emilys Tod ist wochenlang Tagesgespräch auf der Insel, die meisten stehen der Tat voll Kritik und Ablehnung gegenüber. Während eine Untersuchung der Ereignisse am 10. Juni 1913 zu dem Schluss kommt, dass ihr Tod ein bedauerlicher Unfall gewesen sei, erklärt Christabel Pankhurst Emily offiziell zur ersten Märtyrerin der Frauenstimmrechtsbewegung. Ihre Beerdigung wird zu einem der letzten Großereignisse der Bewegung. Tausende von Frauen in Weiß, Grün und Lila säumen am 14. Juni 1913 die Straßen, als der Sarg durch London zum Bahnhof King's Cross gezogen wird. Von hier aus wird die Leiche, begleitet von einer Ehrengarde der Suffragetten, nach Morpeth, Northumberland, ins Familiengrab überführt. Der Tod von Emily Wilding Davison führt noch einmal für kurze Zeit zum Schulterschluss zwischen den verschiedenen Frauenwahlrechtsgruppen.

Dabei ist Emily Wilding Davison weder die erste noch die einzige Frau, die ihr Leben für das Stimmrecht opfert. Mary Clarke, die Schwester Emmeline Pankhursts, war im Dezember 1910 an Gehirnblutungen gestorben, kurz nachdem sie aus dem Gefängnis entlassen worden war. Henria Williams und Cecilia Wolseley Haig starben in kurzen Abständen, nachdem sie am *Black Friday* von Polizisten niedergeschlagen worden waren. Lady Constance Lytton erleidet infolge ihrer Behandlungen im Gefängnis als Jane Warton einen Schlaganfall und stirbt noch in jungen Jahren. Ist es da ein Wunder, dass Christabel Pankhurst ausgerechnet Jeanne d'Arc als die Schutzheilige der Suffragetten bezeichnet?

Emily Wilding Davisons Begräbnis

Nach dem heroischen Beispiel von Emily Wilding Davison gehen die Suffragetten noch rücksichtsloser gegen ihr eigenes Leben vor. Die durch Hungerstreik ohnehin schwer gezeichneten Inhaftierten treten nun in Durststreik. Was dies bedeutet, schildert Emmeline Pankhurst in ihrer Autobiographie: »Der Körper kann Wasserverlust nicht aushalten. Er protestiert mit allen Nerven. Die Muskeln schwinden, die Haut wird faltig und schlaff, der Gesichtsausdruck verändert sich schrecklich; [...]. Alle natürlichen Funktionen hören auf, und alle Gifte, an ihrem Ausscheiden gehindert, werden im Körper zurückgehalten und absorbiert. Er wird kalt und zittert, ständige Kopfschmerzen und Übelkeit, manchmal auch Fieber, treten auf. Der Mund und die Zunge werden bedeckt und schwellen an, die Kehle verdickt sich, und die Stimme verändert sich zu einem schwachen Flüstern.«[103]

Damit erzwingen sie eine noch schnellere Entlassung. Allerdings denken diejenigen Suffragetten, die sich wieder einigermaßen erholt haben, nicht im Traum daran, sich von der Polizei wieder einfangen zu lassen. Sie verbarrikadieren sich in ihren Häusern oder tauchen vor den Augen der Polizei unter, wie Dorothea Smith aus Glasgow, die nach einem Besuch mit ihrer Mutter die Rollen tauscht, statt ihrer das Haus verlässt und in ein wartendes Taxi steigt. Ungerührt nehmen die Frauen offen an WSPU-Versammlungen und Aktionen teil. Als Emmeline Pankhurst und Annie Kenny einmal im Anschluss an eine Kundgebung verhaftet werden sollen, versuchen sie zu fliehen. Annie Kenny wird gefasst, Emmeline entkommt in einem Taxi. Tagelang verschanzt sie sich im Haus einer Freundin, das nicht nur von Polizeitruppen, sondern auch von Hunderten ihrer Anhängerinnen belagert wird. Als eines Tages eine verschleierte Frau das Haus verlässt, um in ein Taxi zu steigen, wird sie von der Polizei verhaftet, allerdings nicht, ohne dass die Suffragetten verzweifelt um die Befreiung der Frau kämpfen. Erst auf der Polizeistation entdeckt man, dass die Dame hinter dem Schleier nicht Emmeline Pankhurst ist, die sich ihrerseits mit einem zweiten Taxi aus dem Staub gemacht hat. Bei ihrem nächsten öffentlichen Auftritt wird sie schließlich doch verhaftet. Bei Ankunft im Gefängnis weigert sich Emmeline Pankhurst, das Auto zu verlassen, so dass die Polizei sie unter dem Jubel der Frauen hineintragen muss. Wieder inhaftiert, verweigert sie nicht nur Nahrung und Wasser, sondern auch jede ärztliche Betreuung. Um ihre Entlassung zu erzwingen, beginnt sie, obwohl völlig geschwächt, in ihrer Zelle auf- und abzugehen. Zum ersten Mal beginnt sie hier, was all ihre weiteren Verhaftungen begleiten wird, einen Schlaf- und Ruhestreik. Doch erst als sie bewusstlos am Zellenboden liegt, wird sie entlassen. Kurze Zeit später wird sie auf einem Stuhl auf die Plattform des *London Pavillion* getragen, um zu den Frauen zu sprechen. Solche und ähnliche Szenen ereignen sich überall. Frauen werden auf Bahren zu Versammlungen getragen, richten sich halb ohnmächtig auf, um einige Worte an ihre Mitstreiterinnen zu richten. Die öffentliche Wirkung dieser Aktionen ist enorm und für die Regierung eine Katastrophe. Nach fünf Monaten hat Emmeline Pankhurst noch nicht einmal drei Wochen ihrer dreijährigen Haftzeit verbüßt. Ihre Konstitution wird jedoch immer schlechter, die Erholungsphasen reichen längst nicht mehr aus, um den Körper gesunden zu lassen. Zudem schont sie sich auch außerhalb des Gefängnisses nicht. Zweimal gelingt es ihr, nach Paris zu Christabel zu reisen, einmal schafft sie es gar bis in die USA. Bei ihrer Rückkehr wird sie noch auf dem Schiff verhaftet. Jedes Mal, wenn sie verhaftet wird, erschüttert eine neue Welle der Militanz das Land. Brennende Gebäude leuchten wie Fackeln, Kirchen, Ämter, Landhäuser und Briefkästen werden ein Raub der Flammen. Die Empörung der Suffragetten über die Behandlung ihrer Anführerin ist grenzenlos. In den Kirchen beten die Frauen: »Gott rette Emmeline Pankhurst!« Beinahe immer kommt es dabei zu Übergriffen, Gottesdienstbesucher und Kirchendiener prügeln auf die Betenden ein und vertreiben sie aus der Kirche.

Im Dezember 1913 wird auch das Königspaar bei einer Aufführung der Oper *Jeanne d'Arc* in *Covent Garden* Opfer der Suffragetten. Zuvor hatten die Frauen monatelang versucht, dem Monarchen eine Petition zu überreichen. Am 14. März, dem Tag der Parlamentseröffnung, war es Marie Brackenbury und Dorothea Smith an der Spitze einer Delegation gelungen, die Wachen zu überlisten und zur Kutsche von König George V. vorzudringen. Sie hatten die Gunst des Augenblicks genutzt, als die Soldaten an der vorbeifahrenden Kutsche salutieren und Haltung annehmen mussten. In diesem Moment waren die Frauen durch die Absperrung geschlüpft und hatten vergebens versucht, dem König eine Petition zu überreichen. Auch der Versuch, das Schriftstück in die Kutsche zu schleudern, war gescheitert, da die Fenster geschlossen waren. Alle Beteiligten wurden umgehend verhaftet.

Nun versuchen sie es auf anderem Wege. Drei elegante Damen betreten am Tage der Aufführung die angemietete Loge direkt gegenüber der Königsloge und verriegeln von innen die Türe. Am Ende des ersten Aktes beginnt eine der Frauen über ein Megaphon mit ihrer Ansprache. Sie vergleicht die Suffragetten mit Jeanne d'Arc und erinnert den König an seine Verantwortung auch den Frauen gegenüber. Tumult bricht aus, nach einigen Minuten wird die Tür zur Loge aufgebrochen und die Frauen werden hinauskomplimentiert. Kaum hat sich die Aufregung ein wenig gelegt, erheben sich Dutzende anderer Zuschauerinnen auf den Emporen und werfen Flugblätter ins Publikum. Der Monarch ist nun unmittelbar ins Zentrum der Aktionen gerückt. Von nun an erhält er täglich Dutzende von Drohbriefen, er fürchtet um sein Leben. Im Dezember kommt es erneut zu einem Zwischenfall bei einer Matinee von *The Silver King* im *His Majesty's Theatre*. Eine Frau aus dem Publikum beschimpft den König lautstark als russischen Zaren, als Despoten. Am 4. Juni 1914 ereignet sich ein unerwünschter Vorfall bei der Vorstellung der Debütantinnen bei Hof. Lady Blomfield, die ihre beiden Töchter dem König vorstellen will, befürchtet zu Recht, dass die beiden Mädchen, die offen mit der WSPU sympathisieren, die Gelegenheit zu einer Aktion nutzen könnten, und beschließt, die beiden zu Hause zu lassen. Doch die jungen Frauen erscheinen in Abendgarderobe vor den Toren des Palastes und bitten unter dem Vorwand um Einlass, ihre Mutter habe die Einrittskarten bei sich. Ohne Probleme werden sie eingelassen. Beim anschließenden Defilee drängen sie nach vorn und als sie vor dem König stehen, schreien sie ihm ihre Botschaft in Gesicht. Lady Blomfield, die sich im Nebenzimmer befindet und die Stimmen ihrer Töchter sofort erkennt, fällt daraufhin in Ohnmacht.

1914

Im Januar des neuen Jahres wird der König von der WSPU in Kenntnis gesetzt, dass Emmeline Pankhurst eine Delegation Frauen zum Buckingham Palace führen will, die um ein Gespräch nachsucht. Obwohl ihr Ansinnen abgelehnt wird, marschieren die Frauen zum Palast. Hier kommt es zu einer Straßenschlacht, die sich mit der am *Black Friday* durchaus messen kann. Viele Frauen werden verletzt, unzählige verhaftet. Dennoch weichen die Suffragetten keinen Schritt zurück.

Die Situation nimmt in den nächsten Wochen bürgerkriegsartige Ausmaße an. Während der Versammlungen der Suffragetten kommt es zu regelrechten Saalschlachten, bei denen nicht nur Mobiliar zu Bruch geht. Um Emmeline Pankhurst vor erneuter Verhaftung zu schützen, wird sie von einer in Jiu-Jitsu unterwiesenen Frauenleibwache auf Schritt und Tritt begleitet. Dennoch gelingt es der Polizei, sie nach einer Versammlung in Glasgow erneut festzunehmen. Es folgen erneut Hunger- und Durststreik sowie die erneute Entlassung. Wie bei jeder Verhaftung antworten die Suffragetten mit neuen Bomben, neuen Bränden, neuer Gewalt.

Am 10. März 1914 fällt die *Venus mit dem Spiegel*, eines der berühmtesten Gemälde des spanischen Malers Diego Velasquez (1599–1660), in der *National Gallery* den Suffragetten zum Opfer. Mary Richardson (1889–1961), genannt »Slasher Mary«, die bereits zuvor an Bombenattentaten beteiligt war und bei einer Störung in einem Restaurant in Holborn von einem Gast mit einem Brot geschlagen worden war, attackiert das Bild mit einer Axt. Die Spuren der Zerstörung sind bis heute sichtbar. Sie will beweisen, wie wenig sich die Öffentlichkeit um die Gesundheit von Emmeline Pankhurst kümmert und wie viel ihr stattdessen ein Gemälde bedeutet. Während sie das Bild mit vier Axtschlägen malträtiert, werfen zwei deutsche Touristen in ihrer Not ihre Baedekerreiseführer auf sie. Nachdem sie bei ihrer Verhaftung angibt, dass sich noch weitere Suffragetten in der *National Gallery* befinden, lässt die Polizei das Gebäude räumen. Mary Richardson teilt der entsetzten Öffentlichkeit mit, dass es sehr wohl möglich sei, ein anderes Bild zu bekommen, jedoch unmöglich ein neues Leben, und dass Mrs. Pankhurst just in diesem Moment von der britischen Regierung ermordet werde. Wenig später malträtiert Bertha Ryland das Gemälde *Master Thornhill* von George Romney (1734–1802) in der *Art Gallery* in Birmingham mit einem Fleischermesser, und eine Dritte versucht, ein Porträt des Königs in der *Royal Scottish Academy* zu zerstören. Auch John Singer Sargents (1856–1925) berühmtes Porträt von Henry James in *Burlington House* wird Opfer eines Angriffs. Die Angst vor militanten Übergriffen führt dazu, dass zahlreiche Museen und Galerien geschlossen werden. Viele verweigern Frauen von nun an den Zutritt wie die *Royal Academy* und die *Tate Gallery*. Zum *British Museum* ist Frauen der Zugang nur in Begleitung von Männern gestattet, die für ihr gutes Benehmen die Garantie übernehmen. Frauen ohne Männer dürfen nur hinein, wenn sie ein Leumundsschreiben vorweisen können, in dem ein Mann für sie bürgt und das den Unterzeichner für alles, was sie anstellen, verantwortlich macht. Die neue Regelung heißt: Kein Muff, keine Handtaschen, keine Stöcke!

Haben die Suffragetten ihre Auftritte vor Gericht zuvor zu Propagandazwecken benutzt, strafen sie die Gerichte nun mit völliger Missachtung. Sie werfen Gegenstände auf die Richter und Tomaten auf den Staatsanwalt. Richter werden als *Jack-in-the-Box* verhöhnt und mit Trillerpfeifen ausgepfiffen. Die Gerichtsverhandlungen werden zur Farce.

In jene Zeit der Eskalation fällt die Trennung von Sylvia Pankhurst und der WSPU. Im Januar 1914 zitieren Emmeline und Christabel sie nach Paris, verlangen von ihr die Beendigung ihres East-End-Engagements und die Rückkehr in die Reihen der WSPU. Soziale Forderungen würden ihrer Ansicht nach vom zentralen Thema Frauenwahlrecht ablenken und sind zweitrangig. Sylvias Einsatz für James Larkin und die streikenden irischen Arbeiter in Dublin hat das Fass zum Überlaufen gebracht. Nachdem Sylvia sich weigert, wird die *East London Federation* aus der WSPU ausgeschlossen. Sylvia gründet daraufhin die *East London Federation of Suffragettes* [EFLS], bleibt dem Kampf ums Frauenwahlrecht aber trotzdem eng verbunden. Sie durchlebt wie die Mitglieder der WSPU ebenfalls Gefängnis und Hungerstreik, Zwangsernährung und Gewalt. Bald ist auch sie nur noch mit einer weiblichen Leibgarde aus dem East End anzutreffen: Frauen, die sie beschützen, und, wenn es darauf ankommt, bis aufs Blut verteidigen.

Im Unterhaus werden derweil neue Maßnahmen gegen die Bewegung diskutiert. Alle Zwangsmaßnahmen, alle Unterdrückungsmaßnahmen haben nichts gebracht. Bei einer Parlamentsdebatte vom 11. Juni 1914 bietet Innenminister Reginald McKenna folgende Lösungen an, die ihm aus allen Teilen der Bevölkerung zugetragen werden: zum einen die Frauen einfach sterben zu lassen. Dies sei momentan die am meisten favorisierte Lösung. Des Weiteren sei ihm vorgeschlagen worden, sie zu deportieren. Doch man wisse nicht wohin, da kein Land diese Weiber gerne aufnehmen würde. Drittens solle man sie doch einfach wie Verrückte behandeln. Als vierte Lösung wird erwogen, ihnen das Wahlrecht zu geben. Das Unterhaus kann sich auf keine der vier »Lösungen« einigen. Schließlich wird beschlossen, die finanziellen Unterstützer der WSPU mit harten Strafen zu belegen und die WSPU dadurch vom Geldfluss abzutrennen. Dies würde die Organisation empfindlich treffen, die Spendenbereitschaft sei hoch. In der Tat hatte die WSPU im Jahre 1913 immerhin die stolze Summe von 37000 Pfund zur Verfügung.

Ein paar Tage später empfängt Premierminister Asquith eine Delegation der ELFS. Sylvia Pankhurst gelingt das Kunststück, als Erste eine Suffragetten-Abordnung zum Premierminister zu bringen. Als Asquith am 20. Juni 1914 die Arbeiterinnen empfängt, erkennt er zum ersten Mal, dass ein Wahlrecht für Frauen nicht automatisch die Konservativen stärken würde, sondern dass im Gegenteil die Frauen vielleicht demjenigen, der ihnen das Wahlrecht gibt, durchaus zu Dank verpflichtet wären. Die Delegation aus dem East End besteht aus potenziellen Wählerinnen für *Liberal* oder *Labour* und würde wohl vor allem der Regierung ihre Stimme geben, die es vermag, die dringendsten sozialen Probleme zu lösen. Nachdem Asquith einige Tage zuvor bereits eine Delegation der NUWSS empfangen hat, wird dies in einigen Teilen der Bevölkerung als Zeichen eines politischen Richtungswechsels verstanden. Ob dem tatsächlich so ist, bleibt umstritten. Immerhin sitzen zeitgleich Hunderte von Frauen in den britischen Gefängnissen.

Doch bevor irgendeine Verlautbarung, in welche Richtung auch immer, gemacht werden kann, wird im 28. Juni 1914 der österreichische Erzherzog Franz Ferdinand mit seiner Frau in Sarajevo erschossen. Kurz darauf bricht der Erste Weltkrieg aus, und der Kampf um das Frauenstimmrecht nimmt eine überraschende Wendung. Der erste große Krieg des neuen Jahrhunderts ermöglicht nicht nur der Regierung einen Kurswechsel, sondern bietet auch der WSPU, deren Militanz nur noch durch Attentate auf Menschen gesteigert werden könnte, den Ausweg aus dem Dilemma der an ihre Grenzen gestoßenen Strategie der Militanz.

Die Märtyrerin:
Emily Wilding Davison
(1872–1913)

»Die gute Sache, für die wir kämpfen, schreit nach einer Tragödie.«

Emily Wilding Davison wird am 11. Oktober 1872 geboren. Sie wächst unbeschwert im großen Haus der Familie in Sawbridgeworth, Hertfordshire, auf. Obwohl die Jüngste, hat sie ihre Geschwister gut im Griff, lässt sie gar manches Mal in militärischer Manier antreten und strammstehen. Als Emily 11 Jahre alt ist, geht die Familie nach London, wo Emily später die *Kensington High School* besucht. Sie ist eine ausgezeichnete Schülerin, wissbegierig und klug. Ihre besten Fächer sind Französisch, Literatur und Kunst. Zudem ist sie eine gute Schwimmerin, fährt Rad und läuft Schlittschuh. Nach der Schule geht sie für ein Jahr in die Schweiz, wo sie auf ihre Aufgaben als höhere Tochter vorbereitet wird. Nach ihrer Rückkehr entscheidet sie sich für ein Studium. 1891 erhält sie ein Stipendium für das College in Holloway, eine Stadt, die sie später immer wieder durch das Fenster einer Gefängniszelle sehen wird.

1893 stirbt ihr Vater. Damit bricht die finanzielle Unterstützung fürs Studium weg. Obwohl die Mutter alles versucht, damit Emily weiterstudieren kann, lassen es die finanziellen Umstände nicht zu. Emily arbeitet als Gouvernante, versucht außerhalb der Universität ihre Studien fortzusetzen. Mit Hilfe einer Freundin, die weiterhin in Holloway studiert, kommt sie an die Studienunterlagen. Es gelingt ihr, so viel Geld zu sparen, dass sie ihr letztes Semester am Frauencollege *St. Hugh's Hall* in Oxford absolvieren kann. Sie beendet ihr Studium mit Auszeichnung. Die Schwierigkeiten, der sie als Frau, die studieren will, begegnet, wird sie nie vergessen. Sie führen dazu, dass sie sich mit der Entrechtung der Frauen auseinanderzusetzen beginnt. Die nächsten drei Jahre arbeitet sie als Lehrerin, bevor sie erneut Gouvernante wird. Nachdem sie jedoch, aufgerüttelt durch diverse Zeitungsartikel, 1906 der WSPU beitritt, bekommt sie Probleme mit ihren Arbeitgebern, die Gegner der Frauenstimmrechtsbewegung sind. Daraufhin kündigt sie ihre Stellung und beschließt, ins Zentrum der militanten Frauenbewegung nach London zu gehen.

Von 1908 an konzentriert sie sich ganz auf die Bewegung, gibt jegliche finanzielle Absicherung durch eine Festanstellung auf. Sie läuft von Versammlung zu Versammlung und umgibt sich mit einem Kreis militanter Suffragetten. Auch wenn sie ihre inzwischen aufs Land nach Longhorsely gezogene Familie besucht, hält sie Reden und wirbt fürs Frauenstimmrecht. Mehr als einmal rät man ihr bei dieser Gelegenheit, doch nach Hause zu gehen und der Mutter beim Strümpfestopfen zu helfen.

Ihr eifriges Engagement, bei dem sie weder Furcht noch Grenzen kennt, endet oftmals im Gefängnis. Im März 1909 wird sie zum ersten Mal verhaftet, nachdem sie gemeinsam mit 21 Mitstreiterinnen versucht hat, ins Unterhaus einzudringen, um den Premierminister zu sprechen. Dieser einmonatigen Gefängnisstrafe folgt ein Vierteljahr später bereits die nächste, als sie Lloyd George bei einer Rede in Limehouse stört. Diesmal erhält sie acht Wochen. Im Arrest angekommen, zertrümmert sie aus Protest alles, was nicht niet- und nagelfest ist, und singt dabei die Nationalhymne. An die dunkle Wand ihrer Zelle schreibt sie ihren Wahlspruch: »Rebellion gegen Tyrannei ist Gehorsam gegenüber Gott.« Von Kindheit an ist Emily sehr religiös, betet, liest die Bibel und besucht regelmäßig die heilige Messe. All ihre Handlungen versteht sie als Auftrag Gottes. Größte Bewunderung bringt sie Jeanne d'Arc entgegen. Ihrem Kampf fürs Frauenstimmrecht wohnt ein durchaus religiös geprägter Fanatismus inne.

Hier im Gefängnis in Holloway beginnt sie ihren ersten Hungerstreik. 124 Stunden fastet sie für die Anerkennung der Suffragetten als politische Gefangene. Dann wird sie entlassen, nur um kurze Zeit später erneut inhaftiert zu werden, weil sie in Manchester an der Zertrümmerung von Fensterscheiben beteiligt gewesen ist. Am 9. Oktober 1909 gelingt es zwei Polizisten in Newcastle gerade noch, sie davon abzuhalten, einen Stein ins Auto von Lloyd George zu schleudern.

Obwohl sie bald zu den militantesten Suffragetten gehört, bekleidet sie niemals einen offiziellen Posten innerhalb der WSPU. Ihr Name ist dennoch bald in aller Munde. Und das nicht aufgrund ihrer Artikel für *Votes for Women*. Landesweite Berühmtheit erlangt sie im Winter 1909 durch ihren Widerstand gegen die Zwangsernährung der Hungerstreikenden. Diesmal sitzt sie im Gefängnis in Strangeway, weil sie eine Versammlung der Liberalen gestört hat. Nachdem sie in Hungerstreik tritt, reagiert der Staat mit gnadenloser Härte. Als sie sich weigert zu essen, wird sie vom Wachpersonal niedergerungen, und der Gefängnisarzt führt ihr mit einem Schlauch gewaltsam Essen zu. Nach Beendigung dieses barbarischen Gewaltaktes bleibt sie schockiert und verzweifelt zurück. Als sie in eine neue Zelle verlegt wird, in der zwei Betten stehen, verbarrikadiert sie damit die Tür, um einer erneuten Zwangsernährung zu entgehen. Nachdem sie sich stundenlang weigert, die Türe zu öffnen, wird sie durch das Zellenfenster mit Hilfe eines Wasserschlauchs fünfzehn Minuten lang hart mit Eiswasser bespritzt. Als auch das ihren Widerstand nicht bricht, wird die Türe eingedrückt.

Die Berichte von Emilys verzweifeltem Widerstand gegen die Zwangsernährung schrecken die Nation auf. Die Regierung muss sich im Parlament unangenehmen Fragen bezüglich der Behandlung der gefangenen Suffragetten stellen und sieht sich schließlich gezwungen, eine Untersuchung anzuberaumen. Emily avanciert zur Heldin der Frauenstimmrechtsbewegung. Emmeline Pankhurst nennt ihren heldenhaften Widerstand einen großen Sieg für die Bewegung und stellt Emily als Vorbild für alle Frauen dar. Im Januar 1910 werden Emily 40 Shilling Entschädigung für die Haft zugesprochen, die sie unmittelbar an die WSPU weiterleitet.

Nun macht sie sich daran, neue spektakulärere Formen des Protests zu entwickeln. Zwischen 1910 und 1911 gelingt es ihr dreimal, eine Nacht im Unterhaus zu verbringen. Zu ihrer Enttäuschung wird sie jedoch bei Entdeckung jedes Mal ohne Aufsehen hinauskomplimentiert. Im Juni 1910 wirft sie dort eine Scheibe ein.

Etwa zur selben Zeit beginnt sie damit, Leserbriefe zu schreiben. Woche für Woche erscheinen ihre pointierten Zeilen zum Frauenstimmrecht, in dem sie die Lösung aller nationalen und internationalen Probleme sieht, landesweit in den Zeitungen. Ob es um höhere Löhne, Ehe- und Familienrecht oder soziale Probleme geht, der Zusammenhang mit dem Frauenstimmrecht liegt für sie auf der Hand.

Im November 1911 zündet sie aus Verärgerung über die Klassenjustiz in England, die Suffragetten aus der Arbeiterklasse härter bestraft als Suffragetten der Ober- und Mittelschicht, einen Briefkasten in der Fleet-Street an. Bevor sie die Polizei anruft und sich zu ihrer Tat bekennt, nimmt sie noch einen kleinen Lunch im *Lyons Tea Shop* ein. Danach geht sie zum Postgebäude in der *Parliament Street* und setzt vor den entsetzten Augen eines Polizisten einen weiteren Briefkasten in Brand. Obwohl die WSPU zunächst von einer Einzeltat Emilys spricht, die ohne Absprache gehandelt habe, wird das Anzünden von Briefkästen bald zur regelmäßigen Praxis der Suffragetten.

Von Februar 1912 an verbüßt Emily für ihre Tat eine sechsmonatige Haftstrafe in Holloway. Dies wird ihre längste und härteste Gefängnisstrafe sein. Nach der Entlassung ihrer Mitgefangenen bleibt sie allein zurück und verfällt in tiefe Depressionen. Sie ist völlig isoliert, darf nur wenig Besuch empfangen, von den Suffragetten wird keine zu ihr vorgelassen. Wiederum tritt sie in Hungerstreik, und wiederum wird sie zwangsernährt, diesmal durch einen Nasenschlauch. Bis zum Ende leistet sie erbittert Widerstand. Erst als im Mai 114 Suffragetten wegen des Zertrümmerns von Fensterscheiben inhaftiert werden, wird die Haft für sie erträglicher.

Nachdem Emmeline Pankhurst und das Ehepaar Pethick-Lawrence im Mai der Verschwörung angeklagt werden, beginnen die Gefangenen in Holloway mit Protestaktionen. Sie verbarrikadieren sich in ihre Zellen, um ihre Zwangsernährung zu verhindern. Auch Emily wehrt sich mit aller Kraft gegen die Eindringlinge, wird aber letztlich überwältigt, auf einen Stuhl gebunden und zwangsernährt. Die immer wiederkehrende Demütigung der Zwangsernährung, der die Frauen nur marginalen Widerstand entgegensetzen können, führt dazu, dass Emily beschließt, zum Fanal zu werden. Ihre Überlegungen gipfeln darin, was wohl geschehen würde, wenn eine der Suffragetten sterben würde. Würde nicht der Zorn der Bevölkerung so groß sein, dass die Regierung sich gezwungen sähe, die weiblichen Gefangenen humaner zu behandeln? Als sich das nächste Mal die Zellentür öffnet, läuft sie hinaus und springt vom Balkon in die Tiefe. Doch anstatt heldenhaft zu sterben, verfängt sie sich hoffnungslos in den Netzen, die zwischen den Balkonen gespannt sind. Bei einem zweiten Versuch stürzt sie sich die Treppe hinunter. Doch obwohl sie sich schwer verletzt, wird ihre wöchentliche Zwangsernährung fortgesetzt. Eine Woche später wird sie entlassen. Doch ihr Plan, zur Märtyrerin der Sache zu werden, verfestigt sich.

Die nächsten Monate verbringt sie in Brighton, um sich vom Hungerstreik zu erholen. Über ihre Aktivitäten in jener Zeit herrscht Unklarheit. Es geht das Gerücht, sie habe einen vergeblichen Versuch unternommen, den Krönungsstuhl in Westminster Abbey in die Luft zu sprengen. Dies wird erst ein knappes Jahr später einer anderen Frau gelingen. Ende 1912 macht sie wieder von sich reden, weil sie einen Mann, den sie für den Premierminister hält, mit einer Hundepeitsche attackiert.

In diesen Monaten gerät sie immer mehr in finanzielle Schwierigkeiten. Sie hat keine Festanstellung, ist nicht verheiratet und bekleidet auch keinen bezahlten Posten innerhalb der WSPU. Und obwohl ihr die Organisation immer wieder etwas zukommen lässt, und auch die Familie sie zu unterstützen versucht, bleibt ihre finanzielle Situation unsicher. Der Versuch, Artikel an Zeitungen zu verkaufen, schlägt fehl.

Im Mai 1913 fährt sie nach Longhorsely zu ihrer Mutter. Inwieweit hier ihre Pläne für die selbstmörderische Aktion beim Pferderennen in Epsom gereift sind, lässt sich nicht eindeutig sagen. Hinweise für und gegen die Theorie, dass sie ihren Tod tatsächlich von langer Hand plante, gibt es zuhauf. Als ihre Freundin Mary Leigh sie nach ihren Plänen beim Derby fragt, verweist Emily sie auf die Abendzeitung.

Am Morgen des 4. Juni 1913 reist Emily nach Epsom. Unter ihrem Mantel trägt sie versteckt die Schärpe der Suffragetten, in der Hand hält sie eine zusammengerollte Flagge. Um 13.30 Uhr betritt sie die Rennbahn. Um 15.00 Uhr beginnt in Anwesenheit der königlichen Familie das Hauptrennen. Als das Pferd des Königs vorbeigaloppiert, schlüpft Emily unter der Absperrung hindurch und läuft in ihrer Suffragettentracht direkt vor das Pferd. Dieses strauchelt und begräbt Emily unter sich. Die Hufschläge des panischen Pferdes verletzen Emily vor den Augen der entsetzten Zuschauer aufs schwerste. Obwohl weder das Pferd noch der Jockey verletzt werden, ist die Menge nach dem ersten Schock so aufgebracht, dass anwesende Suffragetten flüchten müssen, um nicht zusammengeschlagen zu werden. Emily wird mit inneren Blutungen und schweren Kopfverletzungen ins Krankenhaus von Epsom gebracht, wo sie sofort operiert wird. Vier Tage später stirbt sie am 8. Juni 1913, ohne das Bewusstsein wiedererlangt zu haben.

Die Bewegung hat ihre erste Märtyrerin, und Emmeline Pankhurst wird später in ihrer Autobiographie schreiben: »Emily Wilding Davison [...] gab ihr Leben für die Sache der Frauen [...]«[104]

Ob Emily tatsächlich sterben wollte, ist bis heute umstritten. Fest steht, sie wollte ein Zeichen setzen, wollte die Aufmerksamkeit der Öffentlichkeit auf eine Sache lenken, an die sie fest glaubte und für die sie bereit war, alles zu geben. Wenn es sein musste auch ihr Leben.

»Durch den Weltkrieg erlangte der britische Imperialismus al-
les, was er sich erträumt hatte: den Länderblock Kap-Kairo-Kal-
kutta, die Abschaltung Russlands von Vorderasien, Deutsch-
lands vom Welthandel. Der Geist Bacons und Cromwells, die
wahre Seele der Neuzeit, triumphierte über die Erde, wobei ihm
nur ein einziger Rechenfehler unterlief: dass im Augenblicke
seines höchsten Sieges, die Neuzeit zu Ende war.«

(Egon Friedell)

VIII. »Das Recht zu dienen«
Von Chauvinistinnen und Pazifistinnen

Bis Mitte des Jahres 1914 gewinnt die Wahlrechtsbewegung stetig
an Unterstützung. Immer mehr Menschen gelangen zu der Überzeugung, dass die Verweigerung des Wahlrechts für Frauen ein un-
überwindbares Hindernis für eine wahrhafte Demokratisierung der
Gesellschaft darstellt. Die Suffragettenbewegung ist auf ihrem Höhepunkt angelangt.

Mit Ausbruch des Ersten Weltkriegs ändert sich alles. Angesichts
der großen »vaterländischen« Herausforderung gerät die Frage des
Frauenstimmrechts zur Nebensache. Im Augenblick der großen Katastrophe, die nun über Europa hereinbricht, scheint es plötzlich
zweitrangig, ob und wann Frauen das Stimmrecht erlangen.

Der Erste Weltkrieg ist ein Krieg von bisher nicht gekanntem
Ausmaß. Dass das Frauenstimmrecht nicht länger das größte Problem ist, dem sich die Nation stellen muss, empfinden nicht nur die
Gegner des Frauenstimmrechts, sondern überraschenderweise auch
viele der Frauenstimmrechtlerinnen selbst: »Zumindest für den Augenblick haben wir unsere Waffen niedergelegt, denn sobald unserer
Nation ein Krieg von außen drohte, erklärten wir die völlige Beendigung unserer militanten Aktionen. Was immer das Ergebnis dieses
europäischen Krieges sein wird – auf jeden Fall wird er schrecklich
sein in seinen Auswirkungen auf Frauen, die keine Stimme hatten,
ihn abzuwenden; und schrecklich in dem Leiden, das er den unschul-
digen Kindern bringen wird. – Aber es ist sicher, daß sich im Krieg
das Kabinett der Regierung ändern wird und damit zukünftige militante Aktionen der Frauen unnötig werden. Denn keine zukünftige

Regierung wird die Fehler und Brutalitäten der Asquith-Regierung wiederholen. Niemand wird noch einmal versuchen wollen, den Marsch der Frauen zu ihrem ererbten Recht auf Gleichberechtigung und Freiheit in Arbeit, Gesellschaft und Politik aufzuhalten.«[105] Mit diesen Sätzen beschließt Emmeline Pankhurst ihre Autobiographie und die Suffragettenbewegung. Der Eintritt Großbritanniens in den Ersten Weltkrieg beendet den Krieg der Suffragetten.

Kriegsbefürworterinnen

Der Beginn des Ersten Weltkrieges wird zum Wendepunkt in der Frauenstimmrechtsbewegung. Nachdem Großbritannien am 4. August 1914 Deutschland den Krieg erklärt, stellen fast alle Frauenstimmrechtsgruppen ihre Kampagnen ein und eilen an die Seite der britischen Regierung. Die WSPU bricht mit dem 13. August alle Aktionen ab und erklärt ihren Schulterschluss mit den Liberalen: »As Suffragettes we could not be pacifists at any price. Mother and I declared support of our country. We declared an armistice with the Government and suspended militancy for the duration of the war«, schreibt Christabel Pankhurst später.[106] Aus ehemaligen Feinden werden Verbündete. Emmeline und Christabel Pankhurst stehen jetzt auf derselben Seite wie Winston Churchill und Lloyd George. Der Krieg der Völker beendet den Krieg der Geschlechter. Die Regierung entlässt umgehend alle noch inhaftierten Suffragetten aus den Gefängnissen.

Für Emmeline Pankhurst ergibt es keinen Sinn, für das Wahlrecht zu streiten in einem Moment, da die Gefahr besteht, dass es vielleicht kein Land mehr gibt, in dem man wählen kann. Diese Ansicht teilt sie mit einem Großteil der Stimmrechtsbewegung, die ihre ganze Energie nun für das Vereinigte Königreich einsetzt. Mrs. Pankhursts neuer Gegner ist das Deutsche Reich, und sie stürzt sich mit derselben Verbissenheit, mit der sie zuvor für das Frauenstimmrecht gestritten hat, in ihren Kampf gegen Deutschland. In diesem Krieg würden die Guten gegen die Bösen kämpfen, und sie fordert all ihre Anhängerinnen auf, die Guten, sprich die Alliierten, zu unterstützen. Gott sei auf der Seite des Vereinigten Königreiches, und eine gemeinsame Kraftanstrengung aller werde das aggressive Deutsche Reich, das alle Prinzipien von Moral und Humanität über Bord geworfen habe, bei seinem Marsch durch Europa aufhalten: »It is a thousand times more the duty of the militant suffragettes to fight the Kaiser for the sake of liberty than it was to fight anti-suffrage governments«, lautet ihr neues Credo.[107] Würde Deutschland diesen Krieg gewinnen, wäre dies eine Katastrophe für die Emanzipation der Frau.

Die internationale Frauensolidarität ereilt in jenen Jahren dasselbe Schicksal wie die internationale Arbeitersolidarität – sie zerbricht. Ein neuerwachter Nationalismus übernimmt auch bei der WSPU das Ruder, der darin gipfelt, dass Christabel Pankhurst unmittelbar nach ihrer Rückkehr aus dem Exil die Internierung aller Staatsbürger der Feindesstaaten, die sich in Großbritannien aufhalten, fordert. Die imperialistische Idee von der eigenen Überlegenheit bricht sich Bahn und führt dazu, dass die jahrzehntelange Kritik an der eigenen Regierung verstummt. Der Chauvinismus der WSPU ist ohnegleichen, wie Sylvia Pankhurst später in ihren Erinnerungen schreibt: »The W.S.P.U. [...] had now entirely departed from the Suffrage movement. Giving its energies wholly to the prosecution of the War, it rushed to a furious extreme, its Chauvinism unexampled amongst all the other women's societies.«[108]

Das WSPU-Organ *The Suffragette* wird im Oktober 1915 in *Britannia* umgetauft und fordert nun statt des Rechts zu wählen das Recht zu dienen. Unter dem Namen der Zeitung steht in großen Lettern: »For King, for Country, for Freedom«. Die Zeit der Meinungskämpfe ist vorbei, dies zeigt nicht zuletzt die Forderung nach Auflösung der Gewerkschaften, die sich ebenfalls in die nationale Einheitsfront einreihen sollen. Die WSPU ermuntert Frauen, in den Rüstungsbetrieben zu arbeiten, um dem Vaterland an der Heimatfront zu dienen. Männer, die in Zivil auf den Straßen angetroffen werden, werden von WSPU-Mitgliedern als Feiglinge beschimpft. Viele Suffragetten tragen von nun an weiße Federn bei sich, um dieses Symbol für Feigheit an nichtuniformierte Männer zu übergeben und sie damit als Feiglinge zu brandmarken. Sie greifen damit die Methoden der *White Feather Brigade* auf, einer von Admiral Charles Penrose Fitzgerald gegründeten Frauengruppe, die auf diese Weise die britischen Männer vom Dienst an der Front »überzeugen« will. So mancher Soldat, der eben erst aus den Schützengräben zurückgekehrt ist und sich auf Heimaturlaub befindet oder sich von einer Verwundung erholt, wird von Frauen beleidigt. Der Druck, der von den Suffragetten verursacht wird, führt dazu, dass sich Munitionsarbeiter, die eigentlich einen kriegswichtigen Dienst an der Heimatfront zu erledigen haben, freiwillig melden, um nicht als Feiglinge zu gelten. In den Augen der Suffragetten sollen alle Männer an die Front und die Frauen in die Rüstungsbetriebe. Am 24. Juni 1915 fordert Emmeline Pankhurst ihre Zuhörerinnen in einer Rede im Londoner Institut für Polytechnik auf, sich dem Vaterland zur Verfügung zu stellen: »We here and now this afternoon offer our services to the Government, to recruit and enlist the women of the country for war service, whether that war service is the making of munitions, or whether that war service is the replacing of skilled men who have been called up, so that the business of the country may go on.«[109]

Rüstungsminister Lloyd George kann voll und ganz auf die WSPU zählen, wenn es darum geht, Frauen als Arbeiterinnen in die Munitionsfabriken zu schicken. Im Gegenzug finanziert das Rüstungsministerium Demonstrationen der WSPU, in denen diese Frauen auffordert, sich freiwillig für die lebensgefährliche Arbeit in den Munitionsbetrieben zu melden. Mit 2000 Pfund sponsert Lloyd George die sogenannte *Right to Serve*-Demonstration vom 17. Juli 1915, bei der die Suffragetten das Recht der Frauen, dem Vaterland zu dienen, lautstark einfordern. Mit Hilfe dieser Aktion gelingt es, den Druck auf Arbeitgeber und Gewerkschaften zu erhöhen, bestimmte Berufe und Tätigkeiten für Frauen freizugeben. Die Gewerkschaften ahnen jedoch, dass ihre Kämpfe um höhere Löhne für Arbeiter durch die minderbezahlten Frauen, die nun auf den Arbeitsmarkt drängen, vergebens gewesen sind, und wehren sich lange gegen die Einsetzung von Frauen in Rüstungsbetrieben.

Die *Right to Serve*-Demonstration, an der mehr als 30 000 Frauen teilnehmen, erinnert auf den ersten Blick an alte Zeiten, als es noch um das Frauenstimmrecht ging. Doch bei genauem Hinsehen erkennt man, dass das Bild nicht länger durch die Farben der Bewegung – weiß, grün und lila – geprägt ist, sondern durch die Farben der Alliierten: weiß, rot und blau. Die Suffragetten tragen statt ihrer Stimmrechtsflagge nun den *Union Jack* vor sich her.

Im Sommer 1915 gibt Emmeline Pankhurst bekannt, dass die WSPU fünfzig sogenannte »Kriegskinder« adoptieren will. Tausende ledige Mütter sind in unsicheren Verhältnissen zu Hause zurückgeblieben, nachdem die Männer einrücken mussten. Vielen ihrer Mitstreiterinnen geht dies jedoch zu weit. Fürsorge sei Aufgabe des Staates, der die Männer schließlich an die Front geschickt habe, so argumentieren sie. Emmeline Pankhurst selbst adoptiert vier drei Jahre alte Mädchen, die letztlich von einer Kinderschwester aufgezogen werden, da sie selbst aufgrund ihres politischen Engagements keine Zeit dafür findet.

Emmeline und Christabel Pankhurst agitieren weltweit für ihre neue Sache. Auch in den USA und Kanada treten sie auf, um die Frauen für den Krieg zu gewinnen. In einer Rede in der *Carnegie Hall* in New York am 25. Oktober 1915 fordert Christabel die USA unmissverständlich auf, in den Krieg einzutreten. Ehemalige Verbündete wie Keir Hardie, die den Krieg skeptisch beurteilen, werden als willige Werkzeuge des Deutschen Kaisers beschimpft. Viele führende Politiker gehen nach Ansicht von Emmeline und Christabel in ihrem Kriegseifer und Patriotismus nicht weit genug. Die Worte »Verräter« und »Feigling« werden zu den meistbenutzten Vokabeln ihrer Reden. Suffragetten, die ihre Ansichten nicht teilen, werden als »Pro-Deutsch« beschimpft. Christabels nationale Ausfälle in der *Britannia* sind teils so starker Tobak, dass die Zeitung immer wieder der Zensur zum Opfer fällt und im Endeffekt weitaus mehr Probleme hat als *The Suffragette* all die Jahre zuvor. Anti-Kriegsaktivisten wie der *Labour*-Vorsitzende, Ramsay Mac Donald (1866–1937), der aus Protest gegen die Haltung seiner Partei zum Krieg sein Amt niederlegt, werden in Artikeln als deutscher als die

Deutschen gebrandmarkt. Mary Mac Arthur und Margaret Bond-field, zwei Gewerkschaftsaktivistinnen, die entgegen der WSPU seit langem für ein allgemeines Wahlrecht streiten, müssen sich in *Britannia* als bolschewistische Gewerkschafterinnen beschimpfen lassen. Christabel greift in ihren Artikeln immer wieder auch amtierende Politiker an und wirft ihnen vor, sich nicht vehement genug für einen Sieg der britischen Armee einzusetzen. Arthur Henderson (1863–1935), dem neuen *Labour*-Vorsitzenden, der sich um einen Verständigungsfrieden mit Deutschland bemüht, wirft sie gar vor, vom Feind bezahlt zu werden.

Als sich in Russland nach der Februar-Revolution 1917 die Frage nach Friedensverhandlungen stellt, bietet sich Emmeline Pankhurst in einem Brief an Lloyd George, der nun Premierminster ist, an, dorthin zu reisen: »We have come to the conclusion that it is the duty of our Union to send immediately to Russia representatives who will explain to the Russian people the opinions as to the war and the conditions of peace held by us as patriotic British women, loyal to the national and Allied cause. I therefore write to you to ask that the necessary passports and permits be given to myself and my colleagues who accompany me to Russia on this patriotic mission.«[110]

Sie erhält die Erlaubnis und reist nach Petrograd, wo sie mit Vertreterinnen der *All Russian Women's Union* zusammentrifft. Die großen öffentlichen Reden, mit denen sie sich an das Volk wenden will, um ihm die Bedeutung des Krieges klarzumachen, finden nicht statt. Der Regierung im revolutionären Russland ist das Sicherheitsrisiko zu groß. Trotzdem werden es für Emmeline unvergessliche Tage. Während ihrer Anwesenheit wird in Petrograd eine Fraueneinheit gegründet: *The Women's Battalion of Death*. Mehr als 200 Frauen eilen unter Führung ihrer Kommandantin Madame Botchkareva zu den Waffen. Bei der Segnung ihrer Fahnen nennt Emmeline Pankhurst das Petrograder Frauen-Kontingent das größte Ereignis in der Geschichte seit Jeanne d'Arc. Fotos zeigen sie salutierend vor den uniformierten und bewaffneten Frauen. Bei ihrer Abschiedsrede vor Petrograder Soldaten fordert sie die Männer auf, die Frauen zu unterstützen und weiter zu kämpfen: »Men of Russia, must the women fight, and are there men who will stay at home and let them fight alone?«[111]

Unmittelbar nach ihrer Rückkehr aus Russland benennt sich die WSPU am 2. November 1917 in *Women's Party* um. Alle finanziellen Mittel der WSPU werden von nun an der Kriegsagitation zur Verfügung gestellt. Ihre Forderungen gehen von der Absage an *Home Rule*, weil dies die Kriegsziele gefährdet, bis zur Abschaffung von Gewerkschaften. Sie fordern die Regierung auf, bis zum Sieg zu kämpfen und dafür härtere Maßnahmen zu ergreifen wie Essensrationierungen, die Reduktion von ziviler Produktion und die volle Konzentration auf Rüstung, die Entlassung aller Personen nicht britischer Abstammung aus Verwaltungsberufen und wichtigen Industriebetrieben, die Entfernung von Pazifisten und deutschlandfreundlichen Beamten sowie eine bessere Koordination der militärischen Maßnahmen, um den Sieg voranzutreiben. Nach dem Sieg über Deutschland sollen alle notwendigen Schritte ergriffen werden, um ein abermaliges Kriegstreiben Deutschlands zu verhindern. Dies sind die Hauptforderungen der *Women's Party*. Allerdings hat sie ihre Vergangenheit nicht völlig vergessen, auch wenn man dies nach alldem glauben mag. Sie stellt auch frauenspezifische Forderungen: gleicher Lohn für gleiche Arbeit, gleiche Eherechte, gleiche Scheidungsrechte, gleiche Elternrechte, gleiche Berufsrechte, gleiche politische und soziale Rechte. Sie fordert medizinische Versorgung von Müttern und Kindern, das Recht auf Bildung für alle Kinder und die Anerkennung der Hausarbeit als Beruf: »The Women's Party is of the opinion that in the mind of every British man and woman a sense of national duty and responsibility must go together with the sense of individual political and economic rights. The Women's Party calls upon all British women to join its ranks and work for the achievement of its objects in order to defend the great heritage that has been handed down to us, and to hand it on enriched and glorified the generations to come.«[112]

Kriegsgegnerinnen

Der Erste Weltkrieg als die erste große historische Katastrophe des neuen Jahrhunderts spaltet viele Bewegungen in Kriegsbefürworter und Kriegsgegner. Auch die Frauenstimmrechtsbewegung bleibt davon nicht verschont. Nicht alle Mitglieder der WSPU sind mit dem neuen Kurs des Hurra-Patriotismus einverstanden. Im Oktober 1915 spaltet sich die *Suffragettes of the Women's Social and Political Union* [SWSPU] und im Mai 1916 die *Independent Women's Social and Political Union* [IWSPU] von der WSPU ab. Beide Gruppierungen geben eigene Zeitungen heraus: die SWSPU das *Suffragette News Sheet* und die IWSPU *The Independent Suffragette*. Ihr Einfluss bleibt jedoch so gering, dass sie bald in Vergessenheit geraten und den meisten Historikern nicht einmal eine Erwähnung wert sind. Aber es gibt auch bedeutende Gruppen, die eng mit der Geschichte der WSPU verbunden sind und trotzdem gegen den Krieg agitieren. Ehemalige Mitstreiter wie die Pethick-Lawrences oder Sylvia Pankhurst verfallen nicht in nationalen Taumel, sondern stellen sich dem Krieg entgegen. Für sie ist die Unterstützung dieses Kriegs nichts anderes als unverantwortlicher Chauvinismus und die Folgen davon im In- und Ausland von verheerender Wirkung.

Emmeline Pethick-Lawrence wird eine der international anerkanntesten Friedensaktivistinnen. Zu Beginn des Krieges reist sie in die USA, um dort gemeinsam mit Jane Adams eine internationale Frauenfriedensbewegung ins Leben zu rufen. Nach ihrer Rede in der *Carnegie Hall* gründet sich in New York die *Women's Peace Party*. Im April 1915 ist Emmeline Pethick-Lawrence eine von zwei britischen Delegierten auf der Frauen-Friedenskonferenz in Den Haag.

Anstatt sich der allgegenwärtigen Kriegseuphorie hinzugeben, engagiert sich Sylvia Pankhursts *East London Federation of Suffragettes* [ELFS] weiterhin für Arbeiterinnen und Arme. Im East End haben Frauen besonders unter den Auswirkungen des Krieges zu leiden. Hier sind die sozialen Verhältnisse schon zu Friedenszeiten schlecht gewesen, nun aber verschlechtert sich die Situation dramatisch. Dennoch werden von Seiten des Staates keinerlei Maßnahmen ergriffen, den zurückgebliebenen Frauen, Kindern und Alten zu helfen. Diese bleiben sich selbst überlassen, nachdem die Männer in den Krieg gezogen sind. Verschiedene lokale Organisationen bemühen sich, die ärgste Not zu lindern. Die ELFS ist eine der größten und fordert als erste Maßnahme von der Regierung die Kontrolle der Lebensmittelpreise sowie die Subventionierung von Grundnahrungsmitteln. Mit Hilfe von Demonstrationen, Petitionen und Abordnungen verleiht sie wie in Vorkriegszeiten ihren Forderungen Nachdruck. Ein weiteres wichtiges Anliegen ist der Schutz von Bürgerrechten, die während der außenpolitischen Bedrohung in Gefahr zu geraten scheinen. Als die Regierung die Regulation 40 D erlässt, wonach Frauen mit Geschlechtskrankheiten der sexuelle Kontakt mit Armeeangehörigen bei Strafe verboten wird, kämpft die ELFS – allerdings erfolglos – dagegen an, ganz in der Tradition Lydia Beckers. Sylvia Pankhursts Organisation stellt sich entschlossen auf die Seite derer, die unter den Folgen des Krieges besonders zu leiden haben. Und das sind viele, zu viele. 1915 erlässt das Handelsministerium einen Aufruf, wonach der Fleischkonsum in den Familien weiter eingeschränkt werden soll. Die meisten Armen essen allerdings ohnehin nur einmal pro Woche Fleisch, sodass diese Anordnung gleichbedeutend ist mit der Aufforderung, ganz auf den Verzehr von Fleisch zu verzichten. Das Geld in den Soldatenfamilien gerade im East End wird im Laufe der Zeit immer knapper. Von einem schnellen Sieg ist schon lange nicht mehr die Rede. Starre Regelungen erschweren es den Soldatenfrauen, zusätzlich an Zuschüsse zu gelangen. Die ELFS unterstützt die Frauen bei ihrem Kampf ums Geld und gründete gemeinsam mit dem *Labour*-Abgeordneten George Lansbury die *League of Rights for Soldiers and Sailors' Wives and Relatives*.

Weil die Arbeiterinnen weitaus schlechter gestellt sind, als die Männer es vor dem Krieg waren, fordern sie bessere Bezahlung und bessere Absicherung, um ihre Familien ernähren zu können. Sylvia Pankhurst startet eine Aufklärungskampagne im *Dreadnought*, um zu zeigen, unter welchen Bedingungen die Frauen in den Fabriken schuften müssen. So sind Frauen einer Nahrungsmittelfabrik in

Limehouse gezwungen, verfaulte Nahrungsmittel zu verarbeiten, während dieselbe Fabrik Schildkrötensuppe ans Königshaus liefert. Die alten Forderungen für Frauenarbeit werden um neue ergänzt: gleicher Lohn wie die Männer vor dem Krieg, Frauenlöhne dürften nicht unter den gewerkschaftlichen Tariflohn von Männern sinken, Frauen sollen eine Industrieausbildung erhalten und die Regierung Verantwortung für all diejenigen Arbeiter übernehmen, die durch den Krieg ihre Stellung verloren haben. Die ELFS fordert die Gewerkschaften auf, sich endlich den Frauen zu öffnen und sich für deren Lohnansprüche einzusetzen.

Weil es ein gar so mühseliges Unterfangen ist, immer nur auf Veränderungen zu warten, entwickeln die Frauen Gegenkonzepte, Alternativen zum bestehenden Stellenangebot. 1914 eröffnet Sylvia eine Spielwarenfabrik, in der alle den gleichen Lohn erhalten. Eine Kinderkrippe wird eingerichtet, in der für drei Pence Kinder beaufsichtigt und mit warmen Mahlzeiten und Kleidung versorgt werden. Die Beaufsichtigung beinhaltet Lernen und Erziehen nach den pädagogischen Leitsätzen Maria Montessoris. Der Erfolg der Krippe ist so groß, dass sie bald erweitert werden muss. Mit Hilfe von Spenden erwerben die Frauen eine Kneipe, die sie in ein Frauenzentrum umwandeln. Aus *The Gunmakers' Arm* wird *The Mothers' Arm*. Dort gibt es Medizin und Krankennahrung zu kaufen. Frische Lebensmittel wie Eier und Butter werden kostengünstig ausgegeben. Es werden Kinderspielzeug und Utensilien zur Säuglingspflege verliehen, Hauswirtschaftskurse und Beratung angeboten. Fünf solcher Anlaufstellen werden geschaffen. Um die Not der Mütter und ihrer Kinder zu lindern, eröffnet man 1917 eines von mehreren *Price Cost Restaurants*, in denen gegen ein geringes Entgelt eine warme Mahlzeit eingenommen werden kann. Auch ein Arbeitslosenbüro zur Vermittlung von Arbeitssuchenden wird gegründet.

Fabrik und Krippe sind letztlich jedoch immer auch ein Versuch, die Frauen im East End zu gewinnen. Trotz allen Einsatzes sind die Suffragetten dort Außenseiter geblieben. Sylvia Pankhurst und ihre Mitstreiterinnen verstehen sich nach wie vor als politische Aktivistinnen, leisten aber in den Kriegsjahren vor allem Sozialarbeit. Die

Hinwendung der ELFS zu sozialen Belangen lässt das Wahlrecht in den Hintergrund rücken. Wohl steht es noch auf der Tagesordnung, aber es verliert, zumindest für den Augenblick, seine Priorität. Hatte Sylvia immer schon auch soziale Themen in ihren Kampf mit einbezogen, so hatte doch das Wahlrecht immer an erster Stelle gestanden. Dies ändert sich nun. Sylvia Pankhurst wandelt sich von der Suffragette zur Feministin, die in den ökonomischen Strukturen die Hauptursache für die Unterdrückung der Frau erkennt.

Doch die ELFS setzt während des Krieges nicht nur ihre politische und soziale Arbeit fort, sie verurteilt auch den Krieg als imperialistisches Unterfangen. Die Wandlung der WSPU ist für Sylvia ein großer Schock: »To me this seemed a tragic betrayal of the great movement to bring the mother-half of the race into the councils of the nations. Women would stand for peace! How often, how often had they and all of us averred it!«[113]

Sie wird eine der führenden Kriegsgegnerinnen Großbritanniens und unterstützt öffentlich Kriegsdienstverweigerung. Für sie gehören Frauenstimmrechtsbewegung und Anti-Kriegsbewegung untrennbar zusammen. Kriegsdienstverweigerer, Anti-Kriegsbewegung und diejenigen Soldaten, die in ihren Schützengräben Waffenstillstand vereinbaren, kämpfen ihrer Ansicht nach auf derselben Seite – für den Frieden. Im Dezember 1914 veröffentlicht der *Women's Dreadnought* einen Artikel Karl Liebknechts, in dem dieser den Krieg als imperialistische Auseinandersetzung um die Verteilung des Weltmarktes geißelt. Die britische Regierung sieht das Treiben der ELFS mit Sorge. Pazifisten sind im Krieg unerwünscht. Im April 1915 wird Sylvia Pankhurst die Ausreise nach Den Haag zur Internationalen Frauen-Friedenskonferenz verwehrt. Auch die Familie sieht ihr Engagement mit gemischten Gefühlen. Einzig ihre Schwester Adela, welche die Friedensbewegung in Australien anführt, steht auf ihrer Seite. Ihre Mutter dagegen reagiert empört auf ihrer beider Friedensaktivitäten: »I am ashamed to know where you and Adela stand!«[114]

Feminismus, Pazifismus und Sozialismus erfahren in diesen Jahren innerhalb der ELFS eine untrennbare Verbindung. 1916 benennt sich die ELFS in *Worker's Suffrage Federation* um, der Name des *Women's Dreadnought* wird in *Worker's Dreadnought* abgeändert. Trotz aller Schwierigkeiten hält man an der gemeinsamen Sache der internationalen Arbeiterschaft fest. Bis zum Ende des Krieges wandelt sich Sylvia Pankhurst endgültig zu einer radikalsozialistischen Revolutionärin, für die nur eine vollständige Transformation der Gesellschaft die Gleichheit der Geschlechter bringen kann. So heißen sie und ihre Mitstreiterinnen die Revolution in Russland freudig willkommen, benennen ihre Vereinigung ein letztes Mal um in *Worker's Socialist Federation*. Sylvia kämpft jetzt nicht mehr in erster Line für die Frauen, sondern für eine sozialistische Weltgemeinschaft. Nur in dieser würden sich auch die Rechte der Frauen verwirklichen lassen. Die pazifistische und sozialistische Grundhaltung Sylvias führt schließlich zum endgültigen Bruch mit der Familie. Während Sylvia im Sozialismus die Zukunft Europas sieht, sieht Emmeline Pankhurst darin den Untergang.

Sylvia Pankhursts Einschätzung von einem imperialistischen Krieg wird im Übrigen auch von Charlotte Despard, der Führerin der *Women's Freedom League*, geteilt. Auch sie hält an der Notwendigkeit internationaler Solidarität fest und lehnt den neuen Patriotismus ihrer alten Weggefährtinnen ab. Obwohl Charlotte Despards Bruder ein ranghohes Mitglied der Britischen Armee ist, ist sie aktiv in der Friedensbewegung tätig. Anders als bei Sylvia Pankhurst sind jedoch ihre Anhängerinnen nicht bereit, ihr auf diesem Weg zu folgen, und distanzieren sich von den pazifistischen Ideen Charlotte Despards.

NUWSS

Die NUWSS folgt dem patriotischen Aufruf der Suffragetten zunächst, wenn auch nicht mit der gleichen Militanz und Begeisterung. Doch auch hier zeigen sich bald erste Auflösungserscheinungen. Ein Teil unterstützt die Linie der Pankhursts und damit den Krieg. Andere sind verunsichert von der momentanen Situation und unschlüssig in ihrem Verhalten. Wieder andere sprechen sich klar und entschieden gegen den Krieg aus. Zu den Unterstützerinnen der WSPU-Linie gehört Millicent Fawcett. Obwohl sie noch Anfang August eine Friedensresolution mitunterzeichnet hat, stellt sie sich bei Kriegsausbruch zu einhundert Prozent hinter die britische Regierung. Ebenso wie Emmeline Pankhurst glaubt sie, dass ein Sieg der Deutschen den Untergang des britischen Parlamentarismus, der britischen Demokratie schlechthin bedeuten würde und mit allen Mitteln verhindert werden muss. Auch die NUWSS stellt zu Beginn des Ersten Weltkrieges alle Aktionen ein, geht aber niemals so weit wie die Mitglieder der WSPU, Zivilisten mit weißen Federn zu beleidigen und Nationalflaggen statt Stimmrechtsflaggen zu schwenken.

Doch auch in der NUWSS soll nun die Nation Vorrang vor dem Anliegen der Frauen haben. Millicent Fawcett stellt sich und die Bewegung in den Dienst der Verteidigung des Vaterlandes. Als patriotische Pflicht der NUWSS versteht Millicent Fawcett vor allem soziale Hilfsmaßnahmen zur Linderung der Kriegsfolgen.

Die von den NUWSS-Mitgliedern geleistete nichtstaatliche Kriegsfürsorge ist enorm. Sie richtet Suppenküchen ein und eröffnet Werkstätten, in denen Kleider für die Armen und Soldaten genäht werden. Es werden Frauenpatrouillen aufgestellt, die junge Mädchen auf dem Nachhauseweg begleiten. Dies wird nötig, nachdem die Polizei damit beginnt, Arbeiterfrauen, die ohne Begleitung angetroffen werden, als Prostituierte einzustufen und zu gängeln.

Die NUWSS rekrutiert Frauen allerdings auch zum Dienst an der Front. 1915 wird mit finanzieller Unterstützung der NUWSS unter Leitung der schottischen Ärztin und Suffragistin Elsie Ingles (1864–1916) *The Scottish Women's Hospital for Foreign Service* gegründet. Diese Einheiten, in der Ärztinnen, Krankenschwestern und Sanitäterinnen arbeiten, kommen unmittelbar an der Front zum Einsatz und retten vielen Soldaten das Leben. Dabei sind Ärztinnen, die sich mit einem komplett ausgerüsteten Team im Kriegsministerium zum Einsatz gemeldet hatten, am Anfang des Krieges noch nach Hause geschickt worden. Um 1915 herum waren fünf dieser weiblichen Notfallteams auf Korsika, in Frankreich, Saloniki und

Serbien eingesetzt. 1916 finanziert die NUWSS einen Einsatz von Elsie Ingles und acht Frauen auf Seiten serbischer Soldaten in Russland. Hier erkrankt Ingles schwer, und obwohl sie nach England zurückgebracht wird, stirbt sie am 25. November 1916. Auch wenn die Regierung zunächst gegen die Frauenteams opponiert, bis zum Ende des Krieges gibt es verteilt auf dem ganzen Kontinent 14 dieser medizinischen Einheiten, in denen Tausende von Verwundeten versorgt werden. Noch 1914 hatte das Britische Rote Kreuz weibliche Mediziner abgelehnt, muss nun aber erkennen, dass Ärztinnen sowohl an Können wie auch an Mut ihren männlichen Kollegen in nichts nachstehen. 1915 wird Elizabeth Garrett die Leitung eines Armeekrankenhauses in London übertragen. Die NUWSS kümmert sich auch um die medizinische Versorgung der Zivilbevölkerung in Europa, die unter den Kriegswirren zu leiden hat. Unter der Schirmherrschaft der Quäker werden Geburtskliniken und Kinderkliniken für Flüchtlinge errichtet und Sanatorien für Tuberkulosepatienten. In London arbeitet die NUWSS mit dem Roten Kreuz, Krankenhäusern und anderen Gruppen zusammen, die es sich zur Aufgabe gemacht haben, das Leid des Kriegs zu lindern.

Die NUWSS kümmert sich in jenen Jahren auch um die Frauenarbeitslosigkeit und bemüht sich, Frauen in Lohn und Brot zu bringen. Im Klartext bedeutet dies vor allem die Rekrutierung von Frauen für die Arbeit in Rüstungsbetrieben. Unterstützung der Regierung und Zurückhaltung in der Frauenstimmrechtsfrage lautet der offizielle Kurs der NUWSS. Doch in sich ist die NUWSS tief gespalten, nicht alle NUWSS-Mitglieder teilen diese Meinung. Manche wollte ihr Engagement für die Frauenstimmrechtsbewegung nicht einem Nationalchauvinismus opfern. Vor allem die örtlichen Gruppen engagieren sich weiterhin vor allem für das Frauenstimmrecht, halten Versammlungen ab und organisieren Demonstrationen. Viele NUWSS-Mitglieder sind zudem Pazifistinnen. Es hagelt stürmische Proteste, nachdem Millicent und eine kleine Gruppe ihrer Anhängerinnen sich weigern, die Frauen-Friedenskonferenz in Den Haag 1915 zu unterstützen. Doch obwohl sich Millicent und ihre Anhängerinnen in der Minderheit befinden, müssen die Pazifistinnen die

NUWSS verlassen. Aus dem Kreis der NUWSS heraus wird die *Women's International League for Peace and Freedom* gegründet, die auch von Sylvia Pankhursts ELFS unterstützt wird. Millicent will ihre Organisation nicht mit pazifistischer Gesinnung vermischen, dies würde ihrer Meinung nach dem Frauenstimmrecht langfristig schaden. Die Gefahr, als pro-deutsch zu gelten, steht drohend im Raum. Ihrer Ansicht nach müssen die Frauen zeigen, dass in nationalen Krisen auf sie Verlass ist. Dies wird sie dem Wahlrecht ein Stück näherbringen.

Frauen im Ersten Weltkrieg

Zu Beginn des Ersten Weltkrieges leben ca. 15 Millionen Frauen in England. Siebeneinhalb davon sind nicht erwerbstätig. Sie sind zumeist verheiratet und kümmern sich um Haus und Familie. Doch auch von den Erwerbstätigen arbeitet ein großer Teil im Haus. 1,5 Millionen Frauen arbeiten als Wirtschafterinnen. Weitere 1,5 Millionen Frauen sind als Dienstmädchen tätig. Nur ein Viertel der Frauen arbeitet außerhalb des Hauses. Darunter sind auch Frauen, die ihren Männern oder Familienangehörigen im Geschäft helfen. Ein kleiner Teil ist pensioniert, lebt von Privatmitteln oder studiert.

Der Krieg führt in den an ihm beteiligten Ländern zu einer völligen Veränderung der Arbeitskräftestruktur. Überall dort, wo die Männer von den Maschinen weg ins Feld gerufen werden, übernehmen Frauen deren Aufgaben. Damit dringen sie in Berufsfelder vor, die ihnen zuvor zumeist verwehrt geblieben sind. Es scheint nun eine Selbstverständlichkeit zu sein, dass Frauen in der Lage sind, dieselben Arbeiten zu verrichten wie Männer. Viele Frauen verlassen das Haus und geben traditionelle Frauenarbeitsbereiche wie Haus- oder Heimarbeit auf. Von den rund 1,5 Millionen Frauen, die vor dem Krieg im privaten Haushalt tätig sind, wandern während des Kriegs ca. 400 000 in andere Bereiche ab. Sie werden Industriearbeiterinnen, Bürokräfte, Bus- und Straßenbahnschaffnerinnen, arbeiten als Fensterputzerinnen, Zugbegleiterinnen, Kohlenhändlerinnen, Straßenreinigerinnen und Feuerwehrfrauen. Bis 1917 sind aus vormals 12 Busfahrerinnen weit über 2500 geworden. Den 18 000 Frauen, die vor dem Krieg im Transportwesen beschäftigt waren, stehen am Ende des Krieges 117 000 gegenüber.

Zu Beginn des Krieges jedoch stehen viele Frauen zunächst einmal auf der Straße. Typische Frauenberufe wie der des Dienstmädchens entfallen. In Kriegszeiten gibt es wenig Anlass für rauschende Feste und große Bälle, für die man Personal brauchen würde. Niemand weiß, wie lange der Krieg dauern wird, auch wenn alle auf einen raschen Sieg hoffen. Die unsicheren Verhältnisse führen dazu, dass auch die Reichen sich einschränken, und am Hauspersonal lässt sich eher sparen als am Essen. Auch viele Fabrikarbeiterinnen werden zu Kriegsbeginn arbeitslos. Die meisten Frauen sind in der Textilindustrie beschäftigt, und diese bricht aufgrund des Sparzwangs fast vollständig zusammen. Dazu kommt der Wegfall des deutschen Marktes, der vor allem die baumwollproduzierenden Betriebe empfindlich trifft. Viele Fabriken müssen aufgrund der veränderten Situation ihre Tore schließen. Bis zum September 1914 sind 44 Prozent der vormals erwerbstätigen Frauen arbeitslos.

Dies ändert sich erst, als es im Laufe des Krieges notwendig wird, die Verluste an männlichen Arbeitskräften auszugleichen. 1915 sind bereits 2 Millionen Männer Soldaten, in den Fabriken fehlen die Arbeiter. Im September 1916 veröffentlicht das Kriegsministerium einen Aufruf zur Frauenarbeit: »Women of Great Britain, employers of labour, remember that: No man who is eligible for Military Service should be retained in civil employment if his place can be temporarily filled by a woman or by a man who is ineligible for Military Service.«[115] Die antiquierte Vorstellung vom richtigen Platz einer Frau in der Gesellschaft muss wohl oder übel unter den Erfordernissen des Kriegs vorübergehend begraben werden. In Notting Hill wird eine Schule für Flugzeugingenieurinnen eröffnet. Frauen werden zur unverzichtbaren Stütze des Systems, zu einer entscheidenden Bedingung für die Fortführung des Krieges. Dafür wird sogar die Schutzgesetzgebung außer Kraft gesetzt. Urplötzlich sind

Frauen in der Lage, auch gefährlichste Arbeiten auszuführen und die männlichen Arbeiter in den Rüstungsfabriken zu ersetzen.

1914 arbeiten in einer der größten Rüstungsfabriken des Landes, in Woolwich Arsenal, ganze 125 Frauen. 1917 sind es bereits über 25 000. Die Arbeit in den Munitionsfabriken gilt als besonders hart und gefährlich. Der Umgang mit Sprengstoff kann zu schweren Vergiftungen führen. Im Laufe der Zeit färbt das TNT das Gesicht der Arbeiterinnen gelb, weshalb sie den Spitznamen *yellow-girls* bekommen. Mehr als 37 Prozent der Frauen in Woolwich Arsenal klagen über Magenschmerzen, Übelkeit und Verstopfung. Andere leiden an Hautausschlag, Schwindel, chronischer Müdigkeit oder geschwollenen Extremitäten. Der Tod von Lydia Gibson im Oktober 1916 ist der erste offiziell festgestellte Todesfall in einer Fabrik durch Vergiftung. Zur Gesundheitsgefährdung durch das Material kommt die drohende Gefahr einer Explosion. Zum Schutz der Frauen werden einige Vorsichtsmaßnahmen ergriffen. So müssen Zündhölzer, Zigaretten, Eheringe und anderer Schmuck abgegeben werden, bevor die Fabrik betreten werden darf. Schutzkleidung ohne Reißverschlüsse ist ebenso Pflicht wie das Verbot von Haargummis. Trotzdem kommt es immer wieder zu schweren Unfällen. Der schwerste ereignet sich 1917 im Londoner East End, wo bei einer Explosion in einer Munitionsfabrik mehrere Frauen ums Leben kommen.

Frauen arbeiten in jenen Jahren oft 14 Stunden und länger. Ihre Bezahlung bleibt auch weiterhin wesentlich schlechter als die der Männer, obwohl ihre Arbeitsbedingungen durchaus vergleichbar sind. Eingedenk der Tatsache, dass Frauen auch noch die komplette Hausarbeit sowie die Erziehung der Kinder obliegt, kann man sich die Überarbeitung der Frauen lebhaft vorstellen. Beliebter als die schlecht bezahlten und teilweise auch gefährlichen Fabrikjobs ist Büroarbeit. Die weibliche Bürokraft setzt sich immer mehr durch und verdrängt den so lange vorherrschenden männlichen Sekretär. Es gibt aber auch viele Frauen, die aufs Land gehen, um dort die Arbeit der an der Front stehenden Landarbeiter zu übernehmen. Andere sind unmittelbar in Kriegsdiensten als Kraftfahrerinnen, Telefonistinnen oder Krankenschwestern. Wie zu Zeiten Florence

Nightingales sind es wieder vor allem Frauen aus den oberen Schichten, die diesen Dienst als ihre patriotische Pflicht ansehen und bereit sind, für geringes Entgelt zu arbeiten. Die Frauen, die sich den *Voluntary Aid Detachments* anschließen und verwundete Soldaten sowohl zu Hause als auch an der Front pflegen, genießen innerhalb der Bevölkerung besonders hohes Ansehen. Meist handelt es sich um junge Mädchen aus besseren Kreisen, die für ihren selbstlosen Einsatz romantisch verklärt werden. Die Tatsache, dass sie ihre wohlbehüteten Elternhäuser wenn auch manchmal nur für einige Stunden verlassen, um unentgeltlich Verwundete zu pflegen, wird ihnen hoch angerechnet. Eine derartige Philanthropie können sich allerdings beileibe nicht alle Frauen leisten.

Jeder Krieg braucht seine Helden, Musterbeispiele für Mut und Aufopferungsbereitschaft. Nur so lässt sich über Jahre hinweg die Moral von Soldaten und Zivilisten aufrechterhalten. Einer der größten Helden der angloamerikanischen Welt im Ersten Weltkrieg ist eine Frau: die Krankenschwester Edith Louisa Cavell (1865–1915), die durch ihren mutigen Einsatz im Krieg weltweite Berühmtheit erlangt. Die aus Norfolk stammende Erzieherin lebt und arbeitet in Brüssel, bis sie die schwere Krankheit ihres Vaters nach London zurückruft. Hier lässt sie sich zur Krankenpflegerin ausbilden. 1907 kehrt sie nach Brüssel zurück, um ein Lehrkrankenhaus aufzubauen. Nach dem Überfall der Deutschen auf das neutrale Belgien versorgt sie hier Soldaten aller Nationalitäten. Als sie von zwei verletzten britischen Soldaten um Fluchthilfe gebeten wird, wird ihr Krankenhaus zum Zentrum eines von Frauen getragenen Widerstandsnetzwerkes und zur Fluchthelferbastion für alliierte Soldaten. Mehr als 800 französischen und englischen Soldaten verhilft sie zur Flucht über Holland, damit diese sich wieder der kämpfenden Truppe anschließen können. Sie besorgt Fahrer, Pässe und Geld. Gefragt nach dem Motiv ihrer Handlungsweise, pflegt sie stets zu sagen »Patriotismus allein genügt nicht«. Mit ihrem Handeln verletzt sie jedoch internationale Abkommen, wonach Sanitätspersonal zur Neutralität verpflichtet ist. Am 7. Oktober 1915 wird sie deshalb vor ein deutsches Militärgericht gestellt. Am 12. Oktober wird sie in Anwesenheit von Gottfried Benn, der damals Militärarzt in Brüssel ist, exekutiert. Vergeblich hatten amerikanische und spanische Minister versucht, eine Begnadigung zu erreichen. Ihre Hinrichtung, um die sich zahlreiche Legenden ranken wie jene, dass die Soldaten absichtlich an ihr vorbeigeschossen hätten und sie schließlich von einem Offizier, am Boden liegend, getötet worden sei, steigert den Kampfeswillen der Alliierten enorm und veranlasst Premier Asquith zu folgender Aussage: »She has taught the bravest man among us a supreme lesson of courage; yes, and in this United Kingdom and in the Dominions there are thousands of such women, but a year ago we did not know it.«[116] Edith Cavell wird zu einem angelsächsischen Mythos, und Gottfried Benn sieht sich 1928, nach Erscheinen eines Kinofilms über ihr Schicksal, bemüßigt, in einem Artikel als Augenzeuge die Hinrichtung noch einmal in allen Einzelheiten zu schildern: »Kein Zweifel, sie wird als legendäre Gestalt durch die Geschichte der Siegerstaaten ziehen. Ihre Legende wird sich bilden unabhängig von den historischen, den materiell effektiven Tatsachen des Vorgangs, in dem sie eine Rolle spielte, und es liegt mir daher von vornherein nichts ferner als die Annahme, ich könnte irgend etwas richtigstellen, aufklären, oder die Sage ihres Landes korrigieren, ich werde nur erzählen, wessen ich mich erinnere. Und ich erinnere mich ihrer, um es gleich zu sagen, als einer Handelnden, die für ihre Taten büßte, als der kühnen Tochter eines großen Volkes, das sich mit uns im Krieg befand.«[117]

Zu behaupten, dass mit all diesen Ereignissen und Entwicklungen eine generelle Bewusstseinsveränderung bezüglich der Stellung der Frau einhergeht, wäre übertrieben. Bei den Frauen sicherlich, bei den Gegnern der Frauenemanzipation sicher nicht. Für viele Männer geht es in erster Linie um die Fortsetzung des Krieges, nicht um die Befreiung der Frau. Hätten genug Männer für all diese Arbeiten zur Verfügung gestanden, niemand hätte wohl nach den Frauen gerufen. Doch im Bewusstsein der Frauen ändert sich einiges. Zwar ist für die Frauen aus der Arbeiterschicht die Arbeit während des Kriegs nichts Neues, hatten sie doch schon immer dazu beigetragen, das Auskommen der Familie zu sichern. Dennoch stellen auch sie nun die weibliche Subordination am Arbeitsplatz verstärkt in Frage. Die neuen Berufsfelder, die ihnen jetzt zur Verfügung stehen, forcieren ein neues Denken auch in den Köpfen der Arbeiterinnen. Dadurch, dass Frauen nun in so großer Zahl in die Fabriken strömen, verändert sich auch ihr Organisationszusammenhang. Immer mehr Frauen treten während des Krieges in Gewerkschaften ein und zwingen die Gewerkschaften, die ja die Organisierung der Arbeiterschaft vorantreiben wollen, sich der Frauenfrage zu öffnen. Denn wenn die meisten Arbeiter weiblich sind, kann man sich ihnen auf Dauer als Arbeitervertretung kaum verschließen. Vielen männlichen Gewerkschaftern fällt dieser Schritt schwer, und der Status von Frauen innerhalb der Gewerkschaften bleibt ein heikles Thema.

Auch die Frauen sind uneins über ihre zukünftige Organisierung: Sollen Frauen eigene Frauengewerkschaften gründen, oder sollen sie in den Reihen der Gewerkschaften Seite an Seite mit ihren männlichen Kollegen für eine generelle Verbesserung der Arbeitsbedingungen kämpfen?

Am wichtigsten scheint den Frauen, ihre Stellung im Arbeitsprozess so abzusichern, dass ein Rückfall in vorkriegsähnliche Zustände nicht mehr möglich ist. Sie fordern gleiche Bezahlung für gleiche Arbeit, die 48-Stunden-Woche, die Abschaffung von Strafen und Bezahlung der Arbeiter in Waren, mehr weibliche Fabrikinspektoren, Schutzgesetze in gefährlichen Arbeitsbereichen, Mutterschaftsfürsorge, genossenschaftliche Heime für arbeitende Mädchen, Reformen auf dem Gebiet der technischen Erziehung und last but not least – das Wahlrecht.

Doch bevor auch nur einige dieser Forderungen durchgesetzt werden können, kehren die Männer aus dem Krieg zurück. Was soll nun mit den Frauen geschehen, jetzt, da die Männer wieder in ihre Betriebe und auf ihre Posten zurückdrängen? Vielen erscheint das Recht auf Arbeit für Frauen angesichts des männlichen Arbeitskräfteüberschusses als eine absurde Forderung: »Die Vorstellung, dass der Staat deshalb, weil er die Frauen zur Unterstützung der Nation aufgerufen hat, nun fortfahren müsse, sie zu beschäftigen, ist zu absurd, als dass ernsthafte Frauen sie aufrechterhalten könnten. Aus

Anständigkeit sollte die Kündigung mindestens zwei Wochen, wenn möglich, einen Monat vorher erfolgen, damit junge Frauen, die vorher im Hausgewerbe gearbeitet haben, zumindest keine Schwierigkeiten haben, da wieder eine freie Stelle zu finden.«[118]

Doch die Frauen haben sich während des Krieges kleine Freiheiten erkämpft, haben eine sie belastende bürgerliche Moral über Bord geworfen und es kommt ihnen nicht in den Sinn, sich nach Beendigung des großen Schlachtens wieder hinter den Herd zurückzuziehen. Nicht nur die Männer hatten Entbehrungen und große Opfer im Krieg gebracht. Frauen waren in Lazaretten und bei anderen Einsätzen im Kampfgebiet ums Leben gekommen. Frauen hatten unter unmenschlichen Bedingungen in Fabriken geschuftet und ihre Familien durch den Krieg gebracht. Und nun wollten die Herren der Schöpfung einfach so wieder an ihren angestammten Platz in Familie und Beruf zurück? So einfach ging das nicht.

Die Geschlechterordnung war ins Wanken geraten, und die Heimkehrer hatten alle Hände voll zu tun, sie nicht vollends einstürzen zu lassen. Eine Möglichkeit, den Forderungen der Frauen zwar nicht nachzugeben, sie aber dennoch ein wenig zu befrieden, sah man in behutsamen kleinen Reformen. Mit diesem Mittel wurde seit Jahrzehnten jegliche Form von Revolution auf der Insel unterbunden, warum nicht auch die Revolution der Frauen? Und so wird beschlossen, älteren Frauen, Frauen, die man für weniger rebellisch hält, das Wahlrecht zu geben.

Die Sozialistin:
Sylvia Pankhurst
(1882–1960)

»Stimmrecht für Frauen und Sozialismus für alle!«

Sylvia Pankhurst ist die zweite der berühmten Pankhurst-Schwestern, die in die Fußstapfen ihrer Mutter tritt. Obwohl auch sie eine herausragende Persönlichkeit der Frauenstimmrechtsbewegung wird, ist sie ganz anders als ihre Schwester. Sie wird bewundert, nicht geliebt. Schon rein optisch eher herb und streng, fehlt ihr Christabels Attraktivität, ihr Charme, ihr Charisma. Im Gegensatz zu ihrer schönen Schwester Christabel ist Sylvia von jeher eher unscheinbar, legt keinen Wert auf gutes Aussehen. Schöne Kleider bedeuten ihr nichts. Meist läuft sie ungeschminkt und kaum zurechtgemacht durch die Straßen Londons. Für derlei Nebensächlichkeiten fehlt ihr jegliches Verständnis. Dafür hat die Vielbeschäftigte keine Zeit. Nur in einem ähneln sich die Schwestern: in ihrer Rigorosität, in ihrem Einsatz für die Sache. Sylvia ist radikal gegen sich und andere, mutig, streitbar und unbezwingbar, wenn es um ihre Ideale geht. Sie gibt alles, verlangt aber auch alles. Und während sich Mutter und Schwester bereits vor dem Ersten Weltkrieg dem Konservatismus zuwenden, bleibt Sylvia zeit ihres Lebens überzeugte Sozialistin und Streiterin für die Rechte der Unterprivilegierten. Der kauzigste, geniale Dummkopf dieses Zeitalters sei sie gewesen, sagt George Bernard Shaw, eine Frau mit Weltverbesserungs-Wahn. Es habe nur zwei Ansichten über sie gegeben: Die einen hätten sie ganz wunderbar gefunden, die anderen sie für unausstehlich gehalten.

Geboren wird sie am 5. Mai 1882 in Manchester. Sie wächst mit Personal auf, eine Tochter aus großbürgerlichem Hause, die schon in frühster Kindheit Bekanntschaft mit führenden Intellektuellen wie George Bernard Shaw oder William Morris macht. Doch sie lernt auch die andere Seite der Gesellschaft kennen. Ihr Vater nimmt sie schon früh zu politischen Versammlungen dorthin mit, wo die Armut lebt: in die Arbeiterviertel der Industriestadt Manchester. Die ausgezehrten und abgearbeiteten Gesichter prägen sich Sylvia tief ins Gedächtnis ein. Sie hängt sehr an ihrem Vater, und als er 1898 in ihren Armen stirbt, kann sie den Verlust nur schwer verwinden.

Im Winter 1903 geht sie nach London und beginnt dort ein Kunststudium am *Royal College of Art*. Aufgrund ihres familiären Hintergrundes bleibt es nicht aus, dass sich Sylvia bald politisch engagiert – nicht nur für das Frauenstimmrecht. Sie wird eine enge Freundin des sozialistischen Unterhausabgeordneten Keir Hardie und Mitglied der *Independent Labour Party*.

1906 beendet sie ihr Studium. Von nun an arbeitet sie rund um die Uhr für die WSPU, baut mit Annie Kenny den WSPU-Stützpunkt in London auf. Am 24. Oktober 1906 wird sie zum ersten Mal verhaftet. Bei einer Gerichtsverhandlung gegen die Suffragetten war sie aufgesprungen und hatte voll Empörung eine flammende Rede gehalten, für die sie mit vierzehn Tagen Freiheitsentzug bestraft wird. Aus Sylvia Pankhurst wird Strafgefangene Nummer zwölf. Mit den Jahren wächst die Kluft zwischen Sylvia auf der einen Seite und Emmeline und Christabel auf der anderen Seite. Während Sylvia an ihren sozialistischen Überzeugungen festhält, entwickelt sich die WSPU zu einer rein militanten Frauenstimmrechtsorganisation, getragen von einer begüterten Mittelschicht, mit wenig Verständnis für die Probleme der sozial Schwachen. Während die Führung der WSPU sich sukzessive für ein eingeschränktes Wahlrecht für Frauen starkmacht, plädiert Sylvia für ein allgemeines Wahlrecht, das auch die nichtbesitzenden Schichten mit einschließt. Die Befürchtungen der Mutter, dass diese Forderung das Wahlrecht für Frauen verhindert, teilt sie nicht. Mutter und Schwester bleiben stets Teil ihrer Klasse und haben nur wenig Verständnis für Sylvias Engagement. Sie sehen ihren Einsatz für das Frauenstimmrecht durch die sozialpolitischen Forderungen Sylvias in Gefahr. Die zunächst rein optischen Unterschiede zwischen den Pankhurst-Schwestern zeigen sich nun auch inhaltlich.

Sylvia will eine Massenbewegung initiieren, nicht allein um das Frauenwahlrecht zu erreichen, sondern für die Transformation der Gesellschaft. 1912 übersiedelt sie ins Londoner Armenviertel East

End und gründet dort die *East London Federation* der WSPU: »Ich wollte diese Frauen aus der unterdrückten Masse aufstacheln, damit sie nicht nur die Streitfrage begünstigterer Leute bleiben, sondern damit sie auf eigene Faust gegen die fürchterlichen Zustände um sie herum kämpfen.«[119]

Zwischen Juni 1913 und Juni 1914 wird sie zehn Mal verhaftet, tritt zehn Mal in Hunger- und Durststreik. Sie gibt selbst dann nicht klein bei, als man auch bei ihr den Versuch der Zwangsernährung macht. Stattdessen wehrt sie sich mit aller Kraft dagegen, schlägt um sich, erbricht das Essen. Tagelang geht sie in ihrer Zelle auf und ab, bricht vor Erschöpfung immer wieder zusammen. Doch immer wieder rappelt sie sich hoch und beginnt erneut, hin und her zu wandern.

Im November 1913 organisiert sie zum Entsetzen ihrer Mutter eine Versammlung von 10 000 Menschen, um gegen die Aussperrung irischer Arbeiter bei den Massenstreiks in Dublin zu protestieren und für die Freilassung des irischen Arbeiterführers Jim Larkin zu kämpfen. Damit hat sie in Christabels Augen die Sache des Frauenstimmrechts in unverantwortlicher Weise öffentlich mit anderen politischen Inhalten zusammengebracht und die WSPU in eine schlimme Lage gebracht. Im Januar 1914 wird die *East London Federation* aus der WSPU ausgeschlossen.

Im März 1914 gründet sie die *East London Federation of the Suffragettes* [ELFS] und beginnt mit der Herausgabe einer eigenen Zeitung, *The Women's Dreadnought*, die sich nicht nur mit dem Frauenstimmrecht, sondern mit der Lebenssituation der Arbeiterinnen auseinandersetzt.

Dazu gehört auch der Kampf ums Frauenstimmrecht. Und dafür kämpft sie mit vollem Einsatz. Noch im selben Jahr nimmt sie an einem Marsch der Frauenstimmrechtsbewegung nach Westminster Abbey teil. Nach einem erneuten Gefängnisaufenthalt mit Hungerstreik ist sie in schlechtem Zustand, wirkt abgemagert, beinahe apathisch. Weil sie sich nicht mehr selbst auf den Beinen halten kann, wird sie auf einer Bahre getragen. Doch sie erhebt sich, stößt den Wahlruf der Suffragetten aus und bricht dann zusammen.

Ein andermal legt sie sich hungerstreikend vor das Unterhaus und bringt den britischen Premierminister Asquith, der sich weigert, ihre Anhängerinnen zu empfangen, in eine höchst prekäre Lage. Jedem ist klar, dass die streitbare Suffragette bereit ist, ihr Leben auf diesen Stufen auszuhauchen. Eine Vorstellung, die dem britischen Politiker angesichts der möglichen Negativschlagzeilen Schweißperlen auf die Stirn treibt.

Als der Erste Weltkrieg ausbricht, stellt sie sich als überzeugte Pazifistin im Gegensatz zu Mutter und Schwester gegen die gewalttätige Auseinandersetzung. Sie ist entsetzt über die Entwicklung der WSPU und engagiert sich mit Charlotte Despard und Emmeline Pethick-Lawrence für den Frieden.

In ihren Artikeln in *The Women's Dreadnought* setzt sie sich vehement für ein schnelles Ende der Kriegshandlungen ein und unterstützt offen Antikriegs-Organisationen. Dies führt zu einem neuerlichen Streit mit der Mutter. Nach einer Antikriegs-Demonstration Sylvias auf dem Trafalgar Square lässt Emmeline Pankhurst von den USA aus in den englischen Zeitungen eine Meldung verbreiten, in der sie das Verhalten ihrer Tochter als dumm und unpatriotisch geißelt und bedauert, dass sie ihr nicht verbieten könne, den Namen Pankhurst zu benutzen. Noch während des Krieges unterstützt Sylvia die Ärztin Dr. Barbara Tchaykovsky in ihren Bemühungen, Mutter-Kind-Kliniken in ganz London zu eröffnen. Ursache dafür ist die ungeheure Säuglingssterblichkeit in London. Mehr als zwölf Prozent aller Säuglinge eines Jahrgangs sterben in diesen Jahren. Bereits 1915 finden 1000 Frauen und ihre Kinder Unterstützung in Sylvias Kliniken. Ihre ganze Sorge gilt den Menschen im East End. Sie initiiert Kindergärten, Armenspeisungen, schafft Arbeitsplätze. Ununterbrochen ist sie auf Betteltour bei ihren reichen Bekannten, sammelt Unsummen für ihre Schützlinge.

Als 1917 die russische Revolution ausbricht, gehört Sylvia Pankhurst zu ihren eifrigsten Befürwortern. Noch im selben Jahr fährt sie nach Russland, wo sie von Lenin höchstpersönlich empfangen wird und ihn in eine heftige Diskussion über die von den Bolschewiki ausgeübte Zensur verwickelt. Zurück in London, wird Sylvia

Pankhurst aufgrund ihrer kommunistenfreundlichen Artikel verhaftet und verbringt fünf Monate im Gefängnis. Noch 1917 wird *The Women's Dreadnought* in *The Worker's Dreadnought* umbenannt.

1918 lernt sie den italienischen Anarchisten Silvio Corio kennen und lieben. 1927 wird ihr gemeinsamer Sohn Richard geboren. Sylvia Pankhurst ist bei seiner Geburt 45 Jahre alt. Richard ist ein uneheliches Kind, da Sylvia die Ehe als kleinbürgerliche Institution ablehnt. Voller Stolz veröffentlicht sie die Geburtsanzeige ihres Sohnes in der Zeitung. Dies führt zum endgültigen Bruch mit ihrer Mutter, die ihr dies niemals verzeihen wird.

Auch nach der Einführung des Frauenstimmrechts in England bleibt Sylvia Pankhurst politisch aktiv. Sie hat sich die Sache der Unterprivilegierten der ganzen Welt auf ihre Fahnen geschrieben und kämpft, so scheint es oft, an allen Fronten.

1920 wird sie eine der Mitbegründerinnen der Kommunistischen Partei Englands. Im Juni 1920 tritt sie mit ihrer Organisation der Britischen Sektion der III. Internationale bei. Sie ist eine engagierte Politikerin und begegnet auf ihren Reisen bedeutenden Zeitgenossinnen wie Clara Zetkin, auf deren Einladung hin sie nach Deutschland fährt. Weltweit ist sie unterwegs, unterhält Korrespondenzen mit Gott und der Welt, deren ihre vier Privatsekretärinnen nur schwer Herr werden. Als sie sich weigert, den *Worker's Dreadnought* in die Hände der Kommunistischen Partei zu übergeben, wird sie 1921 aus der Partei ausgeschlossen. Enttäuscht durch die weitere Entwicklung in der UdSSR, wendet sie sich in den 30er Jahren vom Kommunismus ab.

Als die Faschisten in Europa in den dreißiger Jahren ihren Siegeszug beginnen, stellt sich ihnen Sylvia Pankhurst im Gegensatz zu ihrer Schwester Christabel entgegen. Sie geht nach Spanien und unterstützt dort die republikanischen Truppen gegen General Franco. Nachdem die Nationalsozialisten in Deutschland die Macht übernehmen, verhilft sie verfolgten Juden zur Flucht. Als Mussolini 1935 in Äthiopien einmarschiert, startet sie voller Empörung über diesen imperialistischen Akt eine Kampagne zur Befreiung des Landes. Im

Mai 1936 gründet sie *The News Times and Ethiopia News*, organisiert Demonstrationen, rennt von Pontius zu Pilatus. Nahezu täglich schreibt sie Eingaben ans Auswärtige Amt, das bald eine eigene Order mit dem Titel »How to answer letters from Miss Sylvia Pankhurst« herausgibt. Nach Ende des Zweiten Weltkriegs lässt sie sich in Äthiopien nieder. Erneut stellt sie ihre enorme Tatkraft unter Beweis und sammelt Geld, um Kindergärten, Schulen und Krankenhäuser zu errichten. Bis 1956 gibt sie T*he New Times and Ethiopia News* heraus, von 1956 bis 1960 den *Ethiopia Observer*.

In ihren letzten Lebensjahren wird die ehemals politisch so wache und kritische Sylvia eine treue Anhängerin des äthiopischen Kaisers Haile Selassie, preist ihn als den wundervollsten Menschen, der ihr je begegnet sei. Sie, die immer kritisch auf Dogmen und Absolutheitsansprüche reagiert hat, wird zu einer Parteigängerin des für seine Anhänger gottähnlichen Kaisers. Dieser zeichnet sie dafür mit den höchsten Orden des Staates aus.

Am 27. September 1960 stirbt Sylvia Pankhurst 78-jährig in Addis Abeba. Sie wird in Äthiopien mit großen Ehren bestattet. An der Seite der großen äthiopischen Helden findet die britische Suffragette ihre letzte Ruhe.

> *»Wenn wir dem Faktum, denn es ist ein Faktum, ins*
> *Auge blicken, daß kein Arm da ist, an dem wir uns fest-*
> *halten können, sondern daß wir allein gehen und daß*
> *wir Beziehungen zur Welt der Wirklichkeit haben müs-*
> *sen [...], dann wird die Gelegenheit kommen [...].«*
> (Virginia Woolf)

IX. »O femina gloriosa«
Von Etappensiegen und neuen Gefechten

Am 6. Februar 1918 erhalten durch den *Representation of the People Act* 8,4 von 21 Millionen Frauen in Großbritannien das Recht zu wählen. Das Land folgt damit einem weltweiten Trend zur Demokratisierung. In Neuseeland (1893), Finnland (1906), Australien (1908, allerdings beschränkt auf weiße Frauen) und Norwegen (1913) haben die Frauen das Wahlrecht bereits vor dem Krieg erhalten. Andere Staaten wie Dänemark einschließlich Island (1915) erlassen das Frauenwahlrecht während des Ersten Weltkriegs. 1917 schließt sich Kanada (ohne Quebec) an. Hier gilt jedoch bis 1920 ein Qualifikationsmodell, bei dem sich das Wahlrecht auf Frauen beschränkt, deren Ehemänner oder nahe Anverwandte in der Armee sind. Man will damit sicherstellen, dass die Wahlen während des Krieges eine Unterstützung der kämpfenden Truppe darstellen. Fünf Mitgliedsstaaten der USA folgen 1917 Wyoming, wo Frauen seit 1870 wählen dürfen, und beschließen die Einführung des Frauenwahlrechts. Mit einer Zweidrittelmehrheit im Repräsentantenhaus wird es schließlich landesweit durchgesetzt, ratifiziert wird das Gesetz erst 1920.

Mit Blick auf Europa scheint es, dass der entscheidende Faktor für die Einführung des Frauenwahlrechts nach dem Ersten Weltkrieg die militärische Niederlage eines Landes und die damit verbundene Ablösung einer alten überkommenen Herrschaft ist. In den Ländern, in denen die Monarchien abgesetzt werden und zumindest kurzzeitig eine Revolutionsregierung das Ruder übernimmt, wird das allgemeine Wahlrecht eingeführt und auch nach dem Zusammenbruch der Revolution nicht wieder zurückgenommen. Die UdSSR führt unmittelbar nach der Auflösung des Zarenreiches 1917 das allgemeine Wahlrecht ein. Österreich-Ungarn und Deutschland, die 1918 kapitulieren, sind unter den ersten Kriegsnationen, die diesen Schritt gehen. In Deutschland ist es das revolutionäre Bayern, das als erstes der deutschen Länder nicht nur die Monarchie stürzt, sondern zugleich das Frauenwahlrecht einführt. Auch in den Nachfolgestaaten der Donaumonarchie Österreich-Ungarn erlangen die Frauen in den nächsten Jahren das Wahlrecht. Die meisten Länder, die sich nach dem Ersten Weltkrieg eine neue Verfassung geben, verankern darin auch das Frauenstimmrecht.

Die älteren Demokratien wie Frankreich oder England tun sich ungleich schwerer. Die Französinnen erhalten erst 1944 das Wahlrecht. In Italien wird die Frauenstimmrechtsfrage nach dem Ersten Weltkrieg zwar diskutiert, aber als Mussolinis Faschisten 1922 die Macht übernehmen, erlischt das Interesse. Das Frauenbild des Faschismus sieht nicht die selbstbestimmte, wahlberechtigte, politisch mündige Staatsbürgerin vor, sondern die treusorgende Gattin und Mutter. Hier müssen die Frauen bis 1946 auf ihr Wahlrecht warten.

Die Einführung des Frauenstimmrechts im Vereinigten Königreich

Und was passiert im Vereinigten Königreich? Dem Land der militanten Frauenstimmrechtsbewegung, in dem die Auseinandersetzung härter verlaufen ist als in jedem anderen Land? Hier ist beinahe unbemerkt während des Krieges die Debatte um das Frauenstimmrecht weitergegangen. Auch wenn die Zeit der aufsehenerregenden Aktionen vorbei war, hielten viele Aktivistinnen an ihrem Ziel fest.

Dem Frauenstimmrecht zugute kommen nicht zuletzt einige personelle Veränderungen in der Regierung. 1915 übernimmt eine Koalition aus *Labour* und *Liberals* die Geschäfte. Mit dieser Konstellation steigen die Chancen auf die Umsetzung des Frauenstimmrechts.

Zum ersten Mal ziehen Befürworter des Frauenstimmrechts wie Balfour, Bonar Law und Henderson ins Kabinett ein. Vor allem Frauen aus den Reihen der NUWSS nehmen ihre parlamentarische Lobbyarbeit daher wieder auf. In einem Schreiben vom 4. Mai 1916 weist Millicent Fawcett Premierminister Asquith darauf hin, dass es doch wohl nur gerecht sei, dass, wenn Männer für ihren Einsatz im Krieg das Wahlrecht zugestanden bekämen, dies auch für Frauen der Fall sein müsse: »We know from our own experiences, and we trust that you also realise, that women of all classes are eager to bear their full share of the work and the suffering demanded from the country, and that whatever opportunity has been given them they have devoted themselves with whole-hearted eagerness to the national work they have found to do. [...] We believe that it is the recognition of the active, self-sacrificing and efficient national service of women which has caused the recent access of strength to the movement we represent.«[120] Dass es eine Wahlreform geben muss, daran zweifelt zu dieser Zeit niemand mehr. Bisher ist das Wahlrecht an Besitz und Aufenthalt gebunden gewesen. Nun, da viele als Soldaten im Feld stehen, wären sie von der Wahl ausgeschlossen geblieben, da sie keinen zwölfmonatigen Aufenthalt im Land vorzuweisen hatten. Dazu kommt eine nicht geringe Anzahl von Männern, die noch nie ein Wahlrecht besessen haben. Kann man ihnen dieses Bürgerrecht länger verweigern, nachdem sie nun für König und Vaterland in den Schützengräben liegen? Eine Wahlrechtsreform erscheint unumgänglich, um den sozialen Frieden nach dem Krieg zu bewahren. Doch soll sie auch das Frauenwahlrecht beinhalten? Kaum vorstellbar, dass ein Premierminister Asquith, der jahrelang erbittert gegen das Frauenstimmrecht gekämpft hat, nun auf einmal dafür plädieren würde.

Aber die Situation hat sich verändert, gewaltig verändert. Im August 1916 eröffnet kein Geringerer als Asquith, der größte Gegner des Frauenstimmrechts, dem Parlament, dass er in die nach Ende des Krieges geplante Ausweitung des Wahlrechts auch Frauen mit einbeziehen will: »When the War comes to an end and when these abnormal, and of course, to a large extent transient conditions have to be revised, and when the process of industrial reconstruction has to be set on foot, have not the women a special claim to be heard on the many questions which will arise directly affecting their interests, and possibly meaning for them large displacements of labour? I cannot think that the House will deny that, and I say quite frankly that I cannot deny that claim.«[121] All denjenigen, die angesichts seines Stimmungsumschwungs überrascht sind, erklärt er, dass er das Frauenwahlrecht bisher vor allem deshalb abgelehnt habe, weil die Mehrheit der Bevölkerung es ebenfalls abgelehnt habe. Dem sei nun nicht länger so. Der Krieg habe die Meinung in der Bevölkerung geändert und somit auch die Meinung des Regierungschefs.

Plötzlich haben die Frauen von den Gewerkschaften über die Presse bis hin zur Regierung viele Verbündete. Ihr unermüdlicher Einsatz während des Krieges ringt vielen ihrer früheren Gegner Respekt ab. Sie haben damit in den Augen ihrer schärfsten Widersacher gezeigt, dass sie durchaus in der Lage sind, Verantwortung zu übernehmen. Was kein noch so stichhaltiges Argument geschafft hat, erreicht die Klammer aus Nationalismus und Militarismus: Das Frauenstimmrecht wird Chefsache. Nachdem Lloyd George im Dezember 1916 Asquith als Premierminister ablöst, sorgt er dafür, dass die *Times*, bisher eine Speerspitze der Anti-Frauenstimmrechtler, ihre Berichterstattung ändert. Von nun an erscheinen regelmäßig Berichte über die mutigen Frauen in den Munitionsfabriken, die noch zögernde Parlamentarier auf die neue Linie einschwören sollen. Viele Parlamentsabgeordnete, die sich jahrzehntelang vehement gegen das Frauenwahlrecht gewehrt haben, erhalten damit die Gelegenheit, ihre Position zu revidieren, ohne einen Gesichtsverlust zu erleiden. Wer wollte schon den »tapferen Frauen an der Heimatfront« das Wahlrecht verwehren?

Im Januar 1917 empfiehlt die *Speakers Conference* in das neue Wahlgesetz auch das Frauenstimmrecht aufzunehmen – für Frauen über 30! Die Angst, dass Frauen die Macht im Lande übernehmen könnten, sobald sie die gleichen Rechte wie Männer erhalten, sitzt tief und wird durch die Altersbeschränkung mehr als deutlich. Immerhin leben durch kriegsbedingte Verluste bei Verabschiedung des

Wahlgesetzes 1918 mehr Frauen als Männer im Land. Die Gefahr einer Stimmenmehrheit der Frauen ist real und für die Herren der Schöpfung anscheinend wenig erfreulich. Nicht zuletzt aufgrund der demographischen Entwicklung soll das allgemeine Wahlrecht für Männer ab 21 und für Frauen ab 30 Jahren gelten.

Obwohl dies zunächst nur ein eingeschränktes Wahlrecht für Frauen bedeutet und einen Großteil der Frauen weiterhin von der Wahl ausschließt, stellt sich die NUWSS nach kurzem Zögern hinter diesen Vorschlag. Sylvia Pankhurst und die ELFS treten hingegen weiterhin für ein allgemeines gleiches Wahlrecht ein. Die WSPU lässt zur Verblüffung aller durch einen Abgeordneten im Unterhaus erklären, sie würde nicht auf das Frauenwahlrecht bestehen, wenn dadurch die Gefahr bestünde, dass keine Mehrheit für ein allgemeines Männerwahlrecht zustande kommen könnte. Die WSPU wolle alles tun, damit die tapferen Soldaten, die für England im Feld stünden, das Wahlrecht bekämen. Selbst wenn dies in letzter Konsequenz bedeuten würde, dass Frauen auf ihr Stimmrecht verzichten müssten. [Sic!]

Doch nicht einmal Emmeline und Christabels stimmrechtliche Kapriolen können das Gesetz noch aufhalten. Am 10. Juni 1917 ist das Unterhaus voll von Frauen, die gespannt der Diskussion um die zweite Lesung des *Representation of the People Act* lauschen, der auch ihnen endlich das Wahlrecht bringen wird. Dicht an dicht sitzen sie hinter dem Sichtschutz eines kleinen Teils des Besucherbalkons, der sogenannten *Ladies Gallery*, die für Frauen zugelassen ist. Durch diese Einrichtung, die an einen Käfig erinnert, will man zum einen verhindern, dass die Männer abgelenkt werden, zum anderen aber will man die Frauen vor männlichen Blicken schützen. Erst mit Einführung des Frauenwahlrechts werden diese Absperrgitter abgebaut. Obwohl sie von oben nichts als Köpfe und Arme sehen können, erleben die Frauen hautnah mit, wie das Gesetz mit 358 Ja- zu 55 Nein-Stimmen im Unterhaus beschlossen wird. Auch dem Oberhaus gelingt es nicht, das Gesetz zu stoppen, obwohl dort die eingefleischtesten Gegner sitzen. Zwischen dem 8. und 10. Januar 1918 findet hier der letzte Versuch statt, die Moderne aufzuhalten. Millicent Fawcett und andere NUWSS Mitglieder wohnen ebenso wie Mary Humphry Ward der Debatte des letzten Aufgebots von Stimmrechtsgegnern bei. Sie alle lauschen Lord Curzon, dem Vorsitzenden des Oberhauses und Präsidenten der *Anti-Suffrage League*, wie er zum letzten Mal die alten Vorurteile vom Untergang des Abendlandes beschwört. Doch es ist vorbei, seine Schlacht ist verloren. Bei der Abstimmung stimmen 134 Abgeordnete für das Gesetz, 71 sind dagegen, 13 enthalten sich. Somit hat das Gesetz beide Häuser passiert. Am 6. Februar 1918 erhalten 13 Millionen Männer und 8,4 Millionen Frauen im Vereinigten Königreich nach jahrzehntelangem Kampf zumindest ein eingeschränktes Wahlrecht.

In einem Interview drückt Millicent Fawcett ihre durchaus ambivalenten Gefühle über diesen »Sieg« aus: »The granting of the franchise to women I regard as a very great victory – At the same time, while I am delighted with the vote, I am by no means satisfied. A law which gives a boy the vote and withholds it from a woman until she is thirty cannot be said to be a fair one. We supported the recommendations of the Speaker's Conference because it was a compromise – A very similar procedure was adopted in Norway when women were first given the vote in that country – But in Norway it soon became apparent that any difficulties were illusory – and I am sure a similar condition of affairs will prevail in this country.«[122] Die Einführung des Frauenstimmrechts wird von der Bewegung lautstark gefeiert. Die Frauenstimmrechtsgesellschaften kommen zu einer großen Siegesfeier in der *Queens Hall* in London zusammen, bei der die neue Hymne der NUWSS, *Jerusalem*, erklingt. William Blakes Gedicht *And did those feet in ancient time* aus dem Vorwort zu *Milton* (1804) wurde 1916 von Charles Hubert Parry vertont und tritt unter dem Namen *Jerusalem* einen einzigartigen Siegeszug auf der Insel an. Gesungen wird es nicht nur von Nationalisten, Anti-Modernisten, Sozialisten und im Zusammenhang mit christlichen Ideen, sondern eben auch von der Frauenstimmrechtsbewegung:

And did those feet in ancient time
Walk upon England's mountains green?
And was the holy Lamb of God
On England's pleasant pastures seen?

And did the Countenance Divine
Shine forth upon our clouded hills?
And was Jerusalem builded here
Among those dark Satanic mills?

Bring me my bow of burning gold:
Bring me my arrows of desire:
Bring me my spear: o clouds unfold!
Bring me my chariot of fire.

I will not cease from mental fight,
Nor shall my Sword sleep in my hand
Till we have built Jerusalem
In England's green and pleasant land.

Ursachen und Gründe

Von vielen Historikern wird die Einführung des Wahlrechts als Zeichen der Dankbarkeit der Regierung gegenüber den Leistungen der Frauen während des Krieges bewertet. Damit wird das Frauenwahlrecht in direkten Zusammenhang mit dem Krieg und dem Verhalten der Frauenstimmrechtsbewegung in diesen Jahren gebracht. Eine Sichtweise, die Emmeline Pankhurst und Millicent Fawcett bestätigen würden, die beide überzeugt davon waren, dass das weitere Schicksal des Frauenstimmrechts vom patriotischen Verhalten der Frauen während des Krieges abhängig sein würde. Bekamen die Frauen letztlich also das Wahlrecht, weil die Nation ihnen dankbar war für ihren Einsatz im Krieg? Weil viele von ihnen sich patriotischer und nationalistischer gezeigt hatten als die Männer? Konnte man ihnen unbesorgt das Wahlrecht geben, weil sie bewiesen hatten, welch verantwortungsvolle Bürgerinnen sie in Kriegszeiten waren?

Allerdings zeigt sich, dass nach dem Krieg nur die Frauen wählen durften, welche die Hauptlast des Krieges gar nicht getragen hatten, die nicht in den Munitionsfabriken gestanden hatten oder irgendwo an der Front. Dort hatten überwiegend junge Frauen geschuftet, Frauen, denen auch nach der Wahlreform das Wahlrecht vorenthalten wurde. Demontiert dies nicht die These, dass Frauen das Wahlrecht als Belohnung für ihr tapferes Verhalten im Krieg erhielten? Wenn dem so wäre, warum erhielten dann in Frankreich, wo die Frauen während des Krieges ebenfalls ungeheure Leistungen vollbrachten, die Frauen kein Wahlrecht?

Es ist eine Tatsache, dass Frauen eine wichtige Rolle im Krieg gespielt haben. Nicht nur an der Heimatfront. Nein, viele Frauen hatten aktiven Militärdienst geleistet, als Fahrerinnen, Kundschafterinnen, Schreibkräfte, Telefonistinnen. Sie arbeiteten als Ingenieurinnen und Technikerinnen an der Front und gehörten, obwohl nicht offiziell gelistet, zu den Britischen Streitkräften. Damit hatten sie eines der Hauptargumente der Gegner des Frauenstimmrechts entkräftet, nämlich dass Frauen nicht zur Heimatverteidigung eingesetzt werden konnten und deshalb auch nicht die gleichen politischen Rechte beanspruchen durften wie Männer.

Überlegungen, die sicherlich eine gewisse Rolle spielten. Doch von viel entscheidenderer Bedeutung war, dass sich während des Krieges die männliche Sichtweise der Rolle der Frau in der Öffentlichkeit zumindest ein wenig verändert hatte. Die Arbeitswelt war nicht länger eine Männerdomäne. Viele Frauen der Mittel- und Oberschicht waren zum ersten Mal einer bezahlten Arbeit nachgegangen. Frauen hatten sich in Berufen bewährt, zu denen sie vor dem Krieg nicht einmal Zugang hatten. Man musste Frauen zähneknirschend in der Berufswelt akzeptieren und konnte das nun plötzlich auch in der Politik.

Die These von der Bedeutung des Krieges stellt zudem die Leistung der Frauenstimmrechtsbewegung vor dem Krieg in Abrede und führt die Einführung allein auf die veränderten Bedingungen während des Krieges zurück. Demnach hätte die jahrzehntelange Agitation und Aktion weniger gebracht als vier Jahre Krieg. Demnach hätten die Suffragetten überhaupt keinen Anteil an der Einführung des Frauenstimmrechts, denn die WSPU spielte während des Krieges keine Rolle mehr in der Bewegung. Demnach hätten Frauen erst dann, als sie auf Agitation und Militanz verzichteten und sich brav in die allgemeine Kriegsbegeisterung einreihten, eine Chance auf das Wahlrecht erhalten. Demnach hätten Frauen sich das Wahlrecht nicht aktiv erkämpft, sondern es passiv überreicht bekommen. Das Wahlrecht gleichsam als Belohnung, als Zuckerl dafür, dass sie brave Mädchen gewesen sind.

Der These, dass der Krieg die Einführung des Frauenstimmrechts beschleunigt hat, steht eine These entgegen, die davon ausgeht, dass gerade der Krieg die Einführung des Stimmrechts verhindert und um Jahre verzögert hat. Kabinettsmitglieder wie Sir John Simon hatten sich vor dem Krieg öffentlich für das Frauenwahlrecht ausgesprochen, und es mehrten sich die Anzeichen dafür, dass die Liberalen bei den nächsten Wahlen Gegner des Frauenstimmrechts in den eigenen Reihen durch Kandidaten ersetzen wollten, die für das Frauenstimmrecht waren. Es wurde sogar darüber diskutiert, die Forderung nach dem Frauenstimmrecht ins Parteiprogramm aufzunehmen. Diese Argumentation rückt die Kampagnen der Frauenrechtlerinnen vor dem Krieg in den Mittelpunkt der Ursachenforschung. Das Frauenstimmrecht wäre damit ein Ergebnis des jahrzehntelangen Kampfes der Frauen. Sie erst haben den Boden bereitet, auf dem das Gesetz schließlich angenommen wurde. In Frankreich, wo es keine so starke Frauenstimmrechtsbewegung gegeben hatte, erhielten die Frauen das Wahlrecht auch nach dem Krieg nicht.

Doch wenn es die Stimmrechtsbewegung war, die das Wahlrecht erkämpft hatte, wer konnte sich den Sieg auf die Fahnen schreiben? War es die Lobbyarbeit der NUWSS, wie Millicent Fawcett glaubte, oder waren es die militanten Aktionen der Suffragetten, die den Staat zermürbt hatten, wie Emmeline Pankhurst behauptete? Erhielten die Frauen das Wahlrecht aufgrund der Einsicht von Politikern in das politische Vermögen der Frauen, oder kapitulierte der Staat vor der Wut der Frauen? Auch wenn ein Großteil der Bevölkerung die militanten Aktionen der Suffragetten ablehnte, richtete sich kurz vor Beginn des Ersten Weltkrieges die Stimmung mehr und mehr gegen die eigene Regierung. Zwangsernährung und die Haftbedingungen der Frauen waren öffentlich kritisiert worden. Die Gewaltspirale hatte sich zunehmend schneller gedreht, und es wäre nur eine Frage der Zeit gewesen, bis weitere Opfer zu beklagen gewesen wären. Wohin hätte dies alles führen sollen? Die Suffragetten waren zu allem entschlossen gewesen, wollten kämpfen bis zum bitteren Ende. Der Märtyrertod von Emily Wilding Davison war ein deutliches Zeichen für diese Haltung und eine Warnung an die Regierung, die sich keine weiteren Märtyrerinnen leisten konnte. Was wäre passiert, wenn eine Frau in Haft gestorben wäre? Die Eskalation war vorprogrammiert, die Situation wurde zunehmend unkontrollierbar. Wie hätte man dies alles einer ohnehin äußerst skeptischen Bevölkerung erklären wollen? Die Regierung sah sich zum Handeln gezwungen, auch wenn um jeden Preis der Anschein vermieden werden sollte, die Suffragetten hätten mit ihrer Gewalt die Regierung des Vereinigten Königreiches in die Knie gezwungen. Der Krieg bot die Lösung für den drohenden Gesichtsverlust. Er verhinderte den Ruch der Kapitulation vor den Frauen. Nachdem auch die WSPU auf Vaterlandsverteidigung umschwenkte, konnte die Regierung auf die Frauen zugehen und von sich aus das Wahlrecht anbieten. Sylvia Pankhurst schrieb dazu: »The Suffrage movement, which lived through the vast holocaust of peaceful life, was a more intelligent and informed movement than that which, gallant as it was, had fought the desperate, pre-war fight. Gone was the mirage of a society regenerated by enfranchised womanhood as by a magic wand. Men and women had been drawn closer together by the suffering and sacrifice of the War. Awed and humbled by the great catastrophe, and by the huge economic problems it had thrown into naked prominence, the women of the Suffrage movement had learnt that social regeneration is a long and mighty work. The profound divergences of opinion on war and peace had been shown to know no sex.«[123]

Nach dieser Deutung, welche die Bedeutung der Frauenstimmrechtsbewegung hervorhebt, ist das Frauenstimmrecht nicht zuletzt dem Motiv aller Reformen der britischen Geschichte geschuldet: der Verhinderung einer Revolution. Auch die Einführung des allgemeinen Wahlrechts für Männer sollte Radikalität bannen, revolutionäre Tendenzen von vornherein unterbinden. Die Angst vor einer Revolution, wie sie sich in anderen Ländern bereits ankündigte, saß tief. Die Begeisterung für die russische Revolution, die auch in Großbritannien weit verbreitet war, war kein gutes Zeichen. Noch gab es viele Menschen, die nicht an den politischen Entscheidungen teilhaben durften: Männer und Frauen. Dass die Soldaten nach Ende des Krieges politische Rechte beanspruchen würden, war offensichtlich. Aber was würden die Frauen tun? Viele hatten sich in den Jahren des Krieges, als sie Frau und Mann, Mutter und Vater zugleich sein mussten, emanzipiert. Die Gefahr, dass, falls die Suffragetten ihren militanten Kurs nach dem Krieg wiederaufnehmen würden, sie mit massenhaftem Zulauf rechnen konnten, war durchaus vorhanden. Ihr musste noch im Vorfeld begegnet werden. Der Regierung war klar, dass es nach dem Krieg nicht mehr durchsetzbar gewesen wäre, Frauen, die man während des Krieges zu Heiligen erklärt hatte, erneut zu verhaften, zu schlagen und zwangszuernähren. Dafür hätte sich keine Mehrheit mehr gefunden, weder in der Bevölkerung noch im Parlament.

Kriegszeiten sind unsichere Zeiten, Zeiten des Umbruchs, in denen Revolutionen eine stets drohende Gefahr sind. Jede Regierung tut gut daran, Anlässe für Volksaufstände im Vorfeld zu verhindern. Bei einem erneuten Aufstand der Suffragetten hätten sich vermutlich Tausende mit ihnen verbündet. Die Bevölkerung stand mehrheitlich auf der Seite der Frauen, die Gegner hatten sowohl an Argumenten als auch an Anhängern verloren.

Dies war allen Parteien klar, und so versuchte jede, aus der Unabwendbarkeit den größten Vorteil zu ziehen. Wenn man schon in den sauren Apfel beißen sollte, warum dann nicht davon profitieren? Die Koalitionsregierung aus *Labour* und *Liberals* hoffte darauf, dass die neuen Wählerstimmen denjenigen Parteien zugute kommen würden, welche die Reform schließlich auf den Weg gebracht hätten. Genau dies aber fürchteten die Konservativen. Die Wahlreform brachte ohnehin Millionen Männer an die Wahlurnen, die nicht zum Klientel der Konservativen gehörten. Und jetzt auch noch Millionen von Frauen, die man jahrelang offensiv bekämpft hatte? Die Konservativen hatten einen großen Brocken zu schlucken, und sie setzten alles daran, die befürchteten politischen Schäden für die Partei so gering wie möglich zu halten. So einigte man sich schließlich auf eine Altersklausel. Der parteiübergreifende Kompromiss bestand darin, nur Frauen über 30 zur Wahl zuzulassen. Nachdem das allgemeine Wahlrecht für Männer nicht mehr zu verhindern war, erhofften die Konservativen von den etwas reiferen Damen Unterstützung für ihre Politik. Und die anderen Parteien, die von der Ausweitung des allgemeinen Wahlrechts ohnehin zu profitieren glaubten, stimmten dem zu, um die Reform nicht zu gefährden. Den Konservativen ging es vor allem darum, den Großteil der Munitionsarbeiterinnen vom Wahlrecht auszuschließen. Die Frauen in den Munitionsfabriken waren zumeist unter 30 und mehrheitlich für die *Labour Party*. Sie galten als links und radikal. Die Altersklausel, die sicherstellte, dass keine Partei im besonderen Maße vom Frauenwahlrecht profitieren konnte, war der Grund dafür, dass man sich einigen konnte. Von Dankbarkeit aufgrund des mutigen Einsatzes von Frauen während des Krieges waren diese parteitaktischen Überlegungen zum Frauenwahlrecht meilenweit entfernt.

Die Einführung des Wahlrechts ist also letztlich einer Kombination aus verschiedenen Faktoren geschuldet: der Agitation der Frauenstimmrechtsbewegung vor dem Krieg, sowohl der Lobbyarbeit der NUWSS als auch der Militanz der Suffragetten; der Unterstützung der britischen Kriegspolitik durch die Frauenstimmrechtlerinnen, die aus ehemaligen Gegnern Verbündete machte; dem Einsatz der Frauen im Krieg: ihrer Arbeit in den Munitionsfabriken, ihrer Übernahme von Männerjobs und ihrer aufopferungsvollen Freiwilligenarbeit. Dies alles zusammen führte zu einem Stimmungsumschwung in der Bevölkerung und zu einem Kurswechsel der Regierung und letztlich auch zum Stimmungsumschwung bei entscheidenden Politikern wie

Premierminister Asquith. Solange Premierminister und Kabinett gegen das Frauenstimmrecht standen, war es ohne jegliche Chance auf Verwirklichung gewesen. Erst als Asquith sich auf die Seite der Frauen stellte, die Liberalen in einer Koalitionsregierung abhängig von *Labour* wurden und Befürworter des Frauenstimmrechts ins Kabinett einzogen, kam Bewegung in die Sache.

Die ersten Wahlen mit Frauenbeteiligung

Bei ersten Wahlen, an denen Frauen als Wählerinnen und Kandidatinnen zugelassen sind, im Dezember 1918, bewerben sich 17 Frauen um einen Sitz im Unterhaus. Darunter natürlich auch diejenigen, die so vehement für die Einführung des Frauenstimmrechts gekämpft hatten: Suffragetten und Suffragisten. Einige Frauen treten auf den Listen von *Labour* und *Liberals* an, die Suffragetten kandidieren auf der Liste der einzigen Frauenpartei, der *Women's Party*, andere agieren als unabhängige Kandidatinnen. Viele bekannte Namen zieren die Wahllisten: Emmeline Pethick-Lawrence kandidiert für *Labour* in Rushholme, Charlotte Despard für *Labour* in Battersea North. Beide verlieren die Wahl. Millicent Fawcett, die wie kaum jemand sonst für das Frauenwahlrecht gekämpft hat, denkt zunächst ebenfalls daran zu kandieren, muss aber Alter und Gesundheit Tribut zollen und verzichtet. Erfolgreichste weibliche Kandidatin in England ist Christabel Pankhurst, die für die *Women's Party* in Smethwick kandidiert. Doch für einen Sitz im Parlament reicht es bei ihr ebenso wenig wie bei den anderen.

Die einzige Frau, die ins Unterhaus einzieht, ist die Abgeordnete der irischen Nationalisten Gräfin Constance Markievicz, die Schwester von Eva Gore-Both. Die *Sinn-Féin* schafft das, was den Frauenstimmrechtlerinnen verwehrt bleibt: eine Frau als Parlamentsabgeordnete. Sie gewinnt ihren Sitz jedoch nicht als Frau, sondern als irische Nationalistin und als solche nimmt Constance Markievicz wie alle Abgeordneten der *Sinn-Féin* ihr Mandat nicht wahr, so dass auch im neuen Parlament keine Frau vertreten ist.

Gründe für den Misserfolg bei den ersten Wahlen gibt es viele: Die weiblichen Kandidaten verfügen weder über das nötige Netzwerk, noch sind sie Teil des Parteiapparats. Da die Parteien nur wenig Wert darauf legen, Frauen ins Parlament zu bringen, werden ihnen aussichtslose Wahlkreise zugewiesen. So muss Emmeline Pethick-Lawrence in einer Hochburg der Liberalen kandidieren, die noch nie von *Labour* errungen wurde. Die unabhängigen Kandidatinnen hingegen verfügen weder über eine Organisation, die einer Partei gleichkommt, noch über die nötigen finanziellen Mittel.

Erst am 1. Dezember 1919 nimmt die erste Frau im Unterhaus Platz: Nancy Astor (1879–1964).

Die aus den USA stammende Gattin des konservativen Abgeordneten Waldorf Astor kandidiert bei den Nachwahlen für die Konservativen, um den Sitz für Familie und Partei zu bewahren, nachdem ihr Mann beim Tod seines Vaters Mitglied im Oberhaus wird. Obwohl eine bekannte und geschätzte Persönlichkeit, die viele Abgeordnete gut kennen, begegnet man ihr zum Teil mit offener Ablehnung. Als sie das Unterhaus zum ersten Mal betritt, wird sie von Winston Churchill, der zuvor unzählige Male Gast in ihrem Haus gewesen ist, einfach ignoriert. Darauf angesprochen erklärt er, ihm sei ihre Anwesenheit hier so peinlich, als ob sie ihn nackt in seinem Badezimmer aufgesucht hätte. Daraufhin antwortet sie schlagfertig, dass er wohl kaum so gut aussehend wäre, dass er sich solche Sorgen machen müsse. Die Streitgespräche zwischen Nancy Astor und Winston Churchill werden über die Jahre legendär. Als berühmteste Anekdote gilt folgender Dialog, in dem Nancy Astor wutentbrannt Churchill entgegenschleudert: »Wenn Sie mein Ehemann wären, würde ich Ihnen Arsen in den Kaffee schütten.« Woraufhin Winston Churchill trocken erwidert: »Madam, wenn ich Ihr Ehemann wäre, würde ich ihn trinken.«

Nancy Astor erweist sich trotz der Umstände, unter denen sie gewählt wird, als mutige Abgeordnete, die häufig das Wort ergreift und sich von ihren männlichen Gegnern keineswegs einschüchtern lässt. Bekannt wird sie vor allem durch ihren Einsatz für das allgemeine Wahlrecht und ihren Kampf gegen Alkoholismus. Sie bemüht

Nancy Astor, ca. 1928

sich um Reformen im Erziehungswesen, Verbesserungen der Arbeitsbedingungen von Frauen, Eherechtsreformen und Kinderschutzrechte. 1925 bringt sie ein Reformgesetz zur Prostitution ein, in dem sie die Situation der Frauen verbessern und eine rechtliche Gleichbehandlung von Prostituierten und Freiern fordert. Auch die zweite weibliche Abgeordnete verdankt ihre Wahl vor allem ihrem Familiennamen und weniger ihrem politischen Einsatz. Margaret Wintringham (1879–1955), ehemaliges NUWSS-Mitglied, zieht 1921 für die Liberalen ins Unterhaus ein. Sie wird nach dem Tode ihres Mannes, des Abgeordneten Tom Wintringham, als Kandidatin für die Nachwahl aufgestellt und vor allem dadurch berühmt, dass sie, noch in Trauer, während des gesamten Wahlkampfes schweigt. Ihre Schwestern und Mitstreiterinnen aus NUWSS-Tagen reden an ihrer Stelle. Dennoch wird sie eine äußerst tatkräftige Abgeordnete, die sich ebenso wie Nancy Astor für die Senkung des Wahlalters für

Frauen auf 21 einsetzt. Zudem kämpft sie für das Recht von Frauen auf einen Sitz im Oberhaus, Stipendien für die schulische Ausbildung von Mädchen und gleiche Löhne für beide Geschlechter. Auch sie ist wie Nancy Astor ein aktives Mitglied der *Temperance Society* zur Bekämpfung von Alkoholismus. Die dritte Frau im Bunde, die Schauspielerin Mabel Philipson (1887–1951), die sich besonders für die Übertragung des Sorgerechts an geschiedene Frauen starkmacht, zieht 1923 in Vertretung ihres Mannes für die Konservativen ins Unterhaus ein. Die ersten kleinen Wahlerfolge von Frauen zeigen, dass, auch wenn Frauen jetzt von der *Ladies Galerie* herunterkommen dürfen, sich die Einstellung vieler Männer, die Frauen lieber im Haus sehen wollten, nicht geändert hat. Frauen sollen sich um den Haushalt kümmern, nicht ums Vaterland. So bleibt es bei den Konservativen lange Zeit Usus, Paare zu suchen, bei denen der Mann kandidiert und die Frau als Unterstützerin fungieren soll, also Wahlveranstaltungen organisiert, Partys gibt und Geldsammlungen initiiert. Im Notfall konnte sie dann ja auch noch seinen Parlamentssitz übernehmen, allerdings nur in Vertretung, sozusagen als zweite Wahl.

Frauenpolitik

Die Frauen waren einst angetreten mit dem Argument, dass erst dann, wenn Frauen das aktive und passive Wahlrecht besäßen, Gesetze zum Wohle von Frauen verabschiedet werden würden. Mit der Erreichung des Wahlrechtes würde es nur noch ein kurzer Schritt zur Verbesserung ihrer Lebensumstände im Allgemeinen sein. Die veränderte Stellung im politischen Prozess würde auch ihre Stellung in Familie und Gesellschaft verändern. Rückblickend betrachtet muss man sagen, dass dies nur in sehr begrenztem Maße der Fall war. Gerade die Stellung der erwerbstätigen Frau blieb unverändert schlecht. Frauen sind auch jetzt noch unterbezahlte billige Arbeitskräfte, egal in welcher Branche. Von gleichem Lohn für gleiche Arbeit ist man meilenweit entfernt. Zwar ist die Berufswahl formal freigegeben, doch in der Realität werden Frauen nach dem Krieg schnell wieder in die klassischen Frauenberufe zurückgedrängt. Dennoch gibt es Verbesserungen, zumeist allerdings formaler Art, bezüglich der rechtlichen Stellung von Frauen. In den nächsten Jahren werden einige Gesetze verabschiedet, die speziell für Frauen von Bedeutung sind. Nach Untersuchungen von Historikern werden zwischen 1918 und 1929 mehr als 21 Rechtsvorschriften geändert, die Frauen betreffen, davon einige sehr wichtige. 1918 wird der *Maternity and Child Welfare Act* verabschiedet, nach dem Krankenhäuser auf Wohlfahrtsbasis arbeiten können. Damit erhalten Schwangere Beratung und bessere medizinische Betreuung während Schwangerschaft und Geburt. Ein Gesetz, das zwar Frauen unterstützt, allerdings weniger der Sorge um das Wohlergehen der Frauen geschuldet ist als den Bedürfnissen des Staates, dessen Interesse an Geburten angesichts des hohen Blutzolls durch den Ersten Weltkrieg verständlicherweise groß ist.

1919 wird der *Sex Disqualification Removal Act* erlassen, wonach niemand aufgrund seines Geschlechts oder Familienstandes vom öffentlichen Dienst oder von juristischen Berufen ausgeschlossen werden darf.

Viele Reformen betreffen auch die Stellung der verheirateten Frau. 1922 wird der *Married Women's Maintenance Act* verabschiedet, der Frauen gestattet, 40 Shillinge für sich und 10 Shillinge für ihre Kinder zu beanspruchen. 1923 kommt es zum *Matrimonial Causes Act*, der Ehebruch allgemein als Scheidungsgrund anerkennt und Frauen endlich die gleichen Gründe für Ehescheidungen zugesteht. Damit wird hinter einer jahrelangen Doppelmoral der Schlusspunkt gesetzt. Allerdings lassen die Herren der Schöpfung die Frauen ihre neu erkämpfte Unabhängigkeit spüren, zeigen zum Teil überdeutlich, dass mit der neuen Freiheit auch jeglicher Schutzanspruch entfällt. Bei Unterhaltsklagen wird von Richtern das Verhalten der Frau nun ebenso herangezogen wie ihre finanziellen Ansprüche. Noch im selben Jahr verbesserte der *Bastardy Act* die Versorgung lediger Mütter. Aufgrund der neu entstandenen Probleme wird die Sozialfürsorge für Frauen zu einem beherrschenden

Thema der Frauenbewegung der 20er Jahre. Bereits 1919 hat sich die NUWSS in *National Union of Societies for Equal Citizenship* [NUSEC] umbenannt. Unter der Führung von Eleanor Rathbone ficht man nun nicht mehr in erster Linie für das Wahlrecht, sondern für soziale Reformen. So fordern die Frauen unter anderem die Bezahlung von Hausarbeit und Kindererziehung, womit eine Aufwertung dieser Tätigkeiten verbunden sein soll. Das Argument lautet, dass damit verheiratete Frauen finanziell unabhängig werden können und die Position von alleinerziehenden Müttern gestärkt wird. Diesem Argument schließen sich aber bei weitem nicht alle Frauen und Verbände an. Viele halten es mit Millicent Fawcett, die darin einen erneuten Versuch sieht, Frauen wieder an Küche und Kinder zu binden, statt ihnen gleiche Berufschancen zu ermöglichen. Die Unterstützung für Familien würde dazu führen, die Einheitsfront für gleiche Löhne zu schwächen, da Frauen damit eine andere Möglichkeit zum Verdienst gegeben würde. Die Gehälter der Arbeiter würden noch geringer werden, da der Staat aufgrund der Unterstützung der Familien sich nicht genötigt sehen würde, wegen gestiegener Lebenshaltungskosten die Gehälter der Arbeiter zu erhöhen.

1925 überträgt der *Guardianship of Infants Act* die Rechte über die Kinder zu gleichen Teilen an beide Eltern und erfüllt damit eine uralte Forderung der Frauenrechtlerinnen. Im selben Jahr noch wird ein Gesetz verabschiedet, das auf die neue Selbstständigkeit und Selbstverantwortlichkeit der Frauen auch vor dem Gesetz abzielt. Von nun an können Männer für Straftaten, die ihre Frauen in ihrer Gegenwart begehen, nicht länger zur Verantwortung gezogen werden. Eines der großen Themen der Frauenstimmrechtsbewegung war stets die Gesetzgebung zur Prostitution und die Doppelmoral gegenüber der weiblichen Sexualität gewesen. Ein kleiner Sieg ist daher der 1922 verabschiedete *Criminal Law Amendment Act*, der den Grundsatz aufhebt, wonach Männer, die sexuellen Kontakt mit Minderjährigen unter 16 hatten, behaupten konnten, sie hätten nicht gewusst, wie alt das Mädchen sei, und sich auf diese Weise ihrer Strafe entziehen konnten. Auch der *Infanticide Act* von 1922, der

Frauen, die ihre Neugeborenen töteten, nicht länger als Mörderinnen betrachtet und sie damit vor der Todesstrafe bewahrt, ist auf das Engagement der weiblichen Abgeordneten zurückzuführen.

Die ersten weiblichen Abgeordneten

Die Chancen von frauenspezifischen Gesetzen steigen, je mehr weibliche Abgeordnete ins Parlament einziehen. Damit können die Frauen parteiübergreifende Netzwerke bilden, um Reformen für Frauen durchzubringen. 1924 sitzen neben Nancy Astor und Margaret Wintringham sieben weitere Frauen im Unterhaus: Die Gewerkschaftsaktivistin Margaret Bondfield (1873–1953), die sich in der *Adult Suffrage Society* für ein allgemeines Stimmrecht eingesetzt hatte, zieht für die *Labour Party* ein. Während des Krieges hatte sie sich für einen raschen Frieden mit Deutschland ausgesprochen und war daraufhin wie bereits erwähnt von Christabel Pankhurst scharf attackiert worden. Nun ficht sie für die Abschaffung der Altersbeschränkung beim Frauenwahlrecht. 1924 wird sie Parlamentarische Staatssekretärin im Arbeitsministerium. Nachdem Frauen Mitglieder im Parlament sind, steht ihnen auch der Weg zu Regierungsämtern offen. 1929 wird sie zur Arbeitsministerin ernannt. Damit ist sie die erste britische Ministerin überhaupt. Dorothy Jewson (1884–1964), eine ehemalige Frauenstimmrechtlerin, die während des Ersten Weltkrieges nicht dem nationalen Taumel verfallen war, sondern sich für den Frieden eingesetzt hatte, wird ebenfalls Abgeordnete für die *Labour Party*. Als Pazifistin und Gewerkschafterin kümmert sie sich vor allem um sozial- und gesundheitspolitische Aspekte. Aufgrund ihres Einsatzes wird die *Workers' Birth Control Group* ins Leben gerufen, deren Präsidentin Jewson ist und die versucht, innerhalb der *Labour Party* eine Mehrheit für freiwillige Geburtenkontrolle zu erreichen. Ebenfalls für *Labour* sitzt Susan Lawrence (1871–1947) im Parlament. Auch sie ist Gewerkschafterin und setzt sich vor allem für das Gesetz zur Versorgung von Witwen, Waisen und Alten ein. 1929 wird sie Parlamentarische Staatssekretärin im Gesundheitsministerium. Der noch im selben Jahr erlassene *Widows, Orphans and Old Age Contributory Pensions Act*, der die Pensionsberechtigung von Männern auf ihre Witwen und Waisen überträgt, wird maßgeblich von ihr mitgestaltet. Weitere *Labour*-Abgeordnete ist Ellen Wilkinson (1891–1947), die 1920 die Kommunistische Partei mitbegründet. Obwohl sie 1924 wieder austritt, behält sie ihre radikalen sozialistischen Ansichten bei, was ihr zusammen mit ihren flammend roten Haaren den Beinamen die »Rote Ellen« einbringt. Sie ist Gewerkschafterin und ehemalige NUWSS-Aktivistin und spielte während des Ersten Weltkrieges eine führende Rolle im britischen Pazifismus. Die charismatische Frau ist aktiv am Generalstreik von 1926 beteiligt und wird trotz ihrer politischen Ansichten und ihres Hasses auf die Konservativen die beste Freundin von Nancy Astor. 1945 wird sie die erste Erziehungsministerin Großbritanniens. Vera Terrington (1889–1949), die für die Liberalen ins Unterhaus einzieht, sorgt während ihres Wahlkampfes für Erstaunen, als sie ankündigt, im Unterhaus in Pelz und Perlen zu erscheinen, weil es einfach lächerlich sei, so zu tun, als sei sie arm und würde nicht über Ländereien, Schmuck und Personal verfügen. Kathrine Stewart-Murray, Dutchess of Atholl (1874–1960), sitzt für die Konservativen im Parlament und ist die erste Schottin, die ins Unterhaus gewählt wird. 1924 wird sie Parlamentarische Staatssekretärin im Erziehungsministerium. Während ihrer Zeit im Parlament ist sie vor allem an der Außenpolitik interessiert. Sie engagiert sich gegen die Unterdrückung der Opposition in der UdSSR, gegen den Einmarsch Mussolinis in Äthiopien, unterstützt die Internationalen Brigaden im Spanischen Bürgerkrieg und gibt später aus Protest gegen Chamberlains Appeasement-Politik gegenüber dem Deutschen Reich ihren Sitz im Unterhaus auf.

Obwohl die Frauen über Parteigrenzen hinweg zusammenarbeiten, bleibt es ein schwieriges Unterfangen, Politik für Frauen zu machen. Es gelingt ihnen nicht, wie erhofft die parlamentarischen Spielregeln, die über Jahrhunderte Männerregeln gewesen sind, zu verändern. Die Frauen hatten vergebens darauf vertraut, dass mit ihrem Einzug die Politik sich ändern und eine weibliche Note erhalten würde. Sie hatten daran geglaubt, dass sich sowohl der Stil der Auseinandersetzungen als auch deren Inhalte sowie der Umgang miteinander ändern würde. Doch stattdessen sahen sich die Frauen gezwungen, sich männlich zu verhalten, um im parlamentarischen Spiel überhaupt bestehen zu können.

Die Einführung des allgemeinen gleichen Wahlrechts

Auch wenn das Wahlrecht für Frauen zu den gleichen Bedingungen wie für Männer noch nicht erreicht ist, ein großes Thema wird es nie mehr. Zwar werden gerade die ehemaligen Suffragisten nicht müde, die Halbherzigkeit der Wahlreform von 1918 zu betonen, und viele Frauenstimmrechtlerinnen setzen ihre politische Arbeit fort, auch nachdem die militanten Suffragetten ihren Krieg beendet haben, doch die Anziehung und Mobilisierung, die dieses Thema vor dem Krieg hatte, ist verflogen. Die weitere Reform des Wahlrechts ist nicht mehr länger der wichtige Tagesordnungspunkt, der er einmal gewesen ist – auch für die meisten Frauengruppen nicht. Die Erweiterung des Frauenstimmrechts wird eine Forderung unter vielen. Allen ist klar, dass dies über kurz oder lang ohnehin erfolgen wird. Dies zeigen nicht zuletzt die Beispiele anderer Länder. So ist niemand wirklich überrascht, als Premierminister Stanley Baldwin (1867–1947) am 27. Mai 1927 in einer Ansprache verkündet, dass seine Regierung daran denke, das allgemeine Wahlrecht einzuführen und das Wahlalter für Frauen auf 21 Jahre zu senken: »I, for one, not only look with no apprehension at the enfranchisement of both sexes at the same time. I welcome it. I believe that a Democracy is incomplete and lopsided until it is representative of the whole people, and the responsibility rest alike on men and women.«[124] Die Konservativen hoffen als Initiatoren der Reform auf neue Wählerinnen. Es hatte sich gezeigt, dass in den Ländern, die das Frauenwahlrecht eingeführt hatten, Frauen weder für Frauen noch für linke Parteien zu stimmen pflegten, sondern zumeist konservativ wählten. Viele orientieren sich an ihren Männern und an den Wahlempfehlungen der Kirche. Aus Sicht eines konservativen Politikers spricht nach dieser Erfahrung nichts mehr gegen die Herabsenkung des Wahlalters für Frauen auf 21 Jahre.

Als im März 1928 eine Gesetzesvorlage eingebracht wird, die Frauen das Wahlrecht zu den gleichen Konditionen einräumt wie den Männern, gibt es kaum Widerspruch. Am 2. Juli 1928 gibt der *Representation of the People Act* Frauen das gleiche Wahlrecht wie Männern. Viele der Aktivistinnen, die für das Wahlrecht einst gar ihr Leben riskiert haben, wie Elisabeth Garrett, Barbara Bodichon, Emily Davies, Elizabeth Wolstenhome, Constance Lytton oder Emmeline Pankurst, sind zu diesem Zeitpunkt längst tot. Die Einführung des allgemeinen Wahlrechts verläuft relativ unspektakulär, wie Sylvia Pankhurst sich erinnert: »The Act of 1928 which swept away the absurd restrictions of 1917, came virtually without effort. It was quietly received. Women had already taken a wide and important part in Parliamentary politics, and both men and women had completely assimilated the view that all women were potential voters. Thus the extension was regarded as a matter of course.«[125] Bei den nächsten Wahlen 1929 treten 69 Kandidatinnen an, vier von fünf in für ihre Parteien völlig aussichtslosen Wahlkreisen. 10 von 36 Frauen, die in den nächsten Jahren einen Parlamentssitz erringen, erreichen ihn durch Nachwahlen.

1969 wird im *Representation of the People Act* das Wahlalter für beide Geschlechter auf 18 Jahre herabgesetzt.

1979 wird Margaret Thatcher (*1925) als erste Frau britische Premierministerin.

Die Revolutionärin:
Countess Constance Markievicz
(1868–1927)

*»What I begin to believe is that all Governments are
the same, and that men in power just use that power to
get more power for themselves.«*

Am 20. Februar 1919 betritt mit Constance Markievicz die erste frei gewählte Parlamentarierin das britische Unterhaus. Dem irischen *Sinn-Féin*-Mitglied ist es als einziger Frau gelungen, einen Sitz im Parlament zu erringen. Ironie der Geschichte ist, dass damit die einzige Frau unter all den Kandidatinnen gewählt wurde, deren Partei aufgrund des britisch-irischen Konflikts seit 1908 ihren Abgeordneten verbietet, an Sitzungen in Westminster teilzunehmen. So bleibt der einzige Stuhl, den nach Einführung des aktiven und passiven Frauenwahlrechts eine Frau besetzen würde, in dieser Sitzungsperiode leer. Um trotzdem auf ihren Wahlsieg aufmerksam zu machen, geht die rebellische Gräfin, wie Constance Markievicz allgemein genannt wird, am Morgen des 20. Februar 1919 ins Parlamentsgebäude, um zumindest den mit ihrem Namensschild versehenen Garderobenhaken zu begutachten, der ihr als Unterhausabgeordnete zusteht. An der vor neun Tagen eröffneten Sitzungsperiode hätte sie ohnehin nicht teilnehmen können, da die irisch-republikanische Revolutionärin zu dieser Zeit wieder einmal im Gefängnis gesessen hatte. Bis zu jenem Tag, an dem sie den Parlamentssitz für Dublin erringt, ist sie mehrmals inhaftiert gewesen und für ihre Teilnahme am Osteraufstand 1916 sogar zum Tode verurteilt worden.

Geboren wird die mutige Rebellin als Constance Georgina Gore-Booth am 4. Februar 1868 in Buckingham Gate, London. Sie wächst auf Gut Lissadell in Sligo, Irland, auf. Ihre Mutter ist eine englisch-irische Baronin, ihr Vater Sir Henry Gore-Booth, ein Abenteurer, der häufig in der Arktis unterwegs ist. Constance und ihre vier Geschwister wachsen frei und ungezwungen auf. Zeit ihres Lebens wird sie mit großer Wärme an ihr Leben in Lissadell zurückdenken. Die Familie ist äußerst wohlhabend, auf ihren Ländereien leben unzählige Pächter. Obwohl Gore-Booth als humaner Gutsherr gilt, sind die Lebensumstände dieser Pächter schlecht. Das Gefälle zwischen reich und arm ist riesig und scheinbar unüberbrückbar. Dabei haben es die Pächter von Lissadell noch gut getroffen. Als nach dem erneuten Ausfall der Kartoffelernte 1879 eine Hungerkrise bevorsteht, stellt Sir Henry die Versorgung seiner Pächter sicher.

Als Constance achtzehn ist, wird sie in die vornehme Londoner Gesellschaft eingeführt und Königin Victoria vorgestellt. Die nächsten Jahre verbringt sie mit den typischen Vergnügungen der oberen Zehntausend: Pferderennen in Ascot, Bälle und Empfänge. Sie bewegt sich sicher in der vornehmen Gesellschaft, ist stets auffällig und teuer gekleidet. Von Konventionen hält sie gar nichts. Auf einem Jugendfoto sieht man sie rauchend und in Hosen. In der britischen Hauptstadt wird sie zum ersten Mal mit der Frauenstimmrechtsbewegung konfrontiert. Über ihre Schwester Eva Gore-Booth stößt sie zu den Frauenrechtlerinnen. 1896 hält sie bei einer Versammlung ihre erste öffentliche Rede. Kurz darauf wird sie Vorsitzende der neu gegründeten *Sligo Women's Suffrage Association*. Ihr Engagement für die Frauenstimmrechtsbewegung endet jedoch abrupt, als sie ihren Vater dazu überreden kann, ihr ein Kunststudium in Paris zu finanzieren. Eva hingegen, die schon bald eng mit den Pankhursts zusammenarbeitet, wird eine der bekanntesten britischen Frauenstimmrechtlerinnen.

In der französischen Hauptstadt ist die schöne junge Frau, die einen Ehering trägt, da sie sich als mit der Kunst verheiratet betrachtet, eine extravagante Erscheinung. 1899 lernt sie auf einem Studentenball den polnisch-russischen Adeligen Casimir Dunin-Markievicz kennen. Der sechs Jahre jüngere Mann ist Witwer, Vater eines kleinen Sohns, wie sie selbst Künstler, und was für eine protestantische Irin weitaus schlimmer wiegt: römisch-katholisch. 1900 geben sie ihre Verlobung bekannt. Obwohl die Familie nicht begeistert ist und sich zudem bald herausstellt, dass mit dem Grafen nicht alles seine Richtigkeit hat, heiraten die beiden im September 1900 in London. Zunächst gehen sie nach Paris zurück. Ein Jahr später kommt Tochter Maeve Alys zur Welt, die in der Obhut der Großmutter in Lissadell aufwächst. 1902 und 1903 verbringt das Paar längere Zeit bei der Familie Casimirs in der Ukraine. Gemeinsam mit Casimirs Sohn aus erster Ehe lassen sie sich schließlich in Dublin nieder.

Sie kehren heim in den Schoß der Familie, sind wieder häufig Gast in Lissadell. Von nun an pflegen sie das Leben der britisch-irischen Upperclass mit Festen und Vergnügungen, Jagden und Ausritten. Bald gehören auch bekannte Intellektuelle wie der Schriftsteller W. B. Yeats und Maud Gonne, die 1904 das Abbey Theater gründen, zu ihrem Freundeskreis. Maud Gonne ist Gründerin einer revolutionären Frauenorganisation, der »Töchter Irlands«. 1906 engagieren sich Maud und Constance in einer Kampagne für Schulspeisungen in Irland, einem Land, in dem täglich Tausende von Kindern Hunger leiden. Durch diese und ähnliche Freundschaften ziehen die Markievicz das Misstrauen der irischen Loyalisten auf sich, die unter ihren neuen Freunden Fenier, die eine unabhängige irische Republik errichten wollen, vermuten.

Das Jahr 1908 markiert mit der Gründung der *Irish Women's Franchise League* [IWFL] durch Hanna Sheehy-Skeffington und Margaret Cousins den Beginn der militanten Frauenstimmrechtsbewegung in Irland. Sie wird allerdings hier niemals dieselbe Bedeutung erlangen wie in England. Constance wird eingeladen, an einer neuen Frauenzeitschrift mitzuarbeiten: *The Woman of Ireland*. Als sie zum ersten Mal in den Redaktionsräumen auftaucht, kommt sie direkt von einem Ball aus dem Schloss, in Abendrobe, Pelz und Diamanten, was bei ihren neuen Kolleginnen einiges Erstaunen auslöst. Doch anders als ihre geliebte Schwester Eva sieht Constance im Frauenstimmrecht nicht das Allheilmittel, vor allem nicht für die Probleme Irlands. Das Irlandproblem geht in ihren Augen weit über das Problem der Frauenstimmrechtsbewegung hinaus.

Obwohl noch immer Teil der High Society, beginnt sie nun zunehmend, sich politisch zu betätigen. Ihre Bekanntschaft mit Leuten wie Yeats, die sich für die irische Kultur einsetzen, verändert ihr Denken. Vereinigungen wie die *Gaelic League*, die sich gegen die Anglisierung für eine katholisch-gälische Kultur einsetzen, gewinnen in ihrem Leben an Bedeutung. Ihre Artikel über Botanik und

Gartenarbeit für *The Woman of Ireland* beinhalten nun immer öfter politische Aussagen zur Unabhängigkeit Irlands. 1908 tritt sie der *Sinn-Féin*-Partei bei. Hier schließt sie auch Freundschaft mit dem berühmten republikanischen Sozialisten James Connolly (1868–1916). Bereits zwei Jahre später fordert sie alle irischen Frauen auf, Frauenstimmrechtsvereine zu boykottieren, die nicht auch die Unabhängigkeit Irlands im Programm haben. Das neu erwachte politische Interesse wirkt sich allerdings negativ auf ihr Privatleben aus. Ihr Mann, dessen Haupteinkommen aus der Porträtierung wohlhabender Iren besteht, bekommt aufgrund ihrer radikalen politischen Ansichten keine Aufträge mehr. Die finanzielle Situation verschlechtert sich. Verstärkt zeigt sich nun die Unterschiedlichkeit der Charaktere der Eheleute. Casimir verbringt von nun an die meiste Zeit in der Ukraine.

Von 1910 an findet man Constance immer öfter in den Räumen von *Liberty Hall*, dem Büro der 1909 von »Big Jim« James Larkin (1876–1947) gegründeten Gewerkschaft *Irish Transport and General Workers' Union*. Längst ist sie davon überzeugt, dass die Lösung der Sozialen Frage und die Lösung der Nationalen Frage in Irland untrennbar zusammengehören. 1911 gründet sie vor den Toren Dublins ein Camp, das zur Ausbildungsstätte zukünftiger Revolutionäre werden soll. Hier werden in der *Na Fianna Éireann* die zukünftigen Freiwilligen ausgebildet, die Irland befreien sollen. Von nun an investiert sie nicht mehr in feine Kleider, sondern in Waffen. Ihre »Kadetten« machen bald von sich reden, da sie die britische Fahne zerreißen und junge Iren zur Wehrdienstverweigerung in der britischen Armee auffordern. 1911 wird sie zum ersten Mal verhaftet, als sie an einer Demonstration gegen den Besuch des Königs teilnimmt.

1913 kommt es zur ersten großen Auseinandersetzung zwischen der *Irish Transport and General Workers' Union* und den Arbeitgebern, die mit der Aussperrung von 25 000 gewerkschaftlich organisierten Arbeitern endet. Während des fünf Monate dauernden Streiks arbeitet Constance, die sich längst als Sozialistin begreift, bis zur Erschöpfung in der Suppenküche in *Liberty Hall*. Als James Connolly im November 1913 die Arbeiterarmee *Irish Citizen Army* ins Leben ruft, ist Constance unter den Ersten, die sich freiwillig melden.

Die Militarisierung des irisch-britischen Konflikts schreitet voran, nachdem im Norden Irlands die protestantischen Loyalisten die *Ulster Volunteer Force* gegen das von der britischen Regierung geplante Selbstverwaltungsgesetz für Irland, die *Home Rule,* aufstellen. Im Gegenzug gründen die katholischen Nationalisten das *Irish National Volunteer Corps,* den Vorläufer der IRA.

Irland steht kurz vor einem Bürgerkrieg, da bricht im August 1914 der Erste Weltkrieg aus. Während führende irische Nationalisten damit rechnen, dass die englische Regierung die Bereitwilligkeit der Iren im Krieg an der Seite Englands zu kämpfen mit der Entlassung in die Selbstverwaltung belohnen würde, setzen andere auf den bewaffneten Widerstand und – auf eine Zusammenarbeit mit dem Deutschen Reich, das sich bereiterklärt, Waffen für die irische Revolution zu liefern. Constances Haus in Rathmines wird zu einem der wichtigsten Treffpunkte der Revolutionäre, vor allem nachdem James Connolly dort Quartier bezogen hat. Führer der Bewegung wie Michael Collins gehen dort ein und aus, und bald werden Constance und ihre Freunde rund um die Uhr observiert.

Der für Ostern 1916 geplante Aufstand wird ein Fiasko. Obwohl die Übergabe der erwarteten Waffenlieferung aus Deutschland scheitert, setzen sich die Truppen in Bewegung. Der verzweifelte Versuch, per verschlüsselter Zeitungsanzeigen den Aufstand zu stoppen, kommt zu spät. In Dublin besetzen circa 1500 Volunteers das Hauptpostamt und einige andere wichtige Gebäude, den Regierungssitz zu stürmen gelingt nicht. Trotzdem proklamiert Patrick Pearse (1879–1916) als Anführer die Irische Republik. Constance, in grüner Militäruniform, Federhut und umgeschnallter Waffe, ist Zweite Oberkommandierende im Abschnitt St. Stephens Green. Eine Woche können sich die Rebellen halten, dann liegen 450 Tote in den verwüsteten Straßen Dublins. Als Constance verhaftet wird, küsst sie ihren Revolver, bevor sie ihn an einen britischen Offizier übergibt. Die Kutsche, die sie ins Gefängnis bringen soll, lehnt sie ab, marschiert stattdessen neben ihren geschlagenen Kameraden. Sie rechnet mit dem Schlimmsten. Von ihrer Zelle aus verfolgt sie die Hinrichtung der Anführer des Aufstandes. Mehr als fünfzehn Männer, darunter Patrick Pearse und James Connolly, werden erschossen. Sie selbst wird am 4. Mai 1916 zum Tode verurteilt, dann jedoch aufgrund ihres Geschlechts begnadigt und nach Aylesbury in England verlegt. Ein Jahr später wird sie im Zuge einer Generalamnestie entlassen. Bei ihrer Rückkehr nach Dublin wird sie, die als eine der wenigen aus den Reihen der Anführer die Ostertage überlebt hat, von der jubelnden Menge begeistert begrüßt. Eine Woche später tritt sie der Katholischen Kirche bei. Kurze Zeit später wird sie in den Parteivorstand von *Sinn-Féin* gewählt.

Noch während des Krieges wird sie im Frühjahr 1918 gemeinsam mit 70 weiteren *Sinn-Féin*-Führern unter dem Vorwurf verhaftet, sich erneut mit Deutschland gegen Großbritannien verbündet zu haben. Sie wird nach Holloway gebracht, wo sie mit Maud Gonne und Hanna Sheehy-Skeffington streng getrennt von anderen Gefangenen einsitzt.

Während ihrer Inhaftierung endet der Erste Weltkrieg, und im Vereinigten Königreich wird dem Frauenwahlrecht stattgegeben. Als kurz darauf die Kandidaten für die Parlamentswahlen im Dezember 1918 zusammengestellt werden, ernennt *Sinn-Féin* Constance zur Kandidatin für den Bezirk St. Patricks in Dublin. Da sie im Gefängnis ist, kann sie keinen Wahlkampf betreiben, kann weder Reden halten noch Flugblätter verteilen. Aber ihr langjähriger persönlicher Einsatz hat sie so populär gemacht, dass dies gar nicht nötig ist. Am Wahltag erringt sie doppelt so viele Stimmen wie ihr Gegenkandidat. Vor allem Frauen sind unter ihren Wählerinnen. Daraufhin wird sie freigelassen. Ihre Ankunft in Dublin gleicht einem Triumphzug. Überall jubelnde Menschen, die Straßen sind voll mit Fahnen von *Sinn-Féin*, die 73 Sitze fürs Unterhaus gewinnen konnte. Doch anstatt ihren Sitz in Westminster einzunehmen, konstituieren die irisch-republikanischen Abgeordneten im Januar 1919 das Parlament und die Regierung der irischen Republik, den *Dáil Éireann*. Die Veröffentlichung der von ihnen ausgearbeiteten Unabhängigkeitserklärung sowie einer irischen Verfassung wird von der britischen Regierung verboten. Ministerpräsident wird der *Sinn-Féin*-Vorsitzende Eamon de Valera (1882–1975), Constance Markievicz wird Arbeitsministerin. Als Abgeordnete und Ministerin reist sie von nun an durchs Land, immer in Gefahr, bei ihren Auftritten vom britischen Geheimdienst verhaftet zu werden, was im Mai 1919 tatsächlich geschieht. Als sie nach vier Monaten entlassen wird, ist der *Dáil Éireann* verboten: Der blutige Guerilla-Kampf der *Irish Republican Army* [IRA], wie sich die *Irish Volunteers* nun offiziell nennen, gegen die britischen Besatzer unter der Führung von Michael Collins (1890–1922) hat begonnen.

Die Regierung kann nur mehr versteckt zusammenkommen, doch die rebellische Gräfin fehlt bei keinem einzigen Treffen. Auch tritt sie weiterhin öffentlich auf, allerdings nie ohne einen sicheren Fluchtweg. Oft ist sie verkleidet unterwegs, bevorzugt als alte Frau.

1920 wird sie wegen Unterstützung der Ermordung von britischen Polizisten und Soldaten erneut inhaftiert. Im gleichen Jahr bringt Premierminister Lloyd George im Parlament das *Home Rule*-Gesetz, offiziell *Government of Ireland Act* genannt, ein. Der komplexen Situation auf der Insel Rechnung tragend, sollen zwei Parlamente geschaffen werden: in Dublin und in Belfast. Die Übertragung aller Rechte auf ein Parlament und damit die Autonomie der Insel überlässt die britische Regierung den Iren selbst. Damit wird die Teilung der Insel eingeleitet. Im Juni 1921 wird in Belfast die Republik Nordirland aus der Taufe gehoben. Ein halbes Jahr später unterzeichnet Michael Collins als Leiter der irischen Delegation im Dezember 1921 den Friedensvertrag, der den 26 irischen Grafschaften eine Art Dominion-Status gewährt: eigene Außenpolitik, volle Hoheit über die Innenpolitik, der englische König bleibt das Staatsoberhaupt, auf den die irischen Abgeordneten einen Treueid schwören müssen, Irland bleibt Mitglied des Commonwealth und ist zur Verteidigung des Königreiches verpflichtet.

Der Vertrag ist in Irland populär, innerhalb von *Sinn-Féin*, die für ein vereintes unabhängiges Irland kämpft, ist er höchst umstritten. Als die Abgeordneten im *Dáil* ihm zustimmen, tritt de Valera als Ministerpräsident zurück. Die IRA spaltet sich in zwei Teile, aus einem Teil formt Michael Collins die Armee des neuen irischen Staates. Was nun folgt, ist ein Bürgerkrieg, in dem sich Constance Markievicz auf die Seite der Vertragsgegner stellt. Bei den Wahlen vom 14. Juni 1922 verliert sie ihren Abgeordnetensitz und tritt als Arbeitsministerin zurück. Michael Collins wird im August 1922 in Cork von einem IRA-Kommando hinterrücks erschossen. Constance Markievicz befindet sich zu jener Zeit auf Vortragsreise in den USA. Erschöpft und verbittert nach dem jahrelangen Kampf um die Unabhängigkeit, der ihr Freunde, Hoffnung und Schönheit geraubt hat, erinnert nicht mehr viel an die strahlende junge Frau, die einst antrat, Irland zu verändern. Am 6. Dezember wird der »Irische Freistaat« offiziell ausgerufen. Als Eamon de Valera im April 1923 einen einseitigen Waffenstillstand ankündigt, sind mehr als 12 000 IRA-Mitglieder im Gefängnis oder im Internierungslager. Bei den Wahlen im Mai gewinnt Constance Markievicz ihren Sitz im *Dáil* zurück. Im November wird sie verhaftet, weil sie sich für die republikanischen Gefangenen einsetzt. Daraufhin tritt sie gemeinsam mit anderen inhaftierten Frauen in den Hungerstreik. 1926 tritt sie der neuen Partei Eamon de Valeras, *Fianna Faíl*, bei, nachdem dieser den bewaffneten Kampf aufgibt und sich der politischen Realität stellt. Er wird von 1932 an mit kurzen Unterbrechungen bis 1959 irischer Ministerpräsident bleiben.

1926 stirbt ihre über alles geliebte Schwester Eva, mit der sie all die Jahre engsten Kontakt gehalten hat. Damit verliert sie die letzte Brücke zur Familie und ihre beste Freundin. Der Tod ihrer Schwester erschüttert die ohnehin angeschlagene Constance auch gesundheitlich. Im Juli 1927 erkrankt sie so schwer, dass Casimir Markievicz und sein Sohn nach Dublin eilen. Am 15. Juli 1927 stirbt Constance im Beisein der beiden und Eamon de Valeras. Ihre Beerdigung gleicht einem Staatsbegräbnis. Alle noch lebenden Führer der republikanischen Bewegung geben ihr die Ehre, und Tausende säumen die Straßen, als die irische Revolutionärin und erste britische Parlamentsabgeordnete Countess Constance Markievicz ihre letzte Reise antritt.

> *»Die Zukunft hat viele Namen.*
> *Für die Schwachen ist sie das Unerreichbare.*
> *Für die Furchtsamen ist sie das Unbekannte.*
> *Für die Tapferen ist sie die Chance.«*
> (Victor Hugo)

Nachwort

Die Suffragetten hatten gekämpft, weil sie daran glaubten, dass mit der Einführung des Frauenstimmrechts sich über kurz oder lang die Stellung der Frau in der Gesellschaft vollkommen verändern würde. Wie lange dieser Weg tatsächlich sein würde, ahnten sie in ihren schlimmsten Albträumen nicht. Jahrhundertelange männliche Vorherrschaft ließ sich nicht innerhalb weniger Jahre beseitigen. Der lange Kampf für das Frauenstimmrecht war nur ein Vorgeschmack auf die unzähligen weiteren Kämpfe, die Frauen auf dem Weg zur Gleichberechtigung auszufechten hatten und noch immer haben.

Die große Hoffnung, dass sich mit Hilfe des Wahlrechts nicht nur die Stellung der Frau, sondern auch die Welt sich durch den Einfluss der zweiten Hälfte der Menschheit sukzessive verbessern würde, erfüllte sich nicht. Wie groß war doch die Euphorie bei Einführung des Wahlrechts gewesen: »Nun wird es viel einfacher sein, die großen Aufgaben, die vor uns liegen, anzugehen: Frieden, Reformen und alles übrige. Wir werden eine Waffe in unseren Händen haben, während wir bislang keine besaßen«, schreibt Isabella Ford.[126] Doch das Wahlrecht blieb eine Waffe mit begrenzter Reichweite. Zwar war es nun möglich, in gewissem Maße die Gesetzgebung zu beeinflussen, doch dagegen, dass sich die gelebte Realität nicht mit der Verfassung deckte, waren die Frauen machtlos. Vieles, was nach langem Ringen Verfassungsnorm wurde, wurde deshalb noch lange nicht gesellschaftliche Wirklichkeit. Die Enttäuschung über die Entwicklung war deshalb gerade bei denen, die mit hohem Einsatz für das Frauenstimmrecht gekämpft hatten, groß. Obwohl viele aus der Frauenstimmrechtsbewegung auch weiterhin politisch aktiv blieben, zogen sich gerade viele der Suffragetten ins Privatleben zurück. Während sich die übrigen Aktivistinnen anderen Problemen zuwandten wie Löhnen, Arbeitsbedingungen, Gleichstellung oder Gesundheitspolitik, verließen die Suffragetten die politische Bühne.

Was zunächst erstaunt, ist bei näherem Hinsehen nur folgerichtig: Die WSPU hatte einzig und allein für das Frauenstimmrecht gekämpft. Darin hatte sie die Lösung aller Probleme gesehen, mit denen Frauen konfrontiert waren. Sie war eine Organisation auf Zeit gewesen, gegründet zur Verwirklichung eines einzigen Zieles, ohne Konzept für eine Nach-Frauenstimmrechts-Ära. Als dieses Ziel erreicht war, zerbrach die Bewegung, die eigentlich bereits vor dem Ersten Weltkrieg ihren Zenit überschritten hatte.

Ob es den Suffragetten gelungen wäre, sich nach Ende des Krieges neu zu formieren, darf bezweifelt werden. Zumindest wäre es schwierig gewesen, noch einmal an vergangene Tage anzuknüpfen und den Fehdehandschuh noch einmal aufzunehmen. Die Einführung des Frauenstimmrechts bewahrte sie davor, dies zu versuchen. Der Zusammenhalt zwischen den Suffragetten und ihren bewunderten Anführerinnen zerbrach in dem Moment, als die Bewegung zu Ende war. Die charismatische Herrschaft die Emmeline und Christabel ausgeübt hatten und auf der letztlich der Erfolg der WSPU beruhte, war mit Einführung des Frauenstimmrechts von einem auf den anderen Tag zu Ende. Frauen, die zuvor jahrelang Seite an Seite gestritten und gelitten hatten, gingen nun getrennte Wege. Verbunden hatte sie einzig der Kampf für das Frauenstimmrecht, dieses Ziel hatte alle Unterschiede überdeckt und aus den verschiedenen Frauen Suffragetten gemacht.

Es scheint nahezu unglaublich, dass sich die Suffragetten nach den Jahren der Auseinandersetzung wieder in die Gesellschaft eingliedern konnten. Jahrelang hatten sie ein Leben zwischen allen Stühlen geführt, einsam im Alltag, einzig verbunden mit der WSPU. Sie waren Geächtete, Aussätzige gewesen, die man als verrückt und anormal abgestempelt hatte. Sie hatten als Psychopathinnen gegolten, die man vor sich selbst und vor denen man die Gesellschaft schützen musste. Auf der Straße waren sie bespuckt, geschlagen und gedemütigt worden. Sie hatten Drohbriefe erhalten, mussten ohnmächtig mit ansehen, wie selbst ihre Familien bedroht wurden. Die Polizei hatte sie auf Schritt und Tritt überwacht, ihre Briefe geöffnet und ihre Häuser durchsucht. Ihr Leben war ein einziges Versteckspiel gewesen, ihre Privatsphäre längst zerstört. Sie hatten ihren guten Ruf, ihre Gesundheit, ihr Leben und ihren beruflichen Erfolg riskiert. Sie hatten ihr persönliches Glück geopfert, manche Beziehung war am politischen Engagement gescheitert. Sie hatten ihre Schönheit durch Schläge, Zwangsernährung, Hunger- und Durststreiks verloren und mit allen gesellschaftlichen Tabus gebrochen. Aus vornehmen zurückhaltenden britischen Frauen waren moderne Amazonen geworden, die Penthesilea alle Ehre gemacht hätten! Ihr Bekenntnis zum Frauenstimmrecht hatte ihr Leben vollkommen verändert. Familie und langjährige Freunde hatten sich abgewandt, sie standen allein gegen den Rest der Welt. Die gemeinsame Erfahrung der Ächtung, Unterdrückung und Einsamkeit hatte sie zusammengeschweißt, eine eingeschworene Gemeinschaft geschaffen. Solidarität und Loyalität gegenüber der WSPU hatten familiäre Bande ersetzt, und manches Verhältnis unter den Suffragetten hatte dabei eine homoerotische Komponente erhalten, die jedoch aufgrund der vorherrschenden Zwangsmoral der damaligen Zeit nur in den allerseltensten Fällen ausgelebt worden war. Die Mitglieder der WSPU hatten sich als Avantgarde der Frauenstimmrechtsbewegung verstanden, und ihr Habitus hatte durchaus elitäre Züge. Sie waren Altruistinnen gewesen, ungeduldig mit allen, die sich der Sache nicht in demselben Maße verschrieben hatten wie sie selbst. Ein nahezu missionarischer Eifer hatte sie erfasst, und die Furchtlosigkeit, mit der sie den Konsequenzen ihrer Taten begegneten, hatte etwas Fanatisches. Es war ein Kampf gewesen, der durchaus religiöse Züge getragen hatte, und so ist es kaum verwunderlich, dass viele Suffragetten nach Ende der Auseinandersetzungen sich in religiösen Bewegungen wiederfanden und ihre ganze Kraft in diese steckten.

Die Führerinnen der WSPU gerieten nach Einführung des Frauenstimmrechts ins politische Abseits. *Christabel Pankhurst* wandte sich nach ihrem vergeblichen Versuch, ein politisches Mandat zu erringen, und einigen journalistischen Versuchen der Religion zu. 1921 übersiedelte sie in die Vereinigten Staaten und wurde dort zu einer Mitstreiterin des *Second Adventist Movement*, für das sie einige Bücher übersetzte und selbst verfasste. In den 30er Jahren kehrte sie nach England zurück, wo sie inzwischen eine hoch angesehene Persönlichkeit war und am 1. Januar 1936 zur *Dame Commander of the British Empire* ernannt wurde. Bei Beginn des Zweiten Weltkrieges verließ sie Europa und lebte bis zu ihrem Tod am 13. Februar 1958 zurückgezogen in der Nähe von Los Angeles, wo sie auch begraben liegt. *Emmeline Pankhurst* engagierte sich in einer großangelegten Kampagne gegen Geschlechtskrankheiten in Kanada, bevor sie nach England zurückkehrte und bei den Parlamentswahlen für die Konservativen kandidierte. Wenige Tage, bevor das allgemeine Frauenwahlrecht in Großbritannien eingeführt wird, stirbt sie. *Annie Kenny* organisierte als letzten Dienst für ihre Freundin Christabel deren Parlamentswahlkampf. Danach zog sie sich aus der Politik und von den Pankhursts zurück: »Wir hatten ein langes Gespräch, und ich war frei ... und so endete meine Pilgerfahrt für die Suffragetten«,[127] schrieb sie in ihrer Autobiographie. 1921 heiratete sie und wandte sich der Theosophie zu. 1953 stirbt sie von der Öffentlichkeit nahezu unbemerkt.

Die Führerinnen derjenigen Gruppen, die sich von der WSPU abgespalten hatten, blieben der Politik treu: *Charlotte Despard* arbeitete von nun an für die irische Unabhängigkeit. Sie blieb ihren sozialistischen Idealen verhaftet und wurde nach einer Reise in die UdSSR 1930 Mitglied der Kommunistischen Partei. Noch im Alter von 91 Jahren sprach sie bei einer Kundgebung gegen die Nationalsozialisten im Londoner Hyde Park. Sie stirbt 1939 in Irland. *Teresa Billington-Greig* blieb weiterhin in der Frauenstimmrechtsbewegung aktiv und wurde 1928 Vorsitzende der *Women for Westminster Group*, die den Anteil der Frauen im Parlament erhöhen wollte. Sie stirbt 1964. *Emmeline* und *Frederick Pethick-Lawrence* wurden *Labour*-Aktivisten. Frederick begann eine politische Karriere und wurde Parlamentsabgeordneter, Staatssekretär im Finanzministerium und schließlich Beauftragter der Regierung für Indien. Er stirbt 1961. Nach ihrem vergeblichen Versuch, ein Mandat zu erringen, arbeitete Emmeline Pethick-Lawrence für die Internationale Frauenliga. Sie blieb in der Politik, bis sie durch einen schweren Unfall 1950 gelähmt wurde. Gepflegt von ihrem Mann, stirbt sie 1954. *Sylvia Pankhurst* gründete die Kommunistische Partei Großbritanniens mit, kämpfte gegen die Faschisten und emigrierte schließlich nach Äthiopien, wo sie als enge Freundin und Anhängerin von Haile Selassie 1960 stirbt.

Die Aktivistinnen gingen ganz verschiedene Wege. *Mary Richardson (Slasher Mary)* trat 1919 der *Labour Party* bei und kandidierte 1922 vergeblich um einen Parlamentssitz. Anfang der 30er Jahre wurde sie Mitglied der *British Union of Fascists* und Leiterin der Frauenabteilung der Faschisten. Mit Beginn des Zweiten Weltkrieges zog sie sich aus der Politik zurück. Sie stirbt 1961 in ihrer Wohnung in Hastings. *Mary Leigh*, die erste Suffragette, die zwangsernährt wurde, blieb der *Labour Party* verbunden und kämpfte nach dem Zweiten Weltkrieg gegen die atomare Bewaffnung. Auf der ersten Demonstration in London gegen die Atombombe in den 50er Jahren trug sie die Fahne, die Emily Wilding Davison bei ihrem Märtyrertod in Epsom bei sich getragen hatte. Sie stirbt 1978. *Marion Wallace Dunlop*, die erste Suffragette, die in Hungerstreik getreten war, wandte sich nach Ende der Bewegung dem Vegetarismus und der Theosophie zu. Sie stirbt 1942. *Ethel Smyth* komponierte einige weitere Opern, die sie selbst in Männerkleidung dirigierte. Am Tage der Enthüllung der Statue von Emmeline Pankhurst dirigierte sie das Polizeiorchester mit der Frauenmarseillaise. Nachdem sie ihr Gehör verlor, schrieb sie mehrere Autobiographien. 1944 stirbt sie, ihr Werk wartet bis heute auf eine Wiederentdeckung. Auf ihrem Grab steht »Man sagt ich sei Egoist. Ich bin eine Kämpferin«.

Keine der Suffragetten gelangte jemals ins Parlament.

Anmerkungen

1 Emmeline Pankhurst: Ein Leben für die Rechte der Frauen, Göttingen 1998, S. 225.

2 Hannelore Schröder: Widerspenstige, Rebellinnen. Suffragetten, Aachen 2001, S. 72.

3 Königin Victoria in einem Brief: in: George Earl Buckle (Hg.): Königin Victorias Briefwechsel und Tagebuchblätter während der Jahre 1879 bis 1885, Berlin 1929, S. 43.

4 Friedrich Engels: Der Anteil der Arbeit an der Menschwerdung des Affen, in: Derselbe: Dialektik der Natur, MEW Band 20, Berlin 1973, S. 454.

5 Sir Evelyn Baring, zitiert in: Joachim Hoffmann: Der Imperialismus und der Erste Weltkrieg, Frankfurt a. M. 1965.

6 Egon Friedell: Kulturgeschichte der Neuzeit, München 1997, Band 2, S. 1370.

7 Cecil Rhodes 1877, in: Gerhart Maier: Zeitalter des Imperialismus (1870–1914/18), Stuttgart 1989, S. 19.

8 W.B. Yeats: To Ireland in the Coming Times, from: The Rose 1893, in: Selected Poems, London 2001, S. 9.

9 Zitiert in Eric Hobsbawm: Industrie und Empire I, Frankfurt a. M. 1977, S. 97.

10 Charles Dickens: Harte Zeiten, Frankfurt a. M. 1987, S. 419.

11 Zitiert in: Tim Flannery. Wir Wettermacher, Frankfurt a. M. 2006, S. 59.

12 Alexis de Tocqueville: Journeys to England and Ireland, S. 107–108: zitiert in: Eric Hobsbawm: Industrie und Empire I, S. 87.

13 Friedrich Engels: Die Lage der arbeitenden Klasse in England (1845), in: MEW Band 2, Berlin 1970, S. 324/323.

14 Benjamin Disraeli: Sybil or The Two Nations, London 1845, S. 299.

15 Eric Hobsbawm: Industrie und Empire I, S. 129.

16 Thomas Hay Sweet Escott: England: Her People, Polity and Pursuits, New York 1885, S. 135–136.

17 Brief von Sidney Herbert an Florence Nightingale vom 19. Oktober 1854, in: Manfred Vasold: Florence Nightingale, Regensburg 2003, S. 105/106.

18 Henri Dunant, zitiert in: Martha Schad: Frauen, die die Welt bewegten: Florence Nightingale, Augsburg 1997, S. 173.

19 Jane Austen: Emma, Frankfurt a. M. 1994, S. 101.

20 Charlotte Brontë: Shirley, Frankfurt a. M. 1989, S. 248.
21 Th. de Quincey: The Logic of Politic. Econ London 1844, S. 147, in: Karl Marx: Das Kapital Bd. 1, MEW Band 23, Berlin 1962, S. 417.
22 Ten Hours Factory Bill. Rede von Lord Ashley, 15. März 1844, in: Karl Marx: Das Kapital Bd. 1, S. 425.
23 A. Ure: The Philosophy of Manufacturers, in: Sheila Rowbotham: Frauenbewegung in England vom 17. bis 20. Jahrhundert, Frankfurt a. M. 1980, S. 77.
24 Robert Louis Stevenson: Der seltsame Fall des Dr. Jekyll und Mr. Hyde, München 1997, S. 78.
25 Dr. Monsey: Brief eines Arztes an Mrs. Montagu – eine skurrile Liebeserklärung, in: Bluestockings. Ein emanzipatorischer Aufbruch, gespiegelt in Briefen, Berichten, Satiren, Reflexionen, hg. v. Hannelore Preibisch, München 2003, S. 67.
26 Montagu Pennington: Erinnerungen an Mrs. Carter und an eine Bluestocking Party bei Mrs. Versey, in: Ebenda, S. 149–151.
27 Ebenda, S. 151.
28 Mary Wollstonecraft: Plädoyer für die Rechte der Frau, Weimar 1999, S. 15.
29 J. J. Rousseau: Emile oder über die Erziehung 5, Stuttgart 1963, S. 775 f.
30 Mary Wollstonecraft: Plädoyer für die Rechte der Frau, S. 7.
31 Ebenda, S. 75.
32 Harriet Taylor Mill, Über Frauenemanzipation, in: John Stuart Mill/Harriet Taylor Mill/Helen Mill: Die Hörigkeit der Frau und andere Schriften zur Frauenemanzipation, Frankfurt a. M. 1976, S. 103.
33 John Stuart Mill: Autobiography, New York 1924, S. 198, in: Derselbe: Die Hörigkeit der Frau, S. 13.
34 John Stuart Mill: Die Hörigkeit der Frau, S. 158/159.
35 Kate Millett: Sexus und Herrschaft, Kapitel 3, München 1971, S. 107 ff.
36 Zitiert in: Joyce Marlow (Hg.), Votes for Women. The Virago Book of Suffragettes, London 2001, S. 11.
37 Königin Victoria 1870 in einem Brief an den Biographen Prinz Alberts, Theodore Martin, in: Joyce Marlow (Hg.): Votes for Women, S. 17.
38 Emmeline Pankhurst: Ein Leben für die Rechte der Frauen, Göttingen 1996, S. 31.
39 Frances Cobbe Power: Wife Torture in England 1878, in: Sheila Jeffrey: The Sexuality Debates, London 1987.
40 Sarah Ann Jackson: Gedicht an den Leeds Express, 4. März 1868, in: Joyce Marlow (Hg.), Votes for Women, S. 14.
41 Charles Darwin: Die Abstammung des Menschen, Paderborn o. J., S. 637.
42 Benjamin Disreali: Rede im Unterhaus, 27. April 1866, in: Joyce Marlow (Hg.), Votes for Women, S. 9.
43 An Appeal Against Female Suffrage, in: *The Nineteenth Century*, June 1889.
44 Mrs. Humphry Ward: A Writer's Recollections, Collins 1919, in: Fran Abrams: Freedom Cause. Live of the Suffragettes, London 2003, S. 123–124.
45 Ebenda, S. 126.
46 Zitiert in: Fran Abrams: Freedom Cause. Lives of the Suffragettes, S. 137.
47 Kurt Kluxen: Die Umformung des parlamentarischen Regierungssystems in

Großbritannien beim Übergang zur Massendemokratie, in: Kurt Kluxen (Hg.), Parlamentarismus, Köln/ Berlin 1969, S. 116.

48 Hannah Mitchell: The Hard Way up, London 1968, S. 149.

49 Emmeline Pankhurst: Ein Leben für die Rechte der Frauen, S. 22.

50 Ebenda, S. 24.

51 Ebenda, S. 60.

52 Annie Kenny: Memoirs of a Militant, London 1924, S. 298.

53 Emmeline Pankhurst: Ein Leben für die Rechte der Frauen, S. 58.

54 Leader in the First Issue, in: *Votes for Women*, Oktober 1907.

55 Emmeline Pankhurst: Ein Leben für die Rechte der Frauen, S. 59.

56 Annie Kenny: Memoirs of a Militant, S. 110.

57 Teresa Billington-Greig: The Genesis of a Feminist: Autobiographical Fragments, Carol McPhee/Ann Fitzgerald (Hg.): The Non-Violent Militant. Selected Writings of Teresa Billington-Greig, London 1987, S. 94.

58 Ebenda, S. 94 f.

59 Teresa Billington-Greig: Politics and Suffrage, zitiert in: Jill Liddington/Jill Norris: One hand tied behind us. The Rise of the Women's Suffrage Movement, London 2000, S. 214.

60 Zitiert in: Emmeline Pankhurst: Ein Leben für die Rechte der Frauen, S. 222.

61 Emmeline Pankhurst: Ein Leben für die Rechte der Frauen, S 57.

62 Ebenda, S. 226 f.

63 Ebenda, S. 120.

64 Ebenda, S. 237.

65 Ebenda, S. 56.

66 Ebenda, S. 98.

67 Emmeline Pethick Lawrence: The Tactics of the Suffragettes, in: Marie Mulvey Roberts/Tamae Mizuta (Hg.): The Militants. Suffragette Activism, London 1994, S. 5.

68 *London Times*, 22. Juni 1908.

69 Emmeline Pankhurst: Ein Leben für die Rechte der Frauen, S. 111.

70 Ebenda, S. 124 f.

71 Midge Mackenzie: Shoulder to Shoulder. A Documentary, USA 1975, S. 110.

72 Ada Cecil Wright im Juni 1909, in: Midge Mackenzie (Hg.): Shoulder to Shoulder, S. 112.

73 Brief von Emmeline Pethick-Lawrence an Marion Wallace Dunlop, in: Roger Fulford: Votes for Women, London 1958, S. 180.

74 Christabel Pankhurst: Brief an Arthur Balfour July 1909, in: Brian Harrison: The Act of Militancy: Violence and the Suffragettes 1904–1914, in: Michael Bentley/ John Stevenson (Hg.): Peaceable Kingdom. Stability and Change in Modern Britain, Oxford 1982, S. 102.

75 Bericht von Lucy Burns über ihre Zeit in Holloway, zitiert in: Emmeline Pankhurst: Ein Leben für die Rechte der Frauen, S. 139.

76 Frederick Pethick-Lawrence in: Brian Harrison: The Act of Militancy, S. 95.

77 Bericht von Fanny Parker, in: Jane Purvis: The Prison Experiences of the Suffragettes, *Women's History Review* 1995.

78 Emmeline Pankhurst: Ein Leben für die Rechte der Frauen, S. 161.

79 Winston Churchill in der *London Times*, 11. März 1911.

80 Millicent Fawcett: The Women's Victory and after: Personal Reminiscences 1911–1918, in: Melanie Philips: The Ascent of Women, London 2004, S.233.

81 Christabel Pankhurst: Broken Windows (1912), in: Marie Mulvey Roberts/Tamae Mizuta (Hg.), The Militants, S.6.

82 Lady Constance Lytton, in: Midge Mackenzie (Hg.): Shoulder to Shoulder, S.135.

83 Emmeline Pankhurst: Ein Leben für die Rechte der Frauen, S.191.

84 Christabel Pankhurst, in: Midge Mackenzie (Hg.): Shoulder to Shoulder, S.194.

85 Zitiert in: Emmeline Pankhurst: Ein Leben für die Rechte der Frauen, S.202.

86 Emmeline Pankhurst vor Gericht, in: Ebenda, S.209.

87 Zitiert in: Ebenda, S.214.

88 Emmeline Pethick-Lawrence: My part in a changing world, in: Joyce Marlow (Hg.): Votes for Women, S 176.

89 Sylvia Pankhurst: The Suffragette Movement. An Intimate Account of Persons and Ideals, London 1978, S.413.

90 Emmeline Pankhurst: Rede in der Royal Albert Hall, 17. 10. 1912, in: Emmeline Pankhurst: Ein Leben für die Rechte der Frauen, S.224.

91 Ebenda, S.223.

92 Ebenda, S.224.

93 Ebenda, S.235 f.

94 Forcible Feeding: A Letter to a Liberal Member of Parliament by Henry N. Brailsford, in: Marie Mulvey Roberts/Tamae Mizuta (Hg.): The Militants, S.4.

95 Emmeline Pankhurst: Ein Leben für die Rechte der Frauen, S.236.

96 Brian Harrison: The Act of Militancy, S.104.

97 Bertha Brewster im *Daily Telegraph* vom 26. Februar 1913.

98 Joyce Marlow (Hg.), Votes for Women, S.184.

99 Emmeline Pankhurst: Ein Leben für die Rechte der Frauen, S.246.

100 Ebenda, S.248.

101 Christabel Pankhurst: Unshackled, London 1959.

102 Zitiert in: Brian Harrison: The Act of Militancy, S.95.

103 Emmeline Pankhurst: Ein Leben für die Rechte der Frauen, S.260.

104 Ebenda, S.258.

105 Ebenda, S.289.

106 Christabel Pankhurst: Unshackled, S.288.

107 Zitiert in: Melanie Philips: The Ascent of Women, London 1972, S.294.

108 Sylvia Pankhurst: The Suffragette Movement, S.593.

109 Emmeline Pankhurst: The Right to Serve, 24. Juni 1915, in: Midge Mackenzie (Hg.): Shoulder to Shoulder, S.293.

110 Emmeline Pankhurst: Brief an Premierminster Lloyd George, 1. Juni 1917, in: Ebenda, S.312.

111 Emmeline Pankhurst: Rede vor Angehörigen von Armee und Marine in Petrograd im August 1917, in: Ebenda, S.315.

112 The Women's Party Victory, National Security and Progress, in: *Britannia*, 2. November 1917.

113 Sylvia Pankhurst: The Suffragette Movement, S.595.

114 Sylvia Pankhurst: The Life of Emmeline Pankhurst, London 1935.

115 Verlautbarung aus dem Kriegsministerium September 1916, in: Midge Mackenzie (Hg.): Shoulder to Shoulder, S.306.

116 Henry Herbert Asquith, zitiert in: Melanie Philips: The Ascent of Woman, S.297.

117 Gottfried Benn: Wie Miss Cavell erschossen wurde, in: Derselbe: Essays und Reden in der Fassung der Erstdrucke, hg. v. Bruno Hillebrand, Frankfurt a. M. 1984, S.63 f.

118 David Mitchell: Women on the Warpath, London 1966, S.266.

119 Sylvia Pankhurst, in: Annette Großbongardt: Leben ist Kampf, in: Ikonen. Idole. Mythen. Jahrhundertfrauen, hg. v. Cathrine Kahlweit, München 1999, S.51.

120 Brief von Millicent Fawcett an Premierminister Asquith vom 4. Mai 1916, in: Midge Mackenzie (Hg.): Shoulder to Shoulder, S.321.

121 The Rt. Hon. Henry Herbert Asquith, The House of Commons, August 14, 1916, House of Commons Debates Vol. 85, in: Ebenda, S.324.

122 Millicent Fawcett, Interview in: *National News*, 10. März 1918.

123 Sylvia Pankhurst: The Suffragette Movement, S.608.

124 Premierminister Stanley Baldwin, Mai 1927, zitiert im Jahresreport der NUSEC, in: Joyce Marlow (Hg.): Votes for Women, S.260.

125 Sylvia Pankhurst: The Suffragette Movement, S.608.

126 Sheila Rowbotham: Frauenbewegung in England vom 17. bis 20. Jahrhundert, S.161.

127 Annie Kenny: Memoirs of a Militant, S.293.

Abbildungsverzeichnis